“十四五”职业教育国家规划教材

动物病理

第3版

陈文钦 主编

中国农业大学出版社
·北京·

内容简介

本书是“十四五”职业教育国家规划教材，按照高等职业院校动物医学、畜牧兽医等专业、畜牧业生产职业岗位(群)所需的基本理论和专业技能设计教学内容，突出教材的实用性、针对性和技能性。

教材系统阐述了动物的基础病理、器官病理、病理诊断技术，主要包括疾病概论，应激反应，局部血液循环障碍，水盐代谢障碍及酸碱平衡紊乱，细胞与组织损伤，代偿、适应与修复，缺氧，炎症，败血症，发热，休克，黄疸，肿瘤，心脏病理，造血与免疫器官病理，呼吸器官病理，消化器官病理，泌尿与生殖器官病理，神经器官病理，尸体剖检诊断技术等，同时将与理论知识密切联系的实训纳入教材内容。每个项目附有关键词、小结和复习思考题，旨在提高学生对疾病发生发展规律的认识及其在临床实践中的应用水平。

本教材可作为高等职业院校动物医学、动物药学、畜牧兽医、动物防疫与检疫、宠物医疗技术和养殖专业的教材，也可作为中等职业学校师生和广大畜牧兽医工作者的参考书。

图书在版编目(CIP)数据

动物病理／陈文钦主编. --3 版. --北京：中国农业大学出版社，2022.10(2023.7 重印)

ISBN 978-7-5655-2835-4

Ⅰ.①动…　Ⅱ.①陈…　Ⅲ.①兽医学-病理学-高等职业教育-教材　Ⅳ.①S852.3

中国版本图书馆 CIP 数据核字(2022)第 130603 号

书　　名　动物病理　第 3 版

作　　者　陈文钦　主编

策划编辑　康昊婷　　**责任编辑**　林孝栋

封面设计　李尘工作室　郑　川

出版发行　中国农业大学出版社

社　　址　北京市海淀区圆明园西路 2 号　　**邮政编码**　100193

电　　话　发行部 010-62733489，1190　　读者服务部 010-62732336

编辑部 010-62732617，2618　　出　版　部 010-62733440

网　　址　http://www.caupress.cn　　**E-mail** cbsszs@cau.edu.cn

经　　销　新华书店

印　　刷　北京鑫丰华彩印有限公司

版　　次　2022 年 10 月第 3 版　　2023 年 7 月第 2 次印刷

规　　格　185 mm×260 mm　16 开本　18 印张　500 千字　彩插 4

定　　价　59.00 元

图书如有质量问题本社发行部负责调换

第3版 编审人员

主　编　陈文钦（湖北生物科技职业学院）

副主编　唐　伟（永州职业技术学院）
李兰茹（河北旅游职业学院）
杨　凯（湖北生物科技职业学院）
鲍　娟（遵义职业技术学院）
李朝波（贵州农业职业学院）
陈　爽（黑龙江农业工程职业学院）

编　者　（按姓氏笔画排序）
李朝波（贵州农业职业学院）
李兰茹（河北旅游职业学院）
杨　凯（湖北生物科技职业学院）
杨　勇（新疆农业职业技术学院）
吴凤笋（河南牧业经济学院）
张桂云（河南牧业经济学院）
陈　爽（黑龙江农业工程职业学院）
陈文钦（湖北生物科技职业学院）
唐　伟（永州职业技术学院）
鲍　娟（遵义职业技术学院）
王　静（石家庄信息工程职业学院）

主　审　于　洋（锦州医科大学）

第2版 编写人员

主　编　于　洋（锦州医科大学）

陈文钦（湖北生物科技职业学院）

副主编　唐　伟（永州职业技术学院）

杨　勇（新疆农业职业技术学院）

张桂云（河南牧业经济学院）

参　编　胡　平（北京农业职业学院）

陈　爽（黑龙江农业工程职业学院）

李兰茹（河北旅游职业学院）

吴凤笋（河南牧业经济学院）

樊　琼（锦州市动物疫病预防控制中心）

第1版编写人员

主　编　于　洋（辽宁医学院）

陈宏智（信阳农业高等专科学校）

副主编　杨　勇（新疆农业职业技术学院）

张桂云（郑州牧业工程高等专科学校）

李兰茹（河北旅游职业学院）

参　编　张福寿（商丘职业技术学院）

张　瑾（甘肃畜牧工程职业技术学院）

陈文钦（湖北生物科技职业学院）

李丽平（湖南环境生物职业技术学院）

王胜富（河南省罗山县动物疫病预防控制中心）

第3版前言

动物病理是动物医学、动物药学、畜牧兽医、动物防疫与检疫、宠物医疗技术等专业的一门技术基础课与实践应用课，主要为兽医临床实践和动物防疫奠定基础。学习本课程的目的在于使学生运用相关技术方法（如尸体剖检技术、活体组织检查、临床病理学、动物实验、组织培养和细胞培养等）研究疾病发生原因、发病机理和患病动物机体内所呈现的代谢、功能和形态结构的变化，为疾病的诊断与防治提供理论依据和方法。

为全面贯彻党的二十大精神，深入贯彻落实全国职业教育大会和全国教材工作会议精神，根据《中华人民共和国职业教育法》《国家职业教育改革实施方案》和《关于推动现代职业教育高质量发展的意见》要求，适应新农科高等职业教育的发展需要，在中国农业大学出版社的组织下，按照高等职业教育人才培养目标——培养“理想信念坚定，德智体美劳全面发展，具有一定的科学文化水平，良好的人文素养、职业道德和创新意识，精益求精的工匠精神，较强的就业能力和可持续发展的能力，掌握专业知识和技术技能，面向职业群，能够从事生产、建设、管理、服务一线的高素质技术技能人才”的要求，结合高等职业教育畜牧兽医类专业人才培养目标——培养“具有动物疫病防治、畜牧业生产等职业岗位（群）所需的基本理论和专业技能，具有较强综合职业能力的高技能应用型人才”的要求，全面贯彻落实“推进职普融通、产教融合、科教融汇，优化职业教育类型定位”的时代要求，修订了《动物病理》一书。在修订过程中充分体现了职业能力本位原则、岗位群导向原则、与时俱进原则、适用性原则和启发性原则。本教材可作为高等职业院校动物医学、动物药学、畜牧兽医、动物防疫与检疫、宠物医疗技术和养殖专业的教材，也可作为中等职业学校师生和广大畜牧兽医工作者的参考书。

全书由陈文钦统稿，于洋主审。

由于我们水平有限，经验不足，时间仓促，书中的缺点和不足之处，恳切希望广大师生和读者批评指正，以便今后进一步修订。

编　者
2023 年 5 月

第2版前言

动物病理是兽医、畜牧兽医、动物检验检疫及宠物等专业的一门技术基础课与实践应用课，主要为兽医临床实践和动物检疫奠定基础。学习本课程的目的在于使学生运用相关技术方法（如尸体剖检技术、活体组织检查、临床病理学、动物实验、组织培养和细胞培养等）研究疾病发生原因、发病机理和患病动物机体内所呈现的代谢、机能和形态结构的变化，为疾病的诊断与防治提供理论依据和方法。

为贯彻落实《国家中长期教育改革和发展规划纲要（2010—2020 年）》和《国家中长期人才发展规划纲要（2010—2020 年）》精神，适应全国农业高等职业教育的发展需要，在中国农业大学出版社的组织下，按照高等职业教育人才培养目标——培养面向生产、建设、管理、服务一线的高素质技能型专门人才的要求，结合高等职业畜牧兽医类专业人才培养目标——培养“具有动物疫病防治、畜牧业生产等职业岗位（群）所需的基本理论和专业技能，具有较强综合职业能力的高技能应用型人才”的要求，编写了《动物病理》一书。在编写过程中体现了职业能力本位原则、岗位群导向原则、与时俱进原则、适用性原则和启发性原则。本教材可作为全国高等职业院校畜牧、兽医和养殖专业的教材，也可作为中等职业学校师生和广大畜牧兽医工作者的参考书。

本教材编写分工如下：绪论、实训二和实训三由张桂云编写，第四章由吴凤笋编写，第一章、第十章、第十四章、第十九章、实训七、实训十和实训十五由杨勇编写，第二章、第三章、第七章和实训一由胡平编写，第五章、第九章、第十八章、实训四和实训十四由唐伟编写，第六章、第十二章、第十六章、实训五、实训八和实训十二由陈爽编写，第八章、第十五章、实训六和实训十一由李兰茹编写，第十一章、第十三章、第十七章、实训九和实训十三由陈文钦编写，第二十章由樊琼编写，实训十六和实训十七由于洋编写。全书由于洋统稿，由中国农业大学审定。

由于我们水平有限，经验不足，时间仓促，书中的缺点和不足之处，恳切希望广大师生和读者批评指正，以便今后进一步修订。

编　者

2017 年 5 月

第1版前言

动物病理是畜牧兽医、动物检验检疫等专业的一门技术基础课与实践应用课，主要为兽医临床实践和动物检疫奠定基础。学习本课程的目的在于使学生运用相关技术方法（如尸体剖检技术、活体组织检查、临床病理学、动物实验、组织培养和细胞培养等）研究疾病的发生原因、发病机理和患病动物机体内所呈现的代谢、机能和形态结构的变化，为疾病的诊断与防治提供理论依据和方法。

为适应全国农业高等职业教育的发展需要，在中国农业大学出版社的组织下，按照高等职业教育人才的培养目标，培养面向生产、建设、管理、服务一线的高技能专门人才的要求，紧扣教育部《关于全面提高高等职业教育教学质量的若干意见》（教高〔2006〕16号）文件精神，结合农业高职畜牧兽医类专业人才培养目标，培养"具有动物疫病防治、畜牧业生产等职业岗位（群）所需的基本理论和专业技能，具有较强综合职业能力的高技能应用型人才"的要求，编写了《动物病理》一书。在编写过程中体现了职业能力本位原则、岗位群导向原则、与时俱进原则、适用性原则和启发性原则。本教材可作为全国农业高等职业院校畜牧、兽医和养殖专业的教材，也可作为中等职业学校师生和广大畜牧兽医工作者的参考书。

本教材编写分工如下：绪论、第二章、第十五章、第十六章、实训十一和实训十二由于洋编写，第一章、第十章、第十九章、实训七和实训十五由杨勇编写，第三章、第七章和实训一由李丽平编写，第四章、实训二和实训三由张桂云编写，第五章、第九章、第十八章、实训四和实训十四由张福寿编写，第六章、第十二章、实训五和实训八由张瑾编写，第八章和实训六由李兰茹编写，第十一章、第十七章和实训十三由陈文钦编写，第十三章、第十四章、实训九和实训十由陈宏智编写，第二十章、实训十六和实训十七由王胜富编写。全书由于洋统稿。

由于我们水平有限，经验不足，时间仓促，书中的缺点和不足之处，恳切希望广大师生和读者批评指正，以便今后进一步修订。

编　者

2010年10月

目 录

模块二 器官病理

模块三 病理诊断技术

绪论

【知识目标】

1. 了解动物病理的研究内容、课程性质及其在畜牧兽医类专业课程体系中的地位与作用。
2. 熟悉动物病理的研究方法。

动物病理是研究动物疾病发生、发展规律的科学。其任务是以辩证唯物主义哲学思想为指导，通过研究疾病的发生原因、发病机理和患病机体内所呈现的代谢、功能和形态结构的变化，来阐明疾病的发生、发展规律，为疾病的诊断与防治提供理论基础和方法。

一、动物病理的基本内容

本书包括基础病理、器官病理、病理诊断技术，合计 21 个项目。基础病理介绍常见而重要的基本病理过程的概念、表现及其发生发展的一般规律，分为疾病概论，应激反应，局部血液循环障碍，水盐代谢障碍及酸碱平衡紊乱，细胞与组织损伤，代偿、适应与修复，缺氧，炎症，败血症，发热，休克，黄疸，肿瘤，共计 13 个项目；器官病理介绍动物一些重要器官的常见疾病和病理过程的病理变化与发病机理，分为心脏病理，造血与免疫器官病理，呼吸器官病理，消化器官病理，泌尿与生殖器官病理，神经器官病理，共计 6 个项目；病理诊断技术介绍尸体剖检技术、病理组织切片制作技术和病理变化观察与综合分析，分为尸体剖检诊断技术、病理诊断单项实训，共计 2 个项目。

二、动物病理在兽医学科中的地位

动物病理是兽医学科中重要的专业基础学科，是兽医基础学科与临床学科之间的桥梁。动物病理的内容和任务决定了它必须以动物解剖学、动物组织胚胎学、动物生理学、动物生物化学、动物微生物学、兽医免疫学等学科作为学习的必要基础，同时它又与动物内科学、动物外科学、动物传染病学、动物寄生虫病学等临床学科有着密切的联系，它是学习临床学科的主要基础。更为重要的是，动物病理可通过尸体解剖、活体组织检查和动物实验等手段直接参与临床疾病诊断，验证临床诊疗结果，积累临床经验，促进疾病发生发展规律的研究。

三、动物病理的研究方法和先进诊断技术

动物病理的研究对象是患病动物或实验动物及其组织、细胞等，目前的研究方法和先进诊

断技术有临床病理检查、尸体剖检及眼观病理变化观察、组织切片技术和组织病理观察、超薄切片技术和超微病理观察、细胞和组织化学技术、免疫细胞化学技术、分子生物学技术、流式细胞分析技术、计算机图像分析技术、动物实验和细胞培养技术等。

(一)临床病理检查

对自然发病的动物进行临床病理反应症状观察，选用实验室检验技术对其血液、尿液等化验分析，从检测结果可以反映患病动物体内功能、代谢或某些形态结构的改变，了解疾病的发生、发展和转归。

(二)尸体剖检技术和眼观病理变化观察

对患病或死亡动物进行尸体剖检，对各系统、各器官的病理变化进行系统、全面、细致、准确地观察和记录，然后对眼观剖检病变进行综合全面的分析，得出眼观病理解剖学诊断结果。

(三)组织切片技术和组织病理观察

很多疾病通过临床诊断和眼观病理解剖学诊断难以确定，需要通过组织切片技术进行光学显微镜下的组织学观察，识别肉眼观察不到的组织和细胞的病理变化，提出病理组织学诊断结论，提高病理诊断的准确性，有些病变性质如肿瘤、坏死等，通过病理组织学可以准确诊断。

(四)超薄切片技术和超微病理观察

自从1932年第一台电镜在德国问世以来，电镜技术取得了飞跃的发展，并且在医学、生物学等许多领域中得到了广泛的应用。目前，电镜的分辨率最佳可达到0.14 nm，放大倍率最高达100万倍。电镜的应用为阐明组织细胞的结构和功能发挥了巨大的作用，已成为医学科学研究和临床疾病诊断的重要工具。

电镜的种类很多，用于病理诊断主要是透射电镜，这种电镜是发展最早、应用最广、分辨本领最高的电镜，由于电镜电子束穿透能力的限制，必须应用超薄切片技术把标本切成厚度小于0.1 μm以下的薄片才适用，这种薄片称为超薄切片。超薄切片技术在透射电镜的样品制备方法中是最基本、最常用的制备技术。超薄切片的制作过程基本上和石蜡切片相似，需要经过取材、固定、脱水、浸透、包埋、切片及染色等步骤。由于电镜的高分辨本领以及电子束的照射很容易使样品变形，故对切片技术提出了更高的要求，为了获得理想的超薄切片，操作者必须十分认真地对待每一个步骤，任何环节的疏忽都有可能使制片失败。

扫描电镜能够直接观察样品表面的结构，其样品的尺寸可大至120 mm×80 mm×50 mm，样品制备过程简单，不用切成超薄切片。

(五)细胞和组织化学技术

细胞和组织化学技术是以细胞学、组织学为基础，运用物理和化学技术方法显示细胞组织结构中的各种化学成分，并对这些化学物质进行定性、定位、定量，从而分析研究生物在生理或病理状态下细胞组织的代谢、机能及形态变化规律。因此，细胞和组织化学的研究方法在医学研究中具有广泛的应用价值。

细胞和组织化学方法其原则上是运用已知的化学反应过程使细胞组织内的各种化学物质

在原位形成可见的最终有色产物，用显微镜观察其变化者称显微镜细胞组织化学；用电镜观察者则称电镜细胞组织化学；用免疫技术方法则称为免疫组织化学或免疫电镜组织化学等。用细胞和组织化学方法显示细胞组织结构中各种酶的定性、定位、定量则称为酶组织化学。

（六）免疫细胞化学技术

免疫细胞化学技术实现了在细胞水平上研究免疫反应，但光学显微镜分辨率的限制，不可能从细胞超微结构水平观察和研究免疫反应。因此，Singer 于 1959 年首先提出用电子密度较高的物质铁蛋白标记抗体的方法，为在细胞超微结构水平研究抗原抗体反应提供了可能。在此基础上，相继发展了杂交抗体技术、铁蛋白抗铁蛋白复合物技术、蛋白 A-铁蛋白标记技术、免疫酶技术及胶体金技术等。形成了电子显微镜免疫细胞化学技术，简称免疫电镜技术。

（七）分子生物学技术

分子生物学技术是以蛋白质、核酸等生物大分子的结构和功能为研究对象的一种现代研究和诊断方法。包括核酸分子杂交技术、PCR（聚合酶链式反应）技术和免疫 PCR 技术、基因重组技术、染色体分析技术等。可以从分子水平认识疾病、诊断疾病。

（八）流式细胞分析技术

流式细胞仪是单克隆抗体技术、激光技术和电子计算机技术等科学高度发展、综合的结晶。流式细胞分析技术是以一种单细胞定量分析和分选的新技术，其范围包括了细胞表面或细胞内的各种抗原、蛋白、酶以及基因表达产物；还有细胞内分子水平的核酸定量或 DNA 倍体、细胞周期分析；尤其是近年来迅速发展起来的癌基因的检测、血细胞表型分析、细胞因子和黏附分子的检查、细胞凋亡的研究、肿瘤相关抗原的监测以及单细胞的纯化等。流式细胞分析技术的应用标志着病理学、细胞学、肿瘤学、免疫学、细胞遗传学和分子生物学、生物化学等的研究进入了细胞分子水平。

（九）计算机图像分析技术

随着计算机技术的普及和图像定量分析方法的发展，病理学已开始应用计算机图像分析技术来定量研究有关病理形态结构特点，探讨其在诊断、分型、分类、预后判断中的应用等问题。

（十）动物实验和细胞培养技术

动物实验已成为医学科研和实验室诊断不可缺少的手段，通过动物病原微生物接种实验、动物实验性病理形态学观察、动物实验病理生理学观察等，研究和诊断动物疾病。

细胞培养已广泛应用于包括病理学在内的医学各个领域。通过体外培养，可以获得单一种类的细胞。在此基础上，可进一步施行定性或定量的分析，进行形态学以及生物化学、免疫学、分子生物学等方面的观察。

四、学习动物病理的指导思想和方法

学习动物病理必须以辩证唯物主义哲学思想为指导，必须运用辩证唯物主义观点观察、分析病理现象，应主要树立以下几个观点。

（一）运动发展的观点

任何病理变化从开始到结束都有其发生、发展的演变过程，在不断运动变化，在眼观标本和组织切片上观察到的病理变化，只是病理变化发展过程中某一阶段的形态，因此，在观察任何病变时，都必须以运动的、发展的观点去分析和理解，既要看到它的现状，也要分析它是如何发展来的，还可能发展成怎样的结局，这样才能了解病变的全过程，掌握疾病的本质。

（二）实践第一的观点

动物病理是一门实践性很强的学科，病理的理论知识和基本技能必须在实践中加以理解和掌握，要坚持实践、认识、再实践、再认识的学习方法，在学习时要坚持理论与实践紧密结合，既要重视理论知识学习，又要积极进行病例观察、尸体剖检、标本观察、动物实验等实践，通过实践加深对理论观点的理解，发现新问题、提出新观点，提高解决实际问题的能力。

（三）局部与整体的辩证关系

动物机体是由各个局部组成的完整统一的整体，它通过神经与体液的调节，使全身各部分保持着密切联系、协调活动，以维持机体的健康状态。在疾病过程中某局部发生了病变，必然会影响机体其他部位甚至全身。反之，有些疾病虽然是全身性的，但它的主要病变集中表现在某些局部。也就是说，局部病理过程受整体状态的制约，同时又不断影响整体，改变整体的状态。

（四）对立统一的观点

疾病是机体内损伤与抗损伤的一种对立统一体，损伤与抗损伤双方互相对立又互相联系，贯穿于疾病过程的始终，双方力量的对比决定着疾病的发展和转归。

（五）因果辩证关系

疾病的发生、发展始终存在着因果转换关系，受因果转换规律的影响，如疾病过程中机体所表现的功能、代谢异常和形态结构的改变，往往是互相联系、互相影响和互为因果的。代谢改变可引起功能和形态结构的变化；而功能改变又会影响正常代谢过程，以致引起组织器官形态结构的变化；组织器官形态结构的改变，又必然会影响其代谢和功能的正常运行。因此，在认识疾病过程中，必须注意三者之间的内在联系、因果关系，这样才能深刻认识和理解各种疾病发生发展过程。

（六）内因与外因的辩证关系

任何疾病都是有原因的，包括外因和内因。它们在疾病的发生发展中起着很重要的作用，没有外因，相应的疾病往往就不会发生。但外因通过内因而起作用，内因对疾病的发生和发展起着决定性的作用。因此，轻视外因在致病中的重要作用是不对的，但片面强调外因致病而忽视内因的决定性作用，也是错误的。只有运用唯物辩证的观点看待外因和内因的辩证关系，才能正确地认识疾病和正确地防治疾病。

【本项目关键词】

动物病理　基本内容　地位　诊断技术　学习方法

【本项目小结】

本项目主要介绍动物病理的基本内容、在兽医学科中的地位、研究方法、先进诊断技术、学习动物病理的指导思想和方法，为病理诊断学习奠定坚实的基础。

【复习思考题】

1. 动物病理的研究内容包括哪些？
2. 常用的动物病理的研究方法有哪些？
3. 辩证唯物主义医学观点包括哪些？

二维码 0-1　复习思考题参考答案

模块一　基础病理

项目一
疾病概论

【知识目标】

1. 了解疾病的基本概念及其主要特征。

2. 熟悉疾病发生的原因与分类。

3. 掌握疾病发生发展的基本规律，以及疾病的经过与转归。

【技能目标】

能够应用疾病基本概念初步分析常见疾病。

【素质目标】

培养疾病损伤与抗损伤的矛盾斗争及相互转化规律的辩证唯物主义思维。

任务一　疾病的概念

疾病与健康，同是动物生命活动的现象。在了解疾病前，首先应当知道什么是健康。健康的机体必须具有以下特征：一是健全的机体结构，二是各系统、器官具有健全的机能，三是机体具有健全的神经、体液调节机能，能够适应机体内外环境的变化。

一、疾病的概念

疾病是指动物机体在致病因素作用下发生的损伤和抗损伤的复杂斗争过程。在此过程中，动物机体表现出一系列功能、代谢和形态结构的变化，使机体内外环境之间的相对平衡状态被破坏，从而出现一系列的病理症状与体征，动物生产性能下降和经济价值降低。

以感冒为例，动物在寒冷等的刺激下，上呼吸道黏膜的防御能力降低，感冒病毒乘虚而入，造成上呼吸道黏膜损伤。此时上呼吸道黏膜上皮发生变性、坏死，动物出现的食欲减退、精神沉郁等均属于损伤反应；而流鼻液、咳嗽、发热和吞噬细胞功能增强等则属于机体与入侵的病原微生物展开斗争的抗损伤反应。如果机体的抗损伤反应消灭了入侵上呼吸道的病原微生物，并使损伤得到修复，动物则从疾病状态恢复到健康状态。若病原微生物未被消灭，机体损伤反应得不到修复，则疾病可能进一步发展，引起肺炎，最终会导致动物死亡。

二、疾病的特征

(一)疾病是致病因素作用于机体的结果

任何疾病都是有原因的，查明疾病原因是有效防治疾病的先决条件，但是疾病的发生不单纯是致病因素直接作用的结果，还与机体内部因素和外界条件有着密切关系。

(二)疾病有其特征和症状

临床上根据动物表现才能发现其是否患病，是普通病还是传染病，然后根据其典型症状，才能诊断出患有什么疾病。

(三)疾病的发生发展有其规律性

任何疾病都有发生、发展的自身规律，并且在疾病经过中还存在阶段性，只有认识疾病的阶段性和特殊性，才能正确诊断和治疗疾病。

(四)疾病是完整机体的反应

在疾病过程中，损伤与抗损伤反应是完整机体的反应，而在局部器官出现代谢、机能和形态结构的改变，则是全身反应在局部的集中表现。如化脓性肺炎，机体出现的体温升高和白细胞增多等，则是全身性抗损伤反应，而局部器官化脓性病变，则是全身性反应的局部表现。

(五)疾病是机体内损伤与抗损伤的矛盾斗争过程

这是疾病的本质，决定着疾病能否发生。当损伤占优势时，疾病就进一步发展和恶化，而抗损伤占主导时，疾病就逐步缓解和好转。

(六)生产性能和经济价值降低是畜禽疾病的特征

疾病能使动物的生产能力和经济价值降低，如畜禽发生疾病会引起使役能力、产肉量、产奶量、产蛋率等降低，降低养殖的经济效益。

任务二　疾病发生的原因

一、外界致病因素

(一)生物性致病因素

生物性因素是最常见的致病因素，各种病原微生物(如细菌、病毒、支原体、立克次氏体、螺旋体、真菌)和寄生虫(如原虫、蠕虫等)，可引起各种传染病、真菌病、寄生虫病、中毒病及肿瘤。

生物性致病因素作用有以下特点：

1.有一定的潜伏期

病原微生物从侵入机体开始到出现临床症状都需经过一定的潜伏期。不同病原微生物引起的疾病，潜伏期的长短不同，这与病原微生物在体内的繁殖、蔓延、产生毒素的速度和机体的抵抗力等有关。但同一病原微生物引起的疾病潜伏期是相对恒定的。如猪瘟的潜伏期自然感染 5～7 d，但有的可长达 21 d；猪丹毒一般是 3～5 d；鸡新城疫为 3～5 d。

2.有一定的选择性

病原微生物对易感动物的种属有一定的选择性。如只有猪对猪瘟病毒易感，而其他动物不易感。对侵入门户和作用部位有一定的选择性。如破伤风杆菌要通过皮肤或黏膜的损伤才能引起感染；沙门菌只有侵入肠道才有致病作用。

3.有一定的持续性和传染性

病原微生物侵入机体后，能不断繁殖、增强毒性，持续发挥致病作用，因此具有一定的持续性。有些病原微生物可随排泄物、分泌物、渗出物等排出体外，传染给其他易感动物，从而造成疾病的传播和流行。

4.与动物机体的抵抗力相关

病原微生物侵入机体是否引起疾病，与侵入宿主的病原体数量、毒力以及动物本身的抵抗力有关。当机体抵抗力强时，虽然体内带有致病微生物，但也不一定发病；相反，若机体抵抗力减弱，即使毒力不强，平时没有致病作用的微生物也可引起机体发病。

5.有一定的特异性

生物性致病因素引起的疾病有特异的免疫反应和特异性的病理变化。如猪瘟时，脾脏出现出血性梗死，肠道出现纽扣状溃疡，这些都是特异性的病理变化。病原微生物进入机体可刺激机体产生特异的免疫反应。

(二)化学性致病因素

1.无机毒物

强酸、强碱、重金属盐(如汞、铜、铅等)，能使蛋白质发生变性，可引起机体组织变性、坏死和功能障碍。

2.有机毒物

醇类、乙醚、氯仿、氰化物、有机磷农药，植物中的有机毒物如生物碱和糖苷，动物中的有机毒物如蛇毒、斑蝥毒、尸毒和病理腐败产物等，均可引起机体出现中毒。临床上还常发生药物性中毒，如雏鸡痢特灵中毒、抗生素中毒等。

3.工业毒物

化学工业废气、废水、废渣中所含的二氧化硫、硫化氢、一氧化碳等可引起环境污染，也会造成动物中毒。

化学性致病因素的作用特点：

(1)具有蓄积性　化学性致病因素进入机体后，需蓄积到一定量才会发挥作用。

(2)具有选择性　有些化学物质对组织器官有选择性地毒害作用,可将化学毒物分为肝脏毒、血液毒、神经毒等。

(3)潜伏期　化学毒物引起的疾病一般都有一较短的潜伏期。

(三)物理性致病因素

1.温度

(1)高温　高温对机体可造成局部烧伤,对全身可引起热射病与日射病。

(2)低温　低温造成局部冻伤,尤其在动物的末梢组织,如尾、耳尖、四肢等最易发生,低温能够诱发感冒和肺炎等疾病。

2.光线和放射能

(1)普通光线　普通光线是动物生长的必需条件,一般对动物没有致病作用,但当动物体内存在特殊的对光感应物质(如卟啉、荧光素、伊红等),就会对普通光线发生感应性增强的现象,称为光照病或感光过敏症。例如动物吃了荞麦或三叶草植物,又在日光下曝晒,经常会发生光过敏症,其特征是身体无色素的皮肤发生炎症,出现疹块或坏死。

(2)紫外线　适量照射对机体有利,但长期和过度照射,可引起机体局部烧伤或坏死,组织分解产物被吸收进入血液循环还可引起全身变化。

(3)X射线和其他射线　因其能穿透深层组织而产生致病作用。适当剂量照射对机体是有利的,临床上常用以治疗恶性肿瘤,但大剂量或小剂量反复照射可引起皮肤炎症、脱毛、贫血、肿瘤等疾病。

3.电流

电流对机体的作用取决于电流的强度、持续时间、性质(直流或交流),作用的器官和组织的抵抗力,以及动物种类与个体的特性。电流对机体的局部作用为引起烧伤或坏死,皮肤血管麻痹和扩张,在局部皮肤可出现树枝状和锯齿状的红色条纹。电流的全身作用可引起大面积组织烧伤和神经损伤。

4.机械性外力

一定强度的机械外力可引起机体损伤,如锐器或钝器打击、爆炸等,可使机体出现各种创伤、骨折、脱臼、振荡等。

机械性致病因素的作用特点:

(1)对组织无选择性,引起的疾病无潜伏期和前驱期。

(2)对疾病只起发动作用,而疾病的发展一般与它无关。

(3)机械外力的强度、性质、作用部位和范围,决定着引起损伤的性质、强度和后果,而一般不取决于机体的反应特征。

5.大气压

无论高气压或低气压都会引起疾病,如生活在平原的动物进入高海拔地区会发生高原病。

6.噪声

噪声对动物会产生不良影响,使动物的生理机能发生改变,如生活在噪声环境会使动物惊恐不安，消化功能紊乱，产蛋量或泌乳量下降。

(四)营养性致病因素

1. 营养物质缺乏

雏鸡日粮中缺乏维生素 E 或微量元素硒，会引起雏鸡脑软化或白肌病。长期饲料不足，动物处于慢性饥饿状态，可引起营养不良性水肿、贫血、全身性萎缩等，最终导致机体衰竭死亡。

2. 营养过剩

动物因摄食过多的精饲料引起发病也较常见，如饲喂过多黄豆类会引起牛急性瘤胃臌气、马急性胃扩张，鸡日粮中蛋白质过多会引起痛风等。

(五)其他因素

1. 自然条件

自然条件指气候、温度、湿度、光照等。当气温较高时，有利于微生物生长繁殖，消化道疾病发生较多。冬季，易发生感冒和呼吸道疾病。低洼潮湿地区有利于寄生虫生长繁殖，寄生虫病多发。

2. 生活条件

生活条件指不同社会制度、畜牧业发展水平、饲养水平、卫生防疫制度等，也会对疾病的发生产生重大影响，例如我国在新中国成立前传染病不断发生，青海、甘肃发生牛瘟大流行，死亡牛近百万头，给畜牧业生产造成巨大经济损失。新中国成立后我国大力发展畜牧业，建立起一整套合理的饲养管理制度和防疫制度，提出了“养防结合，防重于治”的方针，特别是 1998 年 1 月 1 日起施行的《中华人民共和国动物防疫法》，使有些传染病得到有效控制或基本被消灭。

二、机体内部致病因素

(一) 机体屏障结构破坏及机能障碍

1. 机体的皮肤、黏膜、屏障损伤

健康机体的皮肤、黏膜可阻止病原微生物进入机体，淋巴结可滞留病原微生物及异物，防止其扩散蔓延。血脑屏障、血生精小管屏障可阻止某些细菌、毒物以及大分子有害物质进入脑组织、睾丸组织。胎盘屏障可阻止母体内某些细菌、有害物质通过绒毛膜进入胎儿血液循环。一旦上述组织损伤，就容易感染一些疾病。

2. 机体的吞噬和杀灭机能降低

各种免疫器官均具有防御及免疫功能，此外胃液、唾液、泪液以及血清都含有杀灭病原微生物的物质，如果免疫系统受到损伤，则会导致动物容易感染疾病。

3. 机体的解毒功能障碍

肝脏是机体主要的解毒器官，肾脏是机体主要的排泄器官，如果动物的肝脏、肾脏出现功能障碍，则会导致中毒性疾病。

4. 机体的排除机能减退

消化道的呕吐、腹泻，呼吸道上皮的纤毛运动、咳嗽、喷嚏，肾脏的泌尿等，都可将各种有害物质排出体外，如果这些排除过程受阻，则可发生相应疾病。

5. 特异性免疫及其异常

特异性免疫反应包括细胞免疫和体液免疫。细胞免疫机能减退，易发生病毒、真菌性疾病和细胞内寄生虫的感染，并易发生肿瘤。体液免疫机能降低，易发生细菌感染，特别是化脓性细菌的感染。

（二）机体反应性改变

1. 种属反应性

不同种类的动物对同一种致病因素的反应性不一样，如马不会感染牛瘟病毒，牛不感染马鼻疽。

2. 个体反应性

不同个体对同一致病因素存在个体差异，如同群动物发生同一种传染病时，有的病重，有的病轻，有的则不发病。

3. 年龄反应性

一般来说，幼龄动物比成年畜（禽）的抵抗能力差，而老年动物易患各种疾病。如幼龄仔猪易发生副伤寒，而成年猪则不发生。雏鸡易发生鸡白痢而成鸡就不易发生；2 岁以下的鸭易患卵巢癌，而 4 岁以上的鸭多发生肝癌。

4. 性别反应性

雄性动物和雌性动物由于生理存在差异，患某些疾病的概率也不同，如牛和鸡的白血病，通常是雌性动物多患。

（三）机体应激性降低

应激反应是动物受到一定程度刺激后，神经、内分泌和代谢机能发生改变，以提高机体的适应能力，维持机体平衡状态。当动物适应“紧急”状态的能力降低时，则会引起应激反应性疾病。

（四）机体遗传因素影响

通过生物学、细胞遗传学和分子遗传学研究，证明许多疾病与遗传有关，动物通过遗传物质不仅能把亲代的优点传给后代，同时也能把病理缺陷传给下一代。当动物遗传基因突变或染色体畸变时，同样会引起动物发生遗传性疾病。如某些动物发生裂唇、多肢或少肢，猪鼻过长等均属遗传性疾病。

任务三　疾病的经过与转归

一、疾病发展的一般规律

(一)疾病是损伤与抗损伤斗争的结果

损伤与抗损伤是疾病发生、发展过程主要矛盾的两个方面，两者伴随疾病发展的全过程，并且相互依存、相互斗争和相互转化，对疾病能否发生、发展起着决定性作用。如果损伤占优势，疾病就发展、恶化或死亡；抗损伤占优势，疾病就好转、康复。如肠炎时，肠蠕动增强而出现腹泻，可排出细菌和毒素，有利于机体抗损伤反应，但抗损伤反应过强，也会引起新的损伤。如过度腹泻，可引起机体脱水和酸中毒，使机体再次损伤。在治疗疾病时，应抓住时机，采取有效措施，促使矛盾的主要方面向抗损伤方向发展，才能更快地治愈疾病。

(二)疾病过程中的因果转化规律

因果转化是疾病发生发展的基本规律之一。原始病因作用于机体后，产生一定的病理变化，即为原始病因作用的结果，而这个结果又可能成为疾病过程中新的发病原因，再引起新的病理变化，成为新的结果。原因与结果交替出现，相互转化形成连锁式发展过程，即为因果转化规律。这种规律贯穿于疾病的整个过程之中，其发展可以是恶性的，疾病越来越重甚至最后死亡；也可以是良性的，最后康复；也可以是恶性与良性交替出现，呈现波浪式的变化。所以，在治疗疾病的措施上，要防止和阻断疾病的“恶性循环”，促进与加强“良性循环”，这对动物疾病的转归具有重要意义。

二、疾病的经过

(一)潜伏期

潜伏期指病原侵入机体到出现一般临床症状前的一段时期。各种疾病的潜伏期不同，可能与病原体和易感动物防御功能有关。如猪瘟潜伏期为 5～7 d，破伤风为 7 d，牛口蹄疫为 2～4 d；狂犬病潜伏期差异较大，一般为 2～8 周，也可达数月或一年以上。这个阶段对疾病不能做出诊断。

(二)前驱期

前驱期指从疾病出现一般症状到典型症状出现前的一段时期。如动物出现食欲减退、精神沉郁、呼吸脉搏加快体征。这一阶段动物出现的变化，只能诊断动物患病，而不能确诊其具体的疾病。

(三)临床明显期

临床明显期指继前驱期后到动物全身主要症状或特异性症状出现的一段时期。如发生亚急性猪丹毒时，动物皮肤出现红色疹块等特征性变化。这一时期对疾病诊断具有重要意义。

(四)转归期

转归期指疾病的最后阶段。若机体的防御、代偿适应和修复能力占优势时,则疾病逐步好转或痊愈。反之,当病理损伤占优势时,则疾病发生恶化甚至造成动物死亡。

三、疾病的转归

(一)完全康复

完全康复指患病动物机体的代谢、功能、形态、结构完全修复,达到正常状态。同时各系统、机体与外界环境之间协调关系完全恢复。

(二)不完全康复

不完全康复指疾病主要症状消失,但患病动物机体的功能、代谢和形态结构未完全恢复正常状态。病理反应不明显或已停止,但遗留某些病理状态。如头部皮肤损伤后遗留瘢痕,虽创伤已愈合,但失去生长毛发的功能及汗腺、皮脂腺已不存在。

(三)死亡

1. 濒死期

动物各系统功能发生严重障碍,脑干以上的中枢神经处于深度抑制状态,各种反射基本消失、粪尿失禁、体温下降、心跳和呼吸微弱。

2. 临床死亡期

动物心跳、呼吸完全停止,反射消失,延髓深度抑制,但各组织仍然进行微弱代谢活动。此期有时是可逆的,动物经过及时抢救有复活的可能。

3. 生物学死亡

死亡的最后阶段,从大脑皮质至整个中枢神经系统及其他系统器官代谢活动完全停止,出现不可逆的变化,这是真正意义上的死亡。现代医学对死亡提出新的概念,即机体机能永远停止的标志是全脑机能的永远消失,也就是脑死亡。

【本项目关键词】

疾病　致病因素　经过　转归

【本项目小结】

本项目主要介绍疾病的概念、疾病的原因、发病机理和疾病时机体所呈现的各种形态和机能的变化,阐明疾病发生、发展和转归的基本规律,为防病治病打下坚实的基础。

【复习思考题】

1. 举例说明疾病的概念。
2. 疾病的原因包括哪些?生物性和化学性致病因素引起的疾病各有哪些特点?

3. 试以流行性感冒为例，说明疾病过程中损伤与抗损伤的斗争及其相互转化规律。
4. 疾病的经过是什么？疾病的转归有哪几种形式？
5. 结合自身实际，谈谈如何理解健康和疾病。

二维码 1-1 复习思考题参考答案

项目二
应激反应

【知识目标】

1. 熟悉应激反应的原因和机理。
2. 掌握应激反应的特性。

【技能目标】

1. 能够在疾病发生时找到应激原。
2. 能够正确处理应激性疾病。
3. 掌握减少应激性疾病发生的方法。

【素质目标】

树立减少动物应激的动物福利意识。

任务一　应激反应概述

一、应激反应的概念和类型

应激是指机体在受到各种内外环境因素的刺激或长期作用，处于“紧急状态”时发生的非特异性全身性反应。任何刺激，只要达到一定的强度，除了引起与刺激因素直接相关的特异性变化外，还可以引起一组与刺激因素的性质无直接关系的全身性非特异性反应。例如，环境温度过低、过高，中毒，噪声，惊吓(打雷、雨、雪)等，除了引起原发因素的直接效应(如寒冷引起寒战、冻伤，毒物的特殊毒性作用等)外，还出现以交感神经过度兴奋和肾上腺皮质功能异常增强为主要特点的一系列神经—内分泌反应，并由此引起动物各种功能代谢改变，如心跳加快、血压升高、肌肉紧张、分解代谢加快、血浆中某些蛋白质的浓度升高等，以维持内环境的相对稳定和提高机体的适应能力，也就是机体应付突然刺激或紧急状态的一种非特异性防御反应。不管刺激因素的性质如何，这一组反应都大致相似。这种对各种刺激的非特异性反应称为应激。

按刺激的发生速度，应激分为两种情况：一种是机体受突然刺激发生的应激，称为急性应激；另一种是长期持续性的紧张状态引起的慢性应激。应激使机体适应了外界刺激，并维持了机体的生理平衡，称为生理性应激；而由于应激导致机体出现一系列机能代谢紊乱和结构损伤，甚至发生疾病，称为病理性应激。病理性应激常称为应激综合征。所以，从某种程度上说应激的作用具有两重性：一方面，它是机体的一种非特异性防御反应，可以提高机体自身的适应能力和维持内环境的相对恒定，使机体逐渐适应逆境和提高生产性能；另一方面，如果应激刺激特别强烈或时间过久，常因神经、内分泌系统功能紊乱而引起或促使某些潜在性疾病的发生，并且应激本身也可以造成严重疾患，甚至死亡。

二维码 2-1　应激概念和生物体“自稳态”理论的提出

二、应激反应的三个时期

应激是机体维持正常生命活动必不可少的生理反应，其本质是防御适应性反应，但反应过强或持续过久，会对机体造成损害，甚至引起应激性疾病或成为许多疾病的诱因。

对应激原的反应可以是急性的或慢性的。对于一个短期的、不过分强烈的应激原，在去除应激原后，机体可以很快趋于平静。但如果应激原持续作用于机体，则应激可表现为一个动态的连续过程，H. Selye 将其称之为全身适应综合征，并将其分为三个时期。

(一)动员期

动物在应激原的刺激下，一方面出现各种损伤现象，另一方面进行抗损伤反应的动员，但主要表现为损伤现象，例如神经系统抑制、血压与体温下降、肌肉松弛、毛细血管壁通透性增高、胃肠黏膜溃疡、组织分解代谢加强、嗜酸性粒细胞和淋巴细胞减少等。同时机体也出现抗损伤反应，如肾上腺活动加强、皮质肥大、血压上升、循环血量增加、血糖升高以及嗜中性粒细胞增多等。如此时机体抵抗力降低，有的可发生休克死亡，但大多数很快过渡到抵抗期。

(二)抵抗期

通过一系列的适应防御反应，机体对应激原已获得最大限度地适应，损伤现象消失或减轻。这时，机体对引起应激反应的应激原表现抵抗力增强，而对其他各类应激原的抵抗力则有时增高，称之为交叉抵抗力；有时抵抗力反而下降，称为反交叉致敏。如果机体适应能力良好，则代谢开始加强，进入恢复期，动物生理水平趋向正常。但应激原持续作用时间过长，则可由此期进一步发展为衰竭期。

(三)衰竭期

由于应激原过强或作用时间过久，前一时期所产生的抵抗力和反应性最后耗竭，再次出现与动员期(警觉反应期)相似的各种病变。肾上腺皮质功能降低，表现为肾上腺皮质类脂颗粒显著减少，或发生变性、出血和坏死。机体内环境明显失衡，应激反应的负效应陆续显现。此期病变是不可逆的，器官功能衰退甚至休克、死亡都可在此期出现。

任务二　应激时机体的病理生理变化

一、应激时的神经—内分泌反应

应激时动物的神经系统和内分泌系统相互作用、密切配合，共同启动和促进了所有的应激反应(图 2.1)。

(一)交感—肾上腺髓质的变化

应激原的刺激所产生的神经冲动从大脑皮质到下丘脑，并刺激植物神经系统，使交感神经兴奋，其产生的结果如下：①交感神经兴奋，交感神经末梢释放去甲肾上腺素增多，其中一部分进入血液循环；②神经冲动到达肾上腺髓质，引起肾上腺髓质的肾上腺素和去甲肾上腺素的大量分泌释放，使循环血液中儿茶酚胺(肾上腺素与去甲肾上腺素的总称)的量异常增多。

这样就会引起惊恐反应，动物心跳加快，呼吸加深加快，血糖和血压升高，瞳孔扩大。通过这些变化可以动员机体的潜在力量，应付环境的急剧变化，以保持内环境的相对恒定。

(二)下丘脑—垂体—肾上腺皮质的变化

机体受应激原刺激后，丘脑下部分泌促肾上腺皮质激素释放激素(CRF)，通过垂体门脉系统转运到垂体前叶，使垂体前叶分泌促肾上腺皮质激素(ACTH)增多。ACTH 增多后，可刺

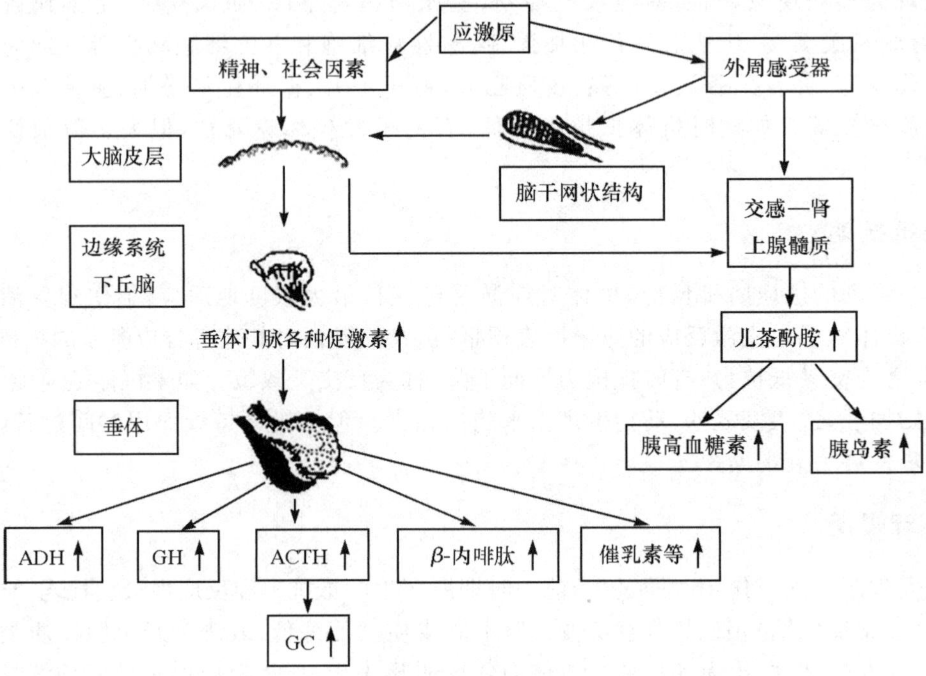

图 2.1　应激时的神经—内分泌反应

ADH—抗利尿激素　GH—生长激素　ACTH—促肾上腺皮质激素　GC—糖皮质激素

激肾上腺皮质束状带细胞分泌糖皮质激素(GC)增多。

糖皮质激素在应激反应中对提高机体的抵抗力有着重要的作用。其作用机理如下。

(1)促进蛋白质分解,促进糖异生,补充肝糖原的贮备,并抑制组织对葡萄糖的利用,从而提高血糖水平,保证重要器官的能量供应。

(2)维持循环系统对儿茶酚胺的正常反应性,这对提高心脏功能,维持外周血管的紧张性,维持血压,防止循环衰竭是至关重要的。

(3)增强溶酶体膜的稳定性,使其中的各种水解酶不致逸出到细胞浆内,从而避免或减轻水解酶对细胞的破坏作用。应激时,肾上腺皮质分泌醛固酮的能力也明显增强。醛固酮主要作用于肾小管上皮细胞,促进钠的重吸收和钾的排出,以维持内环境水盐平衡稳定,增强机体的适应能力。

肾上腺功能的变化也反映到形态上。急性应激时,眼观肾上腺变小、浅黄色,有散在的小出血点。当应激原作用弱而持续时间长时,则发现肾上腺肿大,肾上腺皮质增宽。肾上腺的病变是应激的指征之一。

(三)其他激素的分泌变化

1. 胰高血糖素分泌增多

胰高血糖素分泌增多主要与交感神经兴奋、血液中儿茶酚胺浓度升高有关。胰高血糖素能促进糖异生和肝糖原分解,形成应激性高血糖,以适应应激反应需要。

2. 生长激素分泌增多

生长激素能促进甘油、丙酮酸合成为葡萄糖,抑制组织对葡萄糖的利用,升高血糖,以适应应激反应的需要。

3. 抗利尿激素分泌增多

抗利尿激素促进肾小管重吸收水分,使尿量减少,以维持内环境的稳定。另外,抗利尿激素可使小血管收缩,但其意义还不十分清楚,有待进一步研究。

二、应激时机体机能代谢的改变

应激时,由于交感神经兴奋和下丘脑—垂体—肾上腺皮质系统分泌亢进,作用于靶器官,可引起一系列的机能、代谢的改变。

(一)循环系统的变化

应激时的交感—肾上腺髓质反应使心跳加快,心肌收缩力加强,外周小血管收缩。再加上醛固酮和抗利尿激素的作用,水、钠排出减少,有效循环血量增加,血压升高,血流加快。这有利于维持或增加心、脑以及运动时骨骼肌的血液供应,但若外周小血管收缩强烈,持续时间过久,则可引起相应器官组织的微循环缺血和细胞缺氧。

(二)消化系统的变化

应激时,胃肠道是受害最严重的器官之一,其病变是应激反应的一个主要特征,表现为胃、肠道黏膜出血、坏死及溃疡形成。其发生主要与以下四方面因素有关。

1. 胃、肠道黏膜微循环障碍

胃、肠道微循环缺血，以及随之发生的淤血、水肿和出血，可使胃肠黏膜上皮细胞坏死，屏障功能破坏，胃液中的 H^+ 回渗。

2. 胃酸和胃蛋白酶分泌亢进

应激时胃酸和胃蛋白酶分泌增加，进一步加重了胃黏膜上皮细胞的损伤，加剧了胃溃疡的发生。

3. 胃黏液的分泌量降低及其组成改变

正常状态下胃黏膜上皮细胞会持续分泌一种黏稠度很大的、不溶性的胶冻状黏液，覆盖在胃黏膜表面，对胃黏膜起保护作用。糖皮质激素可引起黏液分泌减少及成分改变，使其对胃的保护作用降低，可导致胃黏膜的损伤和胃溃疡的形成。

4. 黏膜细胞脱落超过再生

正常胃黏膜上皮细胞的脱落与更新处于平衡状态，从而保持黏膜的完整性。糖皮质激素可使胃黏膜上皮细胞再生率降低，黏膜上皮细胞的脱落大于再生，胃黏膜的完整性遭受破坏。

此外，应激时胃肠道的正常菌群失调，致病菌过度繁殖，甚至引起细菌性肠炎，也是引起胃肠道黏膜损伤的重要原因之一。

（三）免疫系统的变化

应激时免疫功能的改变主要表现为细胞免疫功能降低，单核巨噬细胞系统的吞噬功能降低，炎症反应减弱。这些变化主要与糖皮质激素分泌增多有关。

（四）血液的变化

应激时血液的变化是复杂的，包括血液内部的嗜中性粒细胞增加，嗜酸性粒细胞和淋巴细胞减少，pH 下降，血凝性升高，微血栓形成等。

（五）代谢的变化

应激时肾上腺素、糖皮质激素、胰高血糖素等分泌增加，使血糖升高，血浆内游离脂肪酸和酮体增多，蛋白质分解代谢加强，尿氮排出增多，出现负氮平衡。

（六）电解质和酸碱平衡紊乱

应激时醛固酮和抗利尿激素分泌增多，促进钠和水的重吸收，造成尿量减少、水钠潴留。应激时由于大多数组织器官的小血管收缩，乳酸等酸性代谢产物蓄积，同时由于尿量减少不能充分排出上述酸性代谢产物，易发生代谢性酸中毒。

任务三　应激性疾病

在现代化的畜牧业规模经营和生产管理中，存在很多应激原。它们可引起病理反应和疾病，使动物的生产性能下降，甚至死亡，导致经济损失。因此，在生产实际中要高度重视应激，防止应激性疾病的发生。

一、猪常见的应激性疾病

(一)猪猝死综合征

猪猝死综合征是猪应激反应最严重的一种表现形式。常见于捕捉、惊吓或注射时。事先看不到任何症状而突然死亡,有的公猪甚至在配种时,由于过度兴奋而突然死亡。

(二)猪应激综合征

猪应激综合征多见于应激敏感猪和运输应激、热应激、拥挤应激等情况。早期症状表现为肌震颤、尾抖,继而出现呼吸困难、心悸,皮肤出现红斑或紫斑(参见彩图 2.1),体温上升,可视黏膜发绀,最后衰竭死亡。死后尸僵快,尸体酸度高。肉质发生变化,如水猪肉、暗猪肉、背最长肌(即背肌)坏死等。

二维码 2-2　猪应激综合征(彩图 2.1)

二维码 2-3　猪应激综合征(知识拓展)

1. 水猪肉

水猪肉又名 PSE 猪肉,即猪肉色泽灰白,质地松软,缺乏弹性,切面多汁。组织学检查,肌纤维变粗,横纹消失,肌纤维分离,甚至坏死。其发生与遗传易感性关系密切,主要是由于宰前运输、拥挤、热或电等刺激,所以部分肌肉发达的猪过度应激,肌肉强直,糖酵解过多,生成大量乳酸,致使 pH 下降为 5.7 以下。再加上屠宰前后的高温和肌肉痉挛所产生的僵直热,致使肌纤维膜发生变性,肌浆蛋白凝固收缩,肌肉系水能力下降,使游离水增多且迅速由肌细胞渗出。PSE 肉的好发部位主要是眼肌、背最长肌、半腱肌、半膜肌,其次是腰肌、股肌等。由于水猪肉不新鲜,营养价值降低,虽能食用,但品质较差。

2. 暗猪肉

暗猪肉又名 DFD 猪肉,即猪肉色泽深暗,质地粗硬,切面干燥。主要见于强度较小而时间较长的应激反应。这类猪的肌糖原消耗较多,贮备水平非常低,产生的乳酸较少,而且多被呼吸性碱中毒产生的碱所中和,故出现 DFD 肉变化。这种肉系水能力较强,切割时不见汁液渗出。

3. 成年猪背肌坏死

病猪表现为双侧或单侧性背肌的无痛性肿胀,背肌呈苍白色变性坏死,个别猪可因酸中毒死亡。

(三)猪应激性溃疡

猪应激性溃疡是在严重应激反应中所发生的急性胃、十二指肠黏膜溃疡。事前无慢性溃疡的典型临床症状，常见猪在打斗、运输、严重疾病中突然死亡。应激性溃疡是一种急性胃肠黏膜的病变，剖检可见胃或(和)十二指肠黏膜有细小、散在的点状出血，线状或斑片状浅表糜烂，或浅表、多发性圆形溃疡，边缘不整，但不隆起，深度一般达黏膜下层，也可深达肌层，甚至造成胃肠壁穿孔。

(四)消化道菌群失调

在突然更换饲料或饲喂方法、市场交易、转圈混群等应激状态下，猪消化道的正常微生物区系遭到破坏，致使大肠杆菌、沙门菌等菌群的致病菌株大量繁殖，加之应激时胃肠道黏膜损伤，从而引起细菌性肠炎或更为严重的细菌性败血症。

二、其他动物的应激性疾病

(一)牛运输热

牛运输热是牛在转移运输等应激状态下，继发多种病原微生物感染(现已发现与此病有关的病原体至少有 10 种细菌和 8 种病毒)，所引起的一种应激性疾病。临床上表现为发热与支气管肺炎症状。常见于转移运输过程中，因恐惧、饥渴、疲劳、寒冷或过热等应激原所引起。

(二)马的应激性疾病

普遍认为马疝痛性疾病、马结肠炎、马急性出血性盲结肠炎、马急性腹泻等胃肠道疾病与应激有关，因为这些疾病虽然也能找到某些致病因素，但须有应激原存在(如天气变化，水及饲料供应不足或饲料变化，运输等)才能被激发，所以，也属应激性疾病。

(三)鸡的应激性疾病

随着养鸡业规模化、集约化发展和生产水平的提高，应激因素对鸡的健康和生产力都产生着重要的影响。实践证明，鸡在应激状态下，生产性能(产蛋率、蛋的质量、受精率、增重等)及健康状况会明显降低，鸡的免疫生物学指数显著下降，许多疾病随之发生。例如，肉仔鸡猝死症、鸡大肠杆菌病、鸡慢性呼吸道病、沙门菌病、传染性法氏囊炎、传染性支气管炎、新城疫等，均以应激为诱因。

【本项目关键词】

应激　分期　病理生理变化　应激性疾病

【本项目小结】

应激是指机体在受到各种内外环境因素的刺激或长期作用，处于“紧急状态”时发生的非特异性全身性反应。任何刺激，只要达到一定的强度，除了引起与刺激因素直接相关的特异性变化外，还可以引起一组与刺激因素的性质无直接关系的全身性非特异性反应。应激反应包括动员期、抵抗期、衰竭期三个时期。应激时动物机体出现一系列病理生理变化。应激原可引起动物机体出现病理反应和疾病。

【复习思考题】

1. 如何理解应激的概念？

2. 应激分为哪几个时期？

3. 在畜牧业生产中，我们应该采取哪些方法预防应激性疾病的发生？

二维码 2-4　复习思考题参考答案

项目三
局部血液循环障碍

【知识目标】

1. 理解充血、淤血、出血、血栓形成、栓塞、梗死的概念、发生机理及对机体的影响。
2. 掌握充血、淤血、出血、血栓形成、栓塞、梗死眼观病变的形态特征。

【技能目标】

能够准确辨认充血、淤血、出血、梗死，为病理检查和病理诊断打好基础。

【素质目标】

养成严谨求实的职业素养。

血液循环是维持动物生命活动的重要保证。通过血液循环向各器官组织输送氧和各种营养物质，同时又不断地运走组织中的二氧化碳和各种代谢产物，以保证器官组织的物质代谢和功能活动的正常进行。如果血液循环发生障碍，则会引起器官组织的代谢紊乱、功能失调，甚至形态结构改变。组织细胞的变性、坏死及炎症等变化多与血液循环变化有着密切的关系。

血液循环障碍分为全身性和局部性两种类型。全身性血液循环障碍是整个心、血管系统功能紊乱（如心力衰竭、休克等）的结果。具有弥漫性的特点，常伴有血液量与质的变化。局部性血液循环障碍是指个别器官或局部组织的循环障碍，可表现为局部含血量异常（如充血、缺血）、血液性状和血管内容物的改变（如血栓形成和栓塞）及血管壁通透性或完整性的改变（如水肿、出血）等。

全身和局部血液循环障碍在具体表现及对机体的影响上虽有不同，但两者之间的关系是十分密切，而且又相互联系。如心力衰竭时，可使肺、肝及下肢发生淤血和水肿；但局部血液循环障碍在某些特定情况下，也能引起全身性血液循环障碍。例如，心肌梗死是局部血液循环障碍的结果，严重时可引起心力衰竭，导致全身血液循环障碍。

本项目主要介绍局部血液循环障碍，全身性血液循环障碍将在其他相关项目中讨论。

任务一　充　　血

局部组织或器官的血管内血液含量增多的现象，称为充血。根据血量增多发生的机理不同，分为动脉性充血和静脉性充血。

二维码 3-1　充血与淤血概念

一、动脉性充血

动脉性充血是指局部组织或器官的小动脉及毛细血管扩张，输入过多的动脉性血液的现象，简称充血(图 3.1)。

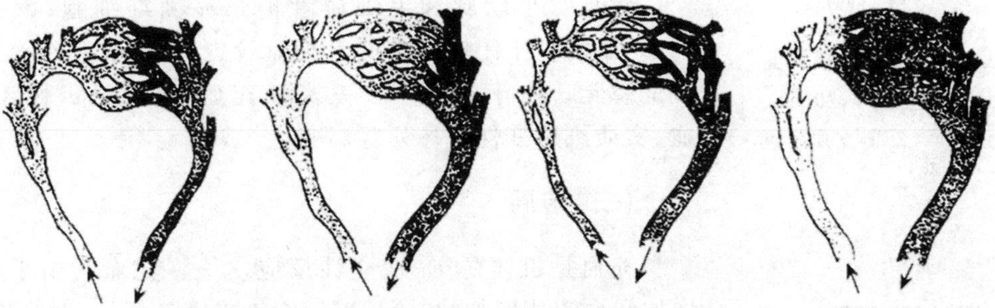

1　　2　　3　　4

图 3.1　充血、淤血和局部贫血(引自周铁忠等，2006)

1.组织静止时的血流状态　2.组织充血时的血流状态(血管扩张，血流加快)
3.组织贫血时的血流状态(血管收缩，血流滞缓)　4.组织淤血时的血流状态(静脉血管扩张，血流滞缓)

(一)病因

动脉性充血又可分为生理性充血和病理性充血。

1.生理性充血

在生理情况下，当某器官组织机能活动增强，就会引起充血。例如，采食后胃肠道黏膜充血，运动时肌肉充血，妊娠时子宫充血等，称为生理性充血。

2.病理性充血

各种致病因子作用于局部组织引起的充血，称为病理性充血。

(1)炎性充血　在炎症早期或炎灶边缘，由于致炎因子刺激血管舒张神经或麻痹缩血管神经及一些炎症介质(如组织胺、5-羟色胺、激肽、腺苷等)的作用，引起的局部组织小动脉及毛细血管扩张充血。

(2)侧支性充血　某一动脉由于血栓形成、栓塞或肿瘤压迫等原因，使动脉管腔狭窄或阻塞，其周围的动脉吻合枝(侧支)为了恢复血液供应，于是发生反射性扩张而充血，建立侧支循环，使缺血组织得到血液供应，称为侧支性充血(图 3.2)。

(3)减压后充血　动物机体某部因血管长期受压引起局部组织缺血，血管张力降低，当压力突然解除后，原受压组织内的小动脉和毛细血管反射性地扩张充血，称为减压后充血或贫血后充血。如牛瘤胃臌气或腹水时，瘤胃胀满气体或腹腔大量积水，压迫腹腔内脏器官造成缺

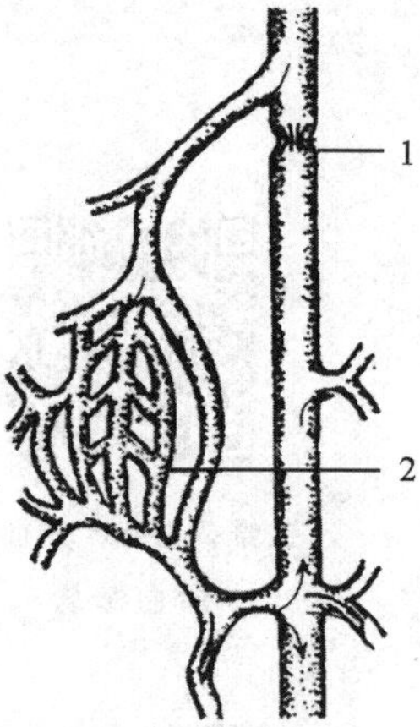

图 3.2 侧支循环模式图
(引自周铁忠等,2006)
1.阻塞处 2.侧支血管网

血,施行瘤胃放气和腹腔穿刺放水治疗时,如放气、放水过速,腹腔内压力迅速降低,腹腔内脏器官由缺血转为充血,大量血液积聚在腹腔内脏血管内,造成腹腔以外器官的有效循环血量急剧减少,血压下降,严重时引起脑贫血,甚至导致动物死亡。故施行瘤胃放气或排出腹水时应特别注意防止过速。

(二)病理变化

眼观 充血的组织器官由于局部动脉血液流入增多,血液供氧丰富,组织代谢旺盛,故局部温度升高,呈鲜红色,体积轻度增大,机能增强(如黏膜腺体分泌增多)。

镜检 小动脉和毛细血管扩张充满红细胞(参见彩图3.1),平时处于闭锁状态的毛细血管也开放,有毛细血管数增多的感觉。由于充血多半是炎性充血,故常见炎性渗出、出血、实质细胞变性或坏死等病变。

(三)结局

二维码 3-2 充血
(彩图 3.1 至彩图 3.7)

充血是机体防御、适应性反应之一。充血时由于血流量增加和血流速度加快,给局部组织带来大量氧气、营养物质、白细胞和抗体,具有抗损伤作用。同时又可将局部的病理产物和致病因子及时排出,对消除病因和修复组织损伤均有积极作用。兽医临床上常采用红外线照射、热敷和涂擦刺激药剂等人为造成充血的方法来治疗某些疾病。

充血一般是暂时的,病因消除后即可恢复。若病因作用较强或持续时间较长而引起持续性充血时,可造成血管壁的紧张度下降或丧失,血流逐渐缓慢,进而发生淤血、水肿和出血等变化。充血有时也会造成严重后果,如动物日射病时,脑部严重充血,甚至因脑出血而致死。

二、静脉性充血

静脉血液回流受阻,血液在小静脉及毛细血管内淤积,局部组织器官静脉含血量增多,称为静脉性充血,简称淤血。这是一种常见的病理变化,可分为全身性和局部性两种形式。

(一)病因

全身性淤血多见于心功能衰竭、胸膜及肺脏的疾病,使静脉血液回流受阻而发生全身性淤血。

局部性淤血见于下述情况。

1.静脉受压

静脉受压,使其管腔狭窄或闭塞,血液回流受阻,因此相应部位的器官和组织发生静脉性淤血。例如:肿瘤、肿大的淋巴结、寄生虫包囊对局部静脉的压迫,妊娠子宫对髂静脉的压迫,绷带包扎过紧对肢体静脉的压迫,肠扭转和肠套叠对肠系膜静脉的压迫以及肝硬化时门静脉受增生结缔组织的压迫等，均可引起相应器官、组织淤血。

2. 静脉管腔阻塞

静脉内血栓形成、栓塞或因静脉内膜炎使血管壁增厚等，均可造成静脉管腔狭窄或阻塞，可引起相应器官、组织淤血。但由于静脉分支多，只有当静脉管腔阻塞而血流又不能充分地通过侧支回流时，才会发生淤血。

（二）病理变化

眼观　局部淤血的组织器官，因静脉血液回流受阻，血量增多而表现为局部肿胀。同时因血流缓慢，血液中氧合血红蛋白减少，还原血红蛋白增多，使局部组织呈暗红色或蓝紫色（这在动物的可视黏膜与被毛较少或缺乏色素的皮肤上特别明显，这种症状称为发绀），淤血局部组织由于缺氧，代谢降低，产热减少，温度下降。淤血若持续发展，静脉压力升高、血管壁的通透性增高，血浆渗出增多而继发水肿（淤血性水肿）与出血；器官淤血、缺氧而坏死后，可继发结缔组织增生导致器官硬化，称为淤血性硬化。

镜检　淤血组织的小静脉及毛细血管扩张充满红细胞，小血管周围的间隙及结缔组织内积聚水肿液，阻塞时间较长的毛细血管有时发生出血。如果淤血持续时间更长，淤血组织器官的实质细胞萎缩、变性甚至坏死；间质结缔组织可发生增生。

各器官的淤血，既有上述共同的规律性表现，又有各自的特点。现以肺淤血、肝淤血的病理变化为例说明如下。

1. 肺淤血

肺淤血主要由于左心功能不全，血液淤积在左心房，阻碍肺静脉血液流入左心房，从而引起。

眼观　急性肺淤血时，肺胸膜呈蓝紫色，体积膨大，质地稍变韧，重量增加，被膜紧张而光滑，取小块淤血肺组织置于水中，呈半浮半沉状。肺切面上流出大量混有泡沫的血样液体。当含铁血黄素形成较多时，肺组织呈棕色。肺组织长期淤血因结缔组织增生及网状纤维胶原化，肺质地硬化，称为肺的“褐色硬化”。

镜检　肺内小静脉及肺泡壁毛细血管扩张，充满大量红细胞（参见彩图 3.2、彩图 3.3）；肺泡腔内出现淡红色的水肿液和数量不等的红细胞及巨噬细胞。这种巨噬细胞的胞浆内常含有含铁血黄素颗粒，称为心力衰竭细胞（图 3.3）。

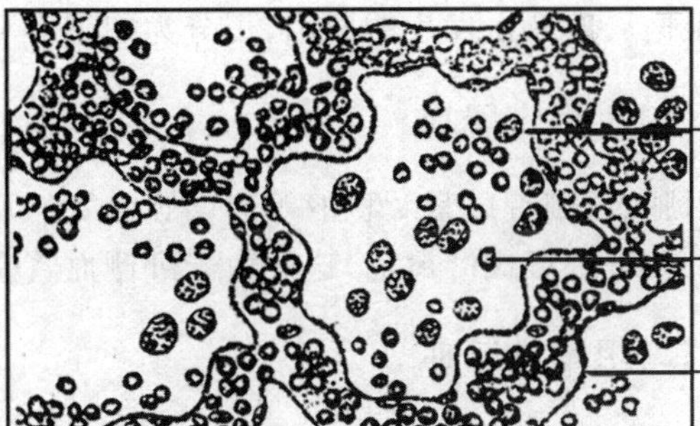

图 3.3　慢性肺淤血

（引自周铁忠等，2006）

1. 心力衰竭细胞　2. 肺泡腔内的红细胞

3. 肺泡壁毛细血管高度扩张弯曲

2. 肝淤血

肝淤血主要见于右心功能不全，肝静脉与后腔静脉回流障碍时。

眼观　肝体积肿大，被膜紧张，边缘钝圆，重量增加，呈紫红色或暗红色，质地较实。切面流出多量暗红色凝固不良的血液。淤血较久时，由于淤血的肝组织伴发脂肪变性，肝切面上形成暗红色淤血区和土黄色脂变区相间的花纹，如槟榔切面，故有“槟榔肝”之称(参见彩图3.4、彩图3.5)。

镜检　肝小叶中心部的窦状隙及中央静脉扩张，充满红细胞。病程稍久，肝小叶中心部肝细胞因受压迫而发生萎缩或消失，肝小叶周边肝细胞因缺氧而发生脂肪变性(参见彩图3.6、彩图3.7)。如肝淤血较长，肝细胞萎缩消失后，发生网状纤维胶原化，间质结缔组织增生，此时肝脏眼观体积缩小、变硬，称为淤血性肝硬化。

(三)结局

短暂的淤血在病因消除后可迅速恢复正常的血液循环。如果淤血持续时间过长，侧支循环又不能很好建立时，淤血局部除水肿与出血外，还发生血栓形成，局部组织得不到足够的氧和营养物质供应，代谢中间产物蓄积，淤血组织或器官的代谢及机能下降，实质细胞萎缩、变性、坏死，间质结缔组织增生，组织或器官硬化等。淤血的组织抵抗力降低，损伤不易修复，容易继发感染发炎。

任务二　局部缺血

器官或组织的含血量减少，称为局部缺血。局部缺血可以是全身性贫血的局部表现，也可以是局部血液循环障碍的结果。

一、病因和机理

根据局部缺血发生的原因，可分为如下类型。

(一)压迫性缺血

因肿瘤、绷带过紧及积液等对动脉血管的压迫，使血管腔变狭窄或闭塞所致。临床上，大动物长期躺卧形成的褥疮，这是由于卧侧血管受到压迫，局部缺血造成组织坏死的实例。

(二)阻塞性缺血

动脉管腔内血栓形成、栓塞等，造成血管阻塞，以致血液供应受阻而发生局部缺血。

(三)血管痉挛性缺血

麦角碱中毒、肾上腺素分泌过多、寒冷、严重创伤等，引起缩血管神经兴奋，反射性地引起动脉痉挛性收缩而造成缺血。

二、病理变化

局部缺血的器官或组织，体积缩小，局部温度降低，充实感减弱，被膜皱缩。切面少血或无血。由于含血量减少，失去血液的红色而呈现器官组织的固有色泽(如肺、肾和黏膜呈灰色，肝呈褐色)。对缺氧敏感的组织细胞常发生萎缩、变性或坏死。

三、结局和对机体的影响

局部缺血的后果取决于缺血的程度、持续时间、器官组织对缺氧敏感程度及有无侧支循环代偿等因素。如果动脉血流完全断绝，又不能建立侧支循环，组织可发生急性坏死，这将在本项目“任务六　梗死”中讨论。心肌与骨骼肌相比较，心肌对缺氧敏感，骨骼肌的耐受能力较强。结缔组织与实质细胞相比，贫血缺氧导致实质细胞萎缩、变性或坏死，反而结缔组织会增生。

任务三　出　血

血液（主要指红细胞）流出心脏、血管之外，称为出血。血液流出体外，称为外出血；血液流入体腔或组织间隙内，称为内出血。

一、病因和机理

按照出血的原因和发生机理可分为两种类型。

（一）破裂性出血

这是指由于心脏、血管破裂而引起的出血。可发生于心脏、动脉、静脉和毛细血管，而且多为局限性。引起心脏、血管破裂性出血的主要原因有：机械性损伤（如咬伤、刺伤、枪伤、挫伤等），血管壁被周围的病变侵蚀（如肿瘤、炎症、溃疡等），心脏或血管壁本身病变（如心肌梗死、动脉硬化、动脉瘤、静脉曲张等）。当动物血压突然升高时，也可引起血管破裂出血。

（二）渗出性出血

这是指毛细血管和微静脉壁的通透性升高，血液通过扩大的内皮细胞间隙和损伤的血管基底膜而渗到血管外。这是动物临床上最常见的出血类型，并且常为全身性。渗出性出血的主要原因有：

1. 血管壁的损伤

多见于急性传染病（如猪瘟、巴氏杆菌病、猪丹毒、猪败血性链球菌病、炭疽、鸡新城疫、兔瘟等）、寄生虫病（如球虫病）、中毒病（如霉菌毒素）、淤血、炎症等，均能破坏毛细血管壁，使其通透性增高而发生渗出性出血。

2. 血小板质与量的改变

血小板对毛细血管内皮细胞具有营养和支持功能，受损的内皮细胞可由血小板修复。当病毒感染、白血病、弥散性血管内凝血（DIC）、尿毒症时，血小板数量减少，性质改变，均可引起渗出性出血。

3. 凝血因子缺乏

DIC、败血症或休克等病理过程中，凝血因子大量消耗；或重症肝炎和肝硬化时，肝内凝血因子合成障碍；或维生素 K 缺乏，使肝合成凝血因子障碍等，均能导致凝血障碍而发生出血。

二、病理变化

出血的病理变化因出血的原因、血管种类、局部组织的性质、出血的速度及部位的不同而有差异。血液流入体腔内称为积血(如胸腔、腹腔、心包腔、颅腔的积血等)。血肿是指大量出血局限在组织内,血液聚集一处,呈肿块样隆起,常见于破裂性出血时。皮肤、黏膜、浆膜和实质器官的点状出血称为淤点(一般直径不超过 1 mm)(参见彩图 3.8 至彩图 3.11)。斑块状出血,称为淤斑(直径由数毫米至十毫米),主要见于渗出性出血。某些浆膜或组织内常见的不规则的弥漫性出血,称为溢血。出血性浸润是指毛细血管的血液渗入血管周围间隙,随后浸润到邻近组织内,呈大片暗红色。多发生于淤血性水肿。

二维码 3-3 出血
(彩图 3.8 至彩图 3.11)

三、对机体的影响

一般小血管的破裂性出血,多可自行止血,这是由于受损的血管收缩,局部血栓形成和流出的血液凝固所致。流入组织内的血液量少时,红细胞可被巨噬细胞吞噬后运走,出血灶可完全吸收而不留痕迹。若出血量较多,则红细胞破坏,血红蛋白分解为含铁血黄素沉着在组织中或被巨噬细胞吞噬。大的血肿因吸收困难,常在血肿周围形成结缔组织包囊,随后由结缔组织取代发生机化。

出血的后果因出血部位、出血量、出血速度和持续时间而不同。脑、心等器官的出血,其后果严重甚至可危及生命。急性大出血,在短时间内出血量为总血量的 20%～25%及以上时,机体难以代偿适应,血压急剧下降,可发生出血性休克。少量而长期持续的出血,机体虽能充分发挥代偿适应反应不会致死,但能导致全身性贫血及器官的物质代谢障碍。

任务四　血栓形成

在活体的心脏或血管内,血液发生凝固或血液中某些成分析出并凝集,形成固体物质的过程,称为血栓形成。所形成的固体物质称为血栓。

血液内存在着凝血系统与抗凝血系统(纤维蛋白溶解系统)。在生理状态下,血液中的凝血因子不断被激活,产生少量凝血酶,形成微量纤维蛋白,沉着在血管内膜上,但这些微量纤维蛋白又不断地被激活了的纤维蛋白溶解系统所溶解。同时被激活的凝血因子也不断地被单核巨噬细胞系统所吞噬。正常时,凝血与抗凝血两者保持着动态平衡。一旦这种平衡被破坏,血液便可在心脏、血管内凝固,即形成血栓。

一、形成条件和机理

(一)心、血管内膜损伤

正常心、血管内膜是完整而光滑的,完整的内皮细胞有抑制血小板黏集和抗凝血作用。当内膜受到损伤时,内皮细胞发生变性、坏死、脱落,内皮下的胶原纤维暴露,从而激活内源性凝血系统的凝血因子Ⅻ，即启动凝血过程，产生凝血酶。而且受损伤的内膜变粗糙，则有利于血小板沉积和黏附于暴露的内皮下胶原纤维上，黏附的血小板破裂后，释放多种血小板因子，激发凝血过程，同时损伤的内膜可释放组织凝血因子，激活外源性凝血系统引起血液凝固，从而形成血栓。兽医临床上，心血管内膜的损伤多见于炎症时，如猪丹毒时心内膜炎；也见于血管结扎缝合等情况。

(二)血流状态改变

这主要是指血流缓慢、漩涡形成和血流停止等。正常情况下，血液中的有形成分(红细胞、白细胞、血小板)在血流的中轴流动(轴流)，血浆在周边部流动(边流)。边流的血浆带将血液有形成分与血管壁隔开，阻止血小板与内膜接触。当血流缓慢或有旋涡产生时，血小板便离开轴流而进入边流，增加了与损伤血管内膜接触的机会，有利于血栓的形成。血流状态的改变常见于心力衰竭、心血管病变等。

(三)血液性质改变

这主要是指血液凝固性增高，见于血小板和凝血因子增多。如严重伤创、大面积烧伤、产后或大手术时，血液中血小板数目增多，黏性增高；同时血浆中纤维蛋白原、凝血酶原及其他凝血因子(Ⅻ、Ⅶ)等含量也增加，为血栓形成创造了条件。

上述 3 种因素，往往同时存在，但在血栓形成的不同阶段，其作用又各有所侧重。正确掌握血栓形成的条件，就可在动物临床实践中针对实际情况，采取相应措施，防止血栓形成。如外科手术过程中应注意操作轻柔，尽量避免损伤血管。长期静脉注射时，应避免使用同一部位。

二、形成的过程

血栓形成的过程，包括血液中血小板的析出并凝集和血液凝固两个方面，它是在血管内血液不断流动的情况下，逐渐形成的(图 3.4)。首先是血小板从轴流中分离析出，并黏附在损伤的血管内皮处，进而黏集成堆，随之有少量白细胞和纤维蛋白沉积，形成灰白色血栓，即血栓头部。白色血栓形成后突入血管腔内，使血流变慢并产生漩涡运动，故使血小板进一步大量析出和凝集，形成许多有分枝的小梁，形如珊瑚，表面黏附许多白细胞。小梁间的血流逐渐变慢，血液中的凝血系统被激活，使纤维蛋白大量形成，并在小梁之间构成网状结构，网状结构的网眼内网罗大量红细胞和少量白细胞，于是形成了红白相间的混合血栓，即血栓体部。随着混合血栓体积增大，直至血管腔被阻塞时，则局部血流停止，血液迅速凝固，形成条索状的红色血栓(眼观呈暗红色)，即血栓尾部。

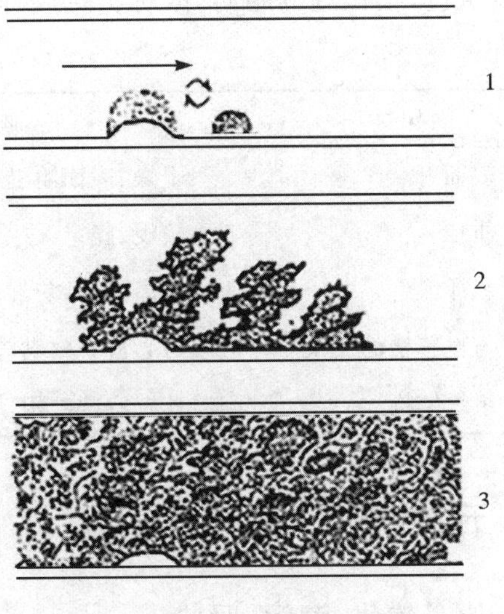

图 3.4　血栓形成过程模式图

(引自周铁忠等，2006)

1. 血小板沉着在血管壁上　2. 血小板形成小梁，并有白细胞附着　3. 血液凝固，纤维蛋白网形成

三、血栓类型

(一)白色血栓

常发生在血流速度较快的心脏或动脉内。眼观呈灰白色,表面粗糙有波纹,质实,与血管壁紧密粘连不易脱落。光镜下,可见白色血栓主要由血小板和少量白细胞及纤维蛋白构成。

(二)混合血栓

常构成静脉延续性血栓的体部。眼观呈红白交替的层状结构。光镜下,可见混合血栓主要由淡红色无结构的珊瑚状血小板小梁和充满于小梁间的纤维蛋白网及红细胞构成。血小板小梁边缘有许多嗜中性粒细胞黏附。

(三)红色血栓

常发生在血流极度缓慢或血流停止之后,其形成过程与血管外凝血相同,往往构成静脉内延续性血栓的尾部。眼观呈暗红色,刚形成的红色血栓,表面光滑,湿润并富有弹性,与动物死后血凝块一样;陈旧的红色血栓由于水分被吸收,变得干燥,表面粗糙,失去弹性,质脆易碎,易脱落形成栓塞。光镜下,红色血栓见纤维蛋白网眼内充满正常血液分布的红、白细胞。

四、血栓与死后血凝块的区别

动物死后的数小时内,血液在心血管内凝固,血凝块内红细胞均匀分布,外观呈一致的暗红色,称为死后血凝块。倘若动物缓慢死亡,血液凝固过程也缓慢,红细胞因比重较大,常沉降于血凝块的下方,而比重较轻的血小板、白细胞、纤维蛋白及血浆蛋白等,浮在血凝块的上层,呈淡黄色,很像鸡的脂肪,故称为鸡脂样血凝块。血栓与死后血凝块的区别见表 3.1。

表 3.1 血栓与死后血凝块的区别

项目	血栓	死后血凝块
表面	干燥、表面粗糙、无光泽	湿润、表面平滑、有光泽
质地	较硬、脆	柔软、有弹性
色泽	色泽混杂,灰红相间,尾部暗红	暗红色或血凝块上层呈鸡脂样
与血管壁的关系	与心血管壁黏着	易与血管壁分离
组织结构	具有特殊结构	无特殊结构

五、结局和对机体的影响

(一)软化、溶解、吸收

血栓形成后,其中的纤维蛋白网可吸附大量纤维蛋白溶解酶,使血栓中的纤维蛋白变为可溶性多肽,使血栓溶解。同时,由于血栓中的嗜中性粒细胞崩解,释放蛋白分解酶,促使血栓溶解软化。小的血栓溶解液化,可被全部吸收或被血流冲走不留痕迹;较大的血栓部分发生软化，残留部分发生机化或脱落成为栓子，随血流运行，可引起栓塞。

(二)机化与再通

血栓形成后数天内，新生的肉芽组织从血管壁血栓附着处向血栓里面生长，逐渐取代血栓，这一过程称为血栓机化。血栓机化时，常由血栓内部或血栓与血管壁之间形成裂隙，裂隙的表面被增生的血管内皮细胞所被覆，最后形成与原血管相通的一个或数个小血管，使血流重新通过，这种现象称为血栓的再通(参见彩图 3.12 至彩图 3.19)。

二维码 3-4　血栓

(彩图 3.12 至彩图 3.19)

(三)钙化

少数没有完全软化或机化的血栓，可发生钙盐沉着，称为血栓钙化。血栓钙化后成为坚硬的结石存于血管内，在静脉内形成静脉石，在动脉内形成动脉石。

血栓形成对机体有 2 种影响：一是在血管破裂处形成血栓，有止血作用。炎灶周围血栓形成，可阻止病原扩散。二是在血管内形成血栓可阻塞血管，引起组织器官缺血、梗死。心瓣膜上出现血栓，血栓机化使瓣膜肥厚或皱缩、变硬，形成瓣膜性心脏病。另外，血栓还易脱落形成栓子，随血流运行，在某些部位形成栓塞，造成广泛性梗死。微循环的大量微血栓形成，可引起全身广泛出血，导致动物休克，甚至死亡。

任务五　栓　　塞

在循环血液中出现不溶解于血液的异常物质，随血流运行堵塞血管的过程，称为栓塞。引起栓塞的异常物质，称为栓子。

一、栓塞的类型

(一)血栓性栓塞

由脱落的血栓引起的栓塞，称为血栓性栓塞，是栓塞中最常见的一种。例如患慢性猪丹毒时，心脏二尖瓣上的白色血栓脱落后，形成栓子，随动脉血流运行至脾、肾等器官的小动脉和毛细血管内，引起栓塞。

(二)脂肪性栓塞

由脂肪滴进入血流并堵塞血管引起的栓塞，称为脂肪性栓塞。多见于管状骨骨折或脂肪组织挫伤时，脂肪细胞破裂所释出的脂滴可通过破裂的静脉进入血流而引起器官组织的栓塞。

(三)空气性栓塞

正常时血液仅能溶解很少量的空气，若大量空气在短时间内进入血液，则不能溶解而成栓子，引起空气性栓塞。多发生在大静脉损伤时，由于静脉的破裂口处于负压状态，空气通过创口进入血流；或静脉注射时不慎将空气带入血流。大量空气入血之后，随着血流抵达右心，受到血流冲击后形成无数小气泡，严重妨碍静脉血向心脏回流和血液向肺动脉的输送，造成严重的血液循环障碍，可引起动物急性死亡。

（四）组织性栓塞

组织外伤或坏死的情况下，破损的组织碎片或细胞团块通过损伤的血管进入血流引起栓塞。恶性肿瘤细胞形成的瘤细胞栓塞不仅构成一般组织性栓塞的恶果，还可以引起肿瘤的转移。

（五）细菌性栓塞

机体内感染灶中的病原菌，可能以单纯菌团的形式或与坏死组织、血栓相混合，进入血液循环引起细菌性栓塞。它除了具有一般栓塞的作用外，同时还能造成细菌的播散，在全身各处引起新的感染灶，甚至可引起脓毒败血症。

（六）寄生虫性栓塞

某些寄生虫虫体或虫卵也可成为栓子，如马圆虫的幼虫经门静脉进入肝脏；旋毛虫进入肠壁淋巴管，经胸导管进入血液，均可构成寄生虫性栓塞。

二、栓子的运行途径

栓子在体内运行的途径一般和血流方向一致（图 3.5），栓子随血流运行堵塞比它小的血管。来自肺静脉、左心或动脉系统的栓子，随动脉血流运行，最后多堵塞在脾、肾、脑等器官的小动脉和毛细血管。来自大循环静脉系统的栓子，经右心室进入肺动脉，最后堵塞在肺小动脉分支或毛细血管。来自门静脉的栓子，大多随血流进入肝脏，一般在肝脏的门静脉分支处形成栓塞。

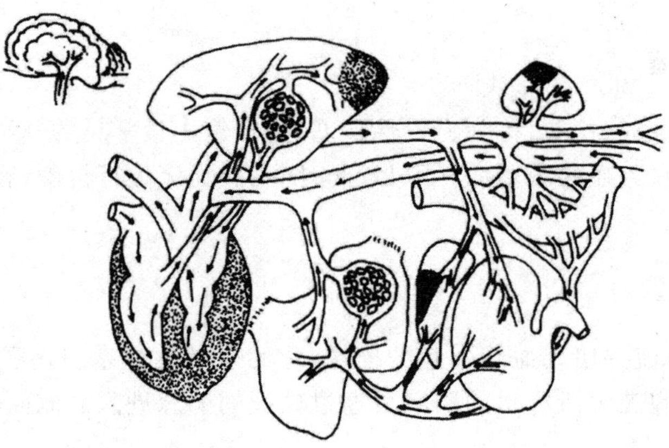

图 3.5 栓子运行示意图（引自马学恩等，2016）

栓子运行方向与血流一致，肺静脉、左心和大循环动脉系统的栓子在全身各器官形成栓塞；大循环静脉系统和右心的栓子在肺脏形成栓塞；门静脉系统的栓子在肝脏形成栓塞

三、对机体的影响

微小的栓子阻塞少数毛细血管，一般不引起严重后果。较大的血管发生栓塞时，它的后果取决于侧支循环的建立，如果有足够的侧支循环的形成，一般也不会造成严重影响。若是侧支循环未能及时建立，则局部组织常因缺血而坏死（梗死）。脑血管和心脏冠状动脉发生栓塞时，往往导致心、脑功能障碍，引起动物急性死亡。

任务六　梗　　死

血液供应中断而引起的局部组织坏死，称为梗死。通常主要动脉阻塞而又不能建立有效的侧支循环所致。

一、病因和机理

任何能引起动脉管腔闭塞，导致局部组织缺血的原因均可引起梗死。

（一）动脉阻塞

血栓形成和栓塞是引起动脉阻塞而导致梗死的最常见原因。如心脏冠状动脉和脑动脉硬化诱发的血栓形成，可将动脉完全阻塞，引起心肌梗死和脑梗死（脑软化）。

（二）动脉受压

动脉受机械性压迫而致管腔闭塞也可引起梗死。如肿瘤、炎症包块、腹水、肠套叠、肠扭转等。

（三）动脉痉挛

单纯动脉痉挛一般不会引起梗死，但在严重的动脉粥样硬化病变的基础上，当动脉壁受到刺激时，可引起反射性痉挛（如冠状动脉、脑动脉粥样硬化时发生的持续痉挛），可使管腔完全闭塞而引起梗死。

二、类型和病理变化

根据梗死灶内含血量的多少，可将梗死分为贫血性梗死（白色梗死）和出血性梗死（红色梗死）。

（一）贫血性梗死

常发生于侧支循环不丰富、组织结构比较致密的心、脾、肾等器官。当这些器官的动脉被阻塞时，血流中断，其分支及邻近动脉发生反射性痉挛，将梗死灶内的血液排挤出去，随后梗死灶内红细胞溶解消失，使梗死灶呈灰白色，故称为贫血性梗死。

病理变化特征：

眼观　贫血性梗死灶形状不一，这与器官的血管分布特点有关。大多数器官（如脾、肾等）

内的动脉血管分支的分布呈锥体形，故其梗死灶切面也呈锥形。尖端指向器官门部（即血管阻塞处），锥底位于器官的表面呈不正圆形（图 3.6）。心肌、肠道与脑的梗死灶形状不规则，这也与这些器官的血管分布有关。新鲜梗死灶因吸收水分，比正常组织稍为肿胀，略向器官表面隆起，经数日后梗死组织变干、变硬，表面略凹陷。梗死灶与正常组织交界处，常形成明显的充血和出血带；颜色暗红，界限清楚（参见彩图 3.20）。陈旧性梗死灶由于发生机化则较干燥、质硬，表面凹陷。

镜检　梗死灶的组织坏死属凝固性坏死，而脑组织的梗死为液化性坏死。早期实质细胞无明显变化，逐渐胞核溶解消失，胞浆呈颗粒状，但组织的结构轮廓尚能辨认（图 3.7，参见彩图 3.22）。在其外围有不等量嗜中性粒细胞浸润，形成白细胞浸润带。

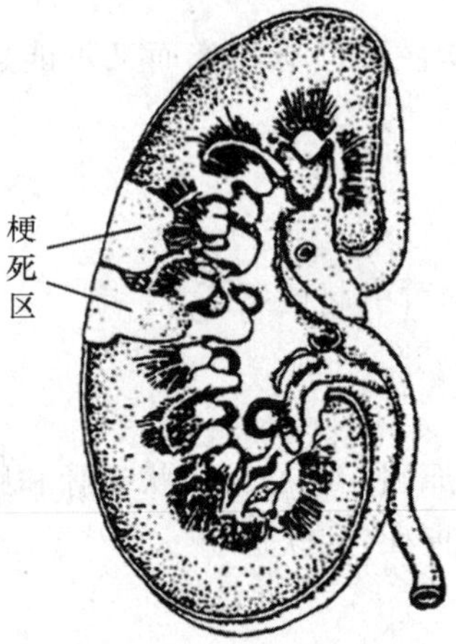

图 3.6　肾贫血性梗死

（引自周铁忠等，2006）

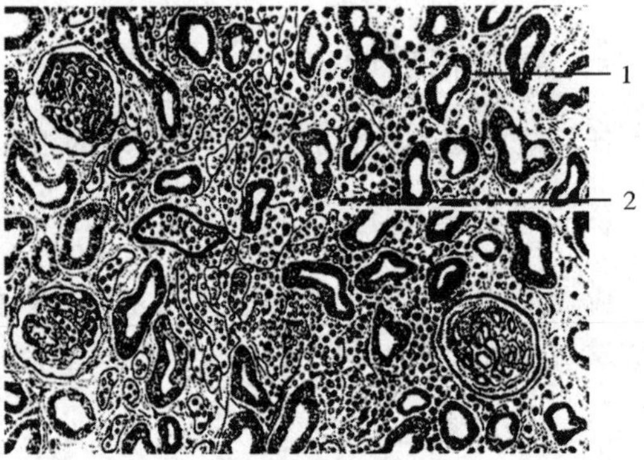

图 3.7　贫血性梗死变化

（引自周铁忠等，2006）

1. 梗死部分　2. 梗死区和非梗死区交界处有白细胞浸润、充血和出血现象

（二）出血性梗死

常发生于组织疏松，血管吻合枝丰富的组织器官。如肺、脾、肠等。出血性梗死的形成，除动脉血管阻塞外，往往还有严重的静脉淤血，此时由于静脉和毛细血管内压升高，影响动脉侧支循环的建立。此外，再如肺脏有双重血液循环供应，一支被阻塞，另一支虽有血液流动，但它不能克服梗死灶内淤血的阻力，于是血液停滞在梗死灶，血管壁缺氧，通透性升高而出血，使梗死灶呈暗红色，故称为出血性梗死。

病理变化特征：

眼观　梗死灶切面湿润，呈黑红色（参见彩图 3.21、彩图 3.23），与周围组织界线清楚。

镜检　组织结构模糊，甚至消失，小血管内充满血液，间质水肿出血。

二维码 3-5　梗死

（彩图 3.20 至彩图 3.23）

三、结局和对机体的影响

主要取决于梗死灶的部位、大小、栓子的性质以及器官组织的解剖生理特点。梗死灶小，坏死组织经酶的作用可溶解、液化、吸收而消散。梗死组织在周围健康组织中发生炎症反应，并有肉芽组织向梗死灶内生长，称为梗死机化。陈旧的机化灶常因结缔组织收缩，形成苍白色的凹陷瘢痕。若梗死灶较大，坏死组织不能被完全吸收，新生的肉芽组织在坏死组织周围形成包囊。若梗死灶含有化脓细菌，可形成脓肿。心肌与脑的梗死，常引起动物急性死亡。肠道梗死易致坏疽，甚至肠壁破裂，造成严重的后果。

【本项目关键词】

充血　淤血　出血　梗死　血栓　栓塞

【本项目小结】

局部血液循环障碍包括局部组织器官含血量的变化、血管壁的损伤、血液性状的改变三个方面。组织或器官内含血量增多称为充血，包括动脉性充血（充血）和静脉性充血（淤血）；含血量减少则称缺血，当严重缺血的组织器官未建立起动脉血管的侧支循环时，常可引起梗死。心血管的完整性或血管壁的通透性发生改变，红细胞逸出心血管之外称为出血。血液内固有成分的析出和凝固可形成血栓，血栓对机体多有不良影响。不溶于血液的异常物质阻塞局部血管造成栓塞，栓塞对机体的影响与栓子的位置及其性质有关。

【复习思考题】

1. 热疗法在兽医临床上应用的依据是什么？
2. 猪链球菌病皮肤为何出血？分析其形成的原因。
3. 在动物临床上怎样鉴别充血与出血的病变？
4. 分析慢性型猪丹毒在心瓣膜上的赘生物是如何形成的？结局如何？
5. 静脉注射时，为何要排除注射器中的空气？
6. 猪瘟脾脏边缘梗死灶属于何种梗死？分析其形成的原因。

二维码 3-6　复习思考题参考答案

二维码 3-7　动脉性充血（视频）

二维码 3-8　静脉性充血（视频）

二维码 3-9　出血（视频）

项目四
水盐代谢障碍及酸碱平衡紊乱

【知识目标】

1. 熟悉水肿的发生机理和类型。
2. 掌握水肿、脱水、酸中毒、碱中毒的概念、原因及病理变化。
3. 掌握各类型脱水的病理反应特点及处理原则。
4. 掌握酸碱平衡紊乱的类型。

【技能目标】

1. 能够识别和诊断常见组织器官水肿的病理变化。
2. 能够识别和诊断脱水的类型及确定相应的补液措施。
3. 能够识别和诊断酸中毒的类型及确定相应的纠正方法。

【素质目标】

养成精益求精的工匠精神。

任务一　水盐代谢障碍

水和电解质是构成体液的重要组成成分，体液可分为细胞内液和细胞外液两部分。细胞内液是大多数生物化学反应进行的场所，而细胞外液则是组织细胞赖以生存的体内环境，组织细胞通过内环境摄取营养、排出代谢产物，因此，体液总量、分布、渗透压及酸碱度的相对稳定，是维持机体正常生命活动的重要基础，一旦这种稳定遭到破坏，即可引起水盐代谢障碍和酸碱平衡紊乱，从而影响机体各种生理活动的正常进行。

一、水肿

(一)水肿概述

组织间液在组织间隙或体腔内蓄积过多，称为水肿。水肿液在体腔内蓄积过多时，称为积液或积水，如胸腔积水（胸水）、腹腔积水（腹水）、心包腔积水（参见彩图4.1）、脑室积水等。水肿发生于皮下时，称为浮肿。当组织器官发生炎症而出现水肿时，称为炎性水肿。水肿发生于全身时，称为全身性水肿；出现于局部时，称为局部性水肿。器官、组织水肿的一般形态变化特征是：体积增大，被膜紧张，颜色变浅或苍白，温度下降，弹性降低，功能减退。这些变化是因水肿液过多蓄积，压迫组织、细胞以及毛细血管，致使毛细血管闭锁，并使组织细胞与血管隔离，从而造成细胞缺血、缺氧、代谢障碍等。

（二）病因和机理

正常情况下，组织间液的量是保持相对恒定的。这种恒定的维持有赖于血管内、外液体交换和体内、外液体交换的动态平衡。一旦这两种平衡发生障碍，就可能引起水肿。

1. 组织间液循环障碍

在生理状态下，组织间液与血液之间保持着动态平衡。这种平衡的维持，决定于两种力量的作用。一种是促使体液滤出毛细血管的力量，即毛细血管的血压和组织液的胶体渗透压；另一种是促使体液回流入毛细血管的力量，即血浆的胶体渗透压和组织液的静水压。这两种力量的对比，决定着液体滤出或回流的速度。在生理情况下，毛细血管动脉端的滤出力量大于回流力量，故液体滤入组织间隙；而在毛细血管静脉端，则回流力量大于滤出力量，故组织间液流入毛细血管内。同时，另一部分组织间液进入毛细淋巴管内，经淋巴途径流入血液。这样就可维持组织间隙内液体的相对动态平衡（图4.1）。

二维码 4-1
心包腔积水
（彩图 4.1）

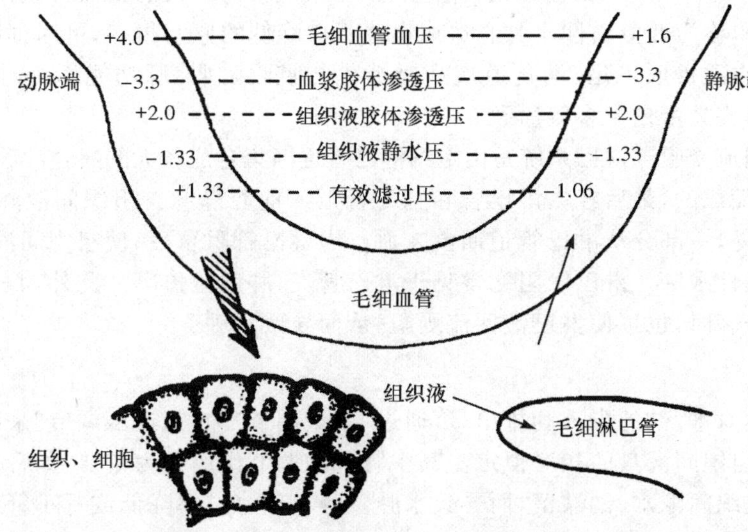

图 4.1　组织液生成与回流示意图（单位：kPa）

＋代表液体滤出毛细血管的力量　－代表液体回流入毛细血管的力量

以上诸多因素中任何一种因素发生异常，都可能造成组织液循环障碍，促使组织间液蓄积。

（1）毛细血管壁通透性增高　生理状态下毛细血管仅允许水分、各种离子成分（如钠离子、葡萄糖等)和少量清蛋白通过。在病理状态下,许多因素都可引起毛细血管壁通透性增高。这类因素包括:①组织缺氧、酸性代谢产物增多、氢离子浓度增高等,均可使毛细血管基底膜发生变性、液化,导致毛细血管壁通透性增高。②有些细菌毒素(如葡萄球菌毒素、败血性链球菌毒素)或蛇毒素等含有透明质酸酶,可分解毛细血管壁上的透明质酸,使通透性增高。③体内产生的某些血管活性物质,如组织胺、5-羟色胺、激肽类、腺苷、乳酸等,均可增强毛细血管壁通透性。临床上所见炎性水肿、中毒性水肿、变态反应性水肿等的形成机理,主要是血管壁通透性增高所致。

(2)组织液渗透压升高　常因组织缺氧、炎症及组织损伤崩解产物(蛋白崩解产物、核苷、肽类、钾等)在组织间隙蓄积,或因毛细血管壁通透性增高,血浆蛋白向组织间隙渗出增多,引起组织液渗透压升高。此外,当心、肝、肾功能不全时,水、钠在组织间隙内蓄积,可使组织液渗透压升高,引起血浆液体成分向组织间隙渗出明显增加而发生水肿。一般在局部炎症过程中,引起局部组织间液渗透压升高,出现局部水肿。

(3)毛细血管流体静压升高　毛细血管流体静压增高时,可使渗出到组织间隙中的液体成分增多,而回流入毛细血管静脉端的组织间液减少,造成组织液增多。如果增多的程度超过淋巴回流的代偿限度,则引起水肿。毛细血管流体静压增高的主要原因是静脉压升高,当各种原因引起静脉淤血时,都可使静脉压升高,组织液回流受到限制,因而出现水肿。如心力衰竭时引起全身性水肿,肝硬化时引起腹水,妊娠时子宫压迫髂外静脉引起后肢水肿等。

(4)血浆胶体渗透压降低　血浆胶体渗透压是使组织液回流入血的主要力量,因此当血浆胶体渗透压降低时,组织液回流减少,生成增多,可出现水肿。这种水肿常是全身性的。血浆胶体渗透压的高低,取决于血浆蛋白质尤其是清蛋白的含量,因为它的含量多、分子小、吸水性强,对渗透压影响大。一般认为,血浆蛋白总量低于 5 g/100 mL,或清蛋白含量低于 2 g/100 mL 时,即可发生水肿,称为低蛋白性水肿。造成血浆蛋白降低的原因很多,可因饲料品质低劣、搭配不当造成的蛋白质摄取不足;消化道疾病时消化与吸收障碍;肝功能不全时蛋白质合成减少;肾病综合征时丧失蛋白过多等所致。

(5)淋巴液回流受阻　淋巴系统是由毛细淋巴管逐渐集合成较大的集合淋巴管(图 4.2),这些淋巴管再汇聚而成的,最后经右淋巴管和胸导管汇入前腔静脉。组织间液除了从毛细血管静脉端回流入血外,一部分从淋巴管道回流入血。当淋巴管阻塞后,使组织间液回流减少而引起水肿,称为淋巴性水肿。淋巴管阻塞常见于淋巴管炎、肿瘤压迫等。此外,心力衰竭、全身性淤血、静脉内压升高时,也可使淋巴液回流受阻,从而导致水肿。

2.水钠潴留

正常时,机体对水、钠的摄入和排出量,通过"容量调节"和"渗透压调节"来维持动态平衡,保证体液总量和组织间液量的相对恒定。其中肾脏的调节作用尤为重要,如肾对水、钠排出减少,就可能引起组织间隙水、钠潴留,而导致水肿。肾小球滤过率降低或肾小管对水、钠重吸收增强,都会妨碍肾脏对水、钠的排出。

(1)肾小球滤过率降低　肾小球炎症时,肾小球机能障碍,滤过率下降。心力衰竭、肝硬化、腹水等,因有效循环血量减少,肾血流量随之下降,肾小球滤过率也降低;同时有效循环血量减少,可通过颈动脉窦及主动脉弓的压力感受器反射地引起交感-肾上腺髓质兴奋,使儿茶酚胺释放增多;加之肾血流量降低,刺激肾素-血管紧张素增多,又能使肾小球入球动脉收缩,从而加重肾小球缺血,肾小球滤过率明显降低。

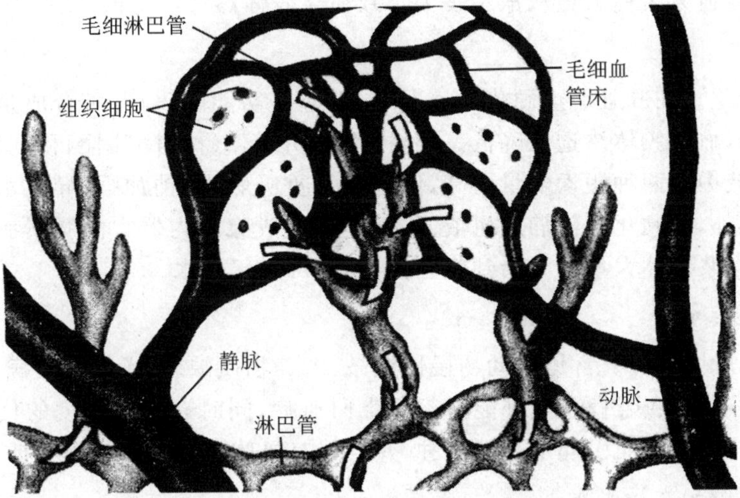

图 4.2　淋巴回流示意图(引自马学恩等,2016)

(2)肾小管重吸收增多　肾小管重吸收增多是决定体内钠、水潴留的主要方面。引起肾小管重吸收钠、水增多的因素有如下几个方面。

①激素。醛固酮促进肾小管对钠的重吸收;抗利尿激素促进远曲小管和集合管对水的重吸收。任何能使抗利尿激素或醛固酮分泌增多的因素,都可引起肾小管重吸收水、钠增多。另外,肝功能严重损伤影响抗利尿激素和醛固酮的灭活,也可促进或加重水肿的发生。

②肾血流重新分布。动物的肾单位有皮质肾单位和髓旁肾单位两种。皮质肾单位接近肾脏表面,它们的髓袢较短,因此重吸收钠、水的作用较弱。髓旁肾单位靠近肾髓质,它们的髓袢长,重吸收钠、水的作用也比皮质肾单位强得多。正常时,肾血流大部分通过皮质肾单位,只有小部分通过髓旁肾单位,但在某些病理情况下(如心力衰竭、休克),可出现肾血流的重新分配,这时肾血流大部分分配到髓旁肾单位,使较多的钠、水被重吸收,导致钠、水潴留。

以上所述是水肿发生的一般原因和机理,但具体到疾病过程中出现的水肿,多数是几种因素综合作用的结果。因此,临床上对具体病例要做具体分析。

(三)水肿类型

依据水肿发生的原因,临床上将水肿分为以下几种类型。

1. 心性水肿

左心衰竭可引起肺水肿,右心衰竭则引起全身性水肿。左心衰竭,肺部血液回心受阻,血管扩张充血,肺泡壁毛细血管通透性增高,血液中的液体成分大量渗出,引起肺水肿。右心衰竭引起的全身性水肿,在临床上主要表现为皮下疏松结缔组织丰富的部位和身体下部的水肿最为明显。心性水肿的发病机理,主要是水、钠潴留和毛细血管流体静压增高这两种因素。

2. 肾性水肿

它属于全身性水肿,是肾脏疾病的重要体征。肾功能不全和肾炎时都可能出现全身性水肿。肾性水肿在临床上的表现是以皮下组织疏松部位,特别是眼睑、阴囊、腹部皮下等部位最为明显。当肾功能不全和肾炎时,都可因肾血流量减少,肾小球滤过率下降或肾小管对水、钠的重吸收增多,或血浆蛋白大量从尿中丧失导致血浆胶体渗透压降低,从而引起水肿。

3.肝性水肿

多见于肝硬化。在肝脏严重硬化的情况下,引起肝功能障碍,肝脏合成蛋白质减少,使血浆蛋白含量下降,血浆胶体渗透压降低。同时,因肝功能障碍,对醛固酮和抗利尿激素的灭活作用减弱,使体液中这两种激素含量增高,使肾小管重吸收水、钠加强,导致水钠潴留,并引起全身性水肿。此外,肝硬化时门静脉血液回流受阻,造成腹腔内器官静脉淤血,使门静脉血管流体静压增高,血浆液体大量地漏出到腹腔内,因而可引起腹水。

4.营养不良性水肿

又称为恶病质性水肿。常见于动物慢性饥饿、营养物质缺乏、慢性传染病、严重寄生虫病、恶性肿瘤等。在这些疾病过程中,都能引起低蛋白血症,同时有不同程度的代谢障碍,主要使血浆胶体渗透压降低,因而引起全身性水肿,并且伴有机体消瘦和贫血等体征。

5.中毒性水肿和炎性水肿

这是指机体遭受各种毒物或致炎因素作用后所引起的水肿。主要是由于毛细血管壁通透性显著增高,同时组织内组织分解产物蓄积,组织液渗透压增高,滞水性增强所致的局部性水肿,常伴有局部充血、肿胀现象。

(四)常见水肿的病理变化

1.水肿液的特性

依水肿原因不同,可分为非炎性水肿和炎性水肿两类。非炎性水肿时,由血管渗出的液体称为漏出液;炎性水肿时,由血管渗出的液体称为渗出液。两者主要区别见表4.1。

表4.1 渗出液与漏出液比较表

渗出液	漏出液
1.液体浑浊、浓稠,含组织碎片	1.液体透明、稀薄,不含组织碎片
2.液体呈酸性,颜色为白色、黄色或红黄色	2.液体呈碱性,颜色为淡黄色水样液
3.相对密度在1.018以上,蛋白质含量超过4%	3.相对密度在1.015以下,蛋白质含量少于3%
4.液体内含有较多的嗜中性粒细胞、红细胞	4.液体内不含或仅有少量的嗜中性粒细胞、红细胞

注:引自罗贴逊,1993。

2.水肿组织的形态变化

由于水肿器官和组织结构不同,呈现病变特点也不同。

(1)皮肤水肿

眼观　皮肤肿胀明显,颜色苍白,弹性降低,质如面团,指压留痕且恢复缓慢。皮肤切面富有液体,压挤时流出多量无色或淡黄色透明液体。水肿部位的皮下组织呈胶冻样(参见彩图4.2)。如水肿液浸及肌间结缔组织,则间质明显增宽,呈白色条状纹理。

镜检　可见皮下组织间隙增宽,其中有多量液体,间质中胶原纤维肿胀,甚至崩解。结缔组织细胞、肌纤维、腺上皮细胞肿大,胞浆内出现水泡,甚至发生坏死。腺上皮细胞往往与基底膜分离。淋巴管扩张。HE染色标本中水肿液可因蛋白质含量多少而呈深红色、淡红色或不着染(仅见于组织疏松或出现空隙)。

(2)黏膜水肿 黏膜高度肿胀,半透明,严重时呈胶冻样,触压有波动感。

(3)肺水肿

眼观 肺体积增大,表面光亮湿润,可形象地描述为"水汪汪,亮晶晶"。由于水肿液存在于间质与肺泡腔内,故间质增宽(参见彩图4.3),并因吸入空气和肺泡内水肿液相混,形成泡沫样液,故肺切面上有大量泡沫样液体从肺组织间与支气管内流出。

镜检 肺泡内充满的淡红色液体中,混有少量脱落的肺泡上皮。炎性水肿时,水肿液中还有白细胞成分。在增宽的肺间质中可见到淋巴管扩张。

二维码4-2 水肿
(彩图4.2、彩图4.3)

(4)肝、肾、心、脾等水肿

眼观 由于肝、肾、心、脾等组织结构致密,肿胀不明显,只是表现为被膜较紧张。

镜检 肝脏水肿时水肿液主要蓄积于肝细胞索与窦状隙之间,持久性肝水肿可导致肝细胞萎缩。肾内水肿液存在于肾小管之间,使间质变宽,肾小管受压迫。心脏水肿时水肿液出现于心肌纤维之间,使心肌纤维分离,甚至萎缩与变性。

(5)脑水肿

眼观 脑沟变浅,脑回变扁平,脑室扩张,内含多量脑脊液。

镜检 神经细胞肿胀,严重时发生变性、核浓缩、虎斑小体消失等变化,脑实质内毛细血管充血,血管周围淋巴间隙扩张,充满液体。

(五)结局和对机体的影响

水肿的结局和对机体的影响,取决于水肿发生的部位、程度及持续时间。一般轻度水肿除去原因即可恢复。但严重或持久水肿,发生于重要器官时,可因水肿液压迫组织,造成组织、细胞缺血、缺氧,引起不良后果。如脑水肿时,由于脑室积液,颅内压升高,压迫脑组织,病畜往往呈现精神沉郁,运动障碍,甚至昏迷死亡。喉头水肿时,造成呼吸困难,甚至窒息。心包与胸腔积水时,心舒张不全,腔静脉受压迫,静脉血回流障碍,导致全身淤血。肺水肿则妨碍气体交换,引起机体缺氧。此外,组织水肿后,代谢障碍,可引起变性、坏死,或再生能力减弱,损伤后不易愈合。

二、脱水

机体由于水和电解质的摄入不足或丧失过多,而引起体液容量减少并伴发一系列功能、代谢障碍的病理过程,称为脱水。根据体内水分丧失的程度与血钠及血浆渗透压改变的关系,临床上将脱水分为高渗性脱水、低渗性脱水和等渗性脱水3种类型。

(一)高渗性脱水

以水分丢失为主,钠丧失次之的脱水,称为高渗性脱水,又称为缺水性脱水或单纯性脱水。其主要特征:血液浓稠,血浆渗透压升高,细胞脱水,皮肤皱缩,患畜表现口渴,尿少而比重高。

1.病因

(1)饮水不足 多见于在山地或沙漠运输与放牧的动物,因水源缺乏而饮水不足。也可见于咽部发炎、食管阻塞以及破伤风等疾病时，由于饮水障碍而引起饮水不足。

(2)失水过多　失水的途径很多，常见的有：

①经胃肠道丢失。如肠炎时，由于在短时间内排出大量的低钠性水样便，故易造成机体丢水多于丢钠。

②经皮肤、肺脏丢失。如过度使役，常使动物大汗淋漓；换气过度，导致大量水分随呼吸运动而丢失。

③经肾丢失。可见于丘脑因受肿瘤等压迫而使抗利尿激素合成、分泌障碍，或见于肾小管上皮细胞代谢障碍而对抗利尿激素反应性降低，因而经肾排出大量低渗尿；也可见于因服用过量的利尿剂，使大量水分随尿排出而造成高渗性脱水。

2.病理过程

此型脱水，水分的丢失多于钠的丢失，血浆渗透压升高，因此机体出现一系列代偿适应性反应，以保水排钠，维持细胞内外液的等渗状态。这些反应是：

(1)血浆渗透压升高，组织间液中的水分被吸入血液增多，以降低血浆渗透压，结果导致组织间液渗透压升高。

(2)血浆渗透压升高可刺激丘脑下部视上核的渗透压感受器，一方面反射性地引起患畜渴感而饮水，另一方面又通过视上核—垂体途径，使脑垂体后叶释放抗利尿激素，加强肾小管对水的重吸收，减少水分排出，故此时尿量减少。

(3)血浆中钠离子浓度增高使血钠过高，这时又可引起肾上腺皮质分泌醛固酮减少，使肾小管重吸收钠减少，从尿中排出的钠增多，以降低血浆与组织液的渗透压，故尿比重增高。通过上述保水排钠的代偿适应反应，使脱水所致血浆渗透压升高与血液循环障碍得到缓解。如果脱水继续发展，则机体的抗脱水能力将逐渐下降，疾病性质也随之发生变化。

3.对机体的影响

早期或轻度脱水，经机体调节，可使血浆渗透压有所降低，循环血量有所恢复，对机体影响不大。但如果病因未除，脱水过程持续发展，则进入失代偿期，对机体造成较大的影响。

(1)如果脱水持续下去，则因细胞外液的渗透压继续升高，细胞内水分不断地被吸出，造成细胞内脱水，如发生脑细胞脱水，患病动物呈现出运动障碍和昏迷等神经症状，甚至可导致死亡。细胞内氧化酶的活性降低，分解代谢增强，酸性代谢产物堆积，非蛋白氮含量增多，再加之尿液生成减少，故易导致酸中毒和氮质血症。

(2)脱水持续进行，从皮肤和呼吸器官蒸发的水分相应减少，散热发生障碍，因而使体温升高。此种因脱水所致的体温升高，通常称为脱水热。

根据失水程度和临床症状，可将高渗性脱水分为3个等级。①轻度：失水量相当于体重的2%～5%，患畜有渴感，少尿，可视黏膜干燥，皮肤弹性下降。②中度：失水量相当于体重的5%～10%，患畜有明显口渴，少尿，可视黏膜干燥，皮肤弹性丧失、干燥，血液黏稠，心动过速，血浆尿素氮及肌酐水平增高，精神沉郁。③重度：失水量相当于体重的10%～15%，患畜少尿、无尿，血压下降，脉搏细速，心音低弱，血浆非蛋白氮升高，血清含 K^+ 量升高，严重酸中毒，容易导致死亡。

(二)低渗性脱水

以钠丢失为主、水分丧失次之的脱水，称为低渗性脱水，又称为缺盐性脱水。其特征是：血浆渗透压降低，血浆容量及组织间液减少。患畜不感口渴，早期尿量多而比重低，容易发生低血容量性休克。

1. 病因

(1)补液不当　最常见的原因是腹泻、剧痛、中暑和过劳等引起体液大量丧失后只补充水分，忽略了电解质的补充，使血浆和组织间液的钠含量减少，其渗透压降低。

(2)丢钠过多　慢性肾功能不全时，醛固酮分泌减少，抑制肾小管对钠的重吸收。此外，治疗水肿时，使用排钠利尿的药物也可引起低渗性脱水。例如，长期连续服用氯噻嗪类等抑制肾小管对钠重吸收的利尿剂，导致钠离子大量丢失，同时还限制钠盐的摄入时，常可引起明显的低渗性脱水。

2. 病理过程

此型脱水因钠丢失过多，使血浆渗透压降低。早期机体出现一系列代偿适应性反应，以维持血浆渗透压。这些反应是：

(1)血浆渗透压降低后，组织间液中的钠离子进入血液，使组织间液渗透压下降，导致组织液中的水分大量进入细胞内，结果引起细胞水肿。又因细胞外液减少，血浆容量降低，严重时可引起低血容量性休克。

(2)血浆渗透压降低，抑制丘脑下部渗透压感受器的兴奋性，故患畜不表现渴感；同时使垂体后叶分泌抗利尿激素减少，使肾小管重吸收水分也减弱，而尿量增多，使血浆容量下降。

(3)血浆中钠离子浓度下降，血容量减少，可使肾上腺皮质分泌醛固酮增加，加强肾小管对钠的重吸收，故尿比重下降。

3. 对机体的影响

机体通过保钠、排水的调节，常可使血浆渗透压有所恢复，可使轻度的脱水得到缓解而不致对机体造成严重的危害。如病因未除，丢钠持续进行，则可引起严重的后果。

(1)细胞水肿　细胞外液低渗，使水进入细胞内，引起细胞水肿，神经细胞水肿可引起颅内压升高，而出现神经症状。组织间液因之而显著减少。

(2)外周循环衰竭　组织间液减少，水分又不断地由肾脏排出，从而使血浆的容量越来越少，进一步导致循环血量明显不足，血液浓稠，黏度增大，流速减慢，血压下降，出现外周循环衰竭。

(3)氮质血症　随着血液循环障碍的发生，肾脏的血流量也显著地减少，肾小球滤过率降低，因此尿量也急剧减少，排尿减少可导致血中非蛋白氮浓度不断升高，从而引起氮质血症。此时，患病动物呈现四肢无力，皮肤弹性减退，眼球内陷，静脉瘪缩等症状。

(4)自体中毒　严重的低渗性脱水，常由于神经细胞内严重低渗，影响神经细胞内酶系统的活性，引起中枢神经系统机能紊乱，最后，患病动物常因血液循环衰竭、有毒代谢产物在体内蓄积引起自体中毒而死亡。

根据失钠程度和临床症状，也可将低渗性脱水分为3种。①轻度：相当于每千克体重丢失氯化钠0.5 g，患畜常表现无力，不爱活动。②中度：约每千克体重丢失氯化钠0.73 g，患畜常卧地不起，视力障碍，厌食，心率快而脉搏细弱。③重度：约每千克体重丢失氯化钠1.25 g，患畜常出现昏迷等神经症状。

(三)等渗性脱水

等渗性脱水又称混合性脱水，是指体内水分和盐类都大量丧失的一类脱水。其病理特点是：血浆渗透压保持不变，水和钠成比例丧失。

1. 病因

等渗性脱水多见于急性肠炎、剧烈而持续的腹痛和大面积烧伤等疾病的初期。例如，急性肠炎时，肠液分泌亢进，并随腹泻而大量丢失；剧烈腹痛时，因肠液大量分泌和大出汗，使等渗体液大量丧失；大面积烧伤时，大量血浆成分从创面流失。所以在这些病程中都可发生等渗液大量丢失，从而引起等渗性脱水。随着脱水的发展，往往又随呼吸和皮肤不断蒸发水分，结果导致失水又略多于丢盐(钠)。

2. 病理过程

等渗性脱水初期，由于水、钠按比例大量丧失，故血浆渗透压不变。但随着脱水的发展，伴随呼吸与皮肤蒸发水分，则转向失水略多于失钠，血浆渗透压随之升高。此时，一方面通过丘脑下部渗透压感受器反射性地引起患畜产生渴感，并促进抗利尿激素分泌，加强肾小管重吸收水分，使尿量减少；另一方面因血钠浓度增高，使醛固酮分泌减少，钠排出增加，从而达到排钠保水的目的。同时，因血浆渗透压升高，组织间液甚至细胞内液的水分逐渐向血管内转移，以维持循环血液量相对恒定。但由于血浆中的实际 Na^+ 含量降低，所以转移组织间液、细胞内液和增加饮水仍不能保持机体内的水分，最终导致血液容量降低，血流缓慢，甚至发生低血容量性休克。

3. 对机体的影响

等渗性脱水既有因血量减少而引起的循环衰竭等低渗性脱水症状，又有因细胞外液渗透压升高及细胞内脱水而引起的口渴和尿少等高渗性脱水症状，故表现出具有高渗性和低渗性的综合性脱水特征。此外，等渗性脱水还可引起电解质代谢紊乱和酸碱平衡障碍。例如，当严重腹泻引起等渗性脱水时，胆汁、肠液、胰液(这些消化液中含有与血浆内浓度相似的钠、钾和浓度较高的 HCO_3^-)大量丢失，势必导致血钠与血钾过低，血浆碱贮减少，进而引起酸中毒。同时还可能由于血容量降低，循环衰竭，机体缺氧，酸性产物堆积在体内，从而进一步加重酸中毒。

(四)脱水补液原则

在补液前，应查明脱水原因和类型，测定血钠量，针对机体丢钠情况给予补充，以调整血浆渗透压。一般说来，对高渗性脱水以补水为主，盐与水的比例为 1∶2(即 1 份生理盐水加 2 份 5%～10%的葡萄糖溶液)；低渗性脱水，以补盐为主，盐与水的比例为 2∶1；等渗性脱水时，盐与水的比例为 1∶1。在补液时，还应根据脱水程度，确定补液量。

任务二　酸碱平衡紊乱

机体内环境的酸碱度必须保持相对恒定(pH 为 7.35～7.45)，才能保证细胞代谢和机能活动的正常进行。这种内环境酸碱度的相对恒定称为酸碱平衡。许多因素可破坏酸碱平衡而引起酸碱平衡紊乱。酸碱平衡紊乱时，会引起物质代谢紊乱，甚至会导致动物死亡。

一、酸碱平衡及其调节

机体在代谢过程中，不断产生酸性和碱性物质，另外有一定量的酸性或碱性物质随饲料、饲草进入机体内。如糖、脂肪、蛋白质完全氧化产生 CO_2，进入血液与 H_2O 形成碳酸；糖、脂肪、蛋白质和核酸在分解代谢中，还产生一些有机酸（如丙酮酸、乳酸、乙酰乙酸、β-羟丁酸等）、无机酸（如硫酸及磷酸等）和氨、碳酸氢钠等。但通过机体的调节，可维持酸碱平衡。机体酸碱平衡的调节主要是通过下列途径进行的。

（一）血液缓冲系统调节

由弱酸及弱酸盐组成的缓冲对分布于血浆和红细胞内，这些缓冲对共同构成血液的缓冲系统。血液中的主要缓冲对有 4 对：

(1)碳酸氢盐-碳酸缓冲系统（在细胞内 $KHCO_3/H_2CO_3$，在细胞外液中为 $NaHCO_3/H_2CO_3$），是体内最强大的缓冲系统。

(2)磷酸盐缓冲系统（Na_2HPO_4/NaH_2PO_4），是红细胞和其他细胞内的主要缓冲系统，特别是在肾小管内它的作用更为重要。

(3)蛋白缓冲系统（Na-Pr/H-Pr，Pr 为血浆蛋白质），主要存在于血浆和细胞中。

(4)血红蛋白缓冲系统（K-Hb/H-Hb 和 $K\text{-}HbO_2/H\text{-}HbO_2$），主要存在于红细胞内。

以上 4 对缓冲系统，以碳酸氢盐-碳酸缓冲系统的量最大，作用最强，故临床上常用血浆中这一对缓冲系统的量代表体内的缓冲能力。

缓冲系统能有效地将进入血液中的强酸转化为弱酸，强碱转化为弱碱，维持体液 pH 正常。如上述调节过程中，缓冲对的两个组分发生相互转化，在肺脏和肾脏的调节下，两个组分可保持相对稳定，以继续有效地发挥缓冲作用。如血液中乳酸增多，消耗 $NaHCO_3$，生成乳酸钠和 H_2CO_3，H_2CO_3 分解成 CO_2 和水，使血液中 CO_2 浓度升高可兴奋呼吸中枢使之排出加快，使 $NaHCO_3/H_2CO_3$ 比值保持相对稳定。

（二）肺脏的调节

肺可通过改变呼吸运动的频率和幅度，增加或减少 CO_2 的排出量以控制血浆 H_2CO_3 的浓度，从而调节血液的 pH。当动脉血 CO_2 分压升高、氧分压降低、血浆 pH 下降时，可反射性地引起呼吸中枢兴奋，呼吸加深加快，排出 CO_2 增多，使血液中 H_2CO_3 的浓度降低。当动脉血 CO_2 分压降低或血浆 pH 升高时，呼吸变慢变浅，排出 CO_2 减少，使血液中 H_2CO_3 的浓度升高。

（三）肾脏的调节

血液和肺的调节作用很迅速，肾的调节作用发生较慢，但维持时间较长。肾脏主要通过肾小管上皮细胞分泌 H^+、产 NH_3 和重吸收 Na^+ 并保留 HCO_3^- 来维持血浆中 $NaHCO_3$ 的含量来调节酸碱平衡。

1.碳酸氢盐的调节

碳酸氢盐的调节包括从肾小管液中重吸收 HCO_3^- 和肾小管上皮细胞内 HCO_3^- 的重新生

成。这两个过程都是通过肾小管上皮细胞主动分泌 H^+ 实现的。

(1)碳酸氢盐的重吸收　肾小管上皮细胞分泌 H^+ 以交换管腔液中的 $NaHCO_3$ 的钠而形成碳酸，后者又分解成 H_2O 和 CO_2，H_2O 随尿排出，而 CO_2 可弥散进入肾小管上皮细胞内重新生成 HCO_3^- 然后进入血液，通过 H^+-Na^+ 交换使管腔液中的 $NaHCO_3$ 逐渐减少，是否全部吸收则根据机体的需要。

(2)碳酸氢盐的重新生成　如肾小球滤液中的 $NaHCO_3$ 全部吸收，仍不足以恢复血浆的 $NaHCO_3$ 时，远曲小管中的 Na_2HPO_4 和 NaCl 中的 Na^+ 也可通过 H^+-Na^+ 交换而被吸收。但必须分泌氨才能使 H^+-Na^+ 交换继续进行下去，因为肾小管中大部分阴离子都是 Cl^-，它与分泌的 H^+ 形成盐酸，使小管液 pH 下降。当 pH 降至 4.5 以下时，肾小管就停止分泌 H^+。HCl 和 NH_3 生成 NH_4Cl，有助于小管上皮细胞进一步分泌 H^+。这时在肾小管上皮细胞中生成的 HCO_3^- 是新形成的，可以补偿血液消耗的 $NaHCO_3$。代谢性酸中毒时，NH_3 的分泌明显增加。

2. 碱多排碱

机体内碱性物质过多时，血浆 pH 上升，导致肾小管上皮细胞内碳酸酐酶的活性降低，H_2CO_3 生成和 H^+ 排泌减少，$NaHCO_3$ 等碱性物质重吸收入血也相应减少，此时，大量 $NaHCO_3$、NaH_2PO_4 可随尿排出，以降低血浆 pH。

(四)细胞的调节

组织细胞对酸碱平衡的调节作用，主要是通过细胞内外离子交换实现的。当细胞间液 H^+ 浓度升高时，H^+ 弥散入细胞内，而细胞内等量的 K^+ 移至细胞外，以维持细胞内外离子平衡。进入细胞内的 H^+ 可被细胞内缓冲系统调节。当细胞间液 H^+ 浓度降低时，上述过程则相反。

二、酸碱平衡紊乱的类型

机体虽然具有强大的调节酸碱平衡的能力，但是在许多疾病过程中，常可破坏这种平衡，引起酸碱平衡失调。酸碱平衡失调时，体内酸性或碱性物质过多，以致体液的酸碱度(pH)超出正常范围。体液的 pH 由 $NaHCO_3/H_2CO_3$ 的值决定的，正常为 20∶1，pH 为 7.4。如果 $NaHCO_3/H_2CO_3$ 的值小于 20∶1，pH 低于正常值，则体内酸过多，机体表现出多方面的临床症状，称为酸中毒。反之，若 $NaHCO_3/H_2CO_3$ 的值大于 20∶1，pH 高于正常值，则称为碱中毒。血浆中 $NaHCO_3$ 的含量受代谢状况的影响，对维持体液 pH 而言是代谢性成分。血浆中 H_2CO_3 的含量受呼吸状况的影响，对维持体液 pH 而言是呼吸性成分。由于血浆 $NaHCO_3$ 含量原发性降低(或升高)引起的酸中毒(或碱中毒)，称代谢性酸中毒(或碱中毒)；血浆中 H_2CO_3 的含量原发性升高(或降低)引起的酸中毒(或碱中毒)，称呼吸性酸中毒(或碱中毒)。据此，酸碱平衡紊乱可分为代谢性酸中毒、呼吸性酸中毒、代谢性碱中毒、呼吸性碱中毒。

(一)代谢性酸中毒

在某些情况下，由于机体内固定酸生成过多或 $NaHCO_3$ 大量丧失而引起血浆中 HCO_3^- 原发性减少，称为代谢性酸中毒。它是临床上酸碱平衡失调最常见的一种类型。

1. 病因

(1)固定酸生成过多　在许多内科病和传染病过程中,由于发热、缺氧、血液循环障碍或病原微生物及其毒素的作用,体内的糖、脂肪和蛋白质的分解代谢加强,引起乳酸、酮体、氨基酸等酸性物质生成过多并大量储积于体内,从而导致血浆 pH 下降。

(2)碱性物质丧失过多　由于血液中碱储丢失过多而引起的代谢性酸中毒,常见于急性肠炎和肠阻塞等疾病。此时,肠液分泌加强,吸收障碍,使大量碱性物质丧失过多,酸性物质相对地增多。

(3)肾脏排酸减少　肾功能不全时,常易发生酸性物质的排出障碍。例如,急性或慢性肾功能不全时,体内许多酸性代谢产物如磷酸、硫酸等均不能经肾脏排出而潴留于体内,成为引起代谢性酸中毒的主要原因。另外,肾小管上皮细胞发生病变引起细胞内碳酸酐酶活性降低,H_2O 和 CO_2 不能生成 H_2CO_3 而致泌氢障碍,或任何引起肾小管上皮细胞产氨、排铵受限,均可导致酸性物质不能及时排出而在体内蓄积。

(4)酸性物质摄入过多　口服过量的氯化铵、氯化钙等酸性盐类药物时可引起酸中毒。这是因为上述药物在体内均可产生 H^+,例如,氯化铵在体内解离为 NH_4^+ 与 Cl^-,其中 NH_3 在肝内转变为尿素的同时,还可释放出 H^+,后者可酸化体液而使血流中 HCO_3^- 下降,形成高氯血症性酸中毒。

2. 代偿适应反应

(1)血浆缓冲系统代偿　当机体内形成的固定酸(乳酸、酮体、氨基酸等)增多而使血浆中氢离子浓度增加时,机体为了维持内环境恒定,体液内的缓冲系统首先用碱储与之中和,产生对酸碱平衡影响较小的弱酸和中性盐,达到对强酸性物质的代偿性缓冲作用,使体液特别是血液的 pH 不致发生变动。

$$CH_3CHOHCOOH(\text{乳酸}) + NaHCO_3 \longrightarrow CH_3CHOHCOONa + H_2CO_3$$

(2)呼吸代偿　经碱储缓冲而生成的大量 H_2CO_3,可不断分解为 H_2O 和 CO_2,这样不仅 H^+ 增高,而且 CO_2 分压也升高,两者均可刺激主动脉体和颈动脉体的化学感受器,引起呼吸中枢兴奋,导致呼吸加深加快,肺泡通气量增多,加速呼出 CO_2,以降低血液中 CO_2 分压,随之血浆中 H_2CO_3 浓度也减少。由此可见,代谢性酸中毒时虽然 $NaHCO_3$ 含量减少,但经过呼吸代偿,使血浆中 H_2CO_3 浓度也相应减少,从而调整了 $NaHCO_3/H_2CO_3$ 的比值,使其保持不变。一般来说,呼吸系统的代偿是非常迅速的,它可在十几分钟内呈现出明显的呼吸增强作用。因此,呼吸加强是急性代谢性酸中毒的重要标志之一。

(3)肾脏排酸保碱功能增强　血浆中增多的 H_2CO_3 并非由呼吸加强所能完全消除,还有一部分被血液缓冲对中碱性磷酸钠(Na_2HPO_4)缓冲,生成 $NaHCO_3$ 和 NaH_2PO_4(酸性磷酸钠)。所生成的 $NaHCO_3$ 使血浆中的碱储得以补充,而产生的 NaH_2PO_4 则从肾脏排出。如肾脏机能正常,在排出 NaH_2PO_4 的过程中,其中的 Na^+ 还可与肾小管上皮生成的 NH_3 进行交换,结果回收了碱储而将新生的 $NH_4H_2PO_4$ 排出体外,但此时尿液呈酸性,并且铵盐的含量增加。其反应式如下:

血液　$H_2CO_3 + Na_2HPO_4 \longrightarrow NaHCO_3 + NaH_2PO_4$

肾脏　$NaH_2PO_4 + NH_3 + HCO_3^- \longrightarrow NaHCO_3 + NH_4H_2PO_4$

此外,酸中毒时,肾小管上皮分泌 H^+ 和 NH_3 的作用增强,以排酸而保碱。此时,由于肾小管排 H^+ 增多,故排 K^+ 就相应地减少,提高了血浆中的 K^+ 浓度。总之,肾小管上皮通过排出 H^+ 和 NH_3 而回收 Na^+ 及 HCO_3^-,使血液中的碱储得以恢复,$NaHCO_3/H_2CO_3$ 的值得到调整,从而把血浆 pH 维持在正常的范围内。此情况称为代偿性代谢性酸中毒。但这种代偿功能是有限的,当代谢障碍进一步加重或肺功能发生障碍时,血浆的 pH 就继续下降,于是就发展为失代偿性酸中毒。

3. 对机体的影响

在失代偿性酸中毒时,血液中增高的氢离子浓度对机体各系统特别是循环系统影响较大。酸中毒不仅能使心肌收缩减弱(H^+ 增多可竞争性抑制 Ca^{2+} 和肌钙蛋白结合,从而抑制心肌的兴奋—收缩偶联过程),心肌弛缓,心输出量减少;而降低心肌发生心室颤动的阈值,导致心脏传导阻滞和心室颤动。H^+ 还可降低外周血管对儿茶酚胺的反应性,使其扩张而血压下降。中枢神经系统可发生高度抑制,继之昏迷,最后多因呼吸中枢和血管运动中枢麻痹而死亡。

4. 治疗原则

代谢性酸中毒时要积极治疗原发病。病重时可补碱性溶液,碳酸氢钠应为首选药物。

(二)呼吸性酸中毒

当机体呼吸功能发生障碍,使体内生成的 CO_2 排出受阻,或由于某些原因使 CO_2 吸入过多,从而引起血液中 H_2CO_3 浓度原发性增高而产生高碳酸血症时,称之为呼吸性酸中毒。

1. 病因

(1)呼吸中枢受抑制　脑炎、脑损伤、麻醉剂过量、脑肿瘤等疾病,可使呼吸中枢受到抑制而导致肺通气不足或呼吸停止,CO_2 在体内潴留。

(2)呼吸肌麻痹　有机磷中毒、严重肌无力和高位脊髓损伤等疾病。

(3)胸廓疾病　胸部创伤、胸膜腔积液等。

(4)呼吸道阻塞或不畅　肿瘤压迫、喉头水肿、异物堵塞气管以及慢性支气管炎等。

(5)肺部疾病　较广泛的肺组织病变,如肺水肿、肺气肿、大面积的肺萎缩或肺组织广泛性纤维化以及肺炎等。

(6)血液循环障碍　心功能不全时,全身性淤血,CO_2 的运输和排出受阻,可使血中 H_2CO_3 浓度升高,导致呼吸性酸中毒。

(7)吸入 CO_2 过多　当厩舍过小,通风不良或畜群过于拥挤时,常因空气中 CO_2 含量过多,使病畜吸入过量的 CO_2,发生酸中毒。

2. 代偿适应反应

呼吸性酸中毒时,呼吸系统常失去代偿作用,机体的代偿调节主要靠血液中缓冲系统和肾脏的功能来完成的。

(1)血浆缓冲系统代偿　当 CO_2 排出受阻而使血液中 H_2CO_3 浓度升高时,就可导致 $NaHCO_3/H_2CO_3$ 的值小于 20∶1,使 pH 下降,从而使血液中缓冲作用大大降低。此时,缓冲系统主要靠血浆蛋白和血红蛋白缓冲系统来调节,其反应式如下:

$$H_2CO_3 + Hb \longrightarrow H \cdot Hb + HCO_3^-$$
$$H_2CO_3 + HbO_2 \longrightarrow H \cdot HbO_2 + HCO_3^-$$

从上述缓冲反应中可以看出：血液中部分 CO_2 在生成 H_2CO_3 后，可与血红蛋白起反应而生产 HCO_3^-，后者再与 Na^+ 结合而形成 $NaHCO_3$。这样就有助于使 $NaHCO_3/H_2CO_3$ 的值维持在正常范围之内。另外，当血液内二氧化碳分压升高时，CO_2 还可借助其分压差而弥散入红细胞内，在红细胞内碳酸酐酶的作用下与 H_2O 结合形成 H_2CO_3。H_2CO_3 离解后产生的 HCO_3^- 浓度如超过了血浆内 HCO_3^- 的浓度，就可由红细胞内向血浆中转移，为了维持阴阳离子的平衡，血浆内 Cl^- 则进入红细胞，以替补红细胞内所丧失的 HCO_3^-，使血浆中 HCO_3^- 浓度增高，$NaHCO_3/H_2CO_3$ 的值得到维持。

(2)肾脏的调节作用　与代谢性酸中毒时相同。但应注意，肾脏虽然具有强大的代偿能力，但其生成 HCO_3^- 是一个比较缓慢的过程，要让这种代偿功能充分发挥作用，必须经过一定时间(数小时至数日)才有可能。

3. 对机体的影响

呼吸性酸中毒对机体的影响和代谢性酸中毒基本相同，不同的是呼吸性酸中毒有高碳酸血症，高浓度的 CO_2 可使脑血管扩张，颅内压升高，导致患病动物精神沉郁和疲乏无力。若 CO_2 含量不断升高，脑血管更加扩张，则可引起脑水肿，致使病畜昏迷。在急性呼吸性酸中毒或慢性呼吸性酸中毒急性发作时，K^+ 往往从细胞内移向细胞外，使血钾急剧升高，常可引起心室颤动，导致患病动物急速死亡。

4. 治疗原则

先治疗原发病，控制感染，改善通气功能。如果 pH 过低，可谨慎使用碱性药物。

(三)代谢性碱中毒

因碱性物质摄入过多或固定酸大量丢失使血浆中 $NaHCO_3$ 原发性增加，称为代谢性碱中毒。

1. 病因

(1)酸性物质丢失过多　在急性胃肠炎时，严重的呕吐，导致酸性胃液大量丢失，使血浆中 Cl^- 减少，原来与 Cl^- 结合的 Na^+ 则相对增多，Na^+ 再与 HCO_3^- 结合成 $NaHCO_3$ 而引起碱中毒。另外当大量胃酸丢失后，肠道消化液中的 $NaHCO_3$ 不能被胃酸中和而被吸收入血，这也是碱中毒的重要原因之一。

(2)碱性物质摄入过多　在治疗某些疾病时，应用大量的碱性物质也可引起碱中毒。

(3)血钾降低　当血钾过低时，一方面可使肾小管排钾减少，排 H^+ 增多，导致血浆中 HCO_3^- 增多；另一方面细胞内的 K^+ 和细胞外的 Na^+、H^+ 互换转移，结果导致细胞内的酸中毒和细胞外的碱中毒。

2. 代偿适应反应

(1)呼吸系统代偿　血液中 $NaHCO_3$ 浓度原发性增高时，H^+ 浓度降低和 pH 增高，使呼吸中枢受到抑制，呼吸变浅变慢，通气量降低，血液中 CO_2 排出减少，使 H_2CO_3 浓度逐渐增高；但呼吸浅表又可导致机体迅速缺氧，因此，通过呼吸机能的改变所进行的代偿是短暂而有限的。

(2)肾脏的代偿　当血液中 pH 增高时肾小管上皮细胞分泌 H^+、产生 NH_3 的能力降低，因此与肾小管中的 Na^+ 交换量也随之减少，于是体内多余的 $NaHCO_3$ 可随尿排出，尿液呈碱性。这是肾脏排碱保酸作用的主要形式。由于 HCO_3^- 在肾小管腔中的浓度升高，可减少 Cl^- 和酸性代谢产物（如乳酸、酮体等）的排出，血氯往往偏高。

(3)细胞的代偿　细胞外液 H^+ 浓度降低，引起细胞内的 H^+ 与细胞外的 K^+ 进行跨膜交换，结果导致细胞外液 H^+ 浓度有所升高，往往伴发低钾血症。

通过上述代偿反应，如果 $NaHCO_3/H_2CO_3$ 的值恢复 20∶1，血浆 pH 在正常范围内，称为代偿性代谢性碱中毒，反之则称为失代偿性代谢性碱中毒。

3. 对机体的影响

代谢性碱中毒时，氧离曲线左移，释出氧量减少，此时虽然血氧含量和血氧饱和度正常，但组织有可能缺氧，病畜出现精神沉郁、昏睡甚至昏迷；碱中毒时，血浆中游离钙转变为结合钙，导致神经—肌肉的兴奋性增强，病畜出现反射亢进和肌肉抽搐；碱中毒可引起低钾血症和低氯血症。

4. 治疗原则

首先应解除病因，可给患病动物输生理盐水，因为它的 pH 为 7.0，含氯较正常血浆多 1/3，可提高血氯，促进 $NaHCO_3$ 排出，所以能纠正碱中毒。严重碱中毒时，可适当给予酸性药物，并注意补钾。

(四)呼吸性碱中毒

肺换气过度，使体内 CO_2 排出过多，并导致血浆中 H_2CO_3 含量原发性降低，称为呼吸性碱中毒。

1. 病因

(1)呼吸中枢兴奋性增高　脑炎、脑膜炎等疾病初期，呼吸中枢兴奋性增高，呼吸加深加快，肺泡换气过度，呼出大量 CO_2。

(2)某些药物中毒　某些药物如水杨酸钠中毒时，也可兴奋呼吸中枢，导致 CO_2 排出过多。

(3)机体代谢亢进　外界环境温度过高或机体发热，由于物质代谢亢进，产热增多，加之高血温的直接作用，可引起呼吸中枢兴奋性升高。

2. 代偿适应反应

呼吸性碱中毒时，由于血浆中 H_2CO_3 含量减少，形成低碳酸血症，pH 升高，故可抑制呼吸中枢，使呼吸减慢，但这种代偿极其有限。故呼吸性碱中毒代偿适应性反应主要靠肾脏排出过多的 HCO_3^- 来完成。经过肺、肾的代偿，可使血浆中 $NaHCO_3/H_2CO_3$ 的值恢复 20∶1，pH 逐渐恢复，则称为代偿性呼吸性碱中毒。在急性呼吸性碱中毒时，肾脏代偿机能未能充分发挥，血液中 H_2CO_3 急剧减少而 $NaHCO_3$ 相对升高，pH 升高，则称为失代偿性呼吸性碱中毒。

3. 对机体的影响

呼吸性碱中毒时，血液中 H_2CO_3 含量减少，pH 升高，可使脑组织抑制性物质产生减少，病畜处于兴奋状态；在碱性环境中，血浆中游离钙减少，病畜神经肌肉的应激性增高，表现反射活动亢进，抽搐甚至痉挛，最后昏迷。

4.治疗原则

轻度呼吸性碱中毒者，可不必治疗，除去原发性病因即可恢复。有明显低碳酸血症时，可谨慎给予镇静剂。

在具体的疾病过程中，四型酸碱平衡紊乱，有两种或两种以上同时或相继发生称为混合型酸碱平衡紊乱。因此，在临床实践中对于酸碱中毒要做具体分析，才能做出正确判断。

四型酸碱平衡紊乱的原因及变化特点见表4.2。

表4.2　四型酸碱平衡紊乱的原因及变化特点

项目	代谢性酸中毒	呼吸性酸中毒	代谢性碱中毒	呼吸性碱中毒
	$NaHCO_3$ ↓	H_2CO_3 ↑	$NaHCO_3$ ↑	H_2CO_3 ↓
	$NaHCO_3/H_2CO_3$ 的值小于20:1		$NaHCO_3/H_2CO_3$ 的值大于20:1	
pH	降低或正常(代偿性)		升高或正常(代偿性)	
P_{CO_2}	↓	↑	↑或正常	↓
CO_2-CP*	↓	↑(代偿性)	↑	↓(代偿性)
尿	酸性	酸性	碱性	碱性
呼吸	加深加快	功能障碍	变浅变慢	功能障碍
血 K^+	可能↑	可能↑	可能↓	可能↓
血 Ca^{2+}			↓	↓

注：CO_2-CP(二氧化碳结合力)，血浆中呈化学结合状态的 CO_2 的量称作二氧化碳结合力，即血浆 $NaHCO_3$ 中的 CO_2 含量。

【本项目关键词】

水肿　脱水　酸中毒　碱中毒

【本项目小结】

体液量和质的改变可引发多种疾病或病理过程。其中体液增多表现为水肿(等渗性体液增多)、水中毒(低渗性体液增多)、盐中毒(高渗性体液增多)，以水肿最为常见，其发生机理是组织液生成大于回流以及体内钠、水潴留；而体液减少包括高渗性脱水、低渗性脱水、等渗性脱水，是由于血浆中水和钠不同比例的丧失引起的。

动物维持内环境pH恒定的过程称为酸碱平衡，对酸碱平衡的调节主要是通过缓冲体系、肺脏和肾脏的机能改变以及细胞内外离子交换等途径实现的。血浆内 $NaHCO_3$ 浓度的原发性降低或升高分别引起代谢性酸中毒或代谢性碱中毒；血浆内 H_2CO_3 浓度的原发性升高或降低分别导致呼吸性酸中毒或呼吸性碱中毒。上述4种类型的酸碱中毒称为单纯型酸碱中毒。机体发动的适应代偿性反应可引起代偿性或失代偿性酸碱中毒两种后果。酸碱中毒对机体造成不利影响，尤以失代偿时为甚。

【复习思考题】

1. 鸡感染大肠杆菌时为什么会出现心包积液?
2. 肾脏功能障碍为什么会引起全身性水肿?
3. 肺炎时会出现肺水肿吗?为什么?
4. 腹泻为什么会引起脱水?对机体有什么影响?
5. 如何治疗脱水?
6. 持续性腹泻为什么会引起酸中毒?酸中毒对机体有何影响?如何纠正?

二维码 4-3 复习思考题参考答案　　二维码 4-4 酸中毒(视频)

项目五

细胞与组织损伤

【知识目标】

1. 了解各种细胞和组织损伤的发生原因与机理。
2. 掌握萎缩、变性、坏死、坏疽、溃疡、糜烂和机化的概念。
3. 掌握细胞肿胀、脂肪变性和透明变性的病理变化。
4. 掌握坏死的原因、类型和病理变化。

【技能目标】

1. 能够准确识别和诊断常见组织器官萎缩、变性、坏死的病理变化。
2. 能对临床上常见的坏死和梗死做出正确的区分。

【素质目标】

树立细致观察、严谨识别病变的工匠精神。

动物在生命活动的过程中会经常受到各种环境因素的影响，机体可通过神经、体液和自身调节机能对刺激做出应答反应，从而适应环境条件的改变，保证细胞和组织的正常机能。但是，机体的这种调节能力是有限度的，当刺激的性质、种类、强度和持续的时间超越了一定的界限时，就可导致细胞和组织的损伤，甚至会引起细胞的死亡。

细胞和组织的损伤，是指致病因素引起细胞与组织的物质代谢障碍、机能活动改变与形态结构异常。细胞和组织的损伤一般都有代谢、机能和形态结构三方面互相联系的变化。在不同疾病过程中，由于各种致病因素的损伤作用不同，所引起的细胞和组织的损伤程度也不尽相同，根据损伤程度的不同，细胞和组织的损伤可分为萎缩、变性和坏死 3 种类型。

任务一　萎　　缩

一、萎缩的概念

萎缩是指已经发育正常（成熟）的器官与组织，在各种致病因素的作用下发生体积缩小和功能减退的病理过程。器官或组织的萎缩是由于该器官或组织的实质细胞的体积缩小和数量减少所致，同时伴有功能降低。物质代谢障碍是萎缩发生的物质基础。

二、病因和类型

(一)生理性萎缩

生理性萎缩是指在生理状态下，随着动物年龄的增长，动物体内的某些组织、器官由于其生理机能的自然减退而发生萎缩。生理性萎缩多与动物的年龄有关，又称老年性萎缩。如成年动物的胸腺萎缩，老年动物的性腺和乳腺萎缩，以及全身各器官或组织出现不同程度的萎缩等均属生理性萎缩。

(二)病理性萎缩

病理性萎缩是指在病理情况下，由于受到某些致病因素的作用所引起器官或组织的萎缩。病理性萎缩根据其发生原因和波及范围不同而分为全身性萎缩和局部性萎缩两种。

1. 全身性萎缩

全身性萎缩指在某些致病因素的作用下，引起全身性物质代谢障碍，以致全身各组织、器官普遍发生萎缩。长期营养不良、慢性消化道疾病（如慢性肠炎）、严重的消耗性疾病（如恶性肿瘤、结核、寄生虫病）等均可引起营养物质的供应和吸收不足，或体内营养物质过度消耗而导致全身性萎缩。

2. 局部性萎缩

局部性萎缩指在某些局部因素影响下发生的局部组织或器官的萎缩。根据不同的原因可分为以下 5 种。

(1)失用性萎缩　动物器官或组织因长期不活动，功能减弱所致的萎缩。如骨折或关节疾病，肢体长期不能运动，致使有关肌肉和关节软骨发生萎缩。

(2)神经性萎缩　神经系统损伤或炎症时，使其所支配的器官或组织失去神经调节作用而发生萎缩。如鸡马立克病时，周围神经干受淋巴样细胞增生的侵害，可使相应肢体肌肉萎缩并发生瘫痪；临床肌肉注射药物时，针刺坐骨神经而发生损伤，可引起相应肢体发生萎缩。

(3)压迫性萎缩　器官或组织长期受压迫，可使局部的血液循环和物质代谢发生障碍，导致萎缩。如肿瘤、寄生虫等压迫相邻器官或组织而使其发生萎缩；尿液潴留于肾盂和肾盏内，压迫肾组织而使其发生萎缩。

(4)缺血性萎缩　动脉阻塞，该动脉所支配的器官或组织血液供应不足，使其发生萎缩。如动脉硬化、栓塞等。

(5)激素性萎缩　由于内分泌功能异常而引起相应器官的萎缩，如动物去势后性器官的萎缩。

三、萎缩的病理变化

(一)全身性萎缩

全身性萎缩时，体内各器官或组织均出现不同程度的萎缩，各器官或组织的萎缩过程呈现出一定的规律，首先脂肪萎缩是最早且最显著；其次是全身肌肉萎缩（图 5.1）；再次是肝、肾、脾脏及淋巴结等实质器官萎缩；心脏和脑等重要生命器官萎缩发生较晚且较轻微。

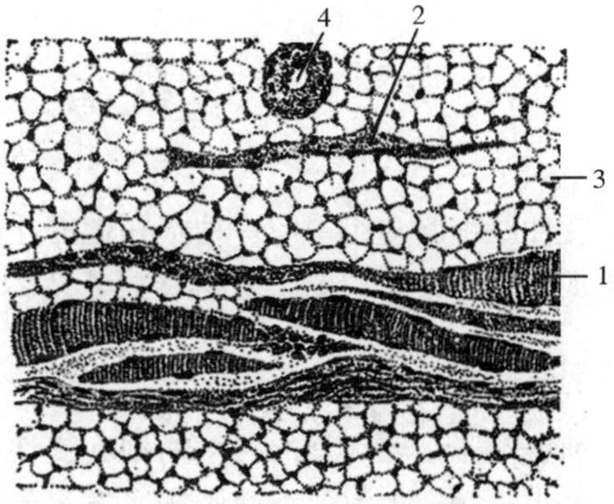

图 5.1　骨骼肌萎缩

（引自周铁忠等，2006）

1. 正常肌纤维　2. 萎缩的肌纤维

3. 脂肪组织　4. 小动脉

全身性萎缩时，由于机体全身物质代谢障碍，病畜常常表现为严重的衰竭，精神委顿，行动迟缓，进行性消瘦，被毛粗乱等临床表现。常见于低蛋白血症而引起的全身性水肿，显现全身恶病质状态，故称为恶病质性萎缩。

眼观　可见皮下、腹膜下、肠系膜和网膜脂肪大量消耗，甚至完全消失（参见彩图 5.1、彩图 5.2）。心脏冠状沟和肾脏周围的脂肪组织变为灰白色或灰黄色半透明的胶冻状。全身骨骼肌萎缩变薄，色泽变淡。肝脏体积缩小，变薄，重量减轻，边缘薄锐，呈灰褐色。肾脏体积略缩小，切面皮质变薄，色泽加深。脾脏显著缩小，被膜皱缩增厚，切面含血量减少，红髓减少，白髓形象不清，脾小梁相对增多。心肌色泽稍淡。胃肠壁变薄。

镜检　可见脂肪细胞内脂肪滴分解消失，间隙内充满组织液。骨骼肌纤维变细，肌浆减少，胞核呈密集状态，肌纤维排列稀疏，其间有水肿液蓄积。肝小叶缩小，肝细胞胞浆内出现大量棕褐色的脂褐素颗粒（参见彩图 5.3 至彩图 5.5）。皮质肾小管上皮细胞萎缩变薄，有的发生脱落，胞浆也有脂褐素沉着，肾小管管腔扩大，间质有水肿液浸润。

二维码 5-1　萎缩

（彩图 5.1 至彩图 5.5）

（二）局部性萎缩

某一局部组织发生萎缩时，在出现局部萎缩病变的同时，还可见到引起萎缩的相应器官或组织出现代偿性肥大。

四、结局和对机体的影响

萎缩一般是可复性病理过程，当病因消除后，萎缩的器官或组织均可恢复其原有的形态和功能。但若病因持续存在或疾病继续发展时，可导致萎缩的细胞最后消失。

萎缩对机体的影响随萎缩发生的部位、范围及严重程度不同而不同。萎缩器官的细胞体积缩小，数量减少，从而引起功能降低。

全身性萎缩时，由于发生贫血、水肿和肝、脾、肾等重要器官发生萎缩和功能降低，则进一步加剧物质代谢障碍。若病因不断恶化，机体最后常常并发其他疾病而死亡。

局部性萎缩时，决定于萎缩的部位和程度。若程度轻，一般可由组织周围的健康组织代偿而不产生明显的后果。若萎缩的部位出现在生命重要器官或萎缩程度重剧时，则可出现严重的后果，如羊脑部寄生多头蚴，则可产生严重的运动和感觉功能障碍。

任务二 变 性

变性是细胞和组织的一种损伤性变化，是指组织细胞内由于代谢紊乱，在细胞或细胞间质内出现某些异常物质或正常物质数量显著增多或存在部位发生改变的病理过程。

一、细胞肿胀

细胞肿胀是较常见的轻度的细胞变性，是细胞内水分增多，胞体增大，胞浆内出现微细颗粒或大小不等的水泡。细胞肿胀多发生于肝细胞、肾小管上皮细胞和心肌细胞，也可见于皮肤和黏膜的被覆上皮细胞。

(一)病因和机理

引起细胞肿胀的致病因素有感染、中毒和缺氧等。这些致病因素可直接损伤细胞膜，也可破坏线粒体内的氧化酶系统，使三羧酸循环和氧化磷酸化发生障碍，ATP 生成减少，细胞膜上的钠泵机能障碍，导致细胞内 Na^{+} 增多，进入细胞内水分增多，细胞发生肿胀，进而引起线粒体和内质网等细胞器大量吸收水分而肿胀、扩张，甚至形成囊泡。

(二)病理变化

发生细胞肿胀的器官眼观体积增大，被膜紧张，颜色浅淡，浑浊无光泽，切面隆起，边缘外翻，质脆易碎。根据镜下病变特点可分为颗粒变性和水泡变性。

1. 颗粒变性

颗粒变性是以变性的细胞体积肿大，胞浆内出现许多细微的蛋白颗粒为特征的一种变性。由于变性细胞的胞浆内出现大量的蛋白颗粒，变性的细胞体积增大，乃至整个变性的器官体积肿胀，色泽浑浊而失去原有光泽，故又称为浑浊肿胀，简称“浊肿”。

二维码 5-2 变性
(彩图 5.6 至彩图 5.19)

眼观 颗粒变性常见于心、肝、肾和骨骼肌等器官或组织。器官体积肿大，质量增加，边缘钝圆，被膜紧张，切面隆突，边缘外翻，质脆易碎，色泽变淡，灰白色或灰黄色，器官或组织浑浊无光泽，像沸水烫过一样。

镜检 细胞体积肿大，胞浆模糊，胞浆内出现大量微细的淡红色颗粒(参见彩图 5.6、彩图 5.7)，胞核有时染色变浅，隐约不明。心肌发生颗粒变性时，心肌纤维肿胀变粗，横纹消失，肌原纤维不清楚，胶原纤维之间出现微细的蛋白质颗粒。肝脏颗粒变性时，肝细胞肿胀，肝窦受压闭锁，肝细胞索紊乱。肾脏颗粒变性时，肾小管上皮细胞肿大，突入管腔，边缘不整齐，胞浆浑浊，充满蛋白质颗粒，胞核有时清楚可见或隐约不明，肾小管管腔狭窄或闭锁(图 5.2)。

2. 水泡变性

水泡变性是以变性细胞内水分增多，在胞浆或胞核内出现大小不等的水泡，致使整个细胞呈现蜂窝状结构为特征的一种变性。

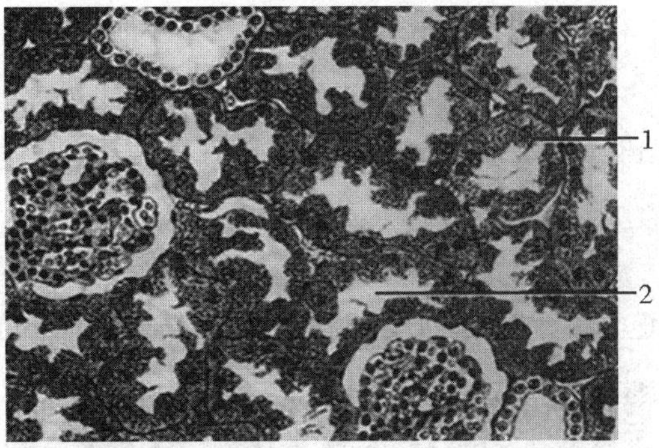

图 5.2　肾小管上皮细胞颗粒变性

1. 肾小管上皮细胞肿胀，胞浆内充满蛋白质颗粒
2. 肾小管管腔狭窄，呈星状

眼观　多见于皮肤和黏膜部位，最初仅见病变部位肿胀，随后形成肉眼可见的水泡，严重时水泡破溃，形成烂斑或结痂。

镜检　变性细胞的体积肿大，胞浆内含有大小不等、形态不规则的水泡，小水泡可融合成较大的水泡，致使细胞呈气球样肿胀，故又称气球样变（参见彩图 5.8 至彩图 5.10）。严重时细胞破裂，水分集聚于皮肤表皮的角质层下，向表面隆起，形成肉眼可见的水泡。

（三）结局和对机体的影响

细胞肿胀是一种可复性病变，变性组织功能降低，当病因消除后，细胞的结构和功能即可恢复正常，对机体影响不大。若病因持续存在，可使细胞损伤加剧，甚至可导致细胞坏死。

二、脂肪变性

脂肪是细胞的重要成分之一，多数以极微细的脂肪小滴散布在胞浆内，或与蛋白质结合为脂蛋白，细胞正常时不易看到。脂肪变性就是细胞胞浆内出现脂肪滴或脂肪滴增多的病理过程，简称脂变。

（一）病因和机理

1. 脂蛋白合成障碍

常见于营养不良而导致合成脂蛋白所必需的磷脂或组成磷脂的物质（如胆碱、蛋氨酸等）缺乏；也可见于缺氧或中毒时破坏内质网结构或抑制某些酶的活性而使脂蛋白、磷脂和蛋白质合成发生障碍，此时肝脏不能及时将甘油三酯合成脂蛋白运输出去，致使脂蛋白在肝细胞内蓄积。

2. 中性脂肪合成过多

常见于饥饿或某些疾病状态，机体动用体内贮存的脂肪供能，脂肪分解形成大量的脂肪酸进入肝脏，使肝细胞内合成的甘油三酯剧增，超过了肝细胞将其氧化利用和合成脂蛋白的能力，以致脂肪沉积于肝细胞内形成脂肪滴。

3. 结构脂肪破坏

常见于中毒、缺氧或急性传染病等情况下，细胞结构破坏，细胞内结构脂蛋白崩解，脂肪析出形成脂肪滴。

4. 肝细胞内脂肪酸的氧化发生障碍

常见于缺氧致使肝细胞乳酸大量转化为脂肪酸；或见于因氧化障碍使脂肪酸利用下降；也可见于高脂饮食或营养不良时，体内脂肪组织分解过多的脂肪酸进入肝脏，造成脂肪酸在肝细胞内蓄积。

(二)病理变化

眼观　轻度脂肪变性时，器官没有明显变化，仅见色泽稍呈黄色。严重脂肪变性时，器官体积肿大，表明光滑，边缘钝圆，质地松软易碎，呈土黄色或黄褐色，切面隆突，结构模糊，触之有油腻感。

虎斑心　若心脏发生脂变时，在心外膜下和心室乳头肌等处可见变性心肌呈灰黄色条纹或斑点状，与正常心肌的暗红色形成黄红相间的虎皮样斑纹，称为“虎斑心”。

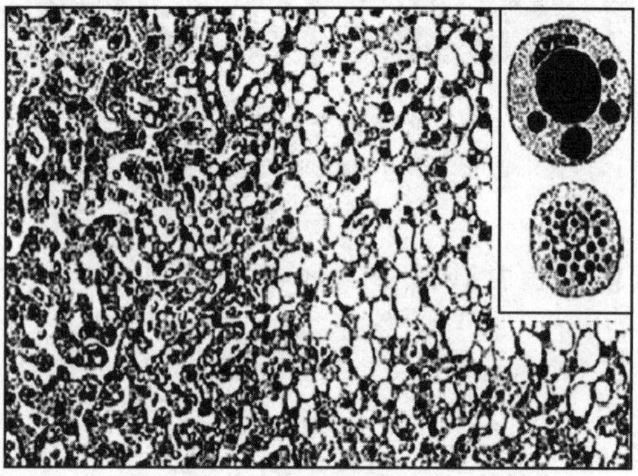

图 5.3　肝脂肪变性

肝细胞浆内出现大小不等的脂肪空泡，右上角为锇酸染色的脂肪变性细胞，脂肪滴染成黑色

槟榔肝　若肝脏脂肪变性同时伴有淤血，则肝脏切面由淤血部分的暗红色与脂变部分的黄褐色相互交织，形成类似于槟榔切面的花纹，称为“槟榔肝”。

镜检　可见变性的细胞肿胀，胞浆内出现大小不一的圆球状脂肪滴(图 5.3)，随着病变发展，较小的脂肪滴相互融合成较大的脂肪滴，并将胞核挤于一侧(参见彩图 5.11、彩图 5.12)。

脂肪肝　脂肪变性在肝小叶内的分布呈区域性，也可呈弥散性，如中毒时肝小叶周边细胞发生脂肪变性。缺氧时肝小叶中心细胞发生脂肪变性。若严重中毒或感染时，各肝小叶的肝细胞可普遍发生重度脂肪变性，使整个肝小叶的正常结构消失，同一般脂肪组织相似，称为“脂肪肝”。

(三)结局和对机体的影响

脂肪变性是一种可复性病理过程，在病因消除后，变性细胞的结构和功能通常可恢复正常。严重的脂肪变性可发展为坏死。发生脂肪变性的器官或组织功能降低。

三、透明变性

透明变性是指间质或细胞内出现一种均质红染、无结构、半透明的玻璃样物质，又称玻璃样变。主要发生于血管壁和结缔组织等部位。

(一)病因和机理

1. 血管壁的透明变性

常见于肾、脑、脾等小动脉，发生透明变性的原因很多，最普通的是炎症病变，使血管壁通透性增高，血浆蛋白渗入血管中膜，形成半透明、均质红染的玻璃样物质(参见彩图 5.13 至彩图 5.16)。眼观变性的血管壁增厚，质地变硬，管腔狭窄甚至闭塞，管壁弹性减弱、脆性增加，易继发扩张、破裂和出血。镜检可见内皮细胞红染，均质无结构。

2. 结缔组织的透明变性

常见于增生的纤维结缔组织，如瘢痕组织等。眼观变性组织呈半透明灰白色，质地致密坚韧，失去弹性。镜检可见结缔组织中纤维细胞明显减少，胶原纤维膨胀，缺乏弹性，并相互融合而形成均质红染的半透明状结构。

3. 细胞内透明变性

细胞内透明变性是细胞胞浆内出现一种均质红染的玻璃圆滴，多发生于肾小球性肾炎时，肾小球细胞内可出现均质红染的玻璃圆滴，发生原因是肾小球通透性增高，大量血浆蛋白滤出，由近球小管上皮细胞吞噬，并在胞浆内形成玻璃样小体。眼观病变不明显。镜检可见变性细胞内出现均质红染的玻璃圆滴。

（二）结局和对机体的影响

轻度的透明变性可以恢复正常，若严重透明变性的组织易发生钙盐沉着，引起组织硬化。小动脉发生透明变性时，管壁增厚，管腔缩小，甚至完全闭塞，导致局部组织缺血和坏死。结缔组织发生透明变性时，会使组织变硬，失去弹性，引起不同程度的机能障碍。

四、淀粉样变性

淀粉样变性是指在某些组织内出现淀粉样蛋白沉着物，常沉着于一些器官的网状结构、小血管壁和细胞之间。沉着物属于糖蛋白，具有淀粉样遇碘呈色反应（加碘溶液呈红褐色，再滴加稀硫酸便呈蓝色），故称淀粉样沉着物。

（一）病因和机理

淀粉样变性发生原因目前尚不十分清楚，在兽医临床中，多发生于长期伴有组织损伤的慢性消耗性疾病和慢性抗原刺激的病理过程中，如慢性化脓性炎症、结核病灶等。淀粉样变性是一种继发性病变，与大量抗原-抗体复合物产生，并在一定部位沉着有关。

（二）病理变化

淀粉样变性常见于脾脏、肝脏、肾脏和淋巴结等器官。

眼观　脾脏淀粉样变性时，脾脏体积肿大，质地变实，切面干燥；肾脏淀粉样变性时，肾脏体积肿大，色泽变黄，表面光滑，被膜易剥离，质地脆弱；肝脏淀粉样变性时，肝脏体积肿大，呈棕红色，质地脆弱，切面结构模糊似橡皮样。

镜检　脾脏淀粉样变性时，淀粉样物质呈云朵状，淡红色，沉着部的淋巴细胞减少或消失；肾脏淀粉样变性时，淀粉样物质主要沉着在肾小球毛细血管基底膜上，在肾小球内出现粉红色的团块状物质，严重时肾小球完全被淀粉样物质所取代；肝脏淀粉样变性时，淀粉样物质主要沉着在肝细胞索与窦状隙间的网状纤维上（参见彩图 5.17、彩图 5.18），严重时肝细胞受压萎缩消失，甚至整个肝小叶全部被淀粉样物质取代（图 5.4）。

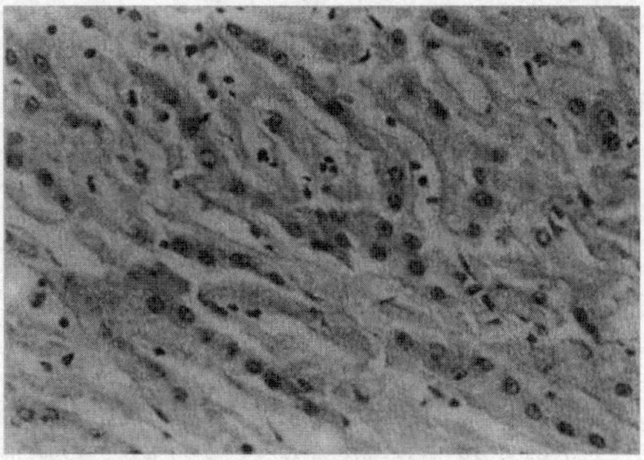

图 5.4　肝脏淀粉样变性

肝细胞索周围沉着的淀粉样物质呈毛刷状

(三)结局和对机体的影响

轻度淀粉样变性,可被机体完全吸收而消散,对机体影响不大。严重淀粉样变性不易恢复,可直接压迫组织并引起血液循环障碍和物质代谢障碍,从而导致实质细胞萎缩、变性甚至完全消失,造成器官机能严重障碍。

五、黏液样变性

黏液样变性是指结缔组织内出现类黏液样物质积聚的一种病理过程。类黏液是体内一种黏液物质,是由结缔组织细胞产生的一种蛋白质与黏多糖的复合物,正常情况下常见于关节囊、腱鞘的滑囊和胎儿脐带。

(一)病因

黏液样变性的发生原因一般认为与营养不良、缺氧、中毒及血液循环障碍有关,其发生机理目前尚不十分清楚。

(二)病理变化

眼观　结缔组织黏液样变性时,病变部位失去原有的形态,变成透明、黏稠的黏液样结构。

镜检　可见病变组织疏松,原有结构消失,充以淡蓝色的胶状液体,其中散在一些星形、多角形的黏液细胞,这些细胞突起相互连接。

(三)结局和对机体的影响

黏液样变性是可复性病理过程,当病因消除后黏液样变性可逐渐消退,如果长期存在,则可引起纤维组织增生,从而引起组织硬化。

六、纤维素样变性

纤维素样变性是指发生于间质胶原纤维及小血管壁的固有结构被破坏,变为界限不清、颗粒状、条索状或团块状的无结构物质的一种变性(参见彩图 5.19)。HE 染色呈红色,类似纤维素,故称纤维素样变性。实质是组织坏死的一种表现,又称纤维素样坏死(详见二维码 5-3 的彩图 5.25)。

(一)病因

纤维素样变性主要见于急性风湿病、变态反应性疾病,某些病毒感染,如牛的恶性卡他热等引起的结节性动脉周围炎即是典型的纤维素样变性。

(二)病理变化

在病变早期,结缔组织基质中呈阳性的黏多糖增多,以后纤维崩解为碎片,从而失去原来的组织结构而变为纤维素样物质,此外病变部位还有免疫球蛋白沉着,有时可见纤维蛋白增多。这种变化与抗原-抗体反应时形成的生物活性物质致使间质受损、胶原纤维崩解有关。同时附近小血管也可受损,通透性增高,血浆蛋白渗出,并在组织凝血酶的作用下,使血浆纤维蛋白原转化为纤维蛋白。

任务三　坏　　死

在活体内局部组织或细胞的病理性死亡称为坏死。坏死多由萎缩和变性发展而来，发生坏死的组织或细胞生命活动完全停止，因此，坏死是一种不可复性的变化。

一、病因和机理

引起细胞、组织坏死的原因很多，任何致病因素只要其损伤作用达到一定强度或持续相当的时间，能使细胞、组织物质代谢完全停止者，都能引起坏死。常见的原因有以下几类。

（一）缺氧

局部缺氧多见于缺血，使细胞的有氧呼吸、氧化磷酸化和 ATP 合成发生严重障碍，导致细胞死亡。

（二）生物性因素

各种病原微生物和寄生虫及其毒素能直接破坏细胞内酶系统、代谢过程和细胞膜结构，或通过变态反应引起组织、细胞的坏死。

（三）化学性因素

强酸、强碱和各种毒物均可引起坏死。其作用机理多种多样，包括直接损伤组织细胞，使细胞蛋白质变性，破坏酶的活性等。

（四）物理性因素

机械性、高温、低温、射线等致病因素均可直接损伤细胞引起坏死。机械力的直接作用可引起组织断裂和细胞破裂；高温可使细胞内蛋白质（包括酶）变性；低温能使细胞内水分结冰，破坏胞浆胶体结构和酶的活性；射线能破坏细胞的 DNA 或与 DNA 有关的酶系统，从而导致细胞死亡。

（五）某些抗原物质

指能引起变态反应而招致组织、细胞坏死的各种抗原（包括外源性和内源性抗原）。例如，弥漫性肾小球肾炎是由外源性抗原引起的变态反应，此时抗原与抗体结合形成免疫复合物并沉积于肾小球，通过激活补体、吸引嗜中性粒细胞、释放其溶酶体酶，可导致基底膜破坏、细胞坏死和炎症反应。

二、病理变化

眼观　组织坏死的早期外观往往与原组织相似，不易辨认。时间稍长可发现坏死组织失去正常光泽或变为苍白色，浑浊；失去正常组织的弹性，捏起或切断后，组织回缩不良；没有正常的血液供应，故皮肤温度降低。切割坏死组织时，没有鲜血自血管中流出；失去正常感觉及运动功能等。在坏死发生2～3 d后，坏死组织周围出现一条明显的分界性炎性反应带。有的坏死液化或形成坏疽。

镜检　细胞死亡的组织学特征变化表现为：

(一)细胞核的变化

在光镜下是判断细胞坏死的主要标志。其形态变化包括核浓缩、核碎裂、核溶解3种形式。

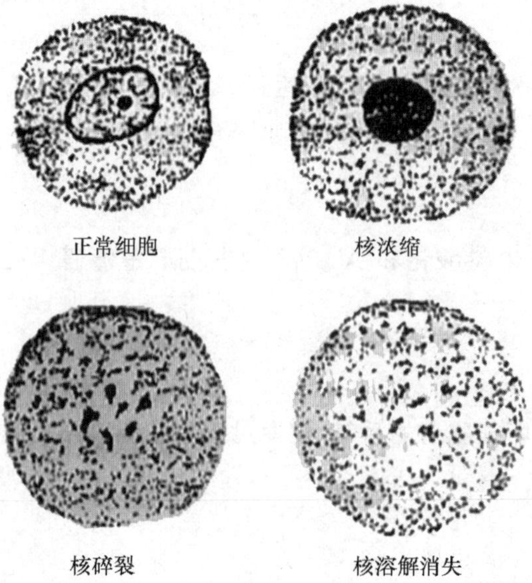

图5.5　细胞核坏死模式图

核浓缩　染色质浓缩和凝聚成团，嗜碱性染色加深，核膜皱缩，核体积缩小。

核碎裂　核染色质崩解成小碎片，随核膜破裂而分散在胞浆中。

核溶解　由于DNA酶的作用，DNA逐渐分解消失，胞核丧失了嗜碱性染色的特征，仅留下核影，最后核完全溶解消失(图5.5)。

(二)细胞浆的变化

胞浆内的微细结构破坏，胞浆呈红染颗粒状；由于胞浆内嗜碱性的核糖体减少或丧失，胞浆对酸性染料伊红的着染加深；胞浆溶解液化；胞浆水分逐渐丧失而固缩为圆形小体，呈强嗜酸性深红色，形成所谓嗜酸性小体。

(三)间质的变化

间质结缔组织基质解聚，胶原纤维肿胀、崩解或断裂，相互融合，失去原有的纤维性结构，被伊红染成深红色，形成一片颗粒状或均质无结构的纤维素样物质，即纤维素样坏死或纤维素样变。

三、类型和特点

根据引起坏死的原因、条件及坏死组织的性质和形态变化不同，坏死可分为以下几种。

(一)凝固性坏死

组织坏死后，组织蛋白受到凝固酶的作用而发生凝固，使坏死组织干燥、固缩，称为凝固性坏死。主要是以组织凝固为特征。肾脏和脾脏等器官的贫血性梗死是典型的凝固性坏死。

二维码5-3　坏死
(彩图5.20至彩图5.25)

眼观　坏死组织干燥，质地坚实，呈灰白色或灰黄色，浑浊无光泽。与周围健康组织分解清楚，范围可有针尖大小、粟粒大小或呈大面积的坏死灶。

镜检　坏死的组织细胞结构消失，胞核发生浓缩、碎裂，溶解消失。胞浆浓缩，严重时坏死组织的胞核、胞浆和间质融合在一起，形成一片均质无结构的红染物质(图5.6，参见彩图5.20至彩图5.22)。

凝固性坏死的特殊类型有以下两种：

1. 干酪样坏死

干酪样坏死主要见于结核分枝杆菌感染，坏死组织彻底分解，并含有大量的脂类物质。

眼观　呈灰黄色，质地松软易碎，类似凝固的干酪。

镜检　组织固有轮廓全部崩解破坏，形成一团无结构的颗粒状物质(图 5.7)。

2. 蜡样坏死

蜡样坏死是肌肉组织发生的凝固性坏死，常见于白肌病、口蹄疫时的心肌和骨骼肌。

眼观　肌肉组织浑浊无光泽，灰白色，干燥坚实，外观形似石蜡。

图 5.6　牛肝凝固性坏死

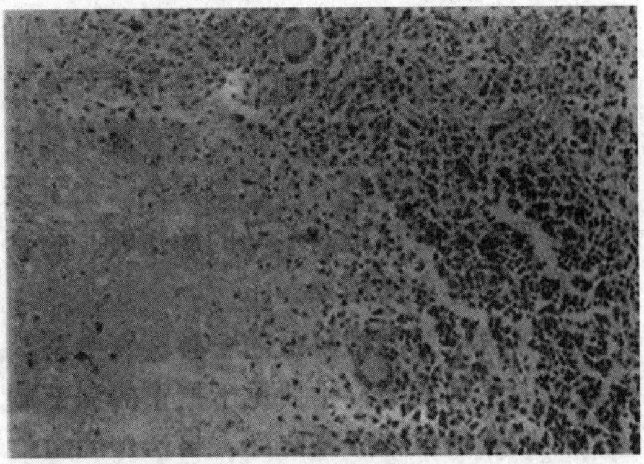

图 5.7　牛淋巴结干酪样坏死

镜检　肌纤维肿胀、断裂，横纹消失，最后胞浆变为均匀红染无结构的玻璃样物质(图 5.8)。

图 5.8　鸡心肌蜡样坏死

(二)液化性坏死

组织坏死后，组织蛋白在蛋白溶解酶的作用下，溶解液化称为液化性坏死。脑组织坏死常为液化性坏死，因脑组织蛋白含量少，坏死后不易凝固，且富含水分和磷脂，容易分解液化(参见彩图 5.23、彩图 5.24)，又称为脑软化。由化脓菌或某些真菌感染所引起的化脓性炎症也属于典型的液化性坏死。

(三)坏疽

组织坏死后，由于受到外界环境因素的影响和继发腐败菌感染，发生腐败分解，称为坏疽。腐败菌分解坏死组织后产生大量硫化氢与血红蛋白分解产生的铁结合，形成黑色硫化铁，所以眼观坏疽呈黑色或黑褐色。坏疽可分为干性坏疽、湿性坏疽和气性坏疽 3 种类型。

1. 干性坏疽

多发生于动物体表，如四肢、耳郭和尾根等部位。皮肤直接暴露于体表，坏死后易感染腐败菌,继而发生坏疽。坏疽部位干涸皱缩,变硬,呈黑褐色。坏死区与周围健康组织之间有明显炎性反应带,边界清楚。

2.湿性坏疽

坏死组织继发感染腐败菌,引起腐败分解,发生液化。多发生于肠、肺及子宫等部位。这些部位组织坏死后,因水分含量多,且与外界相通,有利于腐败菌感染,使坏死组织腐败分解。眼观可见坏疽部位柔软湿润,呈污灰色或黑褐色,有恶臭气味,发展蔓延快,与周围组织之间分界不清。坏死组织腐败分解后产生大量毒性产物或毒素,被机体吸收可引起全身中毒。湿性坏疽常见于坏疽性肺炎、腐败性子宫内膜炎等。

3.气性坏疽

多发生于深部组织又继发感染厌氧菌(产气荚膜杆菌、恶性水肿杆菌等)所引起的一种坏疽,是坏疽的一种特殊类型。组织分解产生大量气体(氢、二氧化碳及氮等)致使坏死组织显著肿胀,呈棕黑色蜂窝状,触摸有捻发音。切开流出混有气泡的浑浊液体。若气性坏疽发展迅速,毒性产物被机体吸收后可引起全身中毒。气性坏疽常见有牛气肿疽、猪恶性水肿等。

四、结局和对机体的影响

(一)结局

1.溶解吸收

坏死组织本身或周围嗜中性粒细胞蛋白分解酶分解液化,而后被机体吸收,不能吸收的碎片被巨噬细胞吞噬清除。缺损部位由周围健康组织再生或肉芽组织增生而得以修复。

2.分离脱落

皮肤、黏膜上较大的坏死灶不易被完全溶解吸收,坏死组织与周围健康组织之间的炎性反应带,使坏死组织逐渐分解脱落,形成组织缺损,缺损较浅者称糜烂,较深者称溃疡。肺组织脱落遗留较大的空腔称肺空洞。最后,由周围健康组织再生而得以修复。

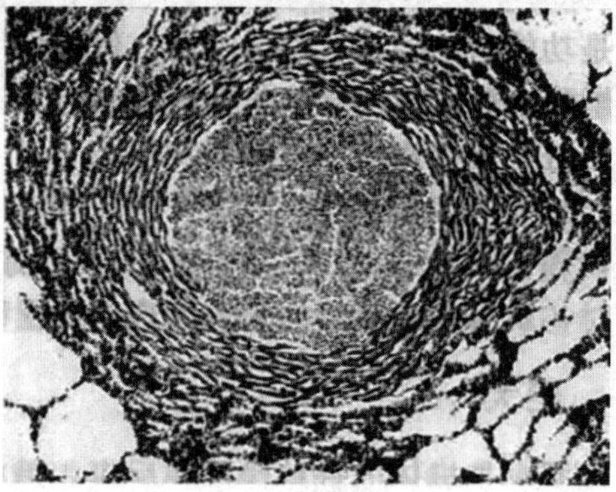

图5.9 肺坏死灶包囊形成

(引自周铁忠等,2006)

3.机化、钙化和包囊形成

较大范围的组织坏死,若不能溶解吸收和分离脱落时,可逐渐被新生的肉芽组织长入而取代,最终形成瘢痕的过程称为机化。如果坏死组织不能被结缔组织完全替代机化时,则可由新生的肉芽组织将坏死组织包裹起来,称为包囊形成(图5.9)。其中的坏死组织逐渐干燥可能出现钙盐沉着,即发生钙化。

(二)对机体的影响

坏死对机体的影响主要取决于坏死范围的大小和发生部位。一般部位、小范围的坏死对机体影响不大。若坏死范围较大，可引起器官或组织的功能障碍；坏死组织崩解的产物可引起自体中毒，对机体影响较大。若坏死发生在脑、心等生命重要器官，可导致严重后果，甚至危及生命。

【本项目关键词】

萎缩　变性　坏死

【本项目小结】

细胞与组织的损伤是指致病因素引起组织细胞的物质代谢障碍、机能活动改变与形态结构异常，是疾病的基本病理变化。损伤的表现可因其原因和程度不同而异。根据损伤程度的不同，细胞和组织的损伤可分为萎缩、变性和坏死 3 种类型。较轻的即可逆性损伤，在形态上表现为器官与组织体积缩小，即萎缩，细胞与组织的各种变性性变化，包括颗粒变性、水泡变性、脂肪变性、透明变性、淀粉样变性和黏液样变性等；严重的即不可逆性损伤，则表现为细胞与组织的坏死。

【复习思考题】

1. 兽医临床上组织细胞损伤的病理形态变化常见有哪几种？
2. 试述萎缩的原因及类型。
3. 如何理解萎缩、变性和坏死的病理变化过程？
4. 临床上最常见的变性有哪几种？并说明脂肪变性的原因有哪些？
5. 引起组织细胞坏死的原因有哪些？在兽医临床中应该怎样预防？
6. 描述虎斑心、槟榔肝、脂肪肝、钙化的病理变化。
7. 如何理解坏疽，在兽医临床中常见有哪几种类型？其病理变化特点如何？

二维码 5-4　复习思考题参考答案

二维码 5-5　萎缩(视频)

项目六

代偿、适应与修复

【知识目标】

1. 了解代偿、适应、修复的发生过程及其抗损伤作用。

2. 掌握代偿、适应、修复的基本概念。

3. 掌握肉芽组织的结构和功能，创伤愈合的过程。

【技能目标】

能够准确识别和诊断适应与修复常见的病理过程。

【素质目标】

树立缩短创伤愈合时间、减少动物痛苦的动物福利意识。

疾病过程实质上就是损伤与抗损伤的矛盾斗争过程。当机体受到致病因子作用时，一方面引起器官、组织的形态结构破坏，机能和代谢发生障碍等损伤性变化（如萎缩、变性、坏死等）；另一方面机体器官、组织出现适应、代偿和修复等抗损伤性反应。本项目着重阐述代偿、修复与适应。

任务一　代　　偿

在致病因子作用下，某器官、组织的结构遭受破坏，代谢和功能发生障碍时，由该器官、组织正常部分或相应的器官、组织来代替、补偿的过程，称为代偿。这种代偿过程主要是通过神经体液调节来实现的，是机体对不同损伤所产生的抗损伤性反应。

代偿可分为代谢性代偿、功能性代偿和结构性代偿 3 种形式，但三者往往是互相联系的。

一、代谢性代偿

在疾病过程中体内出现以物质代谢改变为其主要表现形式的一种代偿。如缺氧时，糖的有氧代谢过程受阻，能量供应不足，此时糖酵解加强，以补充一部分能量。

二、功能性代偿

机体通过器官功能的增强来补偿病变器官的功能障碍和损伤的一种代偿形式。如成对器官肾脏中的一侧肾脏发生损伤而致其功能丧失时，健侧的肾脏通过功能加强来补偿。

三、结构性代偿

以组织、器官体积增大（肥大）来实现代偿的一种形式，此时体积增大的器官、组织伴有功能加强。

功能、结构及代谢的代偿常同时存在，互相影响。一般来讲，功能代偿发生快，长期功能代偿会引起结构的变化，因此结构代偿出现比较晚。结构代偿能使功能持久增强，而代谢代偿则是功能与结构代偿的基础。例如，机体在缺血或缺氧时，首先通过心肌纤维的代谢加强，以增强心脏收缩功能，长期的代谢、功能增强，会导致心肌纤维的增粗，心脏肥大（参见彩图 6.1），肥大的心脏又反过来增强了心脏的功能。同时机体的代偿能力又是有限的，如果某器官的功能障碍超过了机体的代偿能力，新建立的器官间的平衡关系又被打破，即发生代偿失调。

二维码 6-1　心脏肥大（彩图 6.1）

任务二　修　　复

修复是指细胞和组织所形成的缺损由周围健康组织再生来修补恢复的过程。修复的表现形式多种多样，包括再生、肉芽组织、创伤愈合、骨折愈合、机化和包囊形成、钙化等。

一、再生

再生是体内细胞或组织损伤后，由邻近健康细胞分裂增殖来修补的过程，称为再生。

（一）再生的类型及组织的再生能力

再生可分为两类：一类为再生的组织其结构和功能与原来的组织完全相同，称为完全再生；另一类为缺损的组织不能完全由结构和功能相同的组织来修复，而由肉芽组织来代替，最后形成瘢痕，称为不完全再生，也叫瘢痕修复。组织能否完全再生主要取决于组织的再生能力及组织缺损的程度。各种组织有不同的再生能力，这是动物在长期的生物进化过程中获得的。低等动物的组织再生能力比高等动物强；分化程度低的组织再生能力比高度分化的组织强；平常容易遭到损伤的组织，以及在生理条件下经常更新的组织，有较强的再生能力，反之则再生能力较弱。按再生能力的强弱可将动物体的组织、细胞分为以下 3 种。

1. 再生能力较强的组织

结缔组织细胞、小血管、淋巴造血组织的一些细胞、表皮、黏膜、骨、周围神经、肝细胞及某些其他腺上皮等，再生能力较强，损伤后一般能够完全再生。但是如果损伤很严重，则上述大多数组织将部分以瘢痕修复。

2. 再生能力较弱的组织

平滑肌、横纹肌等再生能力较弱，而心肌的再生能力更弱，缺损后基本上为瘢痕修复。

3. 缺乏再生能力的组织

神经细胞在出生后缺乏再生能力，缺损后由神经胶质细胞再生来修复，形成胶质细胞。

(二)各种组织的再生过程

1. 上皮组织的再生

(1)被覆上皮再生　皮肤复层鳞状上皮缺损时，由创缘或创底基底层细胞分裂增殖修复，先形成单层上皮细胞层，向缺损中心延伸，以后增生分化为复层鳞状上皮。黏膜如胃肠黏膜的柱状上皮细胞缺损后，同样也由邻近的上皮细胞分裂增生，初为立方形的幼稚细胞，以后逐渐分化为柱状细胞，有的还可向深部生长形成管状腺。

(2)腺上皮再生　腺上皮的再生能力虽然比被覆上皮弱，但仍有较强的再生能力，再生的状态依腺上皮损伤的不同而异。

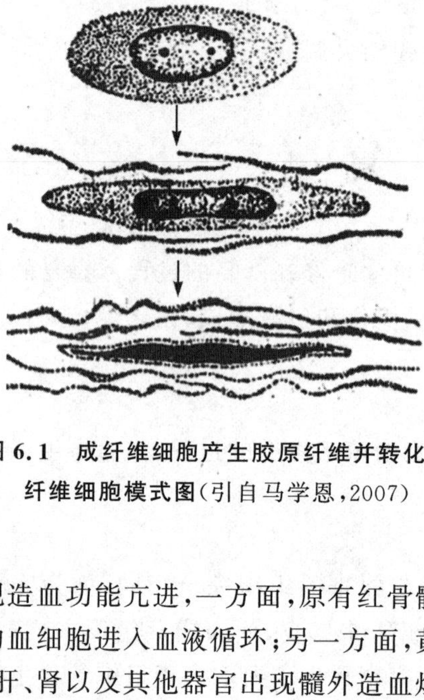

图 6.1　成纤维细胞产生胶原纤维并转化为纤维细胞模式图(引自马学恩，2007)

2. 结缔组织再生

结缔组织具有强大的再生能力，它不仅在本身损伤时能够再生，还积极参与其他组织的损伤修复。结缔组织再生时，受损处的成纤维细胞分裂、增生，成纤维细胞可由静止状态的纤维细胞转变而来。或由未分化的间叶细胞分化而来。幼稚的成纤维细胞胞体大，两端常有突起，突起可呈星状，胞浆丰富，核淡染。当成纤维细胞停止分裂后，开始合成并分泌前胶原蛋白，在细胞周围形成胶原纤维，细胞逐渐成熟，变成长梭形，胞浆逐渐减少，核深染，成为纤维细胞(图 6.1)。

3. 血细胞的再生

当机体因频繁地出血而发生失血性贫血时，会出现造血功能亢进，一方面，原有红骨髓中不同发育阶段的血细胞分裂增殖能力增强，大量新生的血细胞进入血液循环；另一方面，黄骨髓转变为红骨髓，恢复造血功能，甚至在淋巴结、脾脏、肝、肾以及其他器官出现髓外造血灶。

二维码 6-2　毛细血管再生模式图(彩图 6.2)

4. 血管的再生

毛细血管的再生能力强，多以出芽方式再生。首先在蛋白分解酶作用下，局部基底膜分解，该处内皮细胞肥大并分裂增殖，形成向外突起的幼芽；随着内皮细胞向前移动及后续细胞的增生而形成一条细胞索，数小时后便可出现管腔，形成新生的毛细血管，进而彼此吻合构成毛细血管网(图 6.2，参见彩图 6.2)。增生的内皮细胞分化成熟过程中还分泌Ⅳ型胶原、层粘连蛋白和纤维粘连蛋白，形成基底膜的基板。周围的成纤维细胞可分泌Ⅲ型胶原及基质，组成基底膜的网板，本身则成为血管外膜细胞，从而完成毛细血管的构筑。新生的毛细血管基底膜不完整，内皮细胞间空隙较多较大，通透性较高。为适应功能的需要，有些毛细血管还会不断改建，逐渐演变为小动脉或小静脉。此时，血管外的未分化间叶细胞可进一步分化为平滑肌，使管壁增厚。有些毛细血管也可因血液断流而关闭。

动、静脉血管不能再生，损伤后，管腔被血栓堵塞，以后被结缔组织取代，血液循环靠侧支循环恢复。大血管断离后需手术吻合，吻合处两侧内皮细胞分裂增生，互相连接，恢复原来内膜结构。但断离的肌层不能完全再生，由结缔组织增生连接，形成瘢痕。

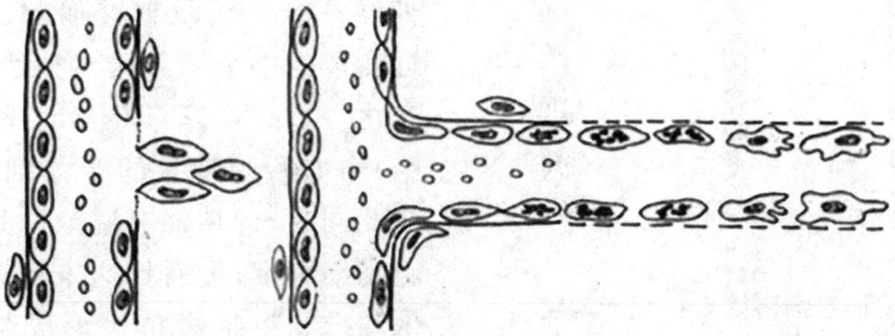

图 6.2　毛细血管再生模式图(引自朱坤熹，2000)

1.基底膜分解，内皮细胞肥大、增生，形成幼芽　2.内皮细胞向前移动，其后的内皮细胞分裂增生，靠近血管处的内皮细胞先分化成熟，并有新的基底膜形成

5.骨组织的再生

骨组织的再生能力很强，但其再生程度取决于损伤的大小、固定的状况和骨膜的存在。骨组织损伤后主要由骨外膜和骨内膜内层的细胞分裂增殖形成一种幼稚的组织进行修复，以后逐渐分化为骨组织，通常可完全再生。

6.软骨组织的再生

软骨组织的再生能力较骨组织弱，小的损伤由成软骨细胞增殖，形成软骨细胞与软骨基质来修复，大的损伤则由结缔组织修复。

7.肌肉组织再生

骨骼肌损伤后，其再生依肌膜是否完整或肌纤维是否完全断裂而有所不同。当损伤轻微时，仅肌纤维变性或部分发生坏死，而肌膜完整和肌纤维未完全断裂，此时由嗜中性粒细胞和巨噬细胞进入病变肌纤维内，吞噬清除坏死物质，而后由残留的肌细胞核分裂增殖修复。如果肌纤维完全断裂，则断端肌细胞核分裂增殖，断端肌浆增多，断端膨大，形成多核巨细胞样的肌芽，形如花蕾，又称肌蕾，但这时肌纤维断端不能直接连续，依靠结缔组织增生修复。

平滑肌再生能力有限，损伤不大时，可由残存的平滑肌细胞再生修复。损伤严重时，则由结缔组织修复。

心肌没有再生能力。心肌细胞死亡之后，通常都由结缔组织修复而形成瘢痕。

8.腱的再生

腱能够再生，但再生过程非常缓慢，而且需要精确地对合，并有一定的张力，否则不能再生而由纤维组织连接。

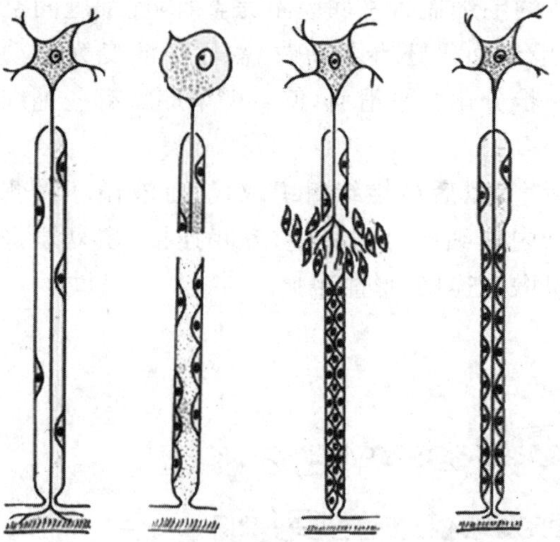

图 6.3　外周神经损伤修复过程示意图
（引自马学恩，2007）
1.正常神经纤维　2.神经纤维断离，远端及近端的一部分髓鞘及轴突崩解　3.神经膜细胞增生，轴突生长　4.神经轴突达末梢，多余部分消失

9.神经组织的再生

成熟的神经细胞和中枢神经系统内的神经纤维不能再生，受损之后只能由神经胶质细胞进行修补，形成胶质瘢痕。外周神经的神经纤维受损后，只要神经细胞还存活，神经纤维的断端与发出神经纤维的细胞仍然保持联系，则可以完全再生。首先，断处远侧段的神经纤维髓鞘及轴突崩解，并被吸收；随后，近侧段的整个郎飞氏节神经纤维也发生同样变化。然后由两端的神经鞘细胞（雪旺氏细胞）增生形成带状的合体细胞，将断端连接。与此同时，近端轴突逐渐向远端生长，穿过神经鞘细胞带，最后到达末梢鞘细胞，鞘细胞产生髓磷脂将轴索包绕形成髓鞘，再生过程完成并恢复传导功能（图 6.3）。

如果断端的两端相隔太远，或者两端之间有瘢痕或其他组织阻隔，再生轴突不能到达远端，而与再生的结缔组织混杂在一起，卷曲成团，形成创伤性神经瘤，可引起顽固疼痛。

二、肉芽组织

肉芽组织是由新生的毛细血管和成纤维细胞构成，并伴有炎性细胞浸润的幼稚型结缔组织。在伤口愈合过程中，肉芽组织填充伤口的缺损，使创面得以修复，因而它是创伤愈合的物质基础，可参与各种修复过程。

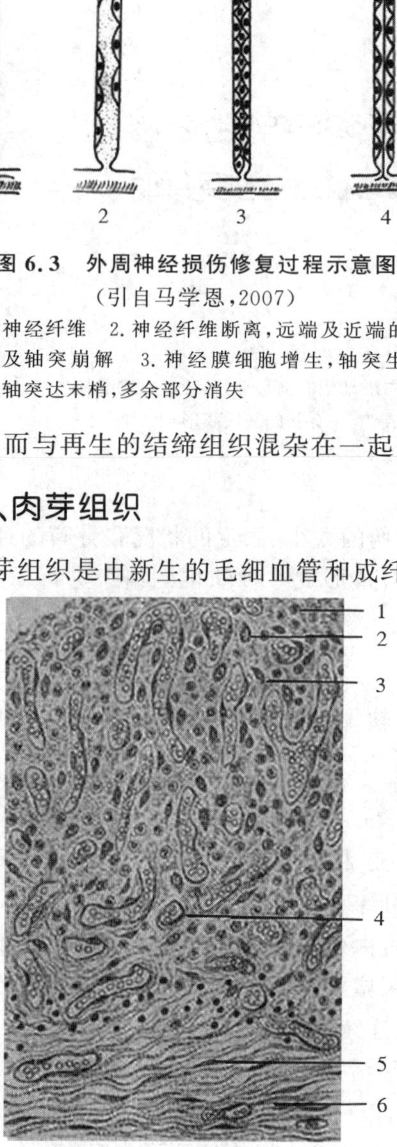

图 6.4　肉芽组织
（引自马学恩，2007）
1.嗜中性粒细胞　2.巨噬细胞　3.成纤维细胞　4.毛细血管　5.纤维细胞　6.胶原纤维

眼观　鲜红色，颗粒状，柔软湿润，形似鲜嫩的肉芽，故而得名。

镜检　肉芽组织主要由大量成纤维细胞和新生的毛细血管构成，毛细血管对着创面垂直生长，并以小动脉为轴心，在周围形成袢状弯曲的毛细血管网，此外，可见多少不等的炎性细胞，主要为巨噬细胞和嗜中性粒细胞（图 6.4，参见彩图 6.3 至彩图 6.5）。

二维码 6-3　肉芽组织
（彩图 6.3 至彩图 6.5）

(一)肉芽组织的形成过程

肉芽组织来自损伤灶周围的毛细血管和结缔组织,在损伤后3～5 d内即可形成。最初是成纤维细胞和血管内皮细胞的增殖,随着时间的推移,逐渐形成纤维性瘢痕,这一过程包括:血管新生、成纤维细胞增殖和迁移、细胞外基质成分的积聚和纤维组织的重建。

1. 血管的新生

肉芽组织中血管的新生包括血管生成和血管的形成两种方式。血管生成,是指组织中成熟的血管内皮细胞发生增殖和游走,逐渐形成小的血管的过程。血管的形成,是指内皮细胞(存在于血液中)或成血管细胞形成新血管的过程。血管新生是以出芽方式来完成的。血管新生的过程由生长因子、细胞、细胞外基质间的相互作用来调控。

2. 成纤维细胞的增殖和迁移

在毛细血管内皮细胞分裂增殖的同时,该部位的未分化的间叶细胞肿大,逐渐转变为成纤维细胞并分裂增殖。在肉芽组织形成过程中,血管内皮生长因子不仅促进血管生成,还能增加血管的通透性。血管通透性的增高导致血浆蛋白在细胞外基质中积聚,为生长中的成纤维细胞和内皮细胞提供临时基质。多种生长因子可启动成纤维细胞向损伤部位的迁移及随之发生的增殖。这些生长因子来源于血小板和各种炎性细胞以及活化的内皮细胞。

幼稚的成纤维细胞胞体大,有突起,细胞呈椭圆形,淡染,泡沫状,可见1～2个核仁。电镜下可见成纤维细胞胞浆中有丰富的粗面内质网、核糖体和发达的高尔基复合体,表明其有活跃的蛋白质合成功能。随着成纤维细胞的不断分裂增殖,并伴随新生的毛细血管一同向创面迁移。肉芽组织中不仅含有丰富的液体,也有数量不等的嗜中性粒细胞、巨噬细胞、淋巴细胞等炎性细胞,这些细胞不仅在清除细胞碎片、纤维蛋白和其他外源性物质中发挥重要作用,而且还促进成纤维细胞的迁移和增殖。

3. 细胞外基质积聚

当肉芽组织吸收清除了伤口内的坏死物质和填平了伤口后,即开始其成熟过程。增生的成纤维细胞和内皮细胞数量逐渐减少。成纤维细胞开始合成更多的细胞外基质并在细胞外积聚,尤其是分泌前胶原。前胶原在细胞外基质中经氨基端内切肽酶和羧基端内切肽酶作用,切除两端的肽链伸展部分,形成原胶原。原胶原进一步聚合形成胶原纤维,然后在分子内和分子间进行交联,形成不溶性的胶原。

4. 纤维组织重建

随着肉芽组织的成熟,成纤维细胞转变为纤维细胞,呈梭形,胞浆越来越少,细胞核缩小,呈棒状,染色加深。肉芽组织的成熟过程通常从底部向表层发展。此时,肉芽组织中液体成分逐渐减少,炎性细胞渗出减少,胶原纤维不断形成和数量增多、变粗,并适应机能负荷的需要按一定方向排列成束。随后成纤维细胞不断转变为纤维细胞,有的毛细血管不断萎缩、闭合、退化和消失,有的毛细血管管壁则增厚而形成小动脉或小静脉。此时,肉芽组织就逐渐转变为血管减少,呈灰白色、质地较硬的瘢痕组织。瘢痕组织中的细胞成分和血管可继续减少,胶原纤维相互融合和均质化,进一步可发生玻璃样变,成为均质半透明的组织,有时甚至形成瘤状突起,称为瘢痕疙瘩。

肉芽组织转变为瘢痕的过程也包括细胞外基质的结构改变过程。一些能刺激胶原和其他结缔组织分子合成的生长因子，还具有调节金属蛋白酶的合成与激活的作用。金属蛋白酶是降解细胞外基质的关键酶。胶原和其他细胞外基质成分的降解可由锌离子依赖性基质金属蛋白酶家族来完成。细胞外基质合成与降解的最终结果不仅导致了结缔组织的重构，而且又是慢性炎症和创伤愈合的重要特征。

(二)肉芽组织和瘢痕组织的功能

肉芽组织在组织损伤修复过程的作用：①抗感染，保护创面。②填补创口及其他组织缺损。③机化或包裹坏死组织、血栓、炎性渗出物及其他异物。

瘢痕组织是肉芽组织经改建后成熟的纤维结缔组织。瘢痕组织的形成一方面使损伤的创口或缺损长期填补并连接起来，并可使组织器官保持完整；瘢痕组织中有大量胶原纤维，使修补及连接相对牢固，使组织器官保持其坚固性。另一方面瘢痕收缩，尤其是发生在关节和重要器官(如气管)的瘢痕，常导致关节活动受限制或器官机能受损(如通气障碍)；瘢痕性粘连，尤其是在器官之间或器官与体腔壁之间发生纤维性粘连，不同程度地影响其功能。

三、创伤愈合

创伤愈合是指创伤造成的组织缺损，通过该处组织再生进行修补的过程。根据损伤程度不同及有无感染，创伤愈合可以分为以下两种类型。

(一)第一期愈合

多见于手术创或创缘平整和无感染的创伤。这种创伤由于组织损伤较小，创缘互相接近，炎症反应轻微，伤口中仅有少量渗出物和血凝块，随着血液凝固将创缘黏合起来。一般在损伤后 1～2 h，创口周围发生轻度充血和少量炎性细胞浸润，以溶解吸收创口内的血凝块和渗出物，经 12～24 h，创底和创缘的成纤维细胞和毛细血管内皮细胞开始向创口内生长，形成肉芽组织。3 d 左右肉芽组织可填平创腔。同时表皮也明显增生，向创面生长，逐渐把创伤表面覆盖起来，5～6 d 胶原纤维形成(此时可拆线)，2～3 周可完全愈合，留下一条线状瘢痕。第一期愈合的时间短，形成的瘢痕小(图 6.5，参见彩图 6.6)。

二维码 6-4 创伤第一期愈合(彩图 6.6)

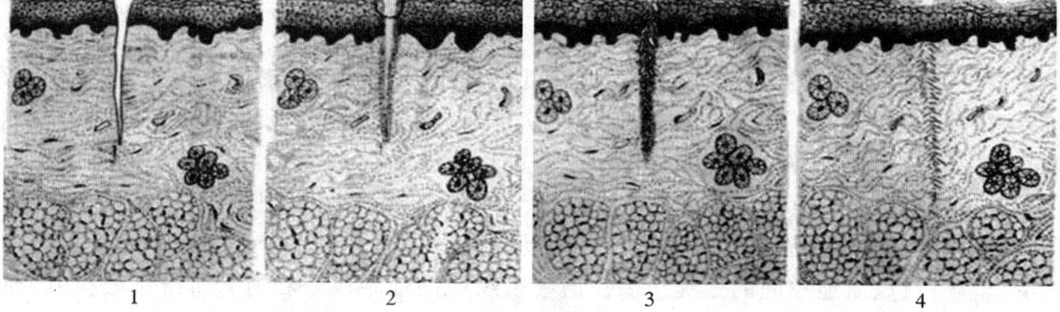

1 2 3 4

图 6.5 创伤第一期愈合示意图(引自马学恩，2007)

1.创缘整齐，组织破坏少 2.缝合后创缘对合，炎性反应轻微 3.表皮再生，少量肉芽组织从创口边缘长出 4.愈合后仅有少量瘢痕

(二)第二期愈合

多见于组织缺损较大、创缘不整、哆开、无法对合而呈开口状,或伴有感染的创伤。这种创口由于坏死组织多,并有不同程度的感染,创口周围常有明显的炎症反应,只有感染被控制、坏死组织被清除后,组织再生才能开始。从创口底部和创缘生长出红色颗粒状的肉芽组织,逐渐将伤口填平。当肉芽组织填满创口时,创口边缘上皮从周围向中心生长,最后覆盖创口。上皮下的肉芽组织逐渐成熟,形成瘢痕。瘢痕组织中通常没有毛囊、汗腺、皮脂腺、色素等(图 6.6,参见彩图 6.7)。

二维码 6-5　创伤第二期愈合(彩图 6.7)

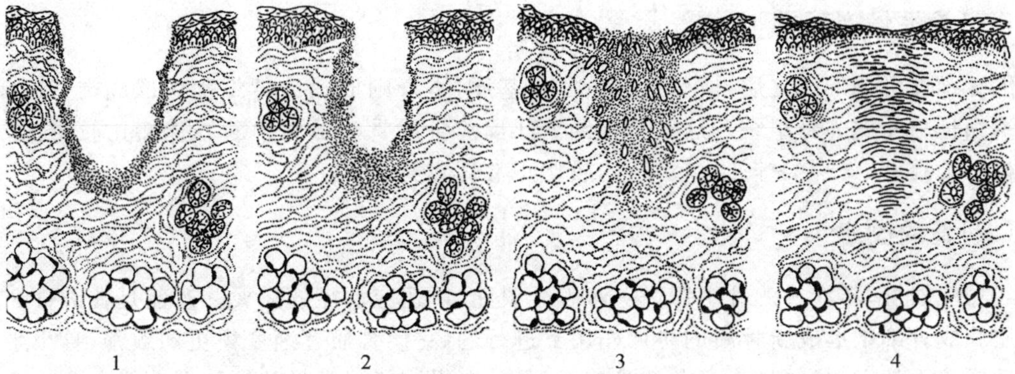

图 6.6　创伤第二期愈合示意图(引自马学恩等,2016)

1.创口大,边缘不整齐,组织破坏多　2.创口收缩,炎症反应明显　3.大量肉芽组织从伤口底部及边缘长出,将伤口填平,表皮再生　4.愈合后在局部形成较大瘢痕

四、骨折愈合

骨折愈合是指骨折后局部所发生的一系列修复过程。轻度的骨折经过良好的复位,固定后可以完全恢复正常的结构和功能。骨折愈合的基础是骨膜的成骨细胞再生,其愈合过程可分为以下几个阶段(图 6.7)。

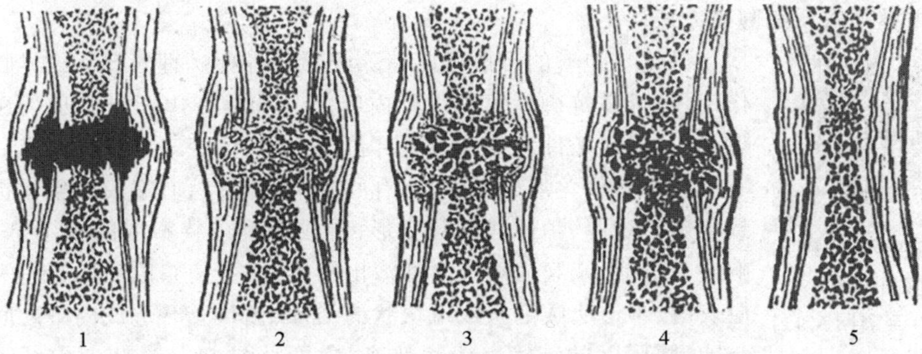

图 6.7　骨折愈合模式图(引自周铁忠等,2006)

1.骨折,血肿形成　2.纤维性骨痂形成　3.转化为类骨细胞　4.骨性骨痂形成　5.改建

(一)血肿形成

骨折处血管破裂出血，在骨折断端之间及其周围受损的软组织中形成血肿，随后凝固。血凝块使骨折两端初步连接，为肉芽组织生长提供了一个支架。骨折与其他创伤一样，局部出现炎症反应，故外观局部红肿。

(二)纤维性骨痂形成

自骨折后第2天开始，骨折断端的骨膜处有肉芽组织逐渐向血凝块中长入，最终将其完全取代而机化。2～3周，肉芽组织逐渐纤维化而形成纤维性骨痂。纤维性骨痂使骨折两断端紧密连接起来，局部呈梭形膨大。

(三)骨性骨痂形成

继纤维性骨痂形成之后，成骨细胞分泌骨基质，本身则成熟为骨细胞而形成类骨组织，类骨组织钙化后便成为骨组织。这一过程约需几周。骨性骨痂虽然使断骨连接比较牢固，但由于结构不很致密，骨小梁排列比较紊乱，故比正常骨脆弱。

(四)骨的改建

经功能锻炼，新形成的骨组织进一步发生改建，以适应功能的需要。改建是在破骨细胞吸收骨质和成骨细胞形成新骨质的协调作用下进行的，它使骨质逐渐变得更加致密，骨小梁排列逐渐适应于力学方向，并吸收多余的骨痂，于是就慢慢恢复正常骨的结构和功能。骨的改建一般需6～12个月。

骨折后虽然可完全再生，但如发生粉碎性骨折，尤其是骨膜破坏较多或断端对位不好、断端有软组织嵌塞时，均可影响骨折愈合。

五、机化和包囊形成

在疾病过程中所出现的各种病理产物或异物(如坏死组织、炎性渗出物、血栓、血凝块、寄生虫、缝线等)，被新生肉芽组织取代或包囊的过程。前者称机化(图6.8，参见彩图6.8)，后者叫包囊形成(图6.9，参见彩图6.9)。值得注意的是脑组织坏死后，机化不是由肉芽组织所取代，而是由神经胶质细胞来完成。

二维码6-6 包囊形成和机化(彩图6.8至彩图6.11)

机化与包囊的形成可以消除或限制各种病理性产物或异物的致病作用，是机体抗御疾病的重要内容之一。但机化能造成永久性病理状态，故在一定条件下或在某些部位，会给机体带来严重的不良后果。如心肌梗死后机化形成瘢痕，伴有心脏机能障碍；心瓣膜赘生物机化能导致心瓣膜增厚、粘连、变硬、变形，造成瓣膜口狭窄或闭锁不全，严重影响瓣膜机能；浆膜面纤维素性渗出物机化，可使浆膜增厚、不平，形成一层灰白、半透明绒毛状或斑块状的结缔组织，有时造成内脏之间或内脏与胸、腹膜间的结缔组织性粘连(参见彩图6.10)；肺泡内纤维素性渗出物发生机化(参见彩图6.11)，肺组织形成红褐色，质地如肉的组织，称其为肺肉变，使肺组织呼吸机能丧失。

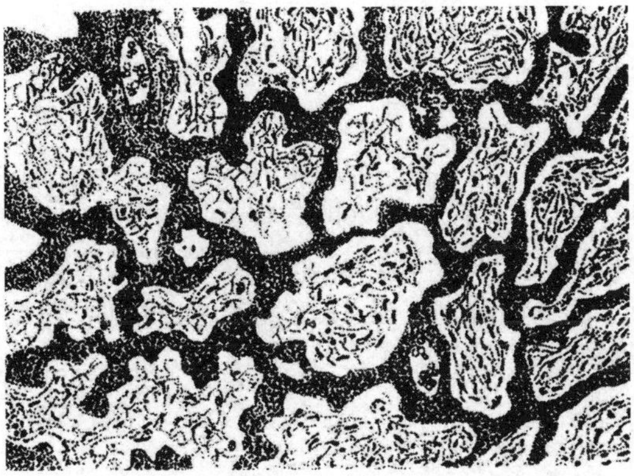

图 6.8　肺肉变（引自马学恩等，2016）
肺泡内纤维素渗出物机化，充塞结缔组织，肺组织实变

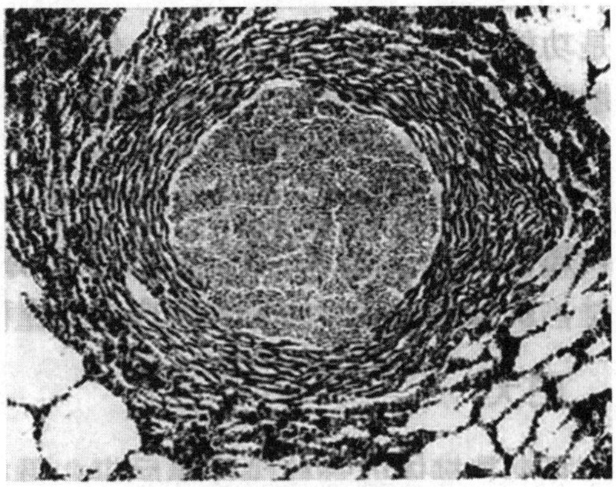

图 6.9　包囊形成（引自马学恩，2007）
肺坏死灶周围形成结缔组织的包囊

六、钙化

在正常的机体内，只有骨和牙齿有固体的钙盐，如果在骨和牙齿以外的组织内有固体的钙盐沉着，则称为病理性钙化。沉着的钙盐主要是磷酸钙，其次为碳酸钙。病理性钙化可分为营养不良性钙化和转移性钙化两类，由于后者少见，故不在此讨论。

（一）原因和发生机理

营养不良性钙化是指继发于组织变性、坏死的钙盐沉着，钙盐常沉积在结核病坏死灶、鼻疽结节、脂肪坏死灶、梗死、硬固的脓液、血栓、细菌团块、死亡寄生虫（如棘球蚴、囊尾蚴、旋毛虫等）与虫卵（如血吸虫卵）以及其他异物。此型钙化并无血钙含量的升高，即没有全身性钙磷代谢障碍，而仅是钙盐在局部组织的析出和沉积。发生钙化的基本机理是组织液中呈解离状态的钙离子（Ca^{2+}）和磷酸根离子（PO_4^{3-}）结合而发生沉淀所致，当钙离子和磷酸根离子的浓度在组织液的乘积超过其溶解度乘积常数时（即超过 $Ca^{2+} \times PO_4^{3-}$ 的常值），形成磷酸钙沉淀。

（二）病理变化

组织中沉着少量钙盐时，肉眼不能辨认；量多时，则表现为白色石灰样的坚硬颗粒或团块（参见彩图 6.12），刀切时发沙沙声。例如，宰后常见牛和马肝脏表面形成大量钙化的寄生虫小结节，称为砂粒肝。在苏木素-伊红染色的组织切片中，钙盐呈蓝色粉末、颗粒或斑块状。

（三）结局

少量的钙化，有时可被溶解吸收；若钙化量多时，则难以溶解吸收而成为机体内长期存在的异物，可刺激周围结缔组织增生，将其包裹。一般来说，钙化是机体的一种防御适应性反应，可使病变局限化，固定和杀灭病原微生物，消除其致病作用。但是，钙化也有不利的一面，即不能使病变部的功能恢复，有时甚至给局部功能带来障碍。例如，血管壁发生钙化时，血管壁失去弹性，变脆，容易破裂出血；胆管寄生虫损害的钙化，可导致胆道狭窄。

二维码 6-7　钙化
（彩图 6.12）

任务三 适 应

机体内的细胞、组织或器官在受到刺激或环境改变时，能改变其机能与形态结构以适应新的环境条件和新的机能要求，这个过程称为适应。适应是机体在进化过程中获得的适应性反应。适应性改变一般是可逆的，只要组织和细胞的局部环境恢复正常，其形态结构的适应性改变即可恢复。常见形态结构的适应性改变有下列几种。

一、肥大

组织或器官的体积增大并伴有功能增强，称为肥大。组织或器官的肥大主要是由于组成该组织或器官的实质细胞体积增大或数目增多，或两者同时发生而形成的。肥大可分为代偿性肥大和内分泌性肥大两类。

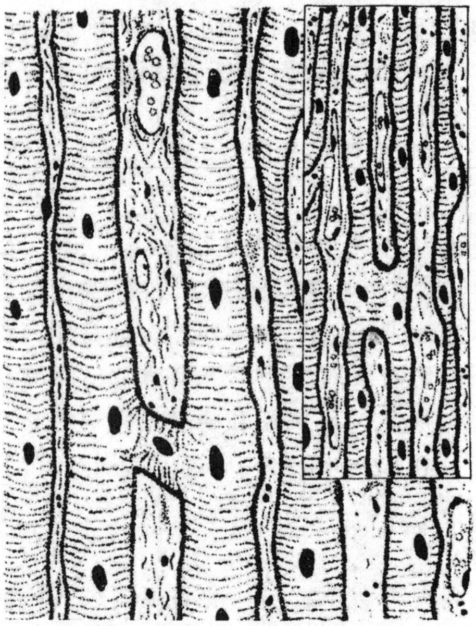

图 6.10 心肌纤维的代偿性肥大

(引自马学恩等，2016)

心肌纤维体积明显增大，细胞核也变大

(右上图为正常心肌纤维)

(一)代偿性肥大

一些器官的功能负荷加重，引起相应组织或器官的肥大，称代偿性肥大。例如，一侧肾脏手术摘除丧失功能时，另一侧肾脏发生肥大代偿其功能；心脏瓣膜疾病时心肌细胞体积增大(图 6.10)。

(二)内分泌性肥大

某些激素分泌增多时，其效应器官可出现肥大。如雌激素可刺激妊娠子宫平滑肌引起肌纤维肥大。

二、改建

器官、组织的功能负担发生改变后，为适应新的功能需要，其形态结构发生相应变化，称为改建。组织改建的种类一般有以下 3 种。

(一)血管的改建

动脉内压长期增高，使小动脉壁弹性纤维和平滑肌增生，管壁增厚，毛细血管可转变成小动脉、小静脉；反之，当血管由于器官的功能减退时，其原有的一部分血管将发生闭塞，如胎儿的脐动脉在它出生后由于血流停止而转变为膀胱圆韧带。

(二)骨组织的改建

患关节性疾病或骨折愈合后，由于骨的负重方向发生改变，骨组织结构形式就会发生相应的改变。此时骨小梁将按力学负荷所赋予的新要求而改变其结构与排列，不符合重力负重需要的骨小梁逐渐萎缩，而符合于重力负荷需要的则逐渐肥大，经一定时间之后，骨组织内形成适应新的机能要求的新结构。

（三）结缔组织的改建

创伤愈合过程中，肉芽组织内胶原纤维的排列也能适应皮肤张力增加的需要而变得与表皮方向平行。

三、化生

一种已分化成熟的组织在环境条件改变的情况下，在形态和功能上完全转变为另一种组织的过程，称为化生。多因组织适应生活环境的改变，或者某些理化刺激引起的（图 6.11）。

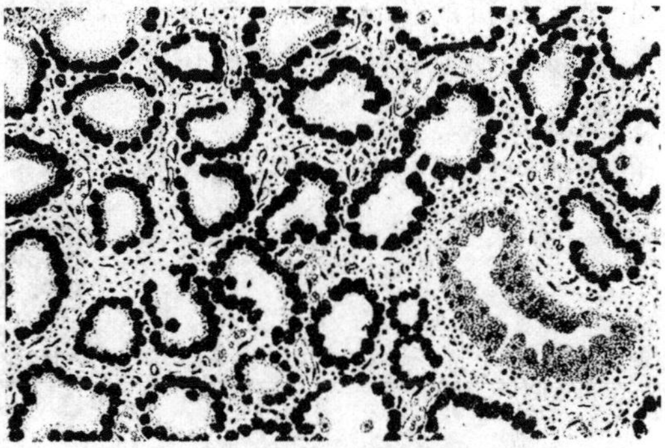

图 6.11　间质性肺炎模式图

（引自马学恩等，2016）

部分肺泡壁上皮细胞化生为立方状细胞，肺泡间隔增宽，炎性细胞浸润

根据化生发生的过程不同，化生可分为鳞状上皮化生与结缔组织化生两类。

（一）鳞状上皮化生（间接化生）

多见于气管和支气管。此处黏膜长时间受到刺激性气体刺激或慢性炎症的损伤，黏膜上皮反复再生，此时可出现化生。如慢性支气管炎或支气管扩张症时，支气管黏膜的柱状纤毛上皮化生为鳞状上皮（参见彩图 6.13 、彩图 6.14）；肾盂结石时，肾盂黏膜的移行上皮化生为鳞状上皮。

（二）结缔组织化生（直接化生）

结缔组织可化生为骨、软骨或脂肪组织等。

组织化生后虽然能增强局部组织对某些刺激的抵抗力，但其却丧失了原有组织的功能，例如支气管黏膜的鳞状上皮化生，由于丧失了黏液分泌和纤毛细胞，反而削弱了支气管的防御功能，易于发生感染。更有甚者，诱发组织化生的刺激因子如长期存在，可能引起局部组织发生癌变。

二维码 6-8　化生
（彩图 6.13、彩图 6.14）

【本项目关键词】

代偿　修复　适应

【本项目小结】

细胞、组织、器官和动物机体，能对体内外环境的不断变化做出及时反应，表现为代谢、功能和结构的调整与改变，以维持正常的生命活动，这种反应，包括肥大、改建、化生、代偿等。当机体部分细胞和组织发生破坏后，机体对形成的缺损进行修补以及对病理产物改造的过程，称为修复，包括再生、肉芽组织的形成、创伤愈合、骨折愈合、机化和钙化等。肉芽组织是富含毛细血管的新生结缔组织，在组织损伤修复过程中具有重要的作用。

【复习思考题】

1.代偿有哪几种方式？几种代偿之间的关系如何？

2.血管再生的方式如何？

3.肉芽组织形成的过程及其功能有哪些？绘制肉芽组织再生模式图。

4.试述骨折的愈合过程。治疗骨折时应注意哪些问题。

5.根据创伤愈合过程及影响因素，说明在对动物进行外科手术时，应注意哪些问题，以保证第一期愈合。

6.说明机化和包囊的结构和作用。

二维码 6-9　复习思考题参考答案

项目七
缺氧

【知识目标】

1. 了解缺氧的发生原因与各类型缺氧的病理特征。
2. 了解缺氧对机体的影响。
3. 掌握缺氧的概念和类型。

【技能目标】

能够识别缺氧类型并采取有效的治疗措施。

【素质目标】

规范分析缺氧指标，养成严谨的职业素养。

任务一　缺氧概述

一、缺氧的概念

氧气是有机体维持生命活动必不可少的物质。动物机体在生命活动中所消耗的能量主要来自营养物质在体内的氧化分解。营养物质在机体内氧化分解释放能量称为生物氧化。由于体内氧的贮备很有限，仅够组织消耗 3～5 min，因此，必须不断地从外界获得氧并将氧输送到组织中，才能维持有机体的正常生命活动。缺氧是指当组织细胞供氧不足或其利用氧的过程发生障碍时，机体的代谢、功能以及形态结构发生异常变化的病理过程。它常见于临床多种疾病，并且是主导环节。

氧的获得和利用非常复杂，包括外呼吸（通气和换气）、氧的运输和内呼吸（氧的利用）3 个环节。即外界氧吸入肺泡；弥散入血液，再与血红蛋白（Hb）结合，由血液循环输送到全身；最后被组织细胞摄取利用。其中任何一个环节发生障碍均可引起缺氧（图 7.1）。

二、常用的检测指标及其意义

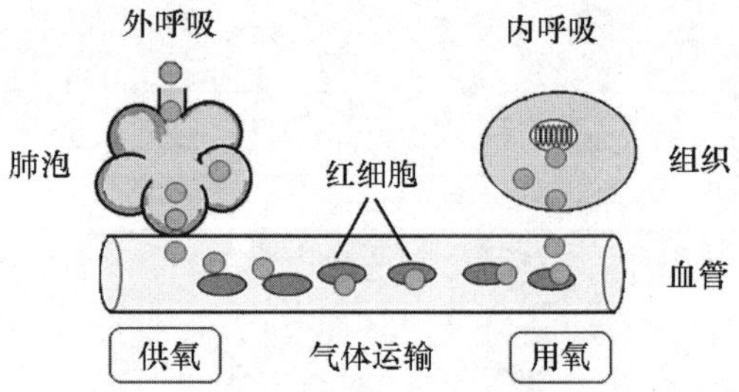

图 7.1 氧的获得与利用示意图

组织的供氧量等于动脉血氧含量与组织血流量乘积，组织的耗氧量等于动脉血氧含量与静脉血氧含量的差和组织血流量乘积。因此，血氧是反映供氧量与耗氧量的重要指标。衡量血氧的重要指标有氧分压、氧含量、氧容量、氧饱和度、动静脉血氧含量差等。

(一)氧分压

氧分压[$p(O_2)$]是指溶解于血液中的氧所产生的张力，故又称为氧张力。正常时动脉血氧分压[$pa(O_2)$]约为 13.3 kPa(100 mmHg)，静脉血氧分压[$pv(O_2)$]约为 5.33 kPa(40 mmHg)。$pa(O_2)$的高低可反映吸入气体中的氧分压和外呼吸的功能状态；$pv(O_2)$的高低则反映内呼吸的状态。当外界空气氧分压明显下降或通气、换气机能障碍影响氧弥散入血时，动脉血氧分压变小。

(二)氧含量

氧含量[$c(O_2)$]是指 100 mL(1 dL)血液中实际含有的氧量，包括血红蛋白结合的氧以及溶解于血浆的氧(后者通常仅为 0.3 mL/dL，故可忽略不计)。正常动脉血氧含量[$ca(O_2)$]约为 19 mL/dL，静脉血氧含量[$cv(O_2)$]约为 14 mL/dL。当外界氧分压降低，或血红蛋白含量减少及其与氧结合的能力下降时，动脉血氧含量变小。

(三)氧容量

氧容量[$c(O_2)max$]即最大血氧含量，指在 $pa(O_2)$为 20.0 kPa(150 mmHg)、二氧化碳分压[$p(CO_2)$]为 5.33 kPa(40 mmHg)、温度为 38 ℃时，每 100 mL 血液中血红蛋白所能结合的最大氧量。1 g 血红蛋白可结合 1.34 mL 氧，若按 100 mL 血液含 15 g 血红蛋白计算，正常动脉血 $c(O_2)$ max 约为 20 mL/dL。$c(O_2)$ max 的大小取决于血液中血红蛋白的量及其与氧的结合能力。当血红蛋白含量减少或它与氧的结合能力下降时，此值变小。

(四)氧饱和度

氧饱和度[$s(O_2)$]是指血红蛋白与氧结合的百分数，可用氧含量与氧容量的百分比来计算。动脉血氧饱和度[$sa(O_2)$]约为 95%（19 mL/dL÷20 mL/dL×100%＝95%)；静脉血氧饱和度[$sv(O_2)$]约为 70%(14 mL/dL÷20 mL/dL×100%＝70%)。

血红蛋白氧饱和度高低主要取决于氧分压的高低，氧分压与氧饱和度之间的关系，可用氧离曲线来表示。由于血红蛋白的生理特点，氧离曲线呈“S”形，氧分压在 7.98 kPa 以下，才会引起氧饱和度明显降低，氧含量明显减少，从而引起缺氧。

(五)氧离曲线

氧离曲线(ODC)表示氧饱和度和氧分压之间关系的曲线，约呈“S”形。当红细胞内

2，3-二磷酸甘油酸（2，3-DPG，是红细胞内葡萄糖无氧酵解的一个中间产物）增多、局部 H^+ 浓度增多（pH 降低）、CO_2 增多及局部温度升高时，均可使血红蛋白与氧的亲和力降低，以致在相同 $p(O_2)$ 下，氧饱和度降低，氧离曲线发生右移，其生物学意义是增加对组织细胞的供氧能力（图 7.2）。

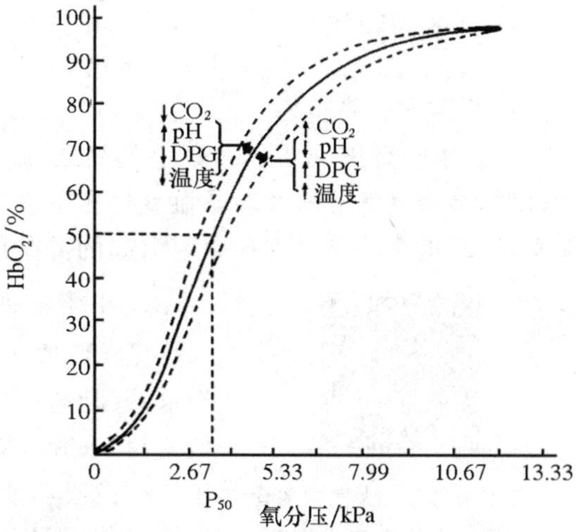

图 7.2　氧离曲线

（六）动-静脉氧含量差

动-静脉氧含量差（$A\text{-}VD_{O_2}$）是指 $ca(O_2)$ 与 $cv(O_2)$ 的差数，正常时约为 5 mL/dL。它代表了组织对氧的消耗量，其变化取决于组织细胞从血液内摄取氧的多少。由于各组织器官耗氧量不同，各器官动静脉血氧含量差很不一样。

动静脉血氧含量差的变化取决于组织从单位容积血液内摄取氧的多少。动脉氧分压明显降低，动脉血与组织氧分压差变小；微循环动静脉吻合支开放，使流经真毛血管的血量减少；红细胞变形能力降低或红细胞聚集，使血液流变性发生改变；细胞受损，利用氧的能力降低，可使组织细胞从血液中摄取的氧减少。这些均可使动静脉血氧含量差缩小。淤血，血流缓慢，虽然单位时间动脉血灌流减少，但由于血流缓慢和氧离曲线右移，组织从单位容积血液内摄取的氧增多，动静脉血氧含量差加大。各型缺氧时动静脉血氧含量差的变化，要对具体情况作具体的分析。

任务二　缺氧的类型、病因及主要特点

根据缺氧发生的速度，有急性缺氧和慢性缺氧之分。根据缺氧时动脉氧分压的变化，有低张性低氧血症和等张性低氧血症之分。根据缺氧的原因血氧变化特点，有乏氧性缺氧、血液性缺氧、循环性缺氧、组织性缺氧之分（图 7.3）。

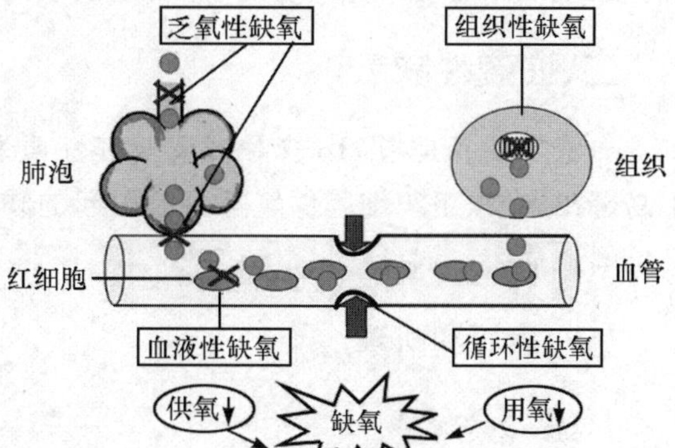

图 7.3　缺氧的原因和类型示意图

一、低张性缺氧

低张性缺氧是指因各种原因引起的 $pa(O_2)$ 降低、$c(O_2)$ 减少和组织细胞供氧不足所造成的缺氧。

(一)病因和机理

1. 大气氧分压过低

多发生于海拔 3 000 m 以上的高原、高空，或通风不良的畜舍、坑道。由于吸入气体氧分压过低，肺泡气氧分压及动脉血氧分压下降，造成毛细血管血液与细胞线粒体间氧分压梯度差缩小，引起组织缺氧。这种原因引起的低张性缺氧又称大气性缺氧。

二维码 7-1 大气中氧含量与海拔高度的关系

2. 外呼吸功能障碍

见于呼吸中枢抑制、呼吸肌麻痹、上呼吸道阻塞或狭窄(如喉头水肿、肿瘤压迫、异物阻塞、支气管痉挛)、肺部和胸膜疾患时(如肺炎、肺水肿、肺气肿等，胸腔积液、积血、气胸等)，由于肺的通气和(或)换气功能障碍，动脉血氧分压和氧含量降低，发生组织缺氧。这种原因引起的低张性缺氧又称呼吸性缺氧。

3. 静脉血分流入动脉

见于某些先天性心脏病，如心室间隔缺损或心房间隔缺损，出现右心血向左心内分流，静脉血掺入左心的动脉血，导致动脉血氧分压下降，引起组织缺氧。

(二)血氧变化的特点

$pa(O_2)$降低(外环境氧分压低、外呼吸功能障碍等造成肺泡气氧分压低所致)，$pv(O_2)$也降低；$ca(O_2)$降低(肺泡气氧分压低所致)，$cv(O_2)$也降低；$c(O_2)max$ 正常(动脉血中血红蛋白的含量及与氧的结合能力无改变)；$sa(O_2)$降低；$A\text{-}V_DO_2$ 变小或正常(变小因为 $ca(O_2)$降低所致；但组织细胞对 O_2 的利用未变，故 $A\text{-}V_DO_2$ 也可能正常)。

(三)皮肤、黏膜颜色改变

低张性缺氧时，黏膜和浅色家畜的皮肤呈青紫色，即发绀。正常毛细血管中脱氧 Hb 的平均浓度为 2.60 g/dL。低张性缺氧时，动脉血、静脉血以及毛细血管中氧合 Hb 浓度减少，脱氧 Hb 浓度增加。当毛细血管血液中脱氧 Hb 的浓度达到或超过 5.0 g/dL 时，可使皮肤、黏膜呈现青紫色。一般发绀是缺氧的表现，但缺氧的患畜不一定都发绀，如血液性缺氧可无发绀。

二、血液性缺氧

血液性缺氧是指 Hb 含量减少或其性质发生改变，使血液携氧能力降低或 Hb 结合的氧不易释出，导致组织细胞供氧不足而引起的缺氧。因动脉血氧分压和饱和度均正常，又称等张性低氧血症。

(一)病因和机理

1. Hb 含量减少

见于各种原因引起的严重贫血，如马传染性贫血、大失血等。贫血使 Hb 量减少，血液中氧含量、氧容量均下降，导致组织细胞供氧不足而发生缺氧。

2. 一氧化碳中毒

不完全燃烧产生的CO与Hb有很高的亲和力，是氧与Hb亲和力的210倍，两者极易结合而形成碳氧血红蛋白(HbCO)，从而使Hb与氧的结合减少。CO还能抑制红细胞内的糖酵解，使2,3-DPG生成减少，氧离曲线左移，影响 HbO_2 中 O_2 的释放。因此，CO中毒既阻碍Hb与氧的结合，又阻碍氧的解离，危害极大。当血液中的HbCO增至5%时，家畜可迅速出现痉挛、呼吸困难、昏迷，甚至死亡。

3. 血红蛋白性质改变

多见于亚硝酸盐、磺胺类、苯胺、硝基苯化合物等中毒时。

正常血红蛋白含有4个低铁(Fe^{2+})血红素亚基，可与氧结合形成 HbO_2。但血红蛋白中的 Fe^{2+} 可在氧化剂的作用下氧化成三价铁(Fe^{3+})，并形成高铁血红蛋白($HbFe^{3+}OH$，MHb)，后者也称为变性血红蛋白或羟化血红蛋白。亚硝酸盐就是一种强氧化剂。高铁血红蛋白中的 Fe^{3+} 因与羟基(-OH)牢固结合而丧失了结合氧的能力，而其余的 Fe^{2+} 与氧的亲和力又增高，不易与氧解离，因此导致氧离曲线左移，使组织缺氧。

萝卜、白菜、甜菜等作物的茎叶中含有较多的硝酸盐，当保存不当或加工不善时，微生物在其中生长繁殖并将硝酸盐还原为亚硝酸盐，家畜(特别是猪)大量食入后就可发生亚硝酸盐中毒。通常在饲喂上述饲料0.5 h左右就开始出现症状，患畜呼吸困难，口吐白沫，倒地挣扎，可视黏膜发绀，末梢血液呈酱油色(参见彩图7.1至彩图7.4)。

二维码7-2　亚硝酸盐中毒
(彩图7.1至彩图7.4)

(二)血氧变化的特点

$pa(O_2)$正常；$ca(O_2)$降低(Hb含量减少或变性所致)；$c(O_2)max$降低(Hb改变所致)；$sa(O_2)$正常；$A\text{-}V_DO_2$ 变小[患畜的 $pa(O_2)$ 虽然正常，但血液携带氧能力降低，因此血液向组织释放少量 O_2 后，$pa(O_2)$ 迅速下降，使毛细血管床中的平均氧分压低于正常，氧向组织弥散的驱动力减少，组织细胞利用氧减少]。

(三)皮肤、黏膜颜色改变

单纯严重贫血时，血中Hb量显著减少，皮肤、黏膜苍白；CO中毒时，血中HbCO增多，皮肤、黏膜呈樱桃红色；高铁Hb血症时，皮肤、黏膜呈咖啡色或类似发绀的颜色。

三、循环性缺氧

循环性缺氧是指因组织器官的血流量减少，使组织细胞供氧量不足所引起的缺氧，又称低动力性缺氧。

(一)病因和机理

循环性缺氧又可分为缺血性缺氧和淤血性缺氧。

1. 缺血性缺氧

如心力衰竭、休克、心功能不全、大失血等，缺血性缺氧是动脉压降低或动脉阻塞使毛细血管床血液灌注量减少所引起。

2. 淤血性缺氧

如局部血管痉挛、动脉狭窄、局部淤血、血栓形成、栓塞等，淤血性缺氧是静脉压升高使血液回流受阻，导致毛细血管床淤血所致。

(二)血氧变化的特点

由于机体氧的摄入(外呼吸)、携带(血液)功能正常，机体 $pa(O_2)$、$ca(O_2)$、$c(O_2)max$、$sa(O_2)$均正常，但因血液循环障碍，供给组织的血液量减少，供氧量下降，故组织缺氧。

由于血液循环障碍，血流缓慢，血液通过毛细血管的时间延长，组织、细胞从血液中摄取的氧量相对较多；同时由于血液淤滞，pH 下降，氧离曲线右移，释氧增加，故 $cv(O_2)$显著降低，$A\text{-}V_DO_2$ 大于正常。

(三)皮肤、黏膜颜色改变

缺血性缺氧时，皮肤、黏膜及器官苍白。淤血性缺氧时，组织从血液中摄取的氧量增多，毛细血管中脱氧 Hb 含量增加，易出现发绀。

四、组织性缺氧

组织性缺氧是指由于组织细胞利用氧的过程发生障碍引起的缺氧，又称氧化障碍性缺氧或组织中毒性缺氧。

(一)病因和机理

1. 中毒

不少毒物如氰化物、砷化物、硫化物、锑化物、汞化物及甲醇等中毒都可造成组织利用氧障碍。最典型的是氰化物中毒。各种氰化物如 HCN、KCN、NaCN、NH_4CN 等都可经消化道、呼吸道或皮肤进入机体内，氰离子(CN^-)迅速与氧化型色素氧化酶中的 Fe^{3+} 结合生成氰化高铁细胞色素氧化酶，使之不能还原，失去传递电子的功能，呼吸链中断，生物氧化过程受阻。

2. 细胞损伤

大量放射线照射和细菌毒素等可直接损伤线粒体，引起氧的利用障碍；氧中毒可通过氧自由基生成过多损伤线粒体；组织供氧严重不足，也可抑制线粒体呼吸功能，甚至使其结构破坏，从而导致氧的利用障碍。

3. 维生素缺乏

例如硫胺素(维生素 B_1)、烟酰胺(维生素 B_5)和核黄素(维生素 B_2)都是多种还原酶的辅酶，参与体内生物氧化还原反应，这些维生素严重缺乏时线粒体功能障碍，呼吸酶合成障碍，导致细胞利用氧障碍。

4. 组织需氧量过多

如剧烈运动时，心肌耗氧量和需氧量增加，而引起相对缺氧。

(二)血氧变化的特点

机体 $pa(O_2)$、$ca(O_2)$、$c(O_2)max$、$sa(O_2)$均正常；组织供氧虽正常，但组织细胞利用氧

发生障碍，$pv(O_2)$及$cv(O_2)$高于正常，因此 $A\text{-}V_DO_2$ 小于正常值。

(三)皮肤、黏膜颜色改变

由于组织细胞利用氧减少，毛细血管中氧合 Hb 的量高于正常，故患畜皮肤、黏膜呈鲜红色或玫瑰红色。

虽然将缺氧分为上述 4 种类型，但临床常见的缺氧多为两种或两种以上的缺氧类型混合存在。例如一些革兰氏阴性菌引起的感染性休克时，主要导致循环性缺氧；而内毒素还可引起组织用氧功能障碍，发生组织性缺氧；若并发休克肺，还可引发呼吸性(低张性)缺氧。即使单纯性的低张性缺氧，严重时也可造成细胞及其线粒体的损伤，继发组织性缺氧。各型缺氧的血氧变化比较见表 7.1。

表 7.1　各型缺氧的血氧变化比较

缺氧类型	$pa(O_2)$	$sa(O_2)$	$C\text{-}O_2\ max$	$ca(O_2)$	$A\text{-}V_DO_2$	皮肤、黏膜颜色
低张性缺氧	↓	↓	N	↓	↓或 N	青紫色
血液性缺氧	N	N	↓或 N	↓或 N	↓	樱桃红、咖啡色
循环性缺氧	N	N	N	N	↑	苍白、发绀
组织性缺氧	N	N	N	N	↓	鲜红色、玫瑰红

注:N 正常，↑升高，↓降低。

任务三　缺氧对机体的主要影响

缺氧对机体的影响，取决于缺氧发生的程度、速度、持续时间和机体的功能代谢状态。

缺氧时机体的功能代谢变化，包括机体对缺氧的代偿性反应和由缺氧引起的代谢与机能障碍。轻度缺氧主要引起机体代偿性反应；快速严重缺氧而机体代偿不全时，出现的变化以代谢机能障碍为主，出现不可逆性损伤，甚至死亡。

一、功能的变化

(一)对呼吸系统的影响

1. 代偿反应

急性低张性缺氧的初期，$pa(O_2)$轻度下降时，呼吸中枢兴奋性增强，呼吸加深加快，从而使肺泡通气量增加，肺泡气氧分压升高，$pa(O_2)$也随之升高。胸廓呼吸运动的增强使胸腔负压增大，促进静脉回流，回心血量增多，肺血流量和心输出量也随之增多，从而有利于氧的摄取和运输。

血液性缺氧和组织性缺氧时，因 $pa(O_2)$不降低，故呼吸一般不增强；循环性缺氧如果累及肺循环(如心力衰竭引起肺淤血和肺水肿时)，可使呼吸加快。

2. 呼吸功能障碍

低张性缺氧时，如 $pa(O_2)$显著下降(降到 3.90 kPa 以下)，严重的缺氧对呼吸中枢产生显著的抑制和损害作用，患畜表现为呼吸减慢变浅、节律异常，出现周期性呼吸甚至呼吸停止。

（二）对循环系统的影响

1. 代偿反应

轻度缺氧可引起代偿性血管反应，主要表现为心输出量增加、器官血流量分布改变、肺血管收缩及毛细血管增生。

（1）心输出量增加　缺氧作为一种应激原，可引起交感神经兴奋，导致心率加快、心肌收缩力增强以及静脉回流量增加，回心血量增加和心输出量增多。

（2）血流量分布改变　缺氧时各器官血流量重新分布，其中心、脑血流量增加，而皮肤及腹腔内脏的血流量减少。血流量的这种重新分布具有重要的代偿意义。

（3）肺血管收缩　肺血管在缺氧时出现明显的收缩反应，引起肺小动脉收缩，肺动脉压升高，有利于维持缺氧时肺泡的通气与血流的适当比例，从而保持较高的 $pa(O_2)$。故肺血管在缺氧时的收缩反应具有一定的代偿意义。

（4）毛细血管增生　长期缺氧可促使毛细血管增生，尤其是心、脑、骨骼肌毛细血管增生更明显。毛细血管密度增加可缩短血氧弥散至细胞的距离，增加对细胞的供氧量，具有一定的代偿意义。

2. 循环功能障碍

（1）心脏功能紊乱　严重的缺氧可直接抑制心血管运动中枢，引起心肌能量代谢障碍，心肌发生变性、坏死，使心肌收缩力减弱，心率减慢，进而导致心输出量降低。

（2）肺动脉高压　严重的缺氧引起肺血管收缩、肺动脉高压。肺动脉高压增加了右心室射血阻力，导致右心室肥大甚至发生心力衰竭。

（3）静脉回心血量减少　脑严重缺氧时，呼吸中枢的抑制使胸廓运动减弱，导致静脉血回流受阻。严重而持久的缺氧，体内乳酸、腺苷等代谢产物增多，可直接刺激外周血管发生舒张，大量血液淤积在外周血管内，造成回心血量减少，结果均使心输出量降低。

（三）对血液的影响

1. 红细胞增多

急性缺氧时，交感神经兴奋，使静脉血管及脾脏等储血器官收缩，将储存的血液释放出来，故外周血红细胞数及 Hb 量增多。慢性缺氧时，低氧血流经肾脏时，刺激肾皮质肾小管周围的间质细胞，使之生成并释放促红细胞生成素（EPO）。EPO 可促使骨髓红细胞系的增殖、分化、成熟和释放。

红细胞与 Hb 增多能提高血液氧容量和氧含量，因此具有一定的代偿意义。但如果红细胞增生过度，则可使血液黏滞度和血流阻力明显增加，以致血流缓慢，还可能形成血栓，反而影响 O_2 的运输。但长期严重的缺氧可抑制骨髓造血功能，使红细胞生成减少。

2. 氧离曲线右移

缺氧时，红细胞内 2,3-DPG 增加，导致氧离曲线右移，Hb 与氧的亲和力降低，易于将结合的氧释放出来以供给组织细胞利用。

(四)对中枢神经系统的影响

脑是机体对氧依赖性最大的器官之一,其耗氧量占机体总耗氧量的20%～30%。脑组织的能量主要来源于葡萄糖的有氧氧化,而脑内葡萄糖的储备量却很少,因此脑对缺氧极为敏感。一般情况下缺氧都会造成脑组织不同程度的功能和结构的损伤,形态变化主要是脑细胞水肿、坏死及脑间质水肿。这些损伤往往在缺氧几分钟内发生,且不可逆转。

(五)对组织细胞的影响

1. 代偿反应

(1)细胞利用氧的能力增强　慢性缺氧时,通过线粒体数量增多,膜的表面积增加,呼吸链中的酶(如细胞色素氧化酶)含量增加或活性增强,使细胞的内呼吸功能增强,可起到一定的代偿作用。

(2)无氧酵解增强　缺氧时,ATP生成减少,ATP/ADP值下降,以致磷酸果糖激酶、丙酮酸激酶活性增强,这些酶都是控制糖酵解过程中最主要的限速酶,其活性增强,可导致糖酵解加强,并在有限范围内补充能量的不足。

(3)肌红蛋白增加　慢性缺氧时,可使骨骼肌中肌红蛋白的含量明显增加。肌红蛋白的增加可从血液中摄取更多的氧,起到氧储存库的作用,还可加快氧在组织中的弥散。

(4)低代谢状态　缺氧可使细胞耗能过程减弱,如蛋白质、葡萄糖及尿素的合成减少,离子泵功能降低,使细胞处于低代谢状态,有利于机体在缺氧下的生存。

2. 细胞的损伤

(1)细胞膜通透性增强　缺氧可造成细胞膜上一些需能的离子泵(如Na^+-K^+-ATP酶)功能障碍,引起Na^+、Ca^{2+}内流,细胞内渗透压升高,水分进入细胞内引起细胞水肿。细胞内Ca^{2+}增多时,可抑制线粒体的呼吸功能,进一步影响ATP的生成和离子泵的功能。

(2)线粒体破坏　严重缺氧时,线粒体变形、肿胀,嵴断裂,外膜破裂,基质外溢,从而降低线粒体的呼吸功能。

(3)溶酶体破坏　缺氧时,细胞内酸性产物增多。pH降低和胞浆内游离钙增加可引起磷脂酶活性增高,使溶酶体膜磷脂被分解,引发膜通透性增高、溶酶体肿胀破裂和大量溶酶的释放,造成细胞自溶及其周围组织的破坏。

二、代谢的变化

在缺氧时,机体的三大营养物质分解代谢加强,氧化不全产物蓄积,导致代谢性酸中毒。缺氧初期呼吸运动增强,体内CO_2排出增多,血液中CO_2含量相应减少,导致呼吸性碱中毒。

【本项目关键词】

缺氧　类型　氧饱和度　病因　影响

【本项目小结】

缺氧是指组织细胞供氧不足或细胞利用氧的过程发生障碍,根据发生的原因,可分为低张性缺氧、血液性缺氧、循环性缺氧和组织性缺氧 4 种类型。各型缺氧的变化特点均不相同，如低张性缺氧时，动脉血氧分压[$pa(O_2)$]降低、氧含量[$ca(O_2)$]降低、氧容量[$c(O_2)\mathrm{max}$]正常、氧饱和度[$sa(O_2)$]降低、动-静脉氧含量差($A\text{-}V_DO_2$)变小或正常。轻度缺氧或缺氧初期机体尚可代偿，但严重的缺氧则引起机体代谢、形态结构的改变而造成严重后果。

【复习思考题】

1. 分析煤气中毒和亚硝酸盐中毒发生机理有何异同？
2. 各类缺氧的可视黏膜有何区别？
3. 缺氧时机体的主要功能、代谢变化有哪些？

【知识拓展】

二维码 7-3　复习思考题参考答案

项目八

炎症

【知识目标】

1. 了解炎症的影响与结局。
2. 掌握炎症的概念和基本病理变化过程。
3. 掌握炎症的类型及其病理变化特征。
4. 掌握炎症的局部表现与全身反应。

【技能目标】

1. 能够找出炎症的原因及防治常见的炎症。
2. 能够准确识别炎症的类型。

【素质目标】

培养学生科学、认真、严谨、求实的工作作风。

任务一　炎症概述

一、炎症的概念和特征

炎症是机体对致炎因素引起的损伤所产生的以防御反应为主的应答性反应。其基本病理变化表现为局部组织的变质、渗出和增生；局部病理反应症状为红、肿、热、痛、机能障碍；炎症过程还会出现不同程度的全身性病理反应，主要表现为发热和白细胞增多。

二、炎症的原因

凡是能够引起组织损伤的致病因素都可成为炎症的原因，但是否发生炎症还决定于机体内部因素，包括机体的防御机能、免疫状态、应激机能、营养状态、遗传性等。常见致炎因素有：

(一)生物性因素

生物性因素是最常见的致炎因素，如细菌、病毒、霉形体等病原微生物和寄生虫等，它们通过机械性损伤或产生内外毒素使组织损伤，也可通过诱发免疫反应导致炎症。

(二)化学性因素

化学性因素包括内、外源性化学物质。如强酸、强碱，机体内的组织坏死产物、代谢废物等均可引起炎症，霉菌毒素可引起动物胃肠炎，某些植物毒素可引起出血性胃肠炎。

(三)物理性因素

高温、低温、放射线及紫外线等均可造成组织损伤引起炎症，机械性因素如机械性创伤、挫伤、机械力、打斗等可引起炎症。

(四)免疫反应

各种变态反应均能造成组织细胞损伤而导致炎症，如过敏性皮炎、变态反应性甲状腺炎等。

(五)病理过程

如坏死、出血等。

(六)正常分泌物流入异位组织

如尿性腹膜炎等。

任务二　炎症的基本病理变化

炎症的基本病理变化过程包括局部组织损伤、血管反应和细胞增生，概括为变质、渗出和增生三个基本病理变化。在炎症过程中这些病理变化按照一定的先后顺序发生，炎症早期多以变质、渗出变化为主，炎症晚期多以增生变化为主，三者互相联系和影响。一般而言，变质属于损伤过程，而从渗出和增生开始炎症进入抗损伤过程。

一、变质

变质是炎症局部组织细胞物质代谢障碍并发生变性和坏死的总称。具体包括实质细胞发生变性和坏死；间质结缔组织中的纤维断裂、溶解、基质解聚或发生黏液样变性、纤维素样坏死等；炎灶内组织物质代谢的特点是分解代谢加强和氧化不全产物堆积，导致炎区组织渗透压升高，pH 下降。

发生机理：炎症局部的变质变化，一方面，是由于致炎因素直接干扰、破坏细胞代谢及引起局部血液循环障碍造成的；另一方面，组织细胞崩解后，形成多种病理性分解产物或释放一些酶类物质，进一步加重炎区组织细胞的损伤。一般炎症早期变质变化十分明显，随后出现炎症的渗出和增生等反应。

二、渗出

渗出变化是指炎区组织发生的血管反应、血浆液体渗出和白细胞游出的变化过程。在炎症过程中，局部组织的小血管发生短暂的痉挛后扩张充血，然后，血液中的液体成分和细胞成分通过血管壁进入炎区间质、体表、体腔或黏膜表面，形成渗出性变化过程。

(一)血管反应

致炎因子作用于局部组织，炎区组织的小血管发生短暂的痉挛，随后扩张充血，随着炎症介质的产生转化为炎性充血，再发展产生淤血和渗出。同时伴有淋巴淤滞和淋巴栓形成。炎区局部呈现红、肿、热、痛与机能障碍等症状。

发生机制：

(1)致炎因子及炎区代谢产物刺激使血管神经反射性充血。

(2)炎症介质作用于血管壁平滑肌使血管扩张充血。

(3)炎性充血时间过久，血管壁紧张性下降导致淤血。

(4)炎区缺氧造成酸性环境，使血管内皮细胞肿胀、白细胞靠边聚集，阻碍血流，加重淤血。

(二)液体渗出

伴发炎区充血、淤血后，血液中的液体成分包括血浆和血浆蛋白通过血管壁渗出。渗出的液体称为炎性渗出液。

1.机理

(1)致炎因子的作用、炎区酸性环境、炎症介质，导致血管壁通透性升高，液体渗出。

(2)淤血，血管内压升高，液体渗出。

(3)炎区分解代谢增强，组织细胞坏死崩解，炎区组织渗透压升高，液体渗出。

渗出液与漏出液的比较见表8.1。

表8.1 渗出液与漏出液的比较

渗出液	漏出液
①浑浊	①澄清
②浓厚，含有组织碎片	②稀薄，不含组织碎片
③相对密度在1.018以上	③相对密度在1.015以下
④蛋白质含量超过4%	④蛋白质含量低于3%
⑤在活体内外均凝固	⑤不凝固，只含少量纤维蛋白质
⑥细胞含量多	⑥细胞含量少
⑦与炎症有关	⑦与炎症无关

2.炎性渗出液的作用和影响

(1)炎性渗出液含有多种成分，对机体有重要的防御作用。

①渗出液中含有各种特异性免疫球蛋白、补体、调理素等多种抗菌物质，对病原微生物及其毒素有中和、抑制或稀释的作用。

②渗出液中的纤维蛋白凝固后，交织成网可限制病原体的扩散，因而有利于吞噬细胞发挥吞噬作用。

③渗出液可为炎区组织细胞带来营养物质，并带走炎症灶中的代谢产物。

(2)渗出液过多,对机体产生不利影响,如胸腔渗出液过多可阻碍肺脏呼吸和心脏舒张活动,脑膜炎症时渗出液使颅内压升高引起头痛、神经功能紊乱。

(三)细胞渗出

在炎症过程中,伴随着炎区组织血流减慢及血浆成分的渗出,白细胞主动由微血管壁游走到炎区组织间隙内,称为白细胞游走或白细胞游出。白细胞游出是炎症最主要的防御反应,游出的白细胞可吞噬和降解炎区内的病原微生物,免疫复合物及坏死组织碎片。但白细胞崩解后释放出的酶类、炎症介质等也可对炎区的正常组织细胞起到损伤作用。

1. 白细胞的游出过程

白细胞经过边移、贴壁、游出等阶段,在趋化因子的作用下向炎症组织游走,完成游出过程(参见彩图 8.1、彩图 8.2)。

二维码 8-1 渗出
(彩图 8.1、彩图 8.2)

(1)边移　白细胞从血液的轴流进入边流,滚动并靠近血管壁的现象称为边移,白细胞边移是由选择素介导的,通过选择素及其相应配体间的作用,引起白细胞滚动、流速变慢并向血管内皮细胞靠近。

(2)贴壁　继边移之后,白细胞与血管内皮细胞发生紧密黏附称为贴壁。白细胞贴壁是由整合素介导的,白细胞滚动,激活整合素,整合素的表达阻止白细胞继续滚动,并在细胞黏附分子的作用下,与血管内皮紧密黏附。

(3)游出　白细胞穿过血管壁进入周围发炎组织的过程称为游出。电镜观察证实,白细胞黏附于内皮细胞连接处,伸出伪足,逐渐以变形运动方式从内皮细胞间的连接处逸出,并穿过基底膜,游走到血管外(图 8.1)。

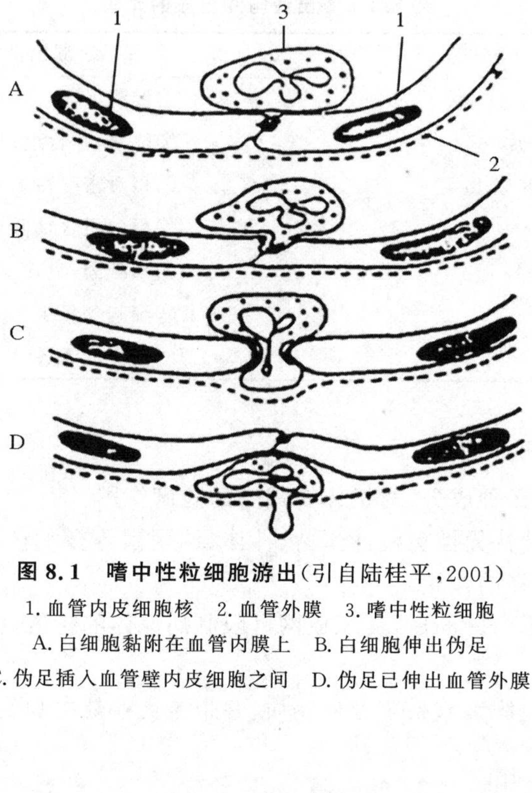

图 8.1　嗜中性粒细胞游出(引自陆桂平,2001)

1. 血管内皮细胞核　2. 血管外膜　3. 嗜中性粒细胞

A. 白细胞黏附在血管内膜上　B. 白细胞伸出伪足

C. 伪足插入血管壁内皮细胞之间　D. 伪足已伸出血管外膜

【知识拓展】

白细胞渗出机理——趋化作用

白细胞穿过血管壁后，便向炎灶集中。白细胞这种向着炎症部位定向运动的特性称为趋化作用。调节白细胞定向运动的化学刺激物称为趋化因子。趋化因子的作用有特异性，有的趋化因子只吸引嗜中性粒细胞，而另一些趋化因子则吸引单核细胞或嗜酸性粒细胞。

一些外源性和内源性化学物质具有趋化作用，常见的白细胞趋化因子包括可溶性细菌产物、补体成分(特别是 C_{5a})、白细胞三烯等。嗜中性粒细胞、致敏淋巴细胞释放的因子及纤维蛋白降解产物对单核细胞有趋化作用。在Ⅰ型变态反应中，IgE 致敏的肥大细胞和嗜碱性粒细胞在同种抗原刺激下，可释放嗜酸性粒细胞趋化因子。致敏淋巴细胞释放的因子和激活的补体成分 C_{5a} 也是嗜酸性粒细胞的趋化因子。

白细胞的吞噬过程

游走到炎灶内的白细胞，吞噬和消化病原微生物、抗原抗体复合物、异物或组织坏死崩解产物的过程称为吞噬作用。具有吞噬功能的细胞主要是嗜中性粒细胞和巨噬细胞，其吞噬异物的过程大体包括黏附、摄入和消化 3 个阶段(图 8.2)。

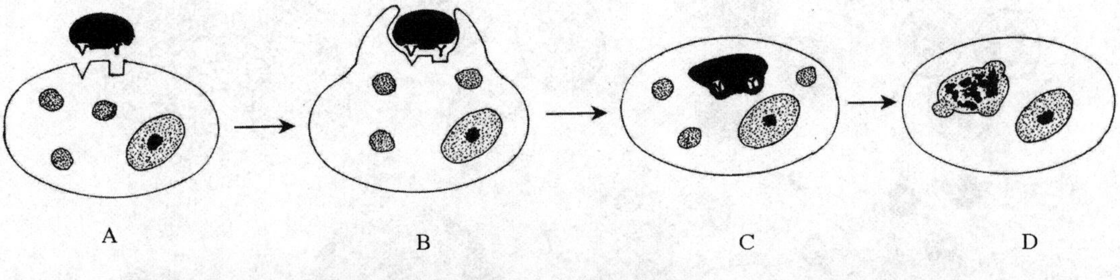

图 8.2　吞噬细胞对细菌的黏附、摄入和消化(引自马学恩等，2016)
A. 被包被的细菌通过巨噬细胞膜上的相应受体发生黏附　B. 巨噬细胞形成伪足
C. 吞噬体形成　D. 吞噬溶酶体形成，菌体被消化

被吞噬的物质首先在调理素的参与下黏附在吞噬细胞的细胞膜上，调理素为一类能增强吞噬细胞吞噬活性的血清蛋白质，主要是免疫球蛋白(IgG)和活化补体成分(C_{3a})等。吞噬细胞通过表面受体，能识别被抗体和补体包被的细菌，经抗体或补体与相应受体结合后，细菌就被黏着在吞噬细胞表面。随后，吞噬细胞伸出伪足，随伪足的延伸和互相吻合形成由吞噬细胞膜包围吞噬物的泡状小体，称为吞噬体。吞噬体脱离细胞膜进入细胞内，与溶酶体相融合，形成吞噬溶酶体。最后通过溶酶体的酶解作用及吞噬细胞代谢产物两条途径杀伤和降解被吞入的病原和异物。

2. 炎性细胞的种类和功能

炎症过程中，游出的白细胞主要有嗜中性粒细胞、嗜酸性粒细胞、单核细胞、淋巴细胞和浆细胞。

游出的白细胞向炎症区集聚的现象，称炎性细胞浸润。游出的白细胞与炎区组织内增生活化的巨噬细胞共同参与炎区内异物的吞噬活动，这两类来源不同的细胞统称为炎性细胞。不同致炎因子所引起的炎症，以及炎症过程的不同阶段，出现的炎性细胞种类和数量也不尽相同。

(1)嗜中性粒细胞

①形态　嗜中性粒细胞起源于骨髓干细胞，胞核一般都分成2～5叶，幼稚型嗜中性粒细胞的胞核呈弯曲的带状、杆状或锯齿状而不分叶。HE染色胞浆内含淡红色中性颗粒(图8.3)。

②作用　嗜中性粒细胞具有很强的游走运动能力，主要吞噬细菌，也能吞噬组织碎片，抗原抗体复合物以及细小的异物颗粒。其胞浆中所含的颗粒相当于溶酶体，其内含有多种酶，这种颗粒在炎症时可见增多。嗜中性粒细胞还能释放血管活性物质和趋化因子，促进炎症的发生、发展，是机体防御作用的主要成分之一。

③诊断意义　嗜中性粒细胞多在化脓性炎症和急性炎症初期渗出。在病原微生物引起的急性炎症时，外周血液中的嗜中性粒细胞也增多；在一些病毒疾病时，嗜中性粒细胞可能减少。嗜中性粒细胞减少或幼稚型嗜中性粒细胞增多，往往是病情严重的表现。

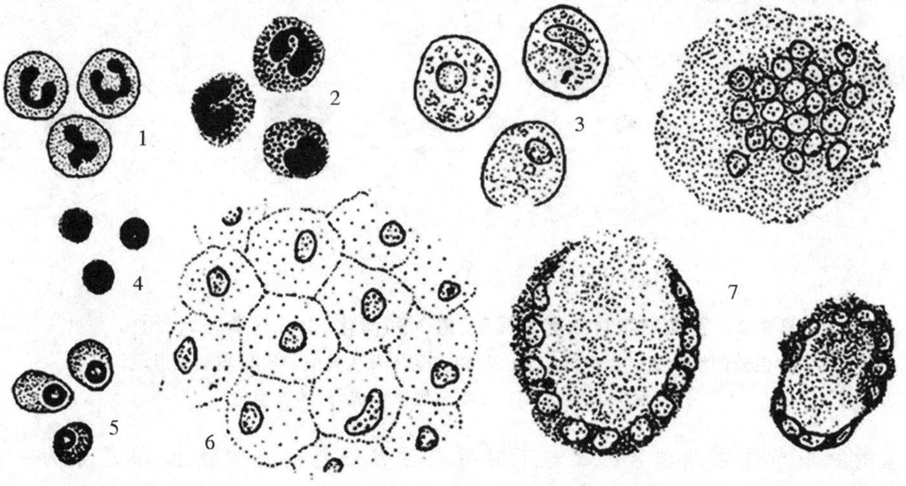

图8.3　几种炎性细胞形态图(引自朱坤熹，2000)

1. 嗜中性粒细胞　2. 嗜酸性粒细胞　3. 巨噬细胞　4. 淋巴细胞　5. 浆细胞　6. 上皮样细胞　7. 多核巨细胞

(2)嗜酸性粒细胞

①形态　嗜酸性粒细胞也起源于骨髓干细胞，细胞核一般分为2叶，各自成卵圆形。胞浆丰富，内含粗大的强嗜酸性颗粒(图8.3)。

②作用　嗜酸性粒细胞具有游走运动能力，主要作用是吞噬抗原抗体复合物、抑制变态反应，同时对寄生虫有直接杀伤作用。嗜酸性粒细胞的颗粒主要含有碱性蛋白、阳离子蛋白、过氧化物酶、组胺酶、活性氧等，对寄生虫有直接杀灭作用，对组织胺等过敏反应中的化学介质有

降解灭活作用。

③诊断意义　嗜酸性粒细胞主要在寄生虫感染和过敏反应引起的炎症时渗出。如反复感染或重度感染时不仅局部组织内嗜酸性粒细胞增多，循环血液中也显著增加。在过敏反应时，嗜酸性粒细胞可占白细胞总数的20%～25%。

(3)单核细胞和巨噬细胞

①形态　单核细胞和巨噬细胞均来源骨髓干细胞，单核细胞占血液中白细胞总数的3%～6%，血液中的单核细胞受刺激后，离开血液到结缔组织或其他器官后转变为组织巨噬细胞。这类细胞体积较大，圆形或椭圆形，常有钝圆的伪足样突起，核呈卵圆形或马蹄形，染色质细粒状，胞浆丰富，内含许多溶酶体及少数空泡，空泡中常含一些消化中的吞噬物(图8.3)。

②作用　巨噬细胞具有趋化能力，其游走速度慢于嗜中性粒细胞，但有较强的吞噬能力，能够吞噬非化脓菌、原虫、衰老细胞、肿瘤细胞、组织碎片和体积较大的异物，特别是对于慢性细胞内感染的细菌如结核分枝杆菌、布鲁氏菌和李氏杆菌的消除有重要意义。巨噬细胞还可以识别抗原信息并传递给免疫活性细胞，从而参与特异性免疫反应，巨噬细胞还能产生许多炎症介质，促进调整炎症反应。巨噬细胞可转变为上皮样细胞和多核巨细胞。

③诊断意义　巨噬细胞主要出现于急性炎症的后期，慢性炎症和非化脓性炎症(结核分枝杆菌、布鲁氏菌感染)、病毒性感染和原虫病。

(4)上皮样细胞和多核巨细胞　炎症反应过程中，炎灶内存在某些病原体(如结核分枝杆菌、鼻疽杆菌等)或异物(如缝线、芒刺等)时，巨噬细胞可转变为上皮样细胞或多个巨噬细胞融合成多核巨细胞。

①上皮样细胞　外形与巨噬细胞相似，呈梭形或多角形，胞浆丰富，内含大量内质网和许多溶酶体。胞膜不清晰，胞核呈圆形、卵圆形或两端粗细不等的杆状，核内染色质较少，着色淡。此类细胞的形态与复层扁平细胞中的棘细胞相似，故称上皮样细胞(图8.3)。上皮样细胞具有强大的吞噬能力，它的胞浆内含有丰富的酯酶，对菌体外表覆有蜡质的结核菌也能消化，主要见于肉芽肿性炎症。

②多核巨细胞　这种细胞是由多个巨噬细胞融合而成。细胞体积巨大，胞浆丰富，在一个细胞体内含有许多个大小相似的胞核。胞核的排列有3种不同形式：一是细胞核沿着细胞体的外周排列，呈马蹄状，这种细胞又称朗罕氏细胞；二是细胞核聚集在细胞体的一端或两极；三是细胞核散布在整个巨细胞的胞浆中。多核巨细胞可见于结核病、副结核病、鼻疽、放线菌病及曲霉菌病病灶中，也可常出现在坏死组织的边缘。多核巨细胞具有十分强大的吞噬能力，有时可见它包围着嵌进组织的异物，如芒刺、缝线等。

(5)淋巴细胞

①形态　淋巴细胞产生于淋巴结及其他淋巴组织，经胸导管进入血液循环。血液中的淋巴细胞大小不一，有大、中、小型之分。在白细胞分类中的比例随动物而异。大多数是小型的成熟淋巴细胞，胞核为圆形或卵圆形，常见在核的一侧有小缺痕；核染色质较致密，染色深；胞浆很少，嗜碱性，但在组织切片中常看不见。大淋巴细胞数量较少，是未成熟的，胞浆较多(图8.3)。虽然，各型淋巴细胞的形态，在外表看来都很相似，但实际上，淋巴细胞是一群混杂的细胞，它们的功能、寿命及特异性都有差别。根据免疫学的研究，淋巴细胞可分为T细胞(胸腺依赖淋巴细胞)和B细胞(腔上囊依赖淋巴细胞或称骨髓依赖淋巴细胞)。

②作用　淋巴细胞主要是产生特异性免疫反应，在炎症过程中，被抗原致敏的T淋巴细

胞产生和释放IL-6、淋巴因子等多种炎症介质,具有抗病毒、杀伤靶细胞、激活巨噬细胞等多种重要作用。而B淋巴细胞可产生抗体,参与体液免疫。

③诊断意义　主要见于慢性炎症、炎症恢复期、病毒性炎症和迟发性变态反应过程中。

(6)浆细胞

①形态　浆细胞是B淋巴细胞受抗原刺激后演变而成。细胞呈圆形,较淋巴细胞略大,胞浆丰富,轻度嗜碱性,细胞核圆形,位于一端,染色质致密呈粗块状,多位于核膜的周边呈辐射状排列,呈车轮状,这种特征是识别浆细胞的标志之一(图8.3)。

②作用　浆细胞主要具有合成免疫球蛋白(免疫球蛋白包括:IgG、IgA、IgM、IgD和IgE)的能力,参与体液免疫。

③诊断意义　主要在慢性炎症和病毒感染时渗出。

三、增生

增生是炎症发展过程中以局部细胞活化增殖为主的变化,增生的细胞主要有巨噬细胞、成纤维细胞和血管内皮细胞。

增生变化在炎症的晚期和慢性炎症时表现明显,但也有些急性增生性炎症开始就表现以细胞增生为主,炎症早期有较多的血管外膜细胞活化增殖参与吞噬活动,炎症后期主要有成纤维细胞和毛细血管内皮细胞增生,形成肉芽组织以局限炎症和修复损伤。

增生的机制　增生原因是致炎因子、组织崩解产物或某些理化因子的刺激。一些细胞因子具有刺激细胞增生的作用,如巨噬细胞衍生的生长因子(MDGF)具有促进成纤维细胞增生和纤维化的作用。淋巴细胞释放的促分裂因子可促进血管内皮的增殖和肉芽组织的生成。

炎症的变质、渗出、增生3个基本过程是互相联系的,在任何炎症过程中,都有这三个基本过程的存在,但在不同类型的炎症或炎症的不同阶段,其表现程度各有差异。例如,在炎症的早期和急性炎症时,常以组织变质和渗出为主。而在炎症的后期和慢性炎症时,则以增生反应为主。

【知识拓展】

炎症的局部表现和全身反应

一、炎症的局部表现

1. 红

由于炎症部位血管扩张,血流加快,局部血液增多,炎症早期局部呈鲜红色。持续一段时间后,由于血液减慢,动脉性充血转为静脉性充血,局部呈暗红色。但动物皮肤有颜色且较深,有时表现不十分明显。

2. 肿

炎症局部肿胀是由于炎区发生渗出或炎区组织细胞增生的结果。

3. 热

炎灶内血液供应增多,物质分解代谢加强,产热增多,致使炎灶局部的温度较邻近正常组织温度高。

4. 痛

疼痛是感觉神经末梢受到致炎因素和组织分解产物的刺激，如钾离子、氢离子浓度增高，特别是有些炎症介质如5-羟色胺、缓激肽、前列腺素等都可作用于局部引起疼痛。

5. 功能障碍

由于局部组织肿胀、疼痛和组织损伤影响到组织器官的正常功能活动。例如肺炎影响肺的气体交换，引起全身缺氧。

上述5种症状是炎症局部的共同特点，但并非每一种炎症都会全部表现这些症状，例如一些慢性炎症或内脏的炎症，红与热表现不明显。

二、炎症的全身反应

炎症过程中，不仅局部产生形态功能变化，还会伴发不同程度的全身性炎症反应。炎症引起的全身反应主要是发热、白细胞增多、单核巨噬细胞系统机能加强、血清急性期反应物形成。

1. 发热

病原微生物和组织坏死崩解产物都是外源性致热原，可激活巨噬细胞、嗜中性粒细胞，产生内生性致热原，引起发热。

2. 白细胞增多

炎症时循环血液中的白细胞总数增高。急性炎症，特别是化脓性炎症时，以嗜中性粒细胞增加为主，过敏性炎症或寄生虫感染时，以嗜酸性粒细胞增多为主；慢性炎症时，以巨噬细胞和淋巴细胞增多为主。但在某些病毒性疾病中，虽然也有炎症，但白细胞总数不见增加，甚至减少。

3. 单核巨噬细胞系统机能增强

某些炎症，特别是细菌性炎症中，单核巨噬细胞系统明显增生，淋巴结肿大，脾肿大，网状细胞和血窦、淋巴窦的内皮细胞增生吞噬活动旺盛。

4. 血清急性期反应物形成

病原微生物侵入机体引起炎症时，可导致血清成分的明显改变，这种反应称为急性期反应，血清中增多的非抗体物质统称为血清急性期反应物。包括初期反应物和后期反应物，前者为经致炎因素作用1～2 h由吞噬细胞和其他细胞分泌的，如淋巴细胞活化因子等；后者是在致炎因素作用24 h后主要由肝细胞合成分泌的，如C-反应蛋白、血清淀粉样物质A、纤维蛋白原、铜蓝蛋白、运铁蛋白等。

炎症时，血清急性期反应物具有保护炎区组织细胞、促进损伤组织修复、激活补体和抑制血凝等多种作用，是机体对抗外界强烈刺激的一种非特异性反应，也可见于手术、创伤等过程。

炎症介质

炎症介质是指在炎症过程中由细胞释放或由体液产生、参与或引起炎症反应的化学物质。按其来源可分为细胞源性炎症介质和血浆源性炎症介质。

一、细胞源性炎症介质

机体内在致炎因素的作用下能够生成并释放炎症介质的细胞主要有肥大细胞、白细胞、巨噬细胞、血小板等。

(一)血管活性胺

1. 组织胺

它主要贮藏于肥大细胞、嗜碱性粒细胞及血小板中。在各种致炎因素、抗原抗体复合物及蛋白水解酶等的作用下,使组织及肥大细胞受到损害,于是大量组织胺被释放出来。组织胺能明显地引起毛细血管、小动脉及小静脉扩张,管壁通透性增加。组织胺能引起血管内皮细胞收缩,从而使邻接的细胞互相牵拉,结果使一些细胞间隙扩大,导致渗出增加。此外,它还可引起支气管、胃肠道、子宫平滑肌收缩,导致哮喘、腹泻和腹痛。

2. 5-羟色胺(5-HT)

它主要存在于肥大细胞、血小板、脑组织和胃肠道的嗜银(嗜铬)细胞内。炎症时,由于这些组织和细胞受到损害,可将5-HT释出。它的作用和组织胺相似,能使血管壁的通透性显著升高,可引起痛觉反应,并能促进组织胺释放。

(二)白细胞三烯(LT)

它来自嗜碱性粒细胞、肥大细胞和单核细胞。白细胞三烯能增强毛细血管的通透性,而且是强有力的白细胞趋化因子,它能吸引嗜中性粒细胞并促进嗜中性粒细胞黏附于血管内膜。它也是强有力的血小板凝集因子,还能引起平滑肌收缩。

(三)前列腺素(PG)

它是广泛存在机体各处的一种组织激素,特别是在前列腺、肾、肠、肺、子宫、脑、胰腺等处,炎区内的PG主要来自血小板和白细胞。在炎症反应中,前列腺素具有多方面的效应,如对毛细血管有显著的扩张作用,增强血管壁的通透性及吸引白细胞游出。它增强组织胺及缓激肽的致痛作用,作为发热中枢调节介质,它与炎症时的发热反应也有关。

(四)过敏性嗜酸性粒细胞趋化因子

其储存部位与组织胺相同,它的作用是吸引嗜酸性粒细胞向炎区聚集,吞噬免疫复合物和杀伤寄生虫,同时能促进组织胺酶释放。

(五)溶酶体成分

单核细胞的溶酶体具有致炎作用,其中的主要炎症介质有阳离子蛋白、酸性蛋白酶、中性蛋白酶、纤维酶原激活物等,具有促进肥大细胞脱颗粒释放组胺,使血管壁通透性升高,降解胶原纤维、基底膜、细菌和细胞碎片等作用。

(六)细胞因子

机体各种组织细胞在其生命周期中,释放多种具有不同生物学效应的物质,以完成自身的功能,参加复杂的细胞-细胞间调节网络,这类物质被统称为细胞因子(cytokine)。根据其生物学效应的不同,分为白细胞介素(在白细胞间发挥作用)、肿瘤坏死因子(对肿瘤细胞具有细胞毒作用)、造血生长因子(作用于骨髓造血前体细胞,促其增殖、分化、成熟)、干扰素(干扰正常细胞内病毒增殖,增强免疫活性)、淋巴因子(促进免疫活性细胞增殖、增强免疫活性)等。细胞因子在作用上具有4个显著的特点:多效性、多源性、高效性和快速反应性。

具有强烈的致炎活性的细胞因子有以下几种：白细胞介素1(IL-1)、白细胞介素6(IL-6)、肿瘤坏死因子、白细胞介素8(IL-8)、单核细胞趋化蛋白1(MCP-1)。

二、血浆源性炎症介质

在致炎因素作用下，血浆内的凝血系统、纤维蛋白溶解系统、激肽形成系统和补体系统可被激活，产生许多有活性的炎症介质，主要有纤维蛋白肽、纤维蛋白降解产物、激肽、补体裂解产物。

(一)激肽类

激肽是属于多肽类物质。激肽系统的激活最终产生缓激肽。缓激肽能显著增强血管壁的通透性，还能使支气管、胃、肠的平滑肌痉挛，故能引起气喘、腹泻等症状。激肽也是一种致痛物质，很微量即能引起疼痛感反应。缓激肽作用限于早期增加血管通透性(又称过敏毒素)。

(二)补体系统

补体系统是一组血浆蛋白，具有酶活性，正常情况下以非活性状态存在，当受到某些物质激活时，补体各成分便按一定顺序呈现连锁的酶促反应，参与机体的防御功能，并非为炎症介质参与机体的炎症过程。如C_{2b}能使小血管扩张，增强血管壁的通透性及具有收缩平滑肌的作用；C_{3a}和C_{5a}能刺激组织中的肥大细胞和血液中的嗜酸性粒细胞，促使其释放组胺和其他活性介质，因而使渗出加强；C_{3a}、C_{5a}具有趋化因子的作用，能吸引嗜中性粒细胞和单核细胞游走；C_{567}还能促使释放溶酶，导致组织坏死；C_{3b}具有调理素的作用，它能加强吞噬活动。还有$C_{5\sim9}$复合物能破坏靶细胞膜的类脂质，故对病毒、细菌、原虫以及受病毒感染的细胞等均能溶解。

(三)纤维蛋白溶酶(纤溶酶)

纤维蛋白溶酶又称血浆素，由血浆内的纤维蛋白酶原被组织中的激肽释放酶分解而形成。它的作用是消化纤维蛋白和其他血浆蛋白。纤维蛋白裂解则形成纤维蛋白肽，此物具有抗凝血、增加毛细血管壁通透性和吸引白细胞游走等作用。

综上所述，炎症介质是炎症发生、发展的一个重要物质基础。炎症过程中，组织损害、血管反应和渗出形成以及炎症的消散和修复都是相当复杂的过程，炎症介质在其中参与启动和推动各个环节。

临床上在治疗炎症时，除针对生物性致炎因素常采用相应的药物外，其他的抗炎药物，其疗效机理大多数是通过抑制炎症介质的合成与释放，或直接对抗炎症介质，而达到抗炎的效果。类固醇药物如糖皮质激素类的可的松等有较好的抗炎疗效，具有降低血管壁的通透性，稳定溶酶体膜从而控制溶酶体的释出，抑制白细胞向血管内皮细胞黏附和血管外游出，抑制肥大细胞的组织胺合成和蓄积，抑制血小板释放前列腺素等的作用。糖皮质激素对肉芽组织的形成也有抑制作用，这是因为它能抑制毛细血管和成纤维细胞的增生，同时也能抑制成纤维细胞的胶原合成和黏多糖的合成所致。故局部反复使用极少量的糖皮质激素，对缩小炎灶的瘢痕组织形成是有好处的。非类固醇抗炎药物如吲哚美辛、促泰松等能抑制前列腺素的合成，同时也有稳定细胞溶酶体膜的作用，从而达到减轻炎症的发展及缓和炎症的诸症状。

任务三　炎症的分类

根据炎症的基本病理变化——变质、渗出、增生的表现程度，将炎症分为三大类，即变质性炎、渗出性炎、增生性炎。渗出性炎又分为浆液性炎、卡他性炎、化脓性炎、纤维素性炎、出血性炎；增生性炎又分为普通增生性炎和特异性增生性炎。

一、变质性炎

病理特征　以炎区组织细胞的变质变化为主，主要表现为组织细胞的变性、坏死；而渗出和增生变化表现轻微。发炎器官眼观肿大，质软质脆，色泽变淡；以坏死为主的变质性炎（可称为坏死性炎）在炎症器官表面有大小不一的灰白或灰黄色坏死灶。

二维码 8-2　变质性炎
（彩图 8.3、彩图 8.4）

变质性炎症多发生于肝、心、肾等实质器官，常在发炎器官形成灰白或灰黄色斑点或病灶，整个器官肿胀不一、红黄相间、质软易碎。如：

心肌变质性炎——见于恶性口蹄疫、牛恶性卡他热等（参见彩图 8.3）。

肝脏变质性炎——见于鸡副伤寒、禽霍乱、猪弓形虫病、鸡包涵体性肝炎、鸭病毒性肝炎等（参见彩图 8.4）。

肾脏变质性炎——猪弓形虫病、猪附红细胞体病、鸡肾型传支等。

脑变质性炎——狂犬病、伪狂犬病、鸡传染性脑脊髓炎、日本乙型脑炎。

原因和结局　变质性炎常见于某些传染病，中毒病或变态反应性疾病，毒素或毒物直接或间接引起组织细胞代谢的急性障碍，从而发生变性、坏死，形成变质性炎症。变质性炎症多呈急性经过，但也可转变为慢性，迁延不愈，对机体影响严重，发生于心、脑可危及生命。

二、渗出性炎

以渗出性变化为主，变质和增生变化表现轻微的炎症。根据渗出物的性质及病变特征，渗出性炎分为浆液性炎、卡他性炎、化脓性炎、纤维素性炎、出血性炎。

（一）浆液性炎

病理特征　渗出性炎以大量浆液渗出为主要特征。浆液类似血浆或淋巴液，含 3%～5% 的蛋白质，主要是清蛋白，还有少量白细胞和纤维蛋白原，浆液性渗出物眼观浑浊、易于凝固，局部组织潮红、肿胀或呈胶冻样变。光镜下，炎区组织明显充血、水肿和白细胞浸润。

发生于浆膜时，在体腔内形成积液，如猪肺疫、猪传染性水疱病、牛出败等，表现为胸膜浆液纤维素性炎，初期胸腔蓄积浆液性渗出液。

发生于疏松结缔组织，形成炎性水肿，如急性猪肺疫时咽喉周围组织浆液浸润。

发生于皮肤，积聚在表皮和真皮之间形成水疱，如口蹄疫、猪水疱病等。

发生于黏膜下层，形成厚层胶冻样物，如仔猪水肿病时的胃壁下层。

发生于肺脏，表现浆液性肺炎，如巴氏杆菌引起的猪、牛纤维素性肺炎早期，表现为浆液性肺炎。

原因和结局　各种理化因素、生物性因素等均可引起浆液性炎，呈急性经过，属于轻度炎症，易于消退，一般结局良好，有些发展为纤维素性炎，则表现严重。

（二）卡他性炎

病理特征 只发生于黏膜，其渗出液由浆液转变成黏液和黏脓性液，眼观发炎的黏膜潮红、肿胀、粗糙不平，伴有出血斑纹，镜检黏膜上皮变性、坏死、脱落，固有层及下层充血、水肿、白细胞浸润，有时有少量红细胞渗出。如卡他性上呼吸道炎症、卡他性胃肠炎、卡他性子宫内膜炎等。

原因和结局 卡他性炎多由于较温和的刺激引起，如变质饲料、寒冷、某些微生物毒素等。卡他性炎常呈急性经过，如病因消除，可迅速康复；如继发感染，可转为慢性炎症，发炎器官或因细胞增生和渗出而肥厚，或因纤维结缔组织增生而变薄变硬。

（三）化脓性炎

病理特征 化脓性炎是以炎区内有大量嗜中性粒细胞浸润，并伴有不同程度的组织坏死和脓液形成特征的炎症。脓液眼观为灰白色、灰黄色或灰绿色的浑浊凝乳状物，光镜下可见大量嗜中性粒细胞、脓细胞（变性坏死的白细胞），发炎组织坏死溶解，炎区充血、水肿，有时伴有出血或增生（图 8.4）。

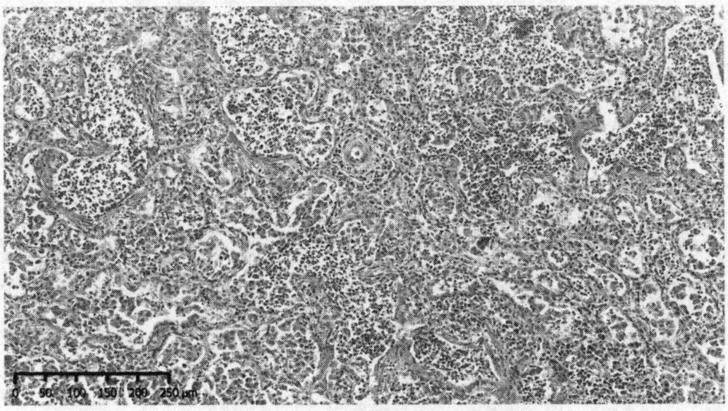

图 8.4 肺化脓性炎

（引自周向梅，2022）

肺泡内充积脓性渗出物，中性粒细胞浸润

病理表现形式如下：

1. 脓性卡他

脓性卡他发生于黏膜表面，眼观黏膜表面出现大量黄白色、黏稠浑浊的黏脓性渗出物，黏膜充血、出血、肿胀、糜烂。光镜下渗出物内有大量变性的嗜中性粒细胞，黏膜上皮细胞变性、坏死和脱落，黏膜固有层充血、出血和嗜中性粒细胞浸润。如鼻黏膜脓性卡他性炎、子宫内膜脓性卡他性炎等。

2. 积脓

积脓指浆膜发生化脓性炎时，脓性渗出物大量蓄积于体腔内的现象，见于牛创伤性心包炎、化脓性胸膜肺炎、化脓性腹膜炎等。

3. 脓肿

脓肿是组织内发生的局限性化脓性炎症。组织中心坏死液化，形成充满脓液的囊腔，周围初期充血、水肿和嗜中性粒细胞浸润，然后逐渐形成结缔组织包膜。深部脓肿可以向皮肤、体腔或黏膜表面穿破，其穿破的管道称为瘘管。如皮肤或皮下脓肿、肝包膜下脓肿(参见彩图 8.5)、肾包膜下脓肿等。

二维码 8-3 猪肝脓肿
(彩图 8.5)

4. 蜂窝织炎

蜂窝织炎指发生于结缔组织的弥漫性化脓性炎，常发于皮下组织，发展迅速。如溶血性链球菌感染。

原因和结局 化脓性炎主要见于化脓性细菌感染，如葡萄球菌、链球菌、化脓棒状杆菌、绿脓杆菌等；某些化学物质如松节油、巴豆油、机体自身组织液化性坏死可导致无菌性化脓性炎。化脓性炎多为急性经过，如及时消除病原，消除脓液，可以痊愈；较大的化脓灶由肉芽组织修补形成瘢痕，如果机体抵抗力较低，局部化脓灶的化脓菌侵入血液和淋巴液，可导致脓毒败血症。

(四)纤维素性炎

病理特征 以渗出大量纤维素为特征。从血管内渗出的纤维蛋白原凝固成的纤维素，在炎区组织内呈网状、片状或膜状，同时伴有充血、水肿、出血、白细胞浸润，组织细胞变性坏死，肉芽组织增生等变化，眼观发炎器官附有淡黄色或灰黄色假膜样、绒毛样或絮片样物(参见彩图 8.6 至彩图 8.9)，器官表面粗糙不平、糜烂或溃疡，伴有红肿、实变或粘连等变化。

二维码 8-4 纤维素性炎
(彩图 8.6 至彩图 8.10)

病理表现形式：

1. 浮膜性炎

发炎部位形成的纤维素性假膜易于剥离，组织损伤较轻。常发于黏膜、浆膜和肺脏，浆膜表面附有假膜，浆膜腔积液，浆膜粗糙、充血、出血或粘连。如浆液纤维素性胸膜肺炎时，胸腔、心包腔积液，并含有多量絮状物，肺与心包、胸膜粘连。

发生于气管或肠道黏膜时，纤维素性假膜可呈管状物存在或排出。黏膜充血、出血、糜烂。

发生于肺脏时，形成充血水肿、红色肝变、灰白色肝变、溶解吸收四个期的变化，肺脏呈大理石样外观。如猪肺疫、猪传染性胸膜肺炎、牛出血性败血症等，均可发生纤维素性肺炎。

2. 固膜性炎(可称为纤维素性坏死性炎)

发炎部位渗出的纤维素与深层坏死组织牢固地结合，不易剥离，组织损伤严重，发炎器官病变部表面粗糙，呈糠麸样，局灶性或弥漫性，突出增厚。如慢性猪瘟时大肠黏膜的纽扣样肿(参见彩图 8.10)，仔猪副伤寒时大肠黏膜的糠麸样变，鸡新城疫时肠黏膜的枣核样病变，黏膜型鸡痘时气管或肠道黏膜的纤维素性坏死性伪膜。

原因和结局 纤维素性炎常见于病原微生物感染，一般呈急性或亚急性经过，浮膜性炎可消散康复，也可发生机化、形成粘连、肺肉变等，固膜性炎常形成瘢痕。

(五)出血性炎

病理特征 大量红细胞出现于渗出物中，眼观渗出物呈红色，发炎组织充血、出血、红肿和糜烂等，光镜下观察炎区血管扩张充血，红细胞、白细胞渗出，组织细胞变性、坏死。

出血性炎常和其他类型的炎症混合发生，如浆液性出血性炎、纤维素性出血性炎、化脓性出血性炎、坏死性出血性炎。常见于炭疽、猪瘟、巴氏杆菌病时的出血性淋巴结炎，猪败血性链球菌病、鸡新城疫时的出血性胃肠炎等。

原因和结局　出血性炎常见于剧烈传染病，如炭疽、猪瘟、巴氏杆菌病、禽流感、鸡新城疫等，多呈急性经过，必须及时救治才有可能康复，一般不易痊愈。

必须指出的是，上述几种渗出性炎可以单独、混合或先后转化发生。

三、增生性炎

增生性炎是以结缔组织或某些细胞增生为主，变质与渗出变化表现轻微的炎症。分为普通增生性炎和特异性增生性炎。

(一)普通增生性炎

多为慢性增生性炎症过程，以间质纤维结缔组织增生为主，其间散在一些淋巴细胞、浆细胞、单核细胞的浸润，实质细胞发生萎缩、变性和坏死。眼观发炎器官出现散在的大小不等的灰白色病灶，其体积逐渐缩小，质地变硬，表面凸凹不平，即发生硬化和皱缩。

如反刍动物的肝片形吸虫病引起的慢性肝炎和猪的慢性间质性肾炎。

少数为急性增生性炎症，以某些组织细胞增生为主要特征。

如猪瘟、狂犬病的急性病毒性非化脓性脑炎中，神经胶质细胞增生形成胶质结节；急性肾小球性肾炎时，肾小球毛细血管内皮细胞、血管系膜细胞(间质细胞)及肾小囊上皮细胞均有增生；急性传染病时淋巴结发生急性增生性炎症，淋巴结髓样肿胀，切面多汁。镜检可见淋巴细胞、网状细胞和淋巴窦内皮细胞明显增生。动物副伤寒时，肝脏网状细胞、单核细胞增生形成“副伤寒结节”。

(二)特异性增生性炎(肉芽肿性炎症)

以肉芽肿形成为特征的慢性增生性炎症。肉芽肿是以巨噬细胞为主的结节。肉芽肿有两类：

二维码 8-5　结核性肉芽肿

1. 感染性肉芽肿

由生物性病原如细菌或真菌引起的有一定特异性结构的肉芽肿，故又称特异性肉芽肿。如结核病(参见彩图 8.11、彩图 8.12)、鼻疽和放线菌的特异性结节性病灶。

组织学观察结核结节，可见结节的中央发生干酪样坏死，并常有钙盐沉着，紧靠坏死区的周围，有许多胞体较大，分界不清的浅红色上皮样细胞组成一层细胞带，包围坏死区。其中常散在数量不等的多核巨细胞(郎格罕氏巨细胞)。结节的外围区，积集多量淋巴细胞和浆细胞，最外围则是纤维结缔组织形成的包裹层(图 8.5)。

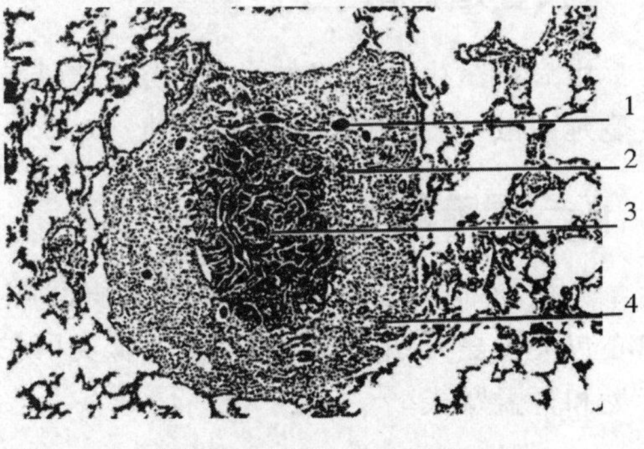

图 8.5　肺的结核结节(引自陆桂平，2001)
1. 郎格罕氏细胞　2. 上皮样细胞　3. 结核中心干酪样坏死　4. 淋巴细胞和成纤维细胞

各种肉芽肿的中心结构成分不同，具有一定的诊断意义。放线菌的特异性结节性病灶中心为放线菌块和嗜中性粒细胞。禽曲霉菌肉芽肿的中心部为干酪样坏死，其中可见到霉菌菌丝及孢子。

2. 异物性肉芽肿

异物性肉芽肿是组织中的异物周围有数量不等的巨噬细胞、异物巨细胞和结缔组织包围的肉芽肿。异物可有寄生虫、虫卵、缝线、灰尘、滑石粉、坏死组织崩解后形成的类脂质等。

任务四　炎症经过和结局

在炎症过程中，损伤和抗损伤双方力量的对比决定着炎症的发展方向和结局。如抗损伤过程（白细胞渗出、吞噬能力加强等）占优势，则炎症向痊愈的方向发展；如损伤性变化（局部代谢性障碍、细胞变性坏死等）占优势，则炎症逐渐加剧并可向全身扩散；如损伤和抗损伤矛盾双方处于一种相持状态，则炎症可转为慢性而迁延不愈。

一、痊愈

（一）完全痊愈

炎症病因消除，病理产物和渗出物被吸收，组织的损伤通过炎灶周围健康细胞的再生而得以修复，局部组织的结构和机能完全恢复正常。常见于短时期内能吸收消散的急性炎症。

（二）不完全痊愈

通常发生于组织损伤严重时，虽然致炎因素已经消除，但病理产物和损伤的组织是通过肉芽组织取代修复，故引起局部瘢痕形成，正常结构和机能未完全恢复。

二、迁延不愈

在某些情况下，急性炎症可逐渐转变成慢性过程并表现为不愈状态，主要原因是机体抵抗力降低，或治疗不彻底，病原因素未被彻底清除，致使炎症持续存在，表现时而缓解，时而加剧，成为慢性炎症长期迁延。

三、蔓延扩散

由病原微生物引起的炎症，当机体抵抗力下降或病原微生物数量增多、毒力增强时，常发生蔓延扩散，主要方式有以下几种。

（一）局部蔓延

炎症局部的病原微生物可经组织间隙或器官的自然通道向周围组织蔓延，使炎区扩大。如心包炎可蔓延引起心肌炎，支气管炎可扩散引起肺炎，尿道炎可上行扩散引起膀胱炎、输尿管炎和肾盂肾炎。

（二）淋巴道蔓延

病原微生物在炎区局部侵入淋巴管，随淋巴液流动扩散至淋巴结引起淋巴结炎，并可再经淋巴液继续蔓延扩散。如急性肺炎可继发引起肺门淋巴结炎，淋巴结呈现肿大、充血、出血、渗出等炎症变化。

（三）血道蔓延

炎区的病原微生物或某些毒性产物，有时可突破局部屏障而侵入血流，引起菌血症、毒血症、败血症和脓毒败血症。详细内容见项目九。

【本项目关键词】

炎症　病理变化　类型　结局

【本项目小结】

炎症是机体一种重要的病理反应，是由致炎因素和炎症介质参与引起的。炎灶局部的基本病理变化包括变质、渗出和增生，中心环节是渗出，白细胞的游出和趋化运动有重要抗炎作用。根据炎灶的主要病变特点，炎症可分为变质性炎、渗出性炎、增生性炎，识别不同的炎症类型和病理变化对疾病的正确诊断和治疗具有指导意义。发热、白细胞增多、单核巨噬细胞系统机能增强、血清急性期反应物形成等是炎症引起的全身性反应。炎灶局部和机体全身之间彼此互相影响。炎症的结局有痊愈、迁延不愈和蔓延扩散。炎症局部病理过程的全身化可造成严重后果。

【复习思考题】

1. 牛发生口蹄疫时口腔或蹄部有哪些表现？结果如何？
2. 兔子发生化脓性炎时为什么血液中嗜中性粒细胞增多？有何意义？
3. 猪瘟结肠或盲肠的纽扣状病变是如何形成的？
4. 分析牛肺结核的结核灶形成过程，影响如何？
5. 分析猪传染性胃肠炎时肠道会出现哪些表现？分别属于哪一类型的炎症？

二维码 8-6　复习思考题参考答案

项目九
败血症

【知识目标】

1. 了解败血症的原因、类型、发病机理和对机体的影响。
2. 掌握败血症的病理变化。

【技能目标】

能够识别败血症的病理形态变化。

【素质目标】

树立医者仁心的医师医德素养，养成精益求精的精神。

动物在生存环境当中会受到病原微生物的入侵，病原微生物入侵机体后，突破机体的防御机构，会在局部组织或血液中持续繁殖，进而通过血液循环扩散到全身，引起败血症。这些病原微生物在持续繁殖的同时还会产生大量的毒素，使机体广泛组织受损，致使机体处于严重的中毒状态。在机体抵抗力降低和治疗不及时的情况下，病原微生物繁殖量增多，产生毒素增多，往往导致机体休克而引起动物死亡。败血症不是一种独立的疾病，而是许多病原微生物感染造成的共同结局，往往是引起家畜死亡的一个重要原因。

败血症在兽医临床上以寒战、高热、皮疹及肝脾肿大为特征。本项目主要介绍败血症的发生原因、病理变化及败血症的结局和对机体的影响。

任务一　败血症的概念

败血症是指病原生物（微生物、原虫等）侵入血液循环，大量繁殖，持续存在，产生毒素，与不断蓄积的代谢产物共同引起患畜以防御功能衰竭为基本特征的严重中毒症状和全身性病理变化。不同的病原微生物侵入机体后，在其发展过程中的不同阶段呈现出不同的病理变化和病理现象，在兽医临床上败血症应与菌血症、病毒血症、虫血症及毒血症等加以区别。

一、菌血症

菌血症是由病原微生物侵入机体后，由病灶部位侵入血液循环，并在血液中持续存在的现象，称为菌血症。当机体抵抗力较强时，病原菌在血液中不能大量繁殖，也不表现出明显的病理变化和临床症状。菌血症多是细菌由局部病灶入血，全身无中毒症状，但血液中可查到细菌。当病原菌毒力较强或机体抵抗力降低时，即可发展为败血症。所以菌血症可视为败血症的早期阶段。

二、病毒血症

病毒血症是由病毒侵入机体后，进而侵入血液循环，并在血液中持续存在的现象，称为病毒血症。病毒侵入机体后大量复制进入血液，同时伴有明显的全身性感染过程。

三、虫血症

虫血症是由寄生原虫进入机体后，进而侵入血液循环，并由血液循环散布于各器官或组织的现象，称为虫血症。寄生原虫进入机体后大量繁殖而进入血液，同时伴有明显的全身性病理过程。

四、毒血症

毒血症是由病原微生物侵入机体后，在局部组织繁殖并产生大量毒素被机体吸收入血，引起全身中毒现象，称为毒血症。败血症往往同时伴有毒血症。另外，某些化脓菌侵入机体，首先引起局部化脓性炎症，原发病灶由淋巴管和静脉管扩散到机体其他部位，出现化脓灶转移致使全身感染化的现象，称为脓毒败血症。

任务二　败血症的原因和发生机理

可以说几乎所有的细菌性、病毒性传染病都能发展为败血症，特别是由一些急性传染病往往以败血症的形式表现出来。发生慢性传染病时，当机体抵抗力降低的情况下，也可出现败血症的形式。

一、原因

败血症一般多由细菌、病毒、寄生以及其他病原生物感染所引起。

（一）细菌

细菌是引起机体发生败血症的最主要、最常见的原因，包括革兰氏阳性和革兰氏阴性细菌。常见于炭疽、败血型猪丹毒、败血型巴氏杆菌病、败血型链球菌病和幼畜副伤寒等细菌性传染病。

(二)病毒

多种病毒感染都可引起败血症。如马传染性贫血病毒、猪瘟病毒、牛瘟病毒、高致病性禽流感病毒、鸡传染性喉气管炎病毒和鸡新城疫病毒等。

(三)寄生虫

少数原虫感染能引起败血症,如牛泰勒虫、猪弓形虫等引起的寄生虫病,其病变具有败血症的一般特征。

(四)其他病原生物

真菌、有毒代谢产物和组织坏死时分解产生的有毒物质也可引起败血症。

二、发生机理

病原体从侵入门户,如皮肤、消化道、呼吸道及泌尿生殖道的黏膜,侵入机体。侵入机体的病原是否会引起败血症,与入侵病原的毒力、数量和机体免疫防御功能有密切关系。如果侵入机体的病原不能被局部组织和血液中的吞噬细胞、免疫球蛋白和补体等消灭,则在局部组织、淋巴结或其嗜好部位增殖,引起局部损伤,导致局部炎症,这个局部炎症灶可称为原发性感染灶。在原发性感染灶内,不断繁殖的病原体的损伤作用与机体的抗损伤作用进行激烈斗争,若病原体的损伤作用明显占优势,机体的局部抗损伤作用瓦解,病原体可从原发性感染灶内损伤的小血管进入血液循环并引起菌血症、病毒血症或虫血症。血液中的病原体可完全被血液中的白细胞、抗体和补体等物质消灭和清除。也可大量繁殖、产生毒素而进一步引起全身中毒症状和败血症变化。

近来研究表明,发生细菌性败血症时,细菌进入血液循环后,在生长、增殖的过程中可产生大量毒素引起组织损伤,如革兰氏阴性杆菌释出的内毒素、外毒素和蛋白酶,革兰氏阳性细菌产生的外毒素和肠毒素等。此外,多种细胞因子(TNF、IL-1、IL-6 和 IL-8 等),补体系统、凝血系统、纤溶系统和激肽形成系统的激活产物,糖皮质激素、β-内啡肽和大量的炎症介质等,在细菌性败血症中也发挥重要作用。例如,炎症介质最终使毛细血管扩张、管壁损伤和通透性增加,血液中的液体成分和细胞成分大量渗出,引起全身各组织器官出现程度不同的淤血、水肿、出血和变性、坏死等变化,如败血型炭疽时可见皮下出血性胶样浸润、胸水、腹水、急性炎性脾肿和全身各组织器官浆膜和黏膜的出血。全身各组织器官内的毛细血管内皮细胞大量的损伤脱落可引起 DIC;血液中液体大量的渗出可引起循环血量严重不足,导致心、肺、肝、肾等主要脏器血液灌注不足引发机体休克而死亡。

任务三　败血症的类型和病理变化

患败血症的动物因发生严重的物质代谢障碍和毒血症,故全身各组织器官可出现明显的炎症变化。各种病原引起的败血症,其病理变化大多相同或相似。但是,由于机体的状况、病程的长短以及病原的毒力强弱等不同,每一疾病败血症的病理变化又各有其某些特点。

一、最急性败血症

主要是由毒力很强的病原所引起，且机体免疫力极低下，体内防御系统迅速被病原的损伤作用摧垮。因发病快，动物多数是在没有任何临床症状的情况下突然死亡，一般多数病死动物无肉眼可见的病理变化，有的病死动物仅表现出不典型的轻度败血症的病理变化，全身性的出血和其他病变较轻，偶见部分组织器官轻度出血，如心外膜、心内膜、消化道黏膜等的轻度点状出血。

二、急性败血症

此型败血症主要是由毒力强的病原所引起，且机体免疫力较低。病原对机体的损伤作用与机体的抗损伤作用之间的激烈斗争，虽然可持续数日，但终因机体防御功能衰竭而死亡。急性败血症可出现明显的临床症状和典型的败血症的病理变化。因毛细血管普遍受到损伤，可导致全身皮肤、黏膜和各组织器官均出现多发性的出血斑点。

(一)尸僵不全

急性败血症时，因病原及其毒素迅速扩散到全身肌肉组织，破坏血管，引起全身肌细胞发生严重的损伤，肌细胞膜上的钙离子泵和钙离子通道受到破坏而不能开启，肌纤维中的肌球蛋白和肌动蛋白不能结合成肌动球蛋白，肌肉不能收缩，使机体不出现尸僵或尸僵不全。

(二)尸体腐败、臌气

由于动物体内有大量病原微生物及其毒素存在，胃肠道腐败菌快速地大量繁殖，产生气体，引起腹围增大(参见彩图 9.1)，同时在机体抵抗力降低的情况下易进入血液，引起尸体腐败。

二维码 9-1　败血症
(彩图 9.1 至彩图 9.7)

(三)血液凝固不良或不凝固

在败血症的发展过程中，病原体及其毒素破坏了凝血系统和红细胞，血液中凝血物质遭到严重破坏，因 DIC 使凝血因子和血小板大量消耗，机体严重酸中毒及二氧化碳增多，故发生血液凝固不良。体表皮肤和可视黏膜发绀并出血，严重时从尸体的口、鼻、内眼角、阴门及肛门等天然孔流出黑红色不凝固的浓稠血液(参见彩图 9.2)。

(四)出血与溶血现象

多处黏膜、浆膜有程度不同的出血，颈部、胸前、肩胛部、腹部等处皮下和肌间结缔组织发生出血性胶样浸润(参见彩图 9.3)。由于红细胞破坏，血红蛋白释出，故病死动物大血管内膜、心内膜和气管黏膜常被染成污红色(参见彩图 9.6)。有时肝脏受损，非酯型胆红素不能转化而在体内聚集，使机体出现黄疸现象，可视黏膜(眼结膜、口腔黏膜等)及皮下组织均见黄染。

(五)重要器官的病变

1. 脾脏

呈典型急性炎性脾肿变化，也称为(败血脾)。

眼观　脾脏肿大，严重者可为正常的3～5倍；颜色可呈樱桃红色、深红色、暗红色、黑红色或紫红色。脾脏质地变软，严重者脾髓质软如泥，似煤焦油状，白髓和小梁明显减少，用刀轻刮脾脏切面，很易刮下大量脾髓。

镜检　脾脏主要表现严重的变质和渗出性病变。脾实质细胞（淋巴细胞和网状细胞）大面积坏死崩解，形成大小不等的坏死灶；白髓缩小或消失。被膜和小梁的平滑肌及胶原纤维肿胀、溶解、排列疏松。脾组织严重充血、出血，浆液性—纤维素性和炎性细胞渗出和浸润。脾组织多被红细胞所占据，淤血和出血严重时，几乎呈一片血海。也可见残存的白髓、小梁和坏死灶。

2.淋巴结

全身淋巴结常呈浆液性或出血性淋巴结炎变化。

眼观　淋巴结肿大，色红。轻症时淋巴结表面和切面有少量的出血点和/或出血斑（参见彩图9.4），严重时整个淋巴结因出血而呈暗红色或黑红色的血肿样。

镜检　淋巴组织充血、水肿、出血和坏死，皮质淋巴窦、髓质淋巴窦、淋巴小结、副皮质区等部位出现不同程度的出血，红细胞大量聚集。部分淋巴细胞变性、坏死和消失，有时见坏死灶，淋巴细胞和网状细胞数量减少，浆液和纤维素渗出。

3.心脏

眼观　心脏横径增宽，心腔扩张，心腔内多充满凝固不良的血液。心肌质地松软，弹性降低，切面呈土黄色，浑浊无光。有的因充血、出血、变性和坏死而呈红、黄、灰等不同的色彩（参见彩图9.5）。心内膜、心外膜有数量不等的出血斑点。

镜检　可见心肌纤维呈细胞水肿或脂肪变性，有时还可见局灶性充血、出血、浆液渗出、淋巴细胞浸润和心肌细胞变性坏死，偶见坏死灶。

4.肝脏

眼观　肝脏肿大，呈灰黄色或土黄色，质地脆弱，常因肝组织淤血和脂肪变性而呈槟榔肝景象。

镜检　肝细胞呈细胞水肿或脂肪变性，中央静脉、窦状隙及小叶间静脉扩张充血，窦壁内皮细胞肿大，有时还见少量炎性细胞浸润。

5.肺脏

眼观　淤血、水肿，体积膨大，紫红色，呈出血性支气管肺炎的病变，肺脏表面可见大小不等的出血点和/或出血灶。气管黏膜表现程度不同的淤血和出血。

镜检　肺泡壁充血、出血，肺泡腔内充满水肿液或浆液性—纤维素性渗出物、红细胞、中性粒细胞、巨噬细胞以及少量脱落的上皮细胞。

6.肾脏

眼观　肾脏肿大，质地松软，被膜易剥离，皮质部呈灰黄色或土黄色，皮质部和髓质部交界处因淤血呈紫红色，严重病例肾表面和切面可见大小不一的出血斑点。有的病例膀胱黏膜也可见出血斑点（参见彩图9.7）。

镜检　肾小管上皮细胞普遍地严重变性或坏死，间质内有时可见局灶性炎性细胞浸润。偶见肾小球肾炎。

7. 脑

眼观　脑软膜充血，有的见脑膜出血斑点。

镜检　脑软膜下和脑实质充血、水肿和出血，毛细血管内有透明血栓形成，神经细胞呈不同程度的变质。有时可见炎性细胞浸润及神经胶质细胞增生等变化。病毒性败血症时，在小血管周围可见以淋巴细胞和巨噬细胞为主要成分的"管套"现象；细菌性败血症的小血管周围主要是中性粒细胞和淋巴细胞；化脓菌性败血症时可见化脓性脑膜脑炎变化。

8. 消化道

消化道呈出血性胃肠炎变化。胃黏膜和肠黏膜，甚至浆膜均可见大小不等的出血斑点，肠壁表现程度不同的水肿、增厚。

9. 化脓菌引起的脓毒血症

眼观　可在肺脏、肝脏、肾脏和皮下组织等全身多组织器官发现大小不等的脓肿。

镜检　脓肿内可见坏死组织、大量的中性粒细胞和蓝染的粉末状化脓菌团块。

任务四　结局和对机体的影响

(一)结局

败血症一般预后不良。败血症的中后期，病原对机体的损伤作用已占绝对优势，而机体的防御能力则趋于瓦解，故机体多因中毒、机能衰竭与休克而死亡。

(二)对机体的影响

败血症多为急性经过，如果不能及时查明病原，治疗用药不当和错误，患病动物一般会很快死亡。在规模化养殖场，败血症畜禽还可引起严重的经济损失和重大生物安全与公共卫生问题。

【本项目关键词】

败血症　发生机理　类型　病理变化　结局　影响

【本项目小结】

败血症是炎症经血道蔓延扩散的一种结局，多由细菌、病毒、原虫等病原生物侵入血液循环、大量增殖，而机体的抵抗力衰竭所引起。临床上常见最急性败血症和急性败血症两种类型。急性败血症的病畜尸僵不全，尸体腐败明显、腹围增大，血液凝固不良或不凝固，出血、溶血，败血脾、浆液性或出血性淋巴结炎。败血症的概念、病理变化、病因、类型，在兽医临床上败血症应与菌血症、病毒血症、虫血症及毒血症等加以区别。败血症不是一种独立的疾病，而是许多病原微生物感染造成的共同结局，往往是引起家畜死亡的一个重要原因。

【复习思考题】

1. 试述败血症的特征、原因及类型。
2. 如何理解败血症与菌血症、毒血症、病毒血症和虫血症的区别?
3. 试述败血症的病理变化特点。

二维码 9-2 复习思考题参考答案

项目十
发热

【知识目标】

1. 了解发热的机理和发热时机体的机能代谢变化。

2. 掌握发热、致热原的概念。

3. 掌握发热的分期及各期特点。

【技能目标】

1. 能够识别发热三期动物的临床表现。

2. 能够识别在不同疾病过程中不同的热型，并制定和实施合理的治疗措施。

【素质目标】

树立严谨求实的医者思维，培养学生动物福利意识。

生理情况下，动物可通过产热和散热平衡来维持正常体温。发热是指机体在致热原的作用下，体温调节中枢的调定点上移，引起产热增多，散热减少，从而呈现体温升高，并导致各组织器官的机能和代谢改变的病理过程。发热是疾病过程中常见的病理现象，其特点是：产热和散热过程由相对平衡状态转为不平衡状态，产热过程增强，散热过程减慢，从而引起体温升高和机体各组织器官的功能与物质代谢发生改变。

任务一　发热的原因

凡是能够引起机体发热的各种发热激活物，统称为致热原，机体发热多数与致热原有关，也有的与致热原无关（图 10.1）。

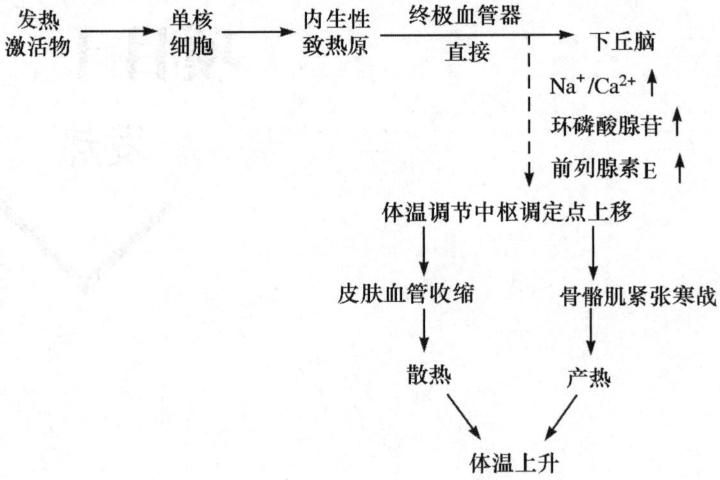

图 10.1　发热基本机理模式图

一、致热原性发热

(一)外源性致热原

根据有无病原体感染而分为感染性发热和非感染性发热。

1. 感染性发热

各种生物性致病因素,如细菌、病毒、立克次氏体、真菌、原虫等侵入机体所引起的局限性感染及全身性感染均能刺激机体产生和释放内生性致热原而引起发热。因此,在绝大多数传染病和寄生虫病过程中,都能见到发热症状。

(1)革兰氏阳性菌与外毒素　此类细菌感染是常见的发热原因,主要有葡萄球菌、溶血性链球菌、肺炎球菌等。这类细菌除了菌体致热外,其外毒素也有明显的致热性,如葡萄球菌的肠毒素、溶血性链球菌的红疹毒素等。

(2)革兰氏阴性菌与内毒素　典型菌群有大肠杆菌、伤寒杆菌等。这类菌群的致热物质除菌体和菌壁中所含的肽聚糖外,最突出的是其菌壁中所含的脂多糖,也称内毒素。内毒素是最常见的外生性致热原,分子量大,不易透过血脑屏障。耐热性高(干热 160 ℃,2 h 才能灭活),一般灭菌方法不能清除。内毒素无论是静脉注射或体外与白细胞一起培养,都可刺激内生性致热原的产生和释放。

(3)分枝杆菌　典型菌群为结核分枝杆菌,其菌体及细胞壁中所含的肽聚糖、多糖和蛋白质都具有致热作用。

(4)病毒和其他微生物　流感病毒等病毒可激活产致热原细胞,产生、释放内生性致热原,引起发热。白念珠菌感染所致的鹅口疮、肺炎、脑膜炎等,其致热因素是菌体及菌体内所含的荚膜多糖和蛋白质。

2. 非感染性发热

(1)无菌性炎症　各种物理、化学和机械性刺激所造成的组织坏死,如非开放性外伤、大手术、烧伤、冻伤、化学性损伤等均可引起无菌性炎症，组织蛋白的分解产物在炎灶局部被吸收入血，激活产致热原细胞，产生和释放内生性致热原，引起发热。

(2)抗原-抗体复合物　变态反应和自身免疫反应中形成的抗原-抗体复合物、或由其引起的组织细胞坏死和炎症，均可引起内生性致热原的产生和释放，从而引起发热。

(3)恶性肿瘤　生长迅速的恶性肿瘤细胞常发生坏死，并可引起无菌性炎症；坏死细胞的某些蛋白成分可引起免疫反应，产生抗原-抗体复合物或淋巴激活素。这些均可导致内生性致热原的产生和释放，从而引起机体发热。

(4)化学药物　某些化学药物如α-二硝基酚、咖啡因、烟碱等都可引起动物发热。但各种化学药物引起发热的机理不同，例如α-二硝基酚主要是增强细胞氧化过程，使产热增加而致体温上升，咖啡因是兴奋体温调节中枢，限制散热，因而导致发热。

(5)类固醇产物　如睾酮的中间代谢产物原胆烷醇酮有致热作用。

(二) 内生性致热原

内生性致热原都来自机体产内生性致热原细胞，这类细胞在发热激活物的作用下产生和释放的能引起体温升高的产物，统称为内生性致热原，也称为白细胞致热原。

1. 白细胞介素-1

白细胞介素-1 是由单核巨噬细胞在发热激活物的作用下所产生的多肽类物质，受体广泛分布于脑内，但密度最大的区域位于最靠近体温调节中枢的下丘脑外面。

2. 白细胞介素-6

白细胞介素-6 是由单核细胞、巨噬细胞、成纤维细胞、T 细胞和 B 细胞等分泌的细胞因子，也具有明显的致热活性。

3. 肿瘤坏死因子

肿瘤坏死因子也是重要的内生性致热原之一。多种外生性致热原如葡萄球菌、链球菌、内毒素等都可诱导巨噬细胞、淋巴细胞等产生和释放肿瘤坏死因子。肿瘤坏死因子也具有白细胞介素-1 相似的生物学活性。

4. 干扰素

干扰素是受病毒等因素作用时由淋巴细胞等产生的一种具有抗病毒、抗肿瘤作用的低分子量糖蛋白。干扰素注射后可引起丘脑产生前列腺素 E 作用于体温调节中枢引起发热。

二、非致热原性发热

非致热原性发热是某些致病因子直接作用于体温调节中枢，使其功能紊乱，导致产热过多或散热障碍而引起的发热。

(一)体温调节中枢机能障碍

生物性、物理性、化学性、机械性致病因素可直接损伤下丘脑体温调节中枢，使其功能紊乱而出现体温升高。

(二)产热过多

某些内分泌性疾病,如甲状腺功能亢进时,组织细胞氧化过程和基础代谢均增强,以致产热大于散热而引起机体发热。某些疾病伴有骨骼肌剧烈痉挛或运动过强等,也能导致机体产热过多引起发热。

(三)散热减少

广泛性皮肤病,如皮炎、烧伤、瘢痕等导致机体排汗机能减退、蒸发散热减少而引起发热;体液大量丧失、尿量减少、循环血量减少、散热不足也可引起机体发热。

任务二 发热的经过及热型

一、临床经过

发热可分为三个阶段,即体温上升期、高热持续期和退热期(图10.2)。每个时相都有各自的临床表现和热代谢特点。

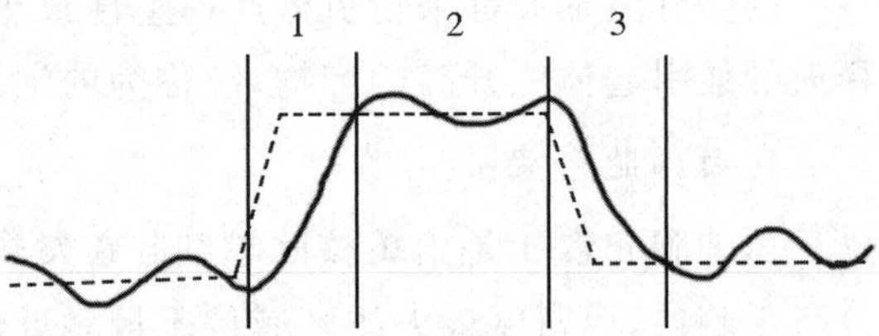

图10.2 发热的三个时相体温与调定点关系

1.升热期 2.高热期 3.退热期

----调定点曲线 ——体温曲线

(一)体温上升期(升热期)

1.代谢特点

体温上升期产热量大于散热量(产热增多和散热减少)。这是发热的第一阶段,此时体温调节中枢的体温调定点上移,体温从正常逐渐升高。肌肉收缩加强,肌糖原分解加强,通过交感神经发出散热减少的信号,使皮肤血管收缩,汗腺分泌减少,减少皮肤的散热,因而体温逐渐上升。

2.临床表现

此时患病动物表现精神沉郁,食欲减退或废绝,呼吸和心跳加快,皮肤血流量减少呈苍白色,交感神经兴奋竖毛肌收缩,临床上出现寒战,被毛蓬乱等症状,反复寒战超过一天可能是菌血症,在传染病诊断上有参考意义。动物体温升高的速度并不一致,如猪瘟、猪丹毒、牛恶性卡他热等,体温升高很快,而非典型马腺疫的体温则缓慢上升。

(二)高热持续期(高热期)

1.代谢特点

产热量接近散热量,体温在较高水平上维持平衡。皮肤温度升高,皮肤血管继而扩张,散热增加。高热可引起脱水,脱水又可加重发热。此外,由于氧化不全的酸性中间产物(乳酸、酮体)在体内增多,故导致代谢性酸中毒。

2. 临床表现

患病动物皮温增高，眼结膜充血潮红，呼吸和心跳加快，胃肠蠕动减弱，粪便干燥，尿量减少，口干舌燥，精神沉郁等症状。对于不同的疾病和动物，体温升高的水平和持续时间也有不同，例如牛传染性胸膜肺炎的高热期持续2～3周之久，慢性猪瘟的高热期可维持1周以上，而牛流行性感冒的高热期仅为数小时或几天。

(三)体温下降期(退热期)

1. 代谢特点

产热量小于散热量。发热激活物、内生性致热原、发热介质得到控制和清除。通过应用药物，使上升的体温调定点恢复到正常水平，热神经元发放冲动，促进散热，冷神经元受到抑制，减少产热。

2. 临床表现

动物的汗腺分泌增加，引起大量出汗散发热量(又称出汗期)，使体温下降。大量出汗是一种速效散热反应，但大量出汗可造成脱水，甚至循环衰竭，在临床上应注意监护，补充水和电解质，尤其是对心肌炎患畜，更应密切注意其体征。此时，发热消退可快可慢，快者数小时或24 h内降至正常，称为体温骤退。慢者需几天到十几天才降至正常，称体温渐退。在兽医临床上要谨防动物体温骤退，否则极易引起急性循环衰竭而造成动物死亡。

发热过程虽可相对地区分为三期，但由于散热和产热之间的调节变化，体温可以显著地波动。各个阶段的持续时间和转变速度，不仅取决于致病因素或致热物质的性质，也取决于机体的个体特征和功能状态。

二、热型

在各种发热过程中，将每天早晚测得的体温数据记录在图纸上并将其连接绘制成曲线，称为体温曲线。各种热性病的体温曲线是不一致的，根据体温曲线的动态和特点，主要可以分为以下几种热型。

(一)稽留热

特点是高热稽留3 d以上，日温差在1 ℃以内。临床常见于大叶性肺炎、猪瘟、猪丹毒、流感、猪急性痢疾、马传染性胸膜肺炎、牛恶性卡他热等急性发热性传染病。

(二)弛张热

特点是体温升高，日温差在1 ℃以上，但不降至常温。临床常见于小叶性肺炎、支气管炎、胸膜炎、灶性化脓性疾病、败血症、严重肺结核病等。

(三)间歇热

特点是有热期与无热期有规律地相互交替，间歇时间短，且重复出现。临床常见于血孢子虫病、锥虫病、牛焦虫病、马传染性贫血、化脓性局灶性感染等。

(四)回归热

特点与间歇热相似,无热期间歇时间较长,其持续时间与发热时间大致相等。临床常见于亚急性和慢性马传染性贫血。

(五)消耗热

特点是体温波动范围比弛张热更为显著,昼夜温差在 3～5 ℃。临床常见于败血症、重症活动性肺结核病等。

(六)波状热

特点是体温在数天内逐渐上升至高峰,然后又逐渐下降至微热或常温,不久再发,体温曲线呈波浪式起伏,称为波状热。临床常见于布鲁氏菌病、恶性淋巴瘤等。

(七)双峰热

特点是高热体温曲线在 24 h 内有两次小波动,形成双峰,称为双峰热。临床常见于黑热病、大肠杆菌败血症、绿脓杆菌败血症等。

(八)双相热

特点是第一次热程持续数天,然后经一天至数天的解热期,又突然发生第二次热程,称为双相热。临床常见于某些病毒性疾病,如犬瘟热。

(九)不定型热

特点是发热持续时间不定,变动也不规则,而且体温的日差有时极其有限,有时则有很大波动。临床常见于慢性猪瘟、慢性副伤寒、慢性猪肺疫、流感、支气管肺炎、渗出性胸膜炎、肺结核、非典型马腺疫等许多非典型经过的疾病。

任务三　发热时机体的代谢及机能变化

一、物质代谢变化

动物体发热时,物质代谢变化的总趋势是分解代谢加强,以适应产热的物质要求,通常体温上升 1 ℃,基础代谢率提高 13%。

(一)糖代谢

发热时因交感神经兴奋,肾上腺素分泌增多,肝脏和肌糖原分解加强,血糖升高。机体内糖原无氧酵解也加强,因此,血液和组织液内乳酸增多。

(二)脂肪代谢

发热时常使机体脂库中的脂肪大量消耗,因此患病动物日渐消瘦,血液内中性脂肪酸含量增高。因脂肪氧化不全,故有时出现酮血症和酮尿症。

(三)蛋白质代谢

蛋白质的分解可增加 0.5～1 倍(传染性发热),大量含氮物质蓄积血液中。

(四)水、盐代谢

水、盐代谢的变化在高热期主要为滞留倾向,在退热期因出汗和排尿增多而使体内水、钠潴留减少,严重时出现脱水。长期发热,因氧化不全的酸性中间产物增多,血液碱贮减少而发生酸中毒。

(五)维生素代谢

长期发热时,由于物质代谢加强,故参与酶系统组成的维生素消耗增强。同时,由于动物摄食减少,病畜必然产生维生素缺乏现象,其中维生素 B 和维生素 C 的缺乏尤为重要。

二、机能变化

(一)神经系统的变化

动物在发热初期多表现神经兴奋状态,但在高热期,由于高温血液和有毒产物的影响,中枢神经系统产生抑制,精神沉郁甚至呈昏迷状态。整个发热期过程中,动物的交感神经兴奋性始终占优势,因而机体的合成代谢受到不同程度的抑制。

(二)心血管系统的变化

交感神经兴奋和高温血液刺激心脏,窦性心动过速。通常体温上升 1 ℃,使心跳每分钟增加约 10 次。长期发热时,因心肌变性常导致心力衰竭。危重病例晚期时心动过速和体温下降,标志着预后不良。

(三)呼吸系统的变化

发热时由于高温血液和酸性代谢产物刺激呼吸中枢,呼吸加深加快。深而快的呼吸,有利于氧的吸入和机体散热。但当高热持续时,往往又可引起中枢神经系统功能的障碍和呼吸中枢的兴奋性降低,致使动物出现呼吸浅表、精神沉郁等症状,这些变化对机体也是不利的。

(四)消化系统变化

交感神经兴奋,胃肠分泌减少,蠕动减弱,因而消化机能明显减退,食欲和饮欲也明显下降。粪便在肠内停留过久会引起便秘甚至发酵、腐败。

(五)泌尿系统的变化

由于发热时肾机能障碍及水分蒸发,动物表现尿少和尿比重增加。高热时,一方面由于呼吸加快，水分被蒸发；另一方面因肾组织发生轻度变性，加之体表血管舒张，肾脏血流量相应地减少，以及由于分解代谢增强，酸性代谢产物的增多，水和钠盐被潴留在组织中，因而尿液减少，尿比重增加，并且尿中常出现含氮产物。到退热期，肾脏血液循环的改善，大量盐类又从肾脏排出，因此又表现为尿量增多。

（六）单核巨噬细胞系统的变化

发热时单核巨噬细胞系统活跃，促使巨噬细胞活动增强，抗体产生，白细胞内酶活性增强，肝脏的解毒机能也加强。

三、发热的生物学意义和处理原则

（一）发热的生物学意义

发热是机体在长期进化过程中所获得的一种以抗损伤为主的防御适应反应，对机体有利也有弊。

1. 有利方面

总体来看，一定程度的发热有利于机体抵抗感染，抑制对机体有害的致病因素，能增强单核巨噬细胞系统，提高机体对致热原的清除能力。此外，还能使肝脏氧化过程加速，提高其解毒能力。从生物进化角度看，发热对机体的生存和种族延续具有重要的保护意义。

2. 不利方面

不利方面包括体温升高本身的危害，以及发热激活物、内生性致热原和发热性中枢介质的不利作用，两者很难截然分开。一是发热会明显增大组织的能量消耗，加重器官的负荷，能诱发相关脏器的功能不全，动物消瘦和抵抗力下降。二是高热常使实质器官的细胞出现颗粒变性，如中枢神经系统和血液循环系统发生损伤，动物表现出精神沉郁乃至昏迷，心肌变性会导致心力衰竭。三是发热可导致胎儿的发育障碍，是重要的致畸因子，因此母畜在孕期应尽量避免发热。

（二）发热的处理原则

影响发热的主要因素是中枢神经的功能状态、内分泌系统的功能状态、营养状况、疾病状态、发热激活物的性质。除了病因学治疗外，针对发热的治疗（退热治疗）应尽可能谨慎地权衡利和弊。

1. 发热的一般处理

非高热病畜一般不要急于解热，以免干扰热型和热程，不利于疾病的诊断。对长期不明原因的发热，应做详细检查，注意寻找体内隐蔽的化脓部位。

2. 下列情况应及时解热

持续性高热（如体温在 40 ℃以上）、患心脏病（发热会加重心肌负荷）、有严重肺或心血管疾病患畜、妊娠期，在治疗原发病的同时应采取退热措施，但高热不可骤退。

3. 解热的具体措施

包括药物解热和物理降温及其他措施（包括休息，补充水分和营养）。此外，高热惊厥者也可酌情应用镇静剂(如安定)。要加强对高热或持久发热病畜的护理,预防脱水。保证充足易消化的营养食物(包括维生素),监护心血管功能,大量排汗时要注意补充水和电解质,纠正水、电解质和酸碱平衡紊乱。

【本项目关键词】

发热　致热原　过程　热型　机体变化

【本项目小结】

内生性致热原是发热激活物刺激单核细胞、巨噬细胞等产生和释放的,它随血液循环到达体温调节中枢,通过调节介质上移调定点,引起动物调节性体温升高,即出现发热。发热可分为升热期(特点是产热大于散热,温热在体内蓄积)、高热期(特点是产热和散热在新的高水平上保持动态平衡)、退热期(特点是散热大于产热,体温下降)三个发展阶段。发热是很多疾病特别是感染性疾病的一种重要的临床表现,对机体各系统器官的机能代谢都有一定的影响。机体只有在清除发热激活物和内生性致热原后,才能使体温恢复正常。

【复习思考题】

1. 简述发热激活物的种类。
2. 发热时机体的代谢和机能主要变化有哪些?

二维码 10-1　复习思考题参考答案

项目十一 休克

【知识目标】

1. 掌握休克的概念、原因、分类、防治原则。

2. 了解休克的分期与微循环变化，休克时细胞和主要器官功能及代谢的变化。

【技能目标】

根据休克的外在表现，判断引起休克的原因，并做好针对性的防治。

【素质目标】

养成严谨求实的工作态度，培养团队协作意识。

休克是各种强烈致病因子作用于机体引起的以微循环障碍为主的急性循环衰竭、重要器官灌流不足和细胞功能代谢障碍的全身性危重的病理过程。其临床主要症状为可视黏膜苍白，耳、鼻和四肢末端发凉，体温下降，脉搏细弱频数，呼吸浅表，尿量减少或无尿，肌肉无力，反应迟钝，精神高度沉郁。

任务一　休克的原因与类型

休克的种类很多，按病因分为：低血容量性休克、感染性休克、过敏性休克、心源性休克、创伤性休克和神经性休克。

一、低血容量性休克

(一)失血和失液

大量失血，血容量减少可引起失血性休克，见于外伤、胃溃疡出血、内脏破裂出血及产后大出血等。剧烈呕吐或腹泻、大出汗等导致体液丢失，也可引起有效循环血量(血容量减少)的锐减，造成脱水性休克。

(二)烧伤

大面积烧伤可伴有伤口大量血浆丢失和水分通过烧伤的皮肤蒸发，引起烧伤性休克。

二、感染性休克

严重感染尤其是革兰氏阴性菌、革兰氏阳性菌、立克次氏体、病毒和霉菌等感染，均可引起感染性休克。感染性休克常伴有败血症，故又称败血症休克。烧伤后期继发感染可发展为败血症休克。

三、过敏性休克

给过敏体质的机体注射某些药物(如青霉素)、血清制剂或疫苗可引起过敏性休克，这种休克属Ⅰ型变态反应。发病机制是在肥大细胞表面的IgE与抗原结合，大量组织胺和缓激肽被释放进入血中，引起血管床容积扩张，毛细血管通透性增加，血浆渗出，有效循环血量相对不足而发生休克。

四、心源性休克

急性心力衰竭、大面积急性心肌梗死、急性心肌炎及严重的心律失常，心输出量急剧降低，有效循环血量和灌流量显著下降，引起心源性休克。

五、创伤性休克

严重创伤、骨折等，因疼痛、失血和组织损伤所致血管活性物质释放引起广泛小血管扩张，导致微循环缺血或淤血而发生休克。

六、神经性休克

剧烈疼痛、高位脊髓麻醉或损伤等引起血管运动中枢抑制，血管扩张，外周阻力降低，回心血量减少，血压下降，可导致神经源性休克。

任务二　休克过程和机理

微循环是指微动脉与微静脉之间微血管的血液循环，是循环系统中血液和组织进行物质交换的基本结构和功能单位，它主要受神经-体液的调节。微血管壁的平滑肌受儿茶酚胺、血管紧张素Ⅰ、血管升压素和内皮素等作用可引起血管收缩；而组织胺、激肽、腺苷、乳酸、肿瘤坏死因子和二氧化氮则可引起血管舒张。正常生理情况下，全身微循环反馈调节，以保证毛细血管交替性开放(图 11.1)。

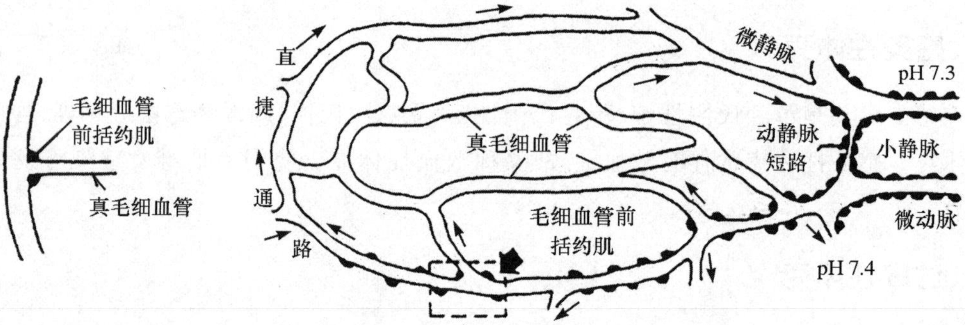

图 11.1　正常微循环(引自陆桂平，2001)

不同类型的休克，虽然发生机理不同，但最基本的发病环节都是有效循环血量减少、心泵衰竭和血管舒缩失常，导致微循环有效灌注量不足，而促进休克的发生发展。以典型的失血性休克为例，按微循环的改变分为以下 3 期。

一、微循环缺血性缺氧期(休克代偿期)

(一)病理过程

在休克早期，血容量和血压降低，交感-肾上腺髓质系统兴奋，儿茶酚胺分泌增多，使皮肤、肺、腹腔器官等微血管系统包括小动脉、微动脉、后微动脉、毛细血管前括约肌和微静脉、小静脉都持续痉挛，口径明显变小，毛细血管前阻力显著增加，同时大量真毛细血管网关闭。此时微循环内血流速度显著减慢，动静脉吻合支开放，组织灌流量减少，出现少灌少流，灌少于流的情况。这些代偿反应可保证心、脑等重要器官的血液供应。

(二)临床表现

可视黏膜苍白，皮肤发凉、脉搏细弱、尿量减少、血压下降、出汗、烦躁不安。中毒性休克者，还有腹泻症状(图 11.2)。

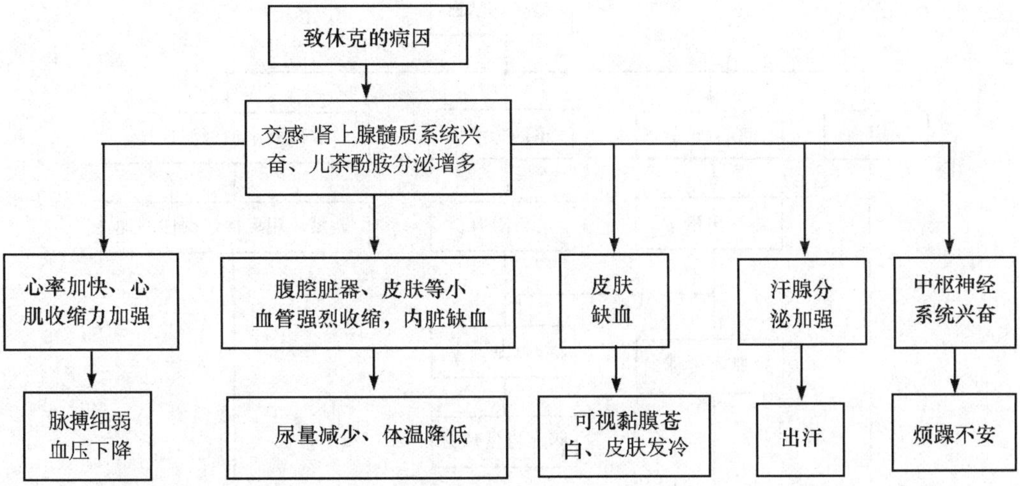

图 11.2　休克缺血性缺氧期的临床表现及机制

二、微循环淤血性缺氧期(休克期、代偿不全期)

(一)病理过程

1. 淤血期的形成

如果休克的原始病因不能及时除去，病情继续发展，交感-肾上腺髓质系统长期过度兴奋，组织持续缺血和缺氧，引起酸性代谢产物增加，酸性环境使微动脉对儿茶酚胺的反应性降低，而微静脉具有耐受性仍处于收缩状态，此时血液经过开放的毛细血管前括约肌大量涌入真毛细血管网，但不能及时流出，组织灌大于流，而导致淤血现象。主要发生于肝、肠、肺等内脏器官。

2. 淤血期血液流变学的改变

微循环淤血导致毛细血管内流体静压增高，血管壁通透性增大，血浆漏出，血液浓缩、血浆黏度和血细胞压积增大，红细胞聚集，血小板黏附聚集和形成血小板微聚物。此外，淤血导致血流变慢，白细胞贴壁、滚动黏附于内皮细胞上。激活的白细胞通过释放氧自由基和溶酶体酶导致内皮细胞和其他组织细胞损伤，进一步引起微循环障碍及组织损伤。

3. 该期属于失代偿期

由于微循环血管床大量开放，血液淤滞在内脏器官如肠、肝和肺内，造成有效循环血量的锐减，静脉充盈不良，回心血量减少，心输出量和血压进行性下降。此期交感-肾上腺髓质更为兴奋，组织血液灌流量进行性下降、组织缺氧日趋严重，形成恶性循环。

(二)临床表现

组织缺氧和酸中毒，皮肤、可视黏膜发绀，皮温下降，心跳快而弱，少尿或无尿，血压下降。精神沉郁，甚至昏迷(图 11.3)。

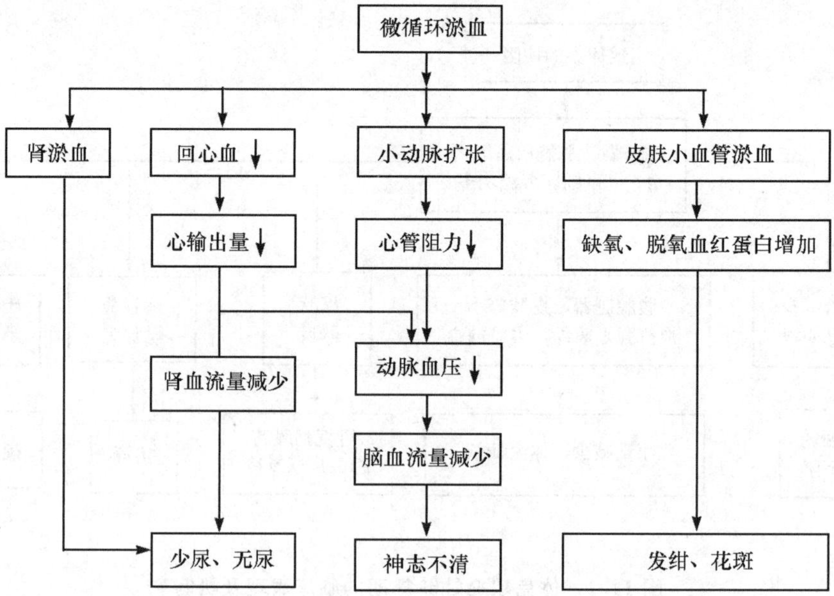

图 11.3 休克淤血缺氧期的临床表现及机制

三、微循环凝血期(DIC 期)

(一)病理过程

1.微血管平滑肌麻痹

该期微血管平滑肌麻痹,对任何血管活性药物均失去反应,所以又称为微循环衰竭期。由于缺氧和酸中毒加重、血液黏稠、血流速度变慢、血管内皮细胞受损,因而发生弥散性血管内凝血(DIC),并导致重要器官功能衰竭,甚至发生多系统器官障碍,故又称难治性休克期或不可逆休克期。

2.重要器官功能衰竭

休克后期,血流动力学障碍和细胞损伤越来越严重,心、脑、肝、肺、肾各重要器官功能代谢障碍也更加严重,酸中毒、缺氧、休克时的许多因素的作用,可能使多个重要生命器官发生“不可逆性”损伤。促炎介质与抗炎介质稳态失衡以及氧自由基和溶酶体酶的损伤作用,导致内皮细胞和实质脏器细胞的损伤及多器官功能障碍。

(二)临床表现

组织器官的小血管内广泛形成微血栓,动物血压继续下降,脉搏弱不感手,呼吸不规则,少尿或无尿,全身皮肤有出血点或出血斑,四肢厥冷,各器官机能严重障碍。

休克发病机制小结(图 11.4)。

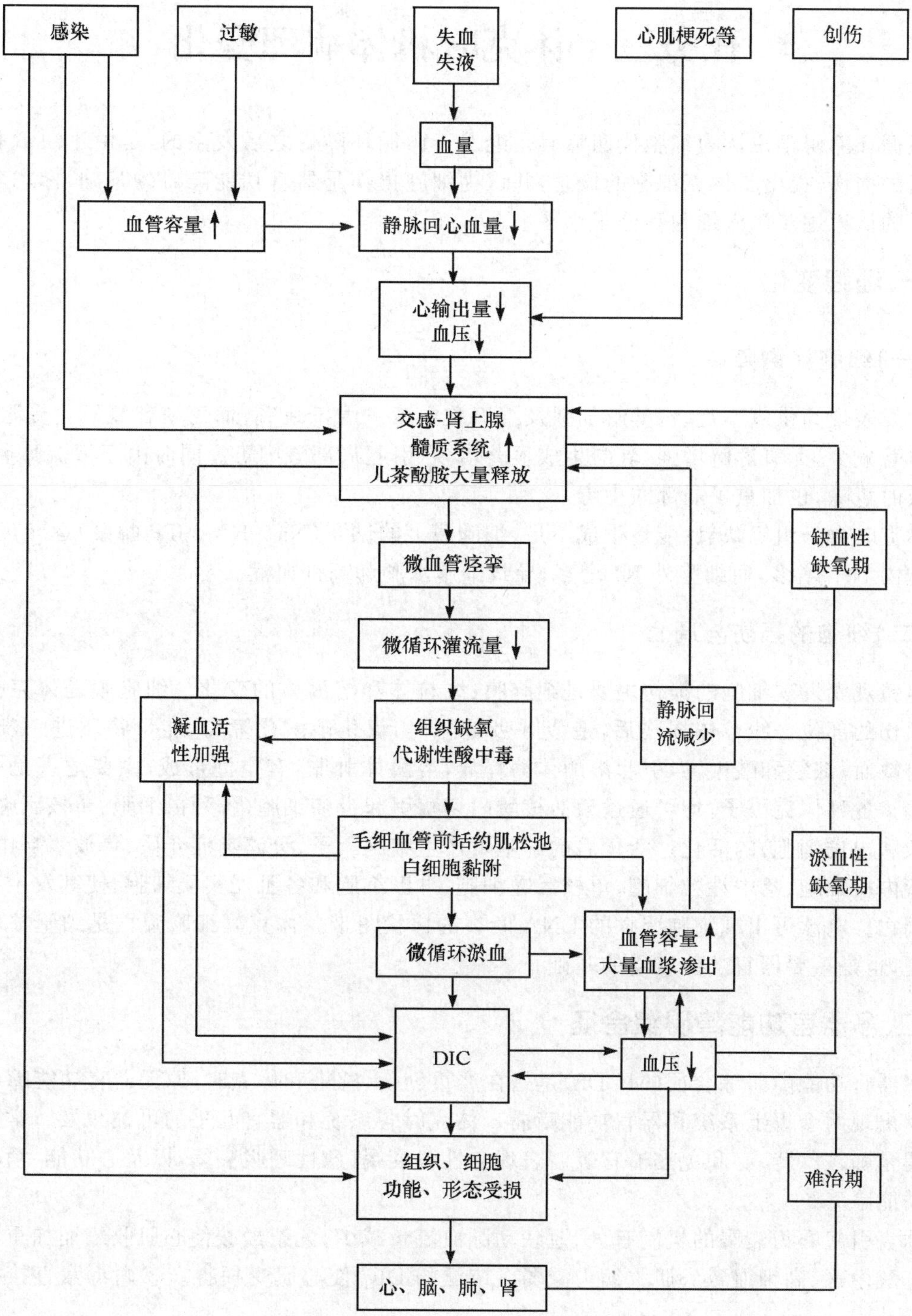

图 11.4　休克发病机制全图

任务三 休克时机体病理变化

微循环障碍学说认为细胞代谢障碍是继发于微循环障碍之后发生的，是由于缺氧和酸中毒引起的损伤，提出了休克细胞的概念，并认为细胞损伤是器官功能障碍的基础，标志着对休克本质的认识逐步深入细胞和分子水平。

一、细胞变化

（一）细胞代谢障碍

主要表现为供氧不足、糖酵解加强及组织酸中毒。由于缺氧，葡萄糖有氧氧化受阻，ATP生成显著减少，无氧酵解增强，乳酸生成显著增多，引起局部酸中毒。同时由于灌流障碍，CO_2不能及时清除，也加重了局部酸中毒。

休克时由于组织缺氧，能量生成不足，细胞膜上的钠泵（Na^+-K^+-ATP酶泵）运转失灵，因而细胞内Na^+增多，而细胞外K^+增多，导致细胞水肿和高钾血症。

（二）细胞的损伤与凋亡

电镜观察发现细胞的损伤主要是细胞膜、线粒体和溶酶体的变化。细胞膜是休克时最早发生损伤的部位。线粒体损伤后，造成呼吸链障碍，氧化磷酸化障碍，能量物质进一步减少。休克时缺血、缺氧和酸中毒，引起溶酶体酶释放，溶酶体肿胀，有空泡形成，主要危害是引起细胞自溶。各种休克因子，均可通过激活核酸内切酶引起炎症细胞（各种白细胞、单核巨噬细胞、血小板和内皮细胞）的活化。活化后的细胞可产生细胞因子、分泌炎症介质、释放氧自由基，攻击血管内皮细胞、嗜中性粒细胞、单核巨噬细胞、淋巴细胞和各脏器实质细胞，使其发生变性坏死和凋亡。电泳可出现细胞凋亡的DNA断裂的梯状图带。休克时细胞凋亡是细胞损伤的一种表现，也是重要器官功能衰竭的基础。

二、多器官功能障碍综合征

多器官功能障碍综合征（MODS）是指在严重创伤、感染和休克时，原无器官功能障碍的动物相继出现两个以上系统和器官功能障碍。休克时各系统和器官几乎均可被累及。常见的功能障碍是肺、肝、肾、心和免疫器官等。表现急性肾衰竭、急性呼吸衰竭，以及心功能、消化功能和肝功能障碍。

休克引起心力衰竭的机制有：①冠状动脉血流量减少，儿茶酚胺使心肌收缩而加重心肌缺氧。②酸中毒、高钾血致心肌收缩力减弱。广泛的DIC使心肌受损害。③内毒素直接抑制心脏功能。

三、全身炎症反应综合征

近年来，"炎症失控学说"认为，炎症的本质是活体组织对损伤的反应，而全身炎症反应综合征（SIRS）是指机体失控的自我持续放大和自我破坏的炎症。同时认为休克的难治期与肠道严重缺血缺氧，屏障和免疫功能降低，内毒素入血及肠道细菌转位入血，引起全身炎症反应综合征有关。表现为播散性炎症细胞活化和炎症介质泛滥到血中，并在远隔部位引起全身性炎症，尤其是 T(体温)、P(血压)、R(呼吸数)、WBC(白细胞)值均增高和全身高代谢的"五高"状态。

【本项目关键词】

休克　类型　过程　机理　病理变化

【本项目小结】

休克是一种危重的全身性血液循环障碍，其基本病理特征是机体组织器官的微循环血液灌流量不足。休克可人为地分为 3 期，即微循环缺血性缺氧期（微循环改变特点是"少灌或无灌"）、微循环淤血性缺氧期（微循环改变特点是"灌大于流"）和微循环凝血期（微循环改变特点是"大量微血栓形成"）。在微循环缺血期，机体还能进行一定的代偿性反应。休克能造成细胞损伤、代谢障碍和器官功能障碍。

【复习思考题】

1. 试分析动物休克与动物昏迷的区别。
2. 临床上用血清制剂治疗动物疾病时，有时可引起休克，试说明其发生机理，如何预防。
3. 对于败血症休克的病畜，应采取哪些治疗措施？
4. 休克初期，动物为什么会出现皮温降低、可视黏膜苍白、尿液减少？

二维码 11-1　复习思考题参考答案

项目十二

黄疸

【知识目标】

1. 了解黄疸的概念及对机体的影响。
2. 熟悉黄疸的发生机理及病理变化。
3. 掌握黄疸的类型及特征。

【技能目标】

1. 通过观察能够初步确认黄疸的发生。
2. 熟练操作血清胆红素定性试验,能对结果进行分析。

【素质目标】

养成严谨求实的医者思维。

黄疸又称高胆红素血症,是由于胆色素代谢障碍或胆汁分泌与排泄障碍,血浆胆红素浓度增高,而引起皮肤、黏膜、巩膜、大部分组织和内脏器官及某些体液黄染的病理过程。有时血清胆红素浓度虽高于正常,但并不表现出可见的黄疸,称为隐性黄疸。黄疸是溶血性疾病、肝脏疾病和胆道疾病的一种特殊表现形式,是一种重要的病理过程。

二维码 12-1
犬黏膜黄染

几种家畜血清总胆红素含量的正常值:马 7.1～34.2 mmol/L,母牛 0.17～8.55 mmol/L,绵羊 1.71～8.55 mmol/L,山羊 0～1.71 mmol/L,猪 0～17.1 mmol/L,犬 1.71～8.55 mmol/L。

任务一　概　　述

胆色素是血红素多种代谢产物的总称,包括胆红素前体(胆绿素)、胆红素(间接胆红素、直接胆红素)、胆红素产物(胆素原等)。

一、胆红素的来源

胆红素的前身物质是含铁卟啉化合物，主要来源有三个方面。

（一）衰老红细胞的血红蛋白

此种来源占正常胆红素的80%～90%，是胆红素的主要来源。红细胞的寿命约120 d，每天约有1%的红细胞在通过单核巨噬细胞系统时被破坏而释放血红蛋白。

（二）组织中非血红蛋白的血红素酶

如细胞色素、肌红蛋白、过氧化物酶等，这些血红素蛋白的生物半衰期仅0.5～2 d，所以它们的代谢转换率比红细胞循环快得多。

（三）骨髓中某些血红蛋白

这种包括来自不同发育阶段幼稚红细胞破坏（称为无效造血）和晚幼红细胞脱核过程中所漏出的血红蛋白。在正常动物体内是血红素代谢的一个支流，量很少，但在某些疾病过程中却异常增多。

二、胆色素的正常代谢

二维码12-2　胆色素正常代谢过程

（一）非酯型胆红素的生成

体内胆红素的主要来源是衰老红细胞破坏后产生的。衰老红细胞在单核巨噬细胞系统中可被巨噬细胞吞噬，分解为珠蛋白和血红素，其中珠蛋白分解为氨基酸，被重新利用。而血红素则在细胞内质网的血红素氧化酶的作用下，脱去铁，生成胆绿素。后者在胆绿素还原酶作用下生成游离胆红素，即非结合型胆红素或非酯型胆红素，其不能透过半透膜，不能通过肾小球滤出，不溶于水而溶于酒精。胆红素定性试验（凡登白试验）中不能与偶氮试剂直接作用，必须先用酒精处理，打破非酯型胆红素分子内的氢键，才能形成紫红色化合物，出现颜色反应（凡登白试验间接反应阳性），故又称间接胆红素。

（二）肝脏对胆红素的摄取

游离胆红素进入肝细胞的过程就是肝细胞对其的摄取过程，也是肝脏对血中游离胆红素的清除过程。由于肝细胞有较强的摄取游离胆红素的能力，故血中游离胆红素含量很低。

（三）肝脏对胆红素的酯化

血液中的非酯型胆红素，被肝脏摄取，在肝细胞内与受体蛋白（Y蛋白和Z蛋白，主要是Y蛋白）结合，然后在滑面内质网上进行酯化，成为酯型胆红素，能溶于水，可直接透过肾小球毛细血管从尿排出，凡登白试验直接反应阳性（故称为直接胆红素）。

(四)肝脏对胆红素的排泌

胆红素的排泌是指肝细胞将胆红素分泌在毛细胆管内，再由毛细胆管排出的过程。胆红素经酯化变成结合胆红素后，从滑面内质网转移到高尔基体，在溶酶体的参与下再由高尔基体，在溶酶体的参与下再由高尔基体向毛细胆管方向运送，最后经毛细胆管壁上的微绒毛分泌进入毛细胆管。进入毛细胆管的酯型胆红素随胆汁排入十二指肠。

(五)胆红素的肝肠循环和排出

胆红素随胆汁进入肠管，在回肠和结肠的细菌β-葡萄糖苷酶作用下，脱去葡糖醛酸基再加氢生成无色的胆素原(如粪胆原、尿胆原)，在肠道下段与空气接触，氧化为胆素(如L-尿胆素，D-尿胆素和粪胆素)，呈黄褐色，是粪便的主要颜色(图 12.1)。

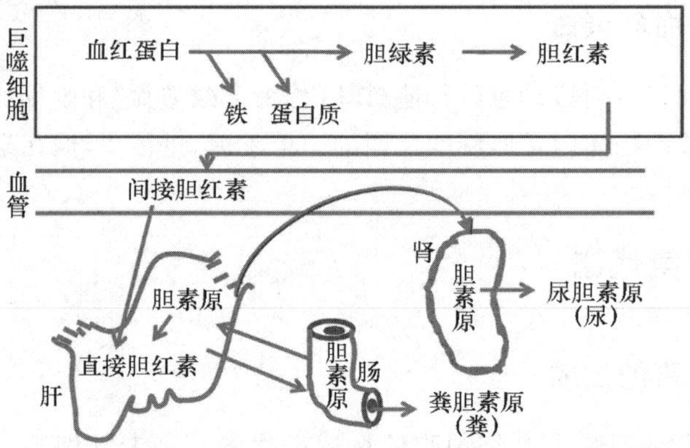

图 12.1 正常胆色素代谢(引自周铁忠等，2006)

在肠道中，大部分胆素随粪便排出，仅部分(10%～20%)可由门静脉重吸收入肝，大部分再经肝细胞分泌，排入胆汁而再进入肠腔，这一过程称为胆素原的肠肝循环。其中有少量胆素原进入血液，经体循环从肾脏排出。

正常动物机体内胆红素的生成和排泄维持着动态平衡，致使血清胆红素含量维持相对稳定。当胆红素代谢中任何一个或几个环节发生障碍时，都会使胆红素在血清中浓度升高，造成高胆血红素血症，引发黄疸。

黄疸是胆红素代谢障碍，血浆中胆红素含量增高所致。引起胆红素代谢障碍的原因很多，但根据胆红素含量增高的发生环节来分析，黄疸的发病原因不外乎是胆红素生成过多、肝脏处理胆红素的功能异常和胆红素排泄障碍 3 大类。

任务二 黄疸类型及其特征

依据发生原因将黄疸分为溶血性黄疸、实质性黄疸和阻塞性黄疸。

一、溶血性黄疸

由于红细胞破坏过多，血中非酯型胆红素生成增多而引起的黄疸，称为溶血性黄疸，又称肝前性黄疸。

(一)病因

先天性的红细胞膜、代谢酶或血红蛋白的遗传性缺陷等；马传染性贫血、犬瘟热、猪附红细胞体病等急性传染病(参见彩图 12.1 至彩图 12.8)；泰勒虫病、锥虫病、边虫病等血液原虫病；霉败饲料中毒，氨基苯、硝基苯等化学物质，以及其他有毒物质中毒等。

二维码 12-3　溶血性黄疸
(彩图 12.1 至彩图 12.8)

(二)机理

大量溶血或其他来源的血红素在体内增多时，在单核巨噬细胞系统中所形成的未结合胆红素增多，超过肝细胞摄取、结合和排泄的限度，使非结合胆红素积聚于血中而发生黄疸(图 12.2)。

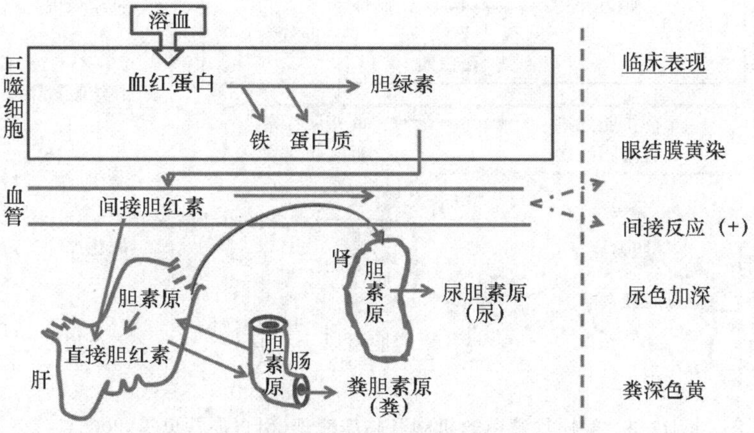

图 12.2　溶血性黄疸的机制及临床表现(引自周铁忠等，2006)

(三)特征

1. 红细胞大量破坏，胆红素生成过多，并超过了肝脏处理胆红素的能力，故血浆内非酯型胆红素含量增高，胆红素定性试验呈间接反应阳性。

2. 非酯型胆红素的量增多，肝脏代偿性地使酯型胆红素生成增多，因此，粪、尿胆素原含量增多，二便颜色加深。

3. 非酯型胆红素是脂溶性的，不能通过肾小球滤出，故尿内无非酯型胆红素。

4. 非酯型胆红素在血中与清蛋白结合，其分子量增大，脂溶性降低。非酯型胆红素的增加超过了与清蛋白的结合能力时，可通过细胞膜进入细胞内产生内毒性作用。幼畜由于血脑屏障发育不完善，通过血脑屏障的非酯型胆红素通过神经细胞膜，引起核黄疸。

溶血性黄疸时，由于与清蛋白结合的非酯型胆红素较难通过血管壁，故组织黄染的程度较肝性和肝后性黄疸轻微。

二、实质性黄疸

由于肝的实质严重受损，对胆红素的代谢发生障碍引起的黄疸，称为实质性黄疸，又称肝性黄疸。

(一)病因

中毒性疾病(磷、汞)、传染性肝炎、败血症和维生素E缺乏等引起肝细胞损伤。

(二)机理

肝细胞破坏，使其对胆红素的摄取、酯化和排泄任何一个或几个环节发生障碍时，此时机体胆红素生成量正常，肝细胞的处理能力下降，不能把非酯型胆红素全部转化为酯型胆红素，血中非酯型胆红素潴留。同时已经被酯化胆红素，从损坏的毛细胆管又渗漏到血窦，血中酯型胆红素也增多，导致黄疸(图12.3)。

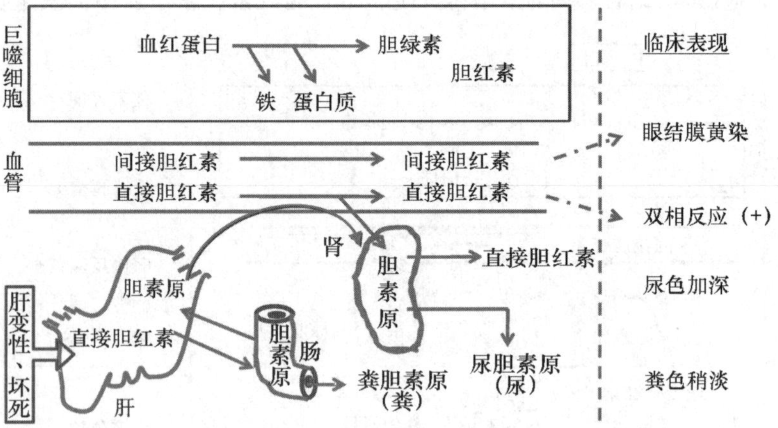

图12.3 实质性黄疸的机制及临床表现(引自周铁忠等,2006)

(三)特征

1. 血中非酯型和酯型胆红素均增多，胆红素定性试验则有差异，肝脏对胆红素的摄取或酯化发生障碍引起的黄疸，血中增多的是非酯型胆红素，胆红素定性试验呈间接反应阳性；而肝脏对胆红素的排泄障碍引起的黄疸，血中以酯型胆红素升高为主，呈双相反应阳性。

2. 肝分泌障碍，生成或进入肠腔的胆红素减少，粪胆素原含量下降，粪色淡。而尿中胆素原的含量因胆素原的肠肝循环功能降低而增多。

3. 血中酯型胆红素增加，透过肾小球毛细血管从尿排出，尿色加深。

4. 此型黄疸除有胆色素代谢障碍外，同时伴有其他肝功能的障碍。

三、阻塞性黄疸

由于胆管发炎、结石形成、寄生虫寄生等因素导致胆管阻塞引起的黄疸，称为阻塞性黄疸，又称肝后性黄疸。

(一)病因

常见于十二指肠炎、胆道炎、胆道结石或寄生虫等阻塞胆管、肿块压迫胆道,导致肠肝循环障碍,引起的黄疸。

(二)机理

由于肝外胆管梗阻,肠肝循环障碍,胆汁逆流入血,血中酯型胆红素增多,导致黄疸(图 12.4)。

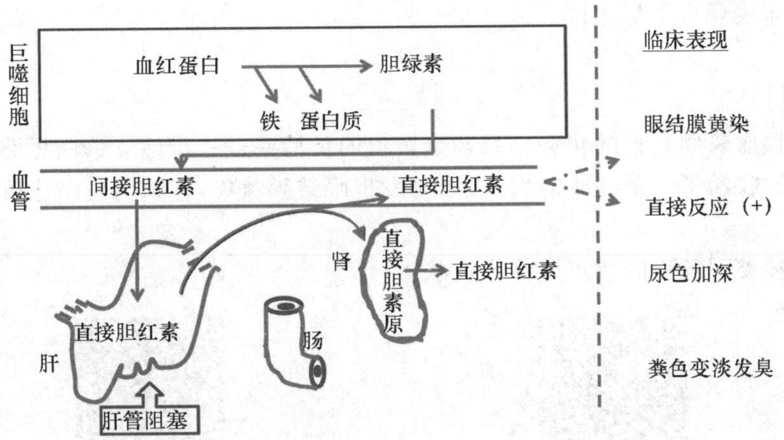

图 12.4　阻塞性黄疸的机制及临床表现(引自周铁忠,2006)

(三)特征

1.血中总胆红素增多,胆红素定性试验时,呈直接反应阳性。

2.排入肠道的酯型胆红素量减少,胆素原生成减少,粪胆素原含量减少,粪色变浅。

3.由于血中有酯型胆红素,可以透过肾脏滤过膜随尿排出,故尿色变深。

4.胆道阻塞,小肠中缺乏胆汁,常引起脂肪的消化和吸收不良,脂溶性维生素的吸收不良,若持续时间久,常伴有出血倾向。

任务三　黄疸对机体的影响

肝内与肝外胆汁淤滞时,胆红素及一部分胆汁酸均可损害细胞,导致细胞坏死、凋亡等。肝细胞的坏死与凋亡,可导致肝功能障碍,产生出血倾向等。非酯型胆汁胆红素具有脂溶性,可透过各种生物膜,对神经系统的毒性较大。如新生幼畜的核黄疸,非酯型胆红素侵犯较多的脑神经核,抑制细胞的氧化磷酸化作用,阻断脑的能量供应,致使脑细胞发生变性和坏死,动物出现抽搐、痉挛、运动失调等症状,严重时迅速死亡。

胆汁的其他成分蓄积,一方面,影响机体的消化吸收功能,尤其是对脂类及脂溶性维生素的吸收发生障碍;另一方面,胆酸盐刺激皮肤感觉神经末梢,引起瘙痒、抑制心跳、扩张血管、降低血压等。

【本项目关键词】

黄疸　类型　特征　影响

【本项目小结】

黄疸的发生与溶血、肝实质损伤、胆道堵塞有密切联系。其中胆红素代谢障碍与黄疸的发生最为复杂。胆色素的正常代谢包括非酯型胆红素的生成、肝脏对胆红素的摄取、酯化、排泌等。依据发生原因，黄疸可分为溶血性黄疸、实质性黄疸和阻塞性黄疸。不同的黄疸类型，其发生机制及临床表现也不尽相同。

【复习思考题】

1. 如何根据血浆胆红素的化验结果确定黄疸的类型并进一步建立诊断思路？

2. 宠物门诊收治了一条成年病犬，检查时发现眼结膜黄染，你认为应考虑哪些原因？还应做哪些检查？

3. 简述各种类型黄疸的特点及临床症状。

二维码 12-4　复习思考题参考答案

二维码 12-5　黄疸(视频)

项目十三
肿瘤

【知识目标】

1. 了解肿瘤发生的原因、机理和一般生物学特性。

2. 掌握肿瘤的概念、肿瘤的命名原则和常见的致瘤因素。

3. 掌握肿瘤的病理诊断，良性肿瘤与恶性肿瘤的鉴别诊断。

4. 掌握动物常见肿瘤的病变特征。

【技能目标】

能够通过病理变化识别不同类型的肿瘤。

【素质目标】

培养学生的动物福利意识。

肿瘤是在体内外致瘤因素的作用下，机体的细胞异常分裂、增殖而形成的新生物，这种新生物常形成局部肿块，因而称为肿瘤。这种异常增生的肿瘤组织既不同于正常的组织，也有别于炎症再生或肥大时增生的组织。它具有与机体不相协调的异常增生的能力，甚至在致瘤因素停止作用后，仍可无止境地继续生长，并且其分化程度极不成熟，无论是瘤组织细胞的形态结构或是机能代谢都与正常组织细胞截然不同。

任务一　肿瘤的生物学特性

一、肿瘤的一般形态

(一)肿瘤的外观形态

肿瘤的外观形态有多种多样，在一定程度上反映肿瘤的良性或恶性，也与肿瘤的发生部位、组织来源、生长方式等因素有关。常见外形有结节状、息肉状、乳头状、溃疡状、弥漫状和其他形状(图 13.1)。

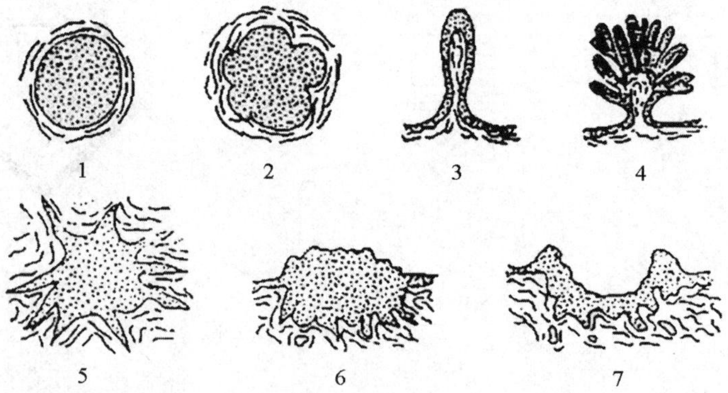

图 13.1　肿瘤的生长方式与外观形态(引自陆桂平,2001)

1.膨胀性生长,结节状　2.膨胀性生长,分叶状　3.突起性生长,息肉状　4. 突起性生长,乳头状　5.浸润性生长,树根状　6. 向上突起与向下浸润性生长,弥漫状　7. 浸润性生长,溃疡状

(二)肿瘤的数目与大小

肿瘤的数目多为一个,也有多个同时出现,特别是在原发肿瘤发生转移之后甚至可以遍及全身。肿瘤的大小极不相同,极小的肿瘤需在显微镜下才能发现,大的则可重达数千克甚至数十千克。肿瘤的大小与恶性程度、生长时间及发生部位有密切关系。一般生长在体表或较大的体腔内(如腹腔),对机体或器官机能没有重大影响。生长时间较长的良性肿瘤通常较大;生长在狭小体腔(管道)内或对机体或对器官机能影响较大的恶性肿瘤通常较小。

(三)肿瘤的色彩与质地

肿瘤的色彩可因肿瘤组织来源、有无出血和坏死性病变等而有所不同。如由黑色素细胞组成的黑色素瘤呈黑色,脂肪瘤为黄色或白色,纤维瘤呈灰白色,淋巴肉瘤与纤维肉瘤呈鱼肉色,癌一般为灰白色且无光泽,血管瘤呈红色。若肿瘤继发出血或坏死时,其切面可见到紫褐色的出血灶或土黄色的坏死灶。

肿瘤的质地与肿瘤的组织种类、实质与间质的比例以及有无变性坏死等有关。骨瘤、软骨瘤最硬,纤维瘤次之,黏液瘤较柔软;实质细胞多而间质少的肿瘤较软,为软性瘤;间质多,实质细胞少的肿瘤较硬,为硬性瘤。

二、肿瘤的组织结构

(一)肿瘤组织的一般结构

肿瘤组织的一般结构包括实质和间质两部分。

1. 肿瘤的实质

是指瘤细胞，为肿瘤的主要成分，决定肿瘤性质，也是肿瘤命名的主要依据。不同的肿瘤其瘤细胞各有不同，绝大部分肿瘤只有一种实质细胞，如脂肪瘤由异常增生的脂肪细胞构成；黑色素瘤由黑色素细胞构成。也有少数肿瘤由两种实质细胞构成，如乳腺的纤维腺瘤含有纤维瘤细胞和腺上皮瘤细胞等两种实质细胞。

2. 肿瘤的间质

肿瘤的间质也是由结缔组织与血管所组成(参见彩图 13.1)，它对肿瘤实质起着支持和营养作用。间质中的结缔组织一部分是原有的，而大部分则随肿瘤组织同时生长的。

二维码 13-1　肿瘤
(彩图 13.1、彩图 13.2)

肿瘤间质的血管也是随肿瘤组织生长而同时形成的。生长迅速的肿瘤，其间质中血管多而结缔组织少。生长缓慢的肿瘤，间质中血管少，而结缔组织多。有些肿瘤的间质只有血管，如纤维瘤。当肿瘤细胞的生长超过了血管生成，就会导致血液与营养的供应不足，常可引起肿瘤组织的缺血性坏死，这也是恶性肿瘤的特征之一。间质中还有淋巴细胞、浆细胞和巨噬细胞等细胞成分，这是机体免疫反应的表现。

(二)肿瘤组织的异型性

肿瘤组织无论在细胞形态和组织结构上都与其起源组织有不同程度的差异，这种差异称肿瘤组织异型性。其异型性越大，表示瘤细胞分化程度(即肿瘤细胞发育成熟程度)越低，恶性程度越高；反之，异型性小，表示瘤细胞分化程度高，恶性程度低。肿瘤组织的异型性是区别良性瘤细胞、恶性瘤细胞的主要形态学依据。

1. 良性肿瘤的异型性

良性肿瘤的异型性小，瘤细胞分化程度高，在细胞形态上与起源组织细胞非常相似。如纤维瘤瘤细胞与正常结缔组织细胞十分相似。良性瘤的异型性主要表现在组织结构方面，即瘤细胞排列不规则，细胞及其纤维束排列紊乱，纵横交错。总之，良性瘤细胞分化成熟，细胞形态异型性小，与起源组织的细胞十分相似，只是瘤细胞的排列不规则。

2. 恶性肿瘤的异型性

恶性肿瘤的异型性大，无论在细胞形态或组织结构上都与其起源组织差异很大，其表现有以下两方面。

(1)细胞形态的异型性　其瘤细胞体积较大，形态不规则，大小不一致，有时可见瘤巨细胞；胞核也较大，形态不规则大小不一致，可出现巨核，双核或多核。核分裂象多见，并出现不对称，三极或多极核分裂等病理性核分裂象(图 13.2，参见彩图 13.2)。

(2)组织结构的异型性　瘤细胞排列紊乱，失去正常的结构和层次。

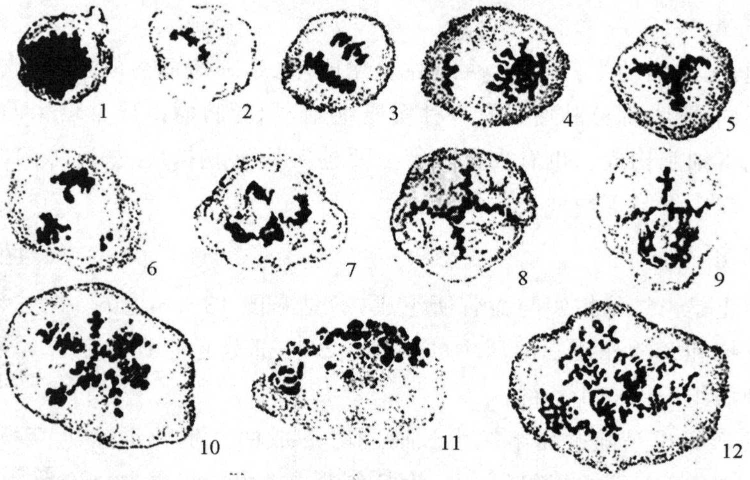

图 13.2 肿瘤细胞异常核分裂象(引自马学恩,2007)

1.染色质过多型核分裂 2.染色质过少型核分裂 3、4.不对称型核分裂 5、6.三极型核分裂 7、8.四极型核分裂 9.五极型核分裂 10.六极型核分裂 11.流产型核分裂 12.巨大型核分裂

三、肿瘤组织的代谢特点

肿瘤作为一种异常增生的组织,其物质代谢与正常组织有明显差异。

(一)糖代谢

肿瘤组织中参与糖酵解的各种酶活性高于正常组织,许多肿瘤组织在有氧或无氧条件下均以无氧酵解的途径进行糖的代谢。糖酵解的结果除了为瘤组织提供能量之外,形成许多中间产物,还可以被瘤细胞用来合成蛋白质、核酸与类脂,以保证肿瘤细胞不断繁殖和生长的需要。

(二)蛋白质代谢

肿瘤组织中的蛋白质合成过程大于分解过程。这一特点显然与肿瘤组织迅速生长的特性密切相关。在肿瘤发展的初期,合成蛋白质的原料主要来自食物摄入的蛋白质;然而,随着肿瘤的发展,开始动用肝细胞的蛋白或血浆蛋白以至其他组织的蛋白质来合成肿瘤细胞的蛋白质。所以身体组织的蛋白质大量消耗,导致机体出现恶病质状态。肿瘤的分解代谢中,氨基酸分解过程减弱,直接利用于合成蛋白质,以利于快速生长。肿瘤组织还能够合成特殊的肿瘤蛋白,作为肿瘤的抗原,从而引起机体的免疫反应。由于某些肿瘤蛋白与胚胎性组织有共同的抗原性,故被称为肿瘤胚胎性抗原。在肿瘤的诊断上,可从这些抗原的检出而查出相关的肿瘤。

(三)酶系统改变

肿瘤组织酶系统的变化特点是氧化酶含量减少、蛋白分解酶的含量增加,并且肿瘤细胞中与原组织特殊功能有关的酶系统活性显著降低,甚至完全消失。如肠黏膜原有多量碱性磷酸酶和酯酶,肠黏膜发生肿瘤时,两种酶的活性降低。另外,肿瘤组织内的酶谱发生改变,如同工酶的变化使三磷酸腺苷失去对糖酵解的正常调节作用,糖异生作用的酶类活性下降,与糖分解密切相关的酶类活性增高，使得肿瘤组织在有氧条件下不能将糖完全氧化而经酵解转化为乳酸。

(四)核酸代谢

肿瘤细胞比正常细胞合成 DNA 和 RNA 的机能旺盛，分解过程降低，肿瘤细胞内 DNA 和 RNA 的含量明显增高，所以肿瘤细胞的繁殖与生长均会加速。在有些病毒或放射线引起的肿瘤中，其瘤细胞的 DNA 结构发生改变，与正常细胞不同，其蛋白质和酶的合成也发生改变，使细胞的结构和功能不同于正常细胞。

四、肿瘤的生长速度与生长方式

(一)肿瘤的生长速度

不同的肿瘤生长速度差异很大。一般而言，良性肿瘤分化好、成熟程度高，生长都比较缓慢；恶性肿瘤分化差、成熟程度低，生长比较迅速，如多数的癌和肉瘤，在短时间内就可形成较大的肿块。

(二)肿瘤的生长方式

1. 膨胀性生长

膨胀性生长为良性肿瘤的主要生长方式。肿瘤在生长过程中，瘤细胞将周围健康组织挤压和推开，并引起周围结缔组织增生形成包膜，呈结节状，与健康组织分界清楚。手术易于切除，术后不易复发。也有以该生长方式生长的恶性肿瘤，如位于淋巴组织内的肉瘤等。

2. 浸润性生长

浸润性生长是大多数恶性肿瘤的生长方式。瘤细胞团块沿组织间隙向周围组织不断扩展，如树根入泥土一样，所到之处，原有组织被摧毁，无包膜，与周围组织界限不清，手术不易切除，术后易复发。

3. 弥散性生长

多数造血组织肉瘤、未分化癌及未分化非造血间叶组织肉瘤以这种方式生长。肿瘤细胞不聚集，分散、单个地沿组织间隙扩散，所以在瘤细胞所到之处，原有的组织结构基本仍能保持。

4. 外生性生长

这种生长方式主要见于发生在体表、体腔或管道表面的肿瘤，即上皮性肿瘤。常向表面突起，形成乳头状、息肉状、菜花状肿瘤。

(三)肿瘤的转移

瘤细胞由原发瘤脱离，经淋巴道、血道或其他途径迁徙身体的其他部位继续生长，形成与原发瘤相同类型肿瘤(子瘤)的过程称为肿瘤的转移，所形成的子瘤叫转移瘤。转移是恶性肿瘤细胞的一种生物学行为。肿瘤的转移途径主要有以下几种。

1. 淋巴道转移

这是癌常见的转移方式。癌细胞转移首先是浸润到肿瘤周围健康组织的淋巴管中，然后继续沿着淋巴管通路不断地繁殖和蔓延，形成淋巴管渗透。进入淋巴管的癌细胞随着淋巴液的流动先到局部淋巴结，再经过与机体免疫抗癌力（如局部淋巴结产生免疫活性细胞和具有吞噬作用的组织细胞）的斗争之后，那些未被杀伤的癌细胞就可存于淋巴结之内，从而获得繁殖的机会和形成转移癌（图 13.3）。

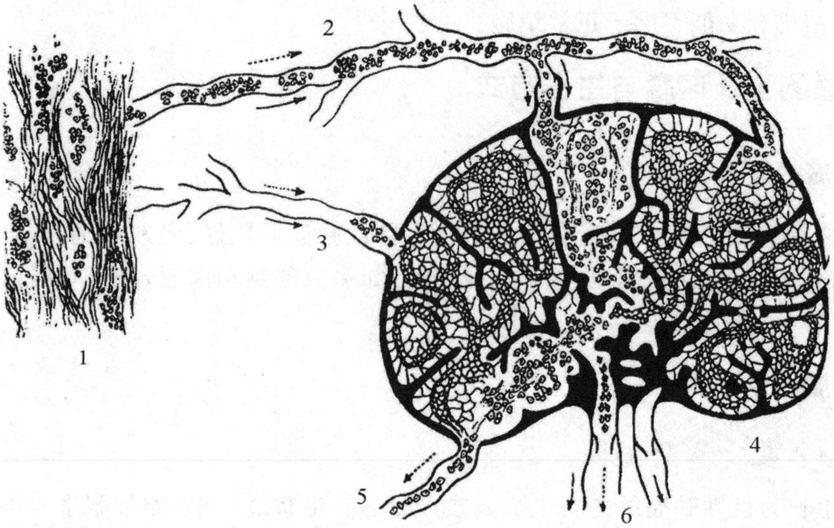

图 13.3　恶性肿瘤经淋巴道转移模式图（引自马学恩等，2016）

1. 原发性瘤灶　2. 瘤细胞进入输入淋巴管　3. 淋巴管瘤栓　4. 淋巴结　5. 逆行淋巴管转移
6. 经输出淋巴管转移至下一个淋巴结或血流（点线箭头示瘤细胞蔓延的方向；实线箭头示淋巴流动方向）

2. 血道转移

各种恶性肿瘤都可发生血道转移，但多见于肉瘤和癌晚期，并且大多数是随静脉的流向移动。瘤细胞侵入毛细血管及小静脉，也可经淋巴道入血。被血流带走后，如经静脉进入肺脏，很易在此形成多发性子瘤；胃和肠的肿瘤，则常见经门脉而转移至肝脏。

3. 种植性转移

生长于浆膜腔（如腹腔、胸腔等）内的恶性肿瘤，当瘤细胞脱离原瘤后，可以发生瘤细胞的接种现象，即这些瘤细胞黏附在邻近或远处的浆膜上，发展而成为新的瘤结节。这一过程称种植性转移。

4. 肿瘤的全身性播散

即在恶性肿瘤的晚期，在多数器官内形成转移瘤，也称为肿瘤过程全身化，晚期在多数器官内形成大量转移瘤。这是由于大量瘤细胞从血道或血道-淋巴道等途径播散的结果，称为肿瘤的全身性播散，动物常在短期内死亡。

任务二　肿瘤的发生原因与诊断

一、肿瘤的发生原因

(一)外源性致瘤因素

家畜、家禽和鱼类以及许多野生动物的肿瘤，很多与病毒有关，危害性也较大。生物性致瘤因素占重要地位，其次为化学性因素。

1.生物性因素

生物性因素包括某些病毒与寄生虫。

(1)病毒　可导致动物肿瘤的病毒很多，如疱疹病毒、腺病毒、乳头状瘤病毒、致瘤RNA病毒等。其中，属疱疹病毒的马立克病毒对养鸡业有巨大的危害；腺病毒主要引起大鼠和小鼠的肉瘤；乳头状瘤病毒可引起牛、兔、犬等多种动物和人类的乳头状瘤；已确认鱼类的多种肿瘤也是由病毒引起的，如犬、鱼的淋巴肉瘤。

(2)寄生虫　寄生虫因素与肿瘤生成之间也有着密切的关系。如华支睾吸虫感染与胆管上皮细胞发生癌变有关；猫的肥颈绦虫幼虫寄生于肝脏，可引起肝肉瘤。

2.化学性因素

最常见的化学性致瘤因素包括亚硝胺类、真菌毒素、多环芳烃化合物、某些激素、农药和微量元素等。

(1)亚硝胺类　亚硝胺化合物普遍存在于自然界和许多食物(饲料)中，有近100种，其中70多种能致癌。这类物质致癌性很强、致癌谱很广，包括家畜、家禽、鱼类在内的众多动物与人类都可引起多种器官组织的肿瘤，其中以肝和食管的肿瘤诱发率最高。

(2)真菌毒素　真菌毒素主要有黄曲霉毒素，广泛存在高温高湿地区霉变的粮食饲料(如玉米、谷物、花生等)中。黄曲霉毒素就是该菌产生的一种强烈的肝脏毒素，黄曲霉毒素及其衍生物约有20种，其中以B_1的致病性最强，其次为C_1和B_2等。致癌靶器官主要是肝脏，也可诱发肺癌、肾癌、胃癌、乳腺癌和其他多种肉瘤。

除黄曲霉毒素外，杂色曲霉和构巢曲霉的毒性代谢产物杂色曲霉素、冰岛青霉产生的冰岛青霉素，以及某些菌株产生的白地霉素也能引发肿瘤。

(3)多环芳烃化合物　多环芳烃化合物是最早被发现的化学性致癌物之一，存在于石油、煤焦油中。其中3,4-苯并芘是强致癌物，主要诱发肺癌、皮肤癌、胃癌等。

(4)农药　研究证明，有致癌性的农药很多，如有机氯农药中的甲氮氯、灭蚁灵、二酯杀螨醇等；有机氮农药中的多菌灵、苯菌灵；有机磷农药中的敌百虫等。这些农药可诱发肝脏、胃、乳腺和卵巢的许多肿瘤。

(5)植物致癌毒素　蕨类植物(毛叶蕨)含有化学性致癌成分，可引起一些牛和羊膀胱的多种组织肿瘤,如乳头状癌、腺瘤、腺癌、移行上皮癌、平滑肌瘤、血管瘤及纤维瘤等。

(6)芳香胺类和氨基偶氮染料　芳香胺类致癌物主要有乙萘胺、联苯胺等。氨基偶氮染料如猩红、奶油黄等,长期接触可引发肝癌、膀胱癌。

3. 物理性因素

物理性因素包括X射线、各种放射性元素和紫外线等。长期或大剂量地反复照射X射线、镭、放射性核素可引起各种肿瘤,长期接受紫外线照射,动物易引起皮肤癌。

(二)内在性致瘤因素

外源性致瘤因素只是引起肿瘤的一个条件,它必须通过内因而起作用。机体的内在因素在肿瘤的发生上有其重要影响。

1. 遗传因素

绝大多数肿瘤都不是直接遗传的,所能遗传的只是机体对致瘤因素的反应特性,即不同程度的易感性和抗拒性。

经培育的C_3H小鼠好发乳腺癌和肝癌,C_{57}小鼠则极少患乳腺癌,说明其决定因素是小鼠的基因型。

2. 种属

动物的种属不同,肿瘤发生的类型也不一样,尤其是病毒性肿瘤。如马立克病毒只专一地感染鸡,可引起恶性淋巴瘤。另外,同一致癌物在不同种属的动物身上的诱癌效果也不一致,如黄曲霉毒素,诱发鱼类肝癌的剂量比诱发其他动物肝癌的剂量要少数倍。

3. 年龄

病毒引起的肿瘤,各种年龄的动物都可发生。对很多病毒来说,只有特定年龄(周龄)段的畜禽才是易感动物,如肾型传支病毒多发于2～4周龄雏鸡。有的发病年龄特别小,如鸡的马立克病,在约18日龄时就可在显微镜下发现其早期最小瘤灶,7周龄左右出现肉眼可见的肿瘤;由化学性致瘤因素引起的肿瘤,发病年龄一般较大,可能与这类致癌物在体内积累以及诱发细胞畸变需要一个较长的时间有关。

4. 性别与激素

雌雄动物间的肿瘤发病率有明显差别。如雌鸡患白血病比雄鸡显著多,有统计显示雌鸡患病率达30%,雄鸡仅9.1%。

内分泌紊乱与某些肿瘤的发生也有一定的关系,如乳腺癌的发生可能与雌激素过多有关,切除卵巢可使肿瘤明显缩小。而前列腺癌用雌激素治疗可使癌肿生长受到抑制。

5. 免疫状态

机体的免疫状态对肿瘤的发生、发展有着重要的影响,免疫机能低下时易患肿瘤。如实验切除胸腺或使用免疫抑制剂的实验动物对诱瘤的敏感性明显高于免疫状态正常的对照动物,不仅诱发率高,诱发的时间也缩短。免疫监视是宿主机体对突变细胞的识别和消除,这种免疫反应为细胞免疫,即通过致敏T淋巴细胞、K细胞、自然杀伤细胞、巨噬细胞对具有肿瘤特异性抗原的肿瘤细胞起监视杀伤作用。如肿瘤组织内淋巴细胞浸润较多往往预后较好，局部淋巴结单核巨噬细胞增生显著预后也较好，肿瘤可较长时间内无转移。与此同时，体液免疫也起一定作用。因此，宿主机体抗癌免疫力的高低在肿瘤发生、发展中有着不容忽视的作用。

二、肿瘤的诊断

肿瘤诊断方法很多，但目前还没有一种能把各种肿瘤都检查出来的方法。

（一）活体组织检查

活检是一种比较迅速、准确的方法，但应在掌握动物病史和动物种类、品种、年龄、性别以及肿瘤生长部位和眼观表现等资料后进行。活检材料可以是切下来的肿瘤组织块，也可用穿刺物或脱落细胞涂片检查。根据肿瘤的镜检特点、临床评定、扩散范围、生物学特性等，一般能做出组织学分类和预后结论。

（二）X线检查

X线检查是诊断动物体内肿瘤常用的有效方法。可以确定肿瘤发生的部位，为判断肿瘤性质提供依据。

（三）免疫病理学检查

免疫病理学检查主要是检查与肿瘤有关的抗原和抗体。如患肝癌时血液中可检出只有在胚胎时才有的甲胎蛋白。

（四）组织化学检查

用组织化学方法可以鉴别一些组织结构和形态很相似的肿瘤。例如，用碱性磷酸酶反应可以鉴别分化程度差的骨肉瘤与骨髓组织细胞型恶性淋巴瘤，前者为阳性，后者为阴性；用酸性醋酸萘酯酶可以鉴别 T 淋巴细胞来源的恶性淋巴瘤等。

任务三　肿瘤的分类与命名

一、肿瘤的分类

肿瘤的种类繁多，根据肿瘤的生长特性及对机体的危害程度的不同，可区分为良性肿瘤和恶性肿瘤；根据肿瘤的组织来源不同，又可区分为上皮组织肿瘤、间叶组织肿瘤、神经组织肿瘤和其他类型肿瘤等（表 13.1）。

表 13.1 肿瘤的分类

类别	组织来源	良性肿瘤	恶性肿瘤
上皮组织	鳞状上皮	乳头状瘤	鳞状细胞癌、基底细胞癌
	腺上皮	腺瘤	腺癌
	移行上皮	乳头状瘤	移行细胞癌
间叶组织	结缔组织		
	纤维组织	纤维瘤	纤维肉瘤
	脂肪组织	脂肪瘤	脂肪肉瘤
	黏液组织	黏液瘤	黏液肉瘤
	软骨组织	软骨瘤	软骨肉瘤
	骨组织	骨瘤	骨肉瘤
	淋巴造血组织		
	淋巴组织	淋巴瘤	淋巴肉瘤
	造血组织		白血病
	脉管组织		
	血管	血管瘤	血管肉瘤
	淋巴管	淋巴瘤	淋巴肉瘤
	间皮组织	间皮瘤	恶性间皮瘤
	肌组织		
	平滑肌	平滑肌瘤	平滑肌肉瘤
	横纹肌	横纹肌瘤	横纹肌肉瘤
神经组织	室管膜上皮	室管膜瘤	室管膜母细胞瘤
	交感神经节	神经节细胞瘤	神经母细胞瘤
	胶质细胞	神经胶质瘤	多形性胶质母细胞瘤
	神经鞘细胞	神经鞘瘤	恶性神经鞘瘤
	神经纤维	神经纤维瘤	神经纤维肉瘤
其他组织	3 种胚叶组织	畸胎瘤	恶性畸胎瘤、胚胎性癌
	黑色素细胞	黑色素瘤	恶性黑色素瘤
	多种组织	混合瘤	恶性混合瘤、癌肉瘤

二、肿瘤的命名

肿瘤的命名也较复杂，其命名的原则是根据肿瘤的组织来源和良性与恶性来命名。同时结合其发生部位和形态特点，也有少数肿瘤沿用习惯名称。

(一)良性肿瘤的命名

良性肿瘤通常是在其来源组织名称后加上一个“瘤”字。如来源于纤维组织的良性肿瘤称为纤维瘤；来源于腺上皮的良性肿瘤称腺瘤；来源于脂肪组织的良性肿瘤称脂肪瘤；个别良性肿瘤结合肿瘤的形状命名，如来源于皮肤被覆上皮的良性肿瘤，因其外形向外呈乳头状突起，称皮肤乳头状瘤。

(二)恶性肿瘤的命名

恶性肿瘤的命名主要依其组织来源而异。

1. 癌

来源于上皮组织的恶性肿瘤称为“癌”。再根据其发生部位不同,在“癌”字前面加上其组织或器官名称,如皮肤鳞状上皮癌、乳腺癌、胃癌、肺癌。

2. 肉瘤

来源于间叶组织(包括结缔组织,脂肪组织,肌肉,脉管,骨,软骨及造血组织等)的恶性肿瘤,称为“肉瘤”,再根据其发生部位不同在“肉瘤”前加上其组织名称,如纤维肉瘤、脂肪肉瘤、骨肉瘤、淋巴肉瘤等。

3. 癌肉瘤

同一个恶性肿瘤中,既有癌的成分,又有肉瘤的成分,称为癌肉瘤。如子宫癌肉瘤就是由子宫黏膜上皮形成的癌和子宫内膜结缔组织形成的肉瘤共同组成。

4. 其他恶性肿瘤

有些恶性肿瘤则不以上述原则命名,例如来源于未成熟的胚胎组织或神经组织的恶性肿瘤,称母细胞瘤或在其组织细胞名称前加一“成”字,如肾母细胞瘤(成肾细胞瘤)、髓母细胞瘤(成髓细胞瘤)、神经母细胞瘤(成神经细胞瘤)。

有些恶性肿瘤,因其成分复杂或组织来源尚不明确,习惯上在肿瘤名称之前加“恶性”二字来表示。如恶性畸胎瘤、恶性黑色素瘤等。

此外,还有些恶性肿瘤常采用习惯名称,如各种类型的白血病,因其来源于造血组织,血液中有大量异常白细胞出现,所以习惯上称为白血病。还有一些恶性肿瘤以人名命名,如鸡的马立克病等。

三、良性肿瘤与恶性肿瘤的区别

肿瘤的恶性程度,可根据其生物学特性如形态特征、生长方式、生长速度、能否转移与复发,以及对患病机体的影响等来进行区别(表 13.2)。

表 13.2　良性肿瘤与恶性肿瘤的主要区别

区别要点	良性肿瘤	恶性肿瘤
外形	多呈结节状或乳头状	呈多种形态
生长方式	多呈膨胀性生长	多呈浸润性生长
生长速度	缓慢	较快
有无包膜	常有完整包膜	一般无包膜
转移	不转移	常发生转移
复发	不复发	常可复发
细胞分化程度	分化良好	分化不良
细胞排列	排列规则	排列不规则
核分裂象	极少	多见
破坏正常组织	破坏较少	破坏严重
对机体的影响	影响较小	影响严重

任务四 畜禽常见肿瘤

一、良性肿瘤

(一)乳头状瘤

乳头状瘤是由上皮组织的异常增生所形成的一种良性肿瘤,主要发生于头、颈、外阴,乳房等皮肤和口、咽、鼻咽、舌、食管、胃、肠等黏膜部位(参见彩图 13.3 至彩图 13.5)。

二维码 13-2 乳头状瘤
(彩图 13.3 至彩图 13.5)

眼观 瘤体呈单乳头或分支乳头状突起,肿瘤表面如花椰菜状,颜色多为灰褐、淡红或灰白色,表面常有裂隙,摩擦时易碎裂和出血。其根部有蒂与基底相连,故容易切除。

镜检 整个瘤组织形如手套,其中心为纤维结缔组织及血管构成的间质,乳头表面被覆增生的上皮,其上皮细胞分化成熟,细胞形态与起源细胞相似,排列整齐,核分裂象少见。位于基部的细胞几乎处于同一平面上,无浸润性生长。

(二)纤维瘤

纤维瘤是由纤维结缔组织的异常增生所形成的一种良性肿瘤。多发生于皮下、黏膜、浆膜、肌膜、骨膜等富有结缔组织的部位。

眼观 瘤体与周围组织分界明显,呈球形、半球形或不规则形,白色或灰白色,质地坚硬,具有一定弹性。

镜检 瘤组织主要由成纤维细胞、纤维细胞和胶原纤维等成分构成。细胞分化成熟,与正常的结缔组织细胞基本相似。但瘤组织中细胞和纤维成分的比例失常,细胞成分分布不均,纤维成分排列不规则,纵横交错(参见彩图 13.6)。根据其瘤组织中细胞和纤维成分的比例不同,可将其分为两种。

二维码 13-3 纤维瘤
(彩图 13.6)

硬性纤维瘤:瘤组织中纤维成分多,细胞成分少,质地较硬。

软性纤维瘤:瘤组织中纤维成分少,细胞成分多,质地较软。

(三)脂肪瘤

脂肪瘤是由脂肪组织的异常增生所形成的一种良性肿瘤,多发生于皮下脂肪组织,也可发生于其他部位的脂肪组织。

眼观 瘤体多呈结节状、息肉状或呈扁圆形,质地柔软,淡黄色,体积大小不等,有完整的包膜,切面呈油脂状。

镜检 瘤细胞分化成熟,与正常的脂肪细胞极相似。瘤组织中有少量不均匀间质(结缔组织和血管),而将肿瘤组织划分为大小不等的小叶。有的瘤组织含有多量的结缔组织成分,称纤维脂肪瘤。而有的瘤组织含有多量的毛细血管(参见彩图 13.7),或内皮细胞数量增多,形成细小管腔或不形成管腔,称血管脂肪瘤。

二维码 13-4　脂肪瘤
(彩图 13.7)

(四)腹膜间皮瘤

腹膜间皮瘤是由间皮组织的异常增生所形成的一种良性肿瘤,多发生于腹腔浆膜,鸡肠系膜间皮瘤较为多见。

眼观　瘤体多呈结节状,遍及肠浆膜及肠系膜上,有时在腹壁上呈片分布。肿瘤结节呈圆形或椭圆形,有绿豆大至玉米粒大,有明显的蒂,结节质地较坚实,有完整的包膜,表面光滑、切面呈灰白色、均质。

镜检　瘤细胞呈上皮样或梭形,瘤细胞核呈圆形或椭圆形,瘤组织中有少量纤维组织成分。

(五)浆液性囊腺瘤

浆液性囊腺瘤是起源于腺上皮的一种良性肿瘤,可发生于黏膜或深部腺体,多呈结节状。多见于卵巢、肾上腺、乳腺、甲状腺等。

眼观　瘤体由大小不一、圆形或不正圆形的囊泡组成,外观像葡萄串状。囊泡大的有花生米大小,小的肉眼难辨。囊泡壁较薄,内贮清亮透明的浆液。瘤体根部与卵巢相连,腹腔脏器被排挤到腹腔的前下部。

镜检　瘤组织由大小不等的囊泡组成网状结构,其囊壁由结缔组织构成,内表面被覆一层立方形或低柱状上皮细胞,胞浆内含少量嗜酸性颗粒,胞核位于细胞中央,呈圆形或椭圆形。有的囊壁发生断裂,彼此相互融合成较大的囊腔。

二、恶性肿瘤

(一)鳞状细胞癌

鳞状细胞癌是起源于复层扁平上皮或变移上皮的一种恶性肿瘤。主要发生于皮肤鳞状上皮,又称鳞状上皮癌。也可发生于口腔、食管、喉头、阴道和子宫颈等皮肤型黏膜处。

眼观　皮肤型鳞状上皮癌质地坚实,癌肿多呈大小不等的乳头状生长,形成花椰菜状突起,表面发生出血、炎症或溃疡。有的癌肿向深部组织发展,形成浸润性硬结。黏膜鳞状上皮癌质地较脆,多形成结节状或不规则的团块状向表面或深部呈浸润性生长,癌组织有时也可发生溃疡与出血。切面呈灰白色,形成均匀的结节状或粗颗粒样,干燥,无光泽,无包膜,与健康组织分界不清。

镜检　癌组织形成典型的癌细胞巢,癌细胞巢的最外层相当于表皮的基底细胞层,与此相接的内层为棘细胞层,接近细胞巢中心有颗粒细胞层,中心部类似表皮的角化细胞,形成角化小体,称为角化珠或癌珠,此种癌称角化癌(参见彩图 13.8、彩图 13.9)。如癌细胞巢的边缘部由柱状上皮细胞组成,其余由棘细胞组成,称为棘细胞癌。这种癌比角化癌的恶性程度高。另有以基底细胞为主要成分的癌,称为基底细胞癌。

二维码 13-5　鳞状细胞癌
(彩图 13.8、彩图 13.9)

(二)纤维肉瘤

纤维肉瘤是起源于结缔组织的一种恶性肿瘤。见于多种家畜和家禽,多发于四肢的皮下或深部组织,生长比较缓慢。

眼观　肿瘤体积较大,呈结节状或不规则形(参见彩图 13.10)。早期呈膨胀性或外生性生长,有不完整包膜,与周围组织界限清楚。晚期则呈浸润性生长,无完整包膜,质地比较柔软,切面湿润有光泽,白色或淡红色。

二维码 13-6　纤维肉瘤
(彩图 13.10、彩图 13.11)

镜检　瘤组织中细胞成分多,纤维成分少。瘤细胞呈梭形或卵圆形,大小不等,排列紊乱,纵横交错或呈漩涡状排列。瘤细胞分化程度低,常见有核分裂象(参见彩图 13.11),有时见有多核巨细胞。

(三)淋巴肉瘤

淋巴肉瘤是起源于淋巴组织的一种恶性肿瘤。瘤细胞起源于淋巴结或其他含有弥散淋巴滤泡的组织内,牛、猪及鸡发病率较高。

眼观　淋巴肉瘤呈结节状或团块状,大小不等,质地柔软或坚实,切面颜色灰白或灰红,如鱼肉样。有时伴有出血或坏死。内脏器官的淋巴肉瘤有结节型和浸润型两种形式。结节型在器官内形成大小不等的肿瘤结节,灰白色,与周围正常组织分界清楚,切面可见均质、无结构的肿瘤组织,外观如淋巴组织;浸润型则呈弥漫性浸润于正常组织之间,外观仅见器官(如肝脏)体积呈弥漫性肿大或增厚,而不见肿瘤结节。

二维码 13-7　淋巴肉瘤
(彩图 13.12)

镜检　肿瘤组织主要为一些不成熟的淋巴细胞样瘤细胞,胞浆多,核分裂象多见,瘤组织结构紊乱(参见彩图 13.12)。原发部位淋巴组织结构破坏或消失。无法辨认出淋巴小结和淋巴窦等结构。

(四)恶性黑色素瘤

恶性黑色素瘤是起源于产黑色素细胞形成的一种恶性肿瘤。常发于动物的尾根、肛门周围和会阴等富有产黑色素细胞的部位,多见于马属动物。

眼观　黑色素瘤为单发或多发,大小及硬度不一,呈深黑色或棕黑色结节状,切面干燥(参见彩图 13.13)。

镜检　瘤细胞排列致密,间质成分很少。瘤细胞呈圆形、椭圆形、梭形或不规则形。其大小不一,排列紊乱,大多数瘤细胞的胞浆内充满黑色素颗粒或团块(参见彩图 13.14),呈棕黑色。瘤细胞胞浆中,黑色素颗粒少时,还可见到胞核和嗜碱性胞浆,黑色素颗粒多时,胞核和胞浆常被掩盖,极似一点墨滴。

二维码 13-8　恶性黑色素瘤
(彩图 13.13、彩图 13.14)

(五)腺癌

腺癌是起源于腺上皮的一种恶性肿瘤。多发生于胃、肠、卵巢和肝脏等部位。如鸡卵巢腺癌、牛羊原发性肝癌。

眼观　腺癌多为不规则团块，无包膜或包膜不完整，与周围健康组织分界不清。癌肿质硬而脆，颜色灰白，无光泽。常伴有出血、坏死与溃疡(参见彩图 13.15)。

镜检　已分化的腺癌其癌细胞都不同程度地表现出腺上皮的特征，细胞呈柱状、低柱状、多边形或其他形状。癌细胞可排列为腺管样、条索状、团块状。

二维码 13-9　胰癌
(彩图 13.15)

(六)鸡马立克病

鸡马立克病是由疱疹病毒感染所引起的一种传染性肿瘤性疾病。其特征是在外周神经、内脏器官、性腺、肌肉、虹膜和皮肤等部位发生淋巴细胞增生、浸润和形成淋巴细胞性肿瘤。根据肿瘤病变侵害的部位不同，可将其分为以下 4 种类型。

1. 神经型

神经型病变主要侵害外周神经，如腰荐神经、坐骨神经、臂神经丛、颈迷走神经、腹迷走神经和肋间神经等。受损害的神经往往为一侧性，眼观神经纤维呈局灶性或弥漫性增粗(参见彩图 13.16、彩图 13.17)，颜色呈灰白色或灰黄色，无光泽，神经横纹消失，有的神经纤维因发生水肿而肿胀。这些反映到临床上，病鸡可出现一侧性足肢或翼翅麻痹与其他神经机能紊乱的临床症状。

二维码 13-10　鸡马立克病
(彩图 13.16 至彩图 13.21)

2. 内脏型

内脏型病变主要侵害内脏器官，以多个内脏器官出现肿瘤性病变为特征。肿瘤瘤变可见于心、肝、脾、肺、肾、胰、性腺、腺胃和肠等器官(参见彩图 13.18、彩图 13.19)。有时在皮下组织和骨骼肌内也有形成。患马立克病时，腔上囊组织通常发生萎缩。

内脏器官的肿瘤病变基本相同，主要表现为淋巴样细胞的弥漫性或局灶性增生和浸润(参见彩图 13.20)。如肿瘤组织呈弥漫性增生和浸润，而使受侵器官的整体体积显著肿大。有的可肿大数倍。如肿瘤组织呈局灶性增生和浸润，受侵器官可形成散在或多发性肿瘤结节，其肿瘤大小差异很大，有针尖大至胡桃大不等，呈灰白色，无包膜，富有光泽，切面平滑，质地脆弱。

3. 皮肤型

皮肤型病变主要侵害皮肤，以羽毛囊周围淋巴细胞增生形成肿瘤结节为主要特征。

眼观　可见皮肤有以羽毛囊为中心，呈半球状隆起的肿瘤病变，其直径为 3～5 mm 或更大。

镜检　除在毛囊周围组织发现有大量淋巴细胞增生和浸润外，在真皮到皮下组织均可见大、中、小淋巴细胞、浆细胞及网状细胞增生、浸润。正常组织发生不同程度的变性、坏死和形成溃疡。

4. 眼型

眼型病变主要侵害虹膜，受侵虹膜呈环状或斑点状褪色，呈灰黄色，浑浊，瞳孔边缘不整齐甚至呈锯齿状(参见彩图 13.21)。镜检见虹膜有大量多形态淋巴细胞浸润，虹膜色素颗粒减少，眼肌也有不同程度的淋巴细胞浸润。

镜检　以血管周围、外周神经、内脏各个器官及皮肤等组织以淋巴细胞、浆细胞、网状细胞及少量巨噬细胞的增生浸润为基本特征。

必须说明的是，马立克病尽管在病理学上有明显分型，但实际上这些类型并非孤立存在，多种类型可在同一机体内同时出现。

(七)鸡淋巴细胞性白血病

鸡淋巴细胞性白血病是由禽白血病/肉瘤病毒群中的淋巴白血病病毒感染所引起的一种传染性肿瘤性疾病。本病主要以形成多发性肿瘤病灶为特征。

二维码 13-11　鸡淋巴细胞性白血病（彩图 13.22）

眼观　病鸡消瘦，鸡冠苍白，腹部膨大。在腔上囊和肝、脾、肾、骨髓等器官组织内可发现肿瘤性病灶（参见彩图 13.22）。其肿瘤质地坚实，颜色灰白，富有光泽，无包膜，在各器官组织内呈局灶性或弥漫性分布。其中肝脏是最易受侵害的器官，肝脏受侵时肿瘤组织有的呈局灶性增生，形成多发性肿瘤结节。有的呈弥漫性增生，使肝脏体积显著肿大，俗称“大肝病”。

镜检　肿瘤细胞成分为体积较大，并且大小差异不大的成淋巴细胞，胞核大而圆，染色质多向核膜边缘集聚，中央呈空泡状，有鲜明的核仁，核分裂象多见。胞浆不丰富，呈强嗜碱反应，组织化学研究发现许多瘤细胞的胞质中含有大量的核糖核酸。瘤细胞在各组织中成片聚集或呈散在性分布，受侵害部位原有的组织结构被摧毁，一些瘤灶或其周围组织可见出血与坏死。

(八)猪肾母细胞瘤

肾母细胞瘤又称胚胎性肾瘤。最常见于兔、猪及鸡，也见于牛和绵羊。

眼观　肿瘤外观呈白色，分叶状，外面有一层厚的包膜，瘤块多连着皮质部，压迫实质。瘤块的切面结构均匀，柔软，呈灰白色如肉瘤状。

镜检　可见肿瘤含有多种组织的混合物，包括结缔组织和上皮性成分。从包膜发出的结缔组织束伸入瘤实质，把实质分隔成各种大小形状的团块。有些区域的实质呈肉瘤状，而另一些区域则呈腺瘤状结构。肉瘤状区域的细胞为圆形、卵圆或梭形，如成纤维细胞。腺瘤状区域的细胞形成腺泡和不规则、分支的盲管，偶然也形成肾小球样的结构物。

【本项目关键词】

肿瘤　生物学特性　致瘤因素　常见肿瘤

【本项目小结】

肿瘤是致瘤因素引起机体细胞异常增生所形成的新生物。物理性、化学性、生物性因素等作用于具有易感性的个体后，通过改变细胞的遗传物质而引发细胞转化甚至恶变，从而发生肿瘤。肿瘤是由瘤细胞和间质所组成的，瘤细胞的异型性和肿瘤生长、转移等生物学特性，是判断良性肿瘤和恶性肿瘤的重要依据。上皮组织、间叶组织、神经组织、其他组织的肿瘤，均可分为良性、恶性两大类。有些畜禽的病毒性传染病也以形成肿瘤为主要病理特征。

【复习思考题】

1. 通过实例来说明良性肿瘤与恶性肿瘤的区别。
2. 开展肿瘤诊断时，病理学检查方法有哪些？谈谈各自的利弊。
3. 调查一下当地动物肿瘤的类型，并分析引发肿瘤可能的病因。
4. 白血病是属于哪种类型的肿瘤？临床上如何治疗它？

二维码 13-12　复习思考题参考答案

模块二　器官病理

项目十四　心脏病理

项目十五　造血与免疫器官病理

项目十六　呼吸器官病理

项目十七　消化器官病理

项目十八　泌尿与生殖器官病理

项目十九　神经器官病理

项目十四 心脏病理

【知识目标】

1. 了解心包炎、心肌炎和心内膜炎病理过程。
2. 熟悉心脏疾病的发生原因、机理和对机体的影响。
3. 掌握常见心脏疾病的病理变化特点。

【技能目标】

能够准确识别心包炎、心肌炎和心内膜炎的病理变化，并能对兽医临床上常见的心包炎、心肌炎和心内膜炎做出正确的区分。

【素质目标】

培养器官诊断过程中严谨求实的工作作风。

心脏和血管系统是在神经和体液的调节下，通过血液循环源源不断地为全身各器官组织提供氧、营养物质、激素和抗体等重要物质，并从组织中运出二氧化碳等代谢产物，从而保证内环境的恒定和维持机体正常的生理活动。心脏是血液循环的动力器官，因此，当心脏的机能或形态结构发生病理性变化时，必将引起全身或局部血液循环障碍，进而导致各器官组织发生代谢、机能和形态结构的改变，甚至造成对生命的威胁。本项目主要介绍心包炎、心肌炎和心内膜炎。

任务一 心包炎

心包壁层和脏层的炎症，称心包炎。心包炎通常是某些疾病过程中的伴发病，但有时也成为一种独立的疾病，如牛的创伤性心包炎。心包炎时心包腔内常蓄积多量炎性渗出物，根据其渗出物的性质不同可将其分为浆液性、纤维素性、出血性、化脓性、腐败性和混合性等类型。心包炎多见于猪、牛和禽类。

一、病因和机理

动物心包炎的病因可分为传染性和创伤性两类，但大多数伴发于一些传染病过程中。

(一)传染性心包炎

传染性心包炎是由于细菌或病毒经血流直接侵入心包而引起，如牛巴氏杆菌病、鸡大肠杆菌病、猪传染性胸膜肺炎时的浆液性或浆液性—纤维素性心包炎。有时也可因邻近器官的炎症直接蔓延而引起。

(二)创伤性心包炎

创伤性心包炎是由机械性创伤所致，主要见于牛，偶见于羊。由于牛的采食量大，采食时不经充分咀嚼即匆匆咽下，加上其口腔黏膜分布着许多角质化乳头，对铁钉、铁丝等硬性刺激物的感觉比较迟钝，容易将一些尖锐的异物咽下，随着胃的蠕动异物可以向不同的方向穿刺，当异物从网胃向前方穿刺时，可穿过膈肌刺入心包或心肌，病原微生物也随之侵入，引起创伤性心包炎。

二、病理变化

(一)传染性心包炎

表现为浆液性、浆液性—纤维素性或纤维素性心包炎。多伴发于某些传染病的过程中，如猪瘟、巴氏杆菌病等。

眼观　心包腔内蓄积多量浆液性、浆液性—纤维素性或纤维素性渗出物，使心包充盈而紧张，心包因炎性水肿而肥厚。心外膜充血，散在点状出血，浆膜面粗糙无光泽。当发生纤维素性心包炎时，心外膜被覆一层黄白色或灰白絮状纤维素。早期易于剥离，历时较久，心外膜上的纤维素因心脏跳动时摩擦、牵引而形成绒毛状，俗称“绒毛心”。结核性心包炎时，心外膜被覆数厘米厚的干酪样坏死物，状似盔甲，俗称“盔甲心”。此时心包和心外膜因结缔组织增生而显著变厚，粗糙无光泽，有时彼此发生粘连。

镜检　初期心外膜呈现充血、水肿并伴有白细胞浸润，间皮细胞肿胀、变形，浆膜表面有少量浆液性—纤维素性渗出物。随后间皮细胞坏死、脱落，浆膜层和浆膜下组织水肿、充血、白细胞浸润加重，间或有出血，在组织间隙内有大量丝网状纤维素。与发炎心外膜相邻的心肌纤维呈颗粒变性和脂肪变性，心肌纤维间充血、水肿及白细胞浸润。病程经过较久时，则为慢性，渗出物被新生肉芽组织机化而形成瘢痕，且包裹心脏。

二维码 14-1　创伤性心包炎
(彩图 14.1 至彩图 14.5)

(二)创伤性心包炎

因常有细菌随着异物侵入心包，多呈浆液性—纤维素性或浆液性—纤维素性化脓性炎。如果渗出物发生腐败分解并有气体形成，则可转化为腐败性心包炎。

眼观　心包腔高度充盈，心包膜显著增厚，失去原有透明光滑的薄膜状形态，变得粗糙无光泽(参见彩图 14.1 至彩图 14.5)。

心包腔内蓄积大量污秽的纤维素或脓性渗出物，常因渗出物发生腐败而呈现恶臭。心外膜也变得粗糙肥厚，并常与心包膜发生粘连。在渗出物和心壁上常可查到刺入的异物或创痕。多数病例还可伴发创伤性网胃炎和心肌炎。在网胃和心包之间有时可见异物穿行而形成的结缔组织性管道。

镜检　炎性渗出物由纤维素、嗜中性粒细胞、巨噬细胞、红细胞与脱落的间皮细胞等组成。慢性经过时，渗出物往往浓缩而变成干酪样并可发生机化，造成心包粘连。心肌受损时，则呈化脓性心肌炎的变化。

三、结局和对机体的影响

传染性心包炎的结局与原发病有关。就心包炎症而论，病情较轻者炎性渗出物可以溶解吸收而痊愈。渗出物不能完全吸收时，则发生机化，在心外膜上留下灰白色的乳斑。病情严重时可发生心包粘连，影响心脏的活动。创伤性心包炎对机体除有上述影响外，其渗出物的腐败分解，微生物毒素的吸收，可继发脓毒败血症而导致动物死亡；炎症蔓延至邻近器官则伴发肺炎和胸膜炎。

心包炎对机体的影响，与心包的填塞程度和粘连有关。大量的心包积液和严重的心包粘连，可影响心脏的舒张，导致回心血量减少，引起全身淤血和冠状循环障碍，导致心功能不全。

任务二　心肌炎

心肌炎是指心肌的炎症。动物的心肌炎多呈急性经过，而且伴有明显的心肌纤维变性和坏死过程。原发性心肌炎极少见，多伴发于某些全身性疾病的过程中，如传染病、中毒性疾病和变态反应性疾病。

一、病因和机理

(一)某些传染病

原发性心肌炎多发生于某些传染病(巴氏杆菌病、猪丹毒、口蹄疫、链球菌病)和中毒病(砷、磷、有机汞中毒等)的过程中。

上述传染性或中毒性因素可通过血源性途径，直接侵害心肌，引起心肌炎的发生；也可作用于心内膜或心外膜，引起心内膜炎或心外膜炎，然后其炎症蔓延到心肌，引起心肌炎。其作用方式一是直接使心肌纤维变性、坏死，二是通过损伤血管，引起血液循环障碍，引起心肌炎的发生。

(二)过敏反应

病原体可致敏机体，引起机体的过敏反应，形成针对心肌的抗体或致敏淋巴细胞，造成心肌的免疫性损伤，而引起心肌炎的发生。

二、病理变化

(一)实质性心肌炎

实质性心肌炎多伴发于急性败血症、代谢性疾病(马肌红蛋白尿病、绵羊白肌病)、病毒性疾病(犊牛和仔猪的口蹄疫)和中毒性疾病等病理过程中。特点是以心肌的变性为主,渗出和增生过程轻微。

眼观　心肌呈灰白色煮肉状,质地松软。心脏呈扩张状态,尤以右心室明显。炎性病变呈灶状分布,因而在心脏的剖面上可见许多灰红色或灰黄色的斑点状或条索状病变区。有时可见灰黄色条纹病变区围绕心腔呈环层状分布,形似虎皮的斑纹,这种变化称为"虎斑心",在犊牛恶性口蹄疫时可见到。

二维码 14-2　心肌炎
(彩图 14.6 至彩图 14.8)

镜检　轻症的心肌炎,心肌纤维仅成颗粒变性或轻度的脂肪变性。重症病例心肌纤维发生水疱变性和蜡样坏死,甚至出现肌纤维崩解,偶见坏死肌纤维的钙化现象。在肌纤维坏死部位和间质中可见有浆液性水肿和程度不同的嗜中性粒细胞、淋巴细胞、浆细胞和嗜酸性粒细胞浸润(参见彩图 14.6、彩图 14.7),而成纤维细胞的增生则较轻微。

(二)间质性心肌炎

间质性心肌炎以心肌的间质渗出性变化明显,炎性细胞呈弥漫性或结节状浸润,而心肌纤维变质性变化比较轻微为特征,可发生于传染性和中毒性疾病过程中。由此可见,间质性心肌炎和实质性心肌炎不仅在病原上具有同一性,而且两者的间质和实质均发生性质相似的病变,因此确诊必须依靠组织学检查。

眼观　间质性心肌炎和实质性心肌炎极为相似。

镜检　初期表现为心肌的变质性变化,以后转变为间质增生为主的过程。心肌纤维常呈灶性变性和坏死,并发生崩解与溶解吸收。间质呈现充血、出血、浆液渗出,并有明显的炎性细胞增生与浸润(参见彩图 14.8),主要为单核细胞、淋巴细胞、浆细胞和成纤维细胞,在不同病例中各种细胞的比例不同。间质的病变呈弥漫性或局灶性,沿大血管或间质分布,并与正常的心肌纤维相交织。

(三)化脓性心肌炎

化脓性心肌炎是以心肌内形成大小不等的化脓灶为特征,常由化脓性细菌引起,如葡萄球菌、链球菌等。化脓性细菌可来源于脓毒败血症的转移性细菌栓子,见于子宫、乳房、肺脏等处化脓性炎灶中的脓性栓子经血流转移到心脏,在心肌内形成局灶性化脓性炎症。此外,化脓性心肌炎也可由创伤性心包炎或邻近组织的化脓性炎症直接蔓延而致。

眼观　在心肌中散在大小不等的化脓灶或脓肿。新形成的化脓灶周围心肌呈充血、出血和水肿变化;陈旧性化脓灶周围有结缔组织包囊形成。脓液的色泽和性状因感染的细菌种类不同,可呈灰白色、灰绿色或黄色。此外,脓肿部位的心壁因心肌变薄及心腔内压作用,常向外扩张。

镜检　初期血管栓塞部发生出血性浸润，而后期为嗜中性粒细胞和纤维素渗出。其周围是由充血、出血和嗜中性粒细胞组成的炎性反应带。化脓灶内及周围的心肌纤维发生变性和坏死。慢性化脓性心肌炎时，脓灶周围可见结缔组织包囊的形成。

三、结局和对机体的影响

心肌炎是一种剧烈的病理过程，对机体影响较大。非化脓性心肌炎可发生机化，化脓性心肌炎的病灶可形成包囊，脓汁干涸并进一步纤维化。

心肌炎可影响心脏的自律性、兴奋性、传导性和收缩性，临床上表现为心律失常，如窦性心动过速，各种形式的期外收缩和传导阻滞。严重时，因心肌广泛变性和坏死以及传导障碍而发展为心力衰竭。

任务三　心内膜炎

心内膜炎是指心脏内膜的炎症。按照炎症发生的部位，可分为瓣膜性、心壁性、腱索性和乳头肌性心内膜炎。兽医临床上最常见的是瓣膜性心内膜炎。该型炎症以瓣膜血栓形成和瓣膜结缔组织的纤维素样坏死为特征。根据病变的特点，通常分为疣状心内膜炎和溃疡性心内膜炎。

一、病因和机理

心内膜炎常伴发于慢性猪丹毒和化脓性细菌（如链球菌、葡萄球菌、化脓性棒状杆菌等）的感染过程中。其发生可能是这些细菌的毒素引起结缔组织胶原纤维变性，形成自身抗原，或菌体蛋白与胶原纤维的黏多糖结合形成自身抗原。在这些抗原的刺激下，产生抗心内膜组织的自身抗体，在抗原抗体反应的基础上，激发变态反应，导致心瓣膜和心内膜的损伤和炎症。

二、病理变化

（一）疣状心内膜炎

疣状心内膜炎是以心脏瓣膜损伤轻微和形成疣状血栓为特征的炎症。

眼观　疣状物常见于二尖瓣的心房面，主动脉瓣的心室面，也可发生于三尖瓣和肺动脉瓣以及邻近的心内膜上。炎症局部初期呈黄白色小的结节，以后逐渐增大且互相融合形成大小不等的结节状物，重叠于瓣膜或附近的心内膜上，外观呈菜花样（参见彩图 14.9 至彩图 14.11）。

二维码 14-3　心内膜炎
（彩图 14.9 至彩图 14.12）

镜检　炎症早期心内膜内皮细胞肿胀、变性、坏死与脱落，其表面附着有白色血栓，主要由血小板、纤维素、少量细菌及嗜中性粒细胞组成。内皮下水肿，内膜结缔组织细胞肿胀变圆，胶原纤维变性或呈纤维素样坏死。病程较久者或炎症的后期，可见心内膜或血栓性疣状物下面肉芽组织增长，肉芽组织向血栓性疣状物内长入逐渐将其机化，同时伴有巨噬细胞和淋巴细胞浸润。内膜的深层组织通常无明显变化。

（二）溃疡性心内膜炎

溃疡性心内膜炎又称败血性心内膜炎，其病变特征是心瓣膜受损严重，炎症侵入瓣膜的深层并呈现明显的坏死和大的血栓性疣状物形成。

眼观　常见于二尖瓣，有时也见于三尖瓣和肺动脉瓣，可分为急性和亚急性两种类型，在家畜中以亚急性为多见。病变初期在瓣膜上出现淡黄色浑浊的小斑点，以后融合成干燥、表面粗糙的坏死灶，常发生脓性分解而形成溃疡。另外，疣性心内膜炎时，疣状血栓发生脓性分解，脱落后也可形成溃疡，溃疡表面覆有灰黄色凝固物，周边常因结缔组织增生而形成小的隆起。病变严重时，可造成瓣膜穿孔，有时可损及腱索和乳头肌。

镜检　瓣膜深层组织发生坏死，局部有明显的炎性渗出、嗜中性粒细胞浸润及肉芽组织增生，表面附有由大量纤维素、崩解的细胞与细菌团块组成的血栓凝块（参见彩图 14.12）。

三、结局和对机体的影响

疣状心内膜炎常因赘生物和结缔组织增生使瓣膜变形，造成房室口狭窄和瓣膜闭锁不全，形成瓣膜病。此时，出现心腔内血流动力障碍，进一步引起心脏肥大和扩张，最终导致心力衰竭。溃疡性心内膜炎除可引起瓣膜病外，常因从溃疡表面脱落的含有细菌团块的栓子，随血流运行到其他器官而形成栓塞、梗死和转移性化脓灶。瓣膜病和血栓性栓子及其引起的栓塞与梗死对机体都会造成严重后果，甚至危及生命。

【本项目关键词】

心包炎　心肌炎　心内膜炎

【本项目小结】

心包炎多由感染或创伤所引起。心肌炎多并发于其他疾病特别是传染病，包括实质性心肌炎、间质性心肌炎和化脓性心肌炎，患恶性口蹄疫的犊牛常因实质性心肌炎而致死。心内膜炎常发生于二尖瓣，根据病变特点分为疣状心内膜炎和溃疡性心内膜炎，前者以瓣膜形成疣状赘生物为特征，后者以瓣膜出现明显坏死为特征。

【复习思考题】

1. 简述浆液性、纤维素性或浆液性—纤维素性心包炎的病理变化特点。
2. 牛创伤性心包炎是怎样发生的？
3. 简述实质性心肌炎“虎斑心”是怎样形成的。

4. 简述化脓性心肌炎的病理变化特点。

5. 简述心内膜炎类型和病理变化特点。疣状心内膜炎的疣状血栓是怎样形成的？

二维码 14-4　复习思考题参考答案

项目十五

造血与免疫器官病理

【知识目标】

1. 了解各种贫血、脾炎、淋巴结炎和法氏囊炎在疾病发生中的意义。
2. 熟悉造血与免疫器官疾病发生的原因、机理和对机体的影响。
3. 掌握贫血、脾炎、淋巴结炎、法氏囊炎的病理变化。

【技能目标】

1. 能够根据贫血的共性与个性特点，判断贫血发生的原因、类型，并制定有效的治疗措施。
2. 能够准确识别脾炎、淋巴结炎、法氏囊炎的病理变化，能对兽医临床上常见的脾炎、淋巴结炎、法氏囊炎做出正确的区分。

【素质目标】

培养学生血液病理诊断过程中严谨的工作作风，树立减轻患畜痛苦的医者仁心。

任务一　贫　血

贫血是指循环血液总量减少或单位容积外周血液中血红蛋白量、红细胞数低于正常值，并且有红细胞形态改变和运氧障碍的病理现象。动物的原发性贫血很少，多数是某些疾病的继发反应。因此，兽医临床上必须研究贫血真正的原因、分类以及贫血和其他疾病的关系，否则往往治疗无效。动物长期贫血可以出现疲倦无力、生长发育迟缓、消瘦、毛发干枯、抵抗力下降等。

贫血按其病因可分为失血性贫血、溶血性贫血、再生障碍性贫血、营养不良性贫血四类。以血色指数多少分为正色素性贫血、高色素性贫血和低色素性贫血三类。

$$血色指数 = \frac{被检动物血红蛋白克数}{健康动物血红蛋白克数} : \frac{被检动物红细胞数量}{健康动物红细胞数量}$$

一、贫血类型及其特征

(一)失血性贫血

1. 病因

最常见于各类外伤或肝脾破裂急性出血。此外,多见于寄生虫病(内寄生虫如钩虫、胃虫、肝片吸虫等,外寄生虫如蜱、吸血虱和某些蚤类等)、出血性胃肠炎、消化道溃疡、体腔内肿瘤等可造成长期轻微失血和持续性慢性贫血。

2. 机理

红细胞大量丧失造成失血性贫血。

3. 病理特征

(1)急性失血性贫血　短时间内血液总量减少,但单位容积的红细胞数和血红蛋白含量正常,经过一定的时间,血液总量暂时恢复,单位容积的红细胞数和血红蛋白含量低于正常值,再经过一定时间,外周血液中可见多量的网织红细胞、多染性红细胞和有核红细胞。

急性失血性贫血时,如血液大量丧失,机体来不及代偿,可导致低血容量性休克甚至死亡。如不出现危症,机体可以发挥代偿作用,即当急性失血时血压降低,刺激主动脉弓和颈动脉窦的压力感受器,使交感神经反射性兴奋,儿茶酚胺分泌增多,引起肝、脾、肌肉等贮血器官内血管收缩,将排出的血补充到体循环;同时血压降低还能使组织液进入血管,也能补充体循环血量的不足,使血液总量暂时恢复,但血液被稀释,单位容积的红细胞数和血红蛋白含量低于正常范围,此时红细胞形态正常,呈正色素性贫血。急性失血后因红细胞总数锐减,导致缺氧,引起肾脏产生促红细胞生成酶,使肝脏产生的促红细胞生成素原转化为促红细胞生成素,增强骨髓造血功能,骨髓内发育的各个阶段的红细胞增多,并出现在外周血液中。如果失血后铁供应不足,血红蛋白的合成比红细胞再生速度慢,外周血液中出现淡染红细胞(红细胞中心变淡,甚至透亮),细胞体积小,血红蛋白平均浓度低于正常,为低色素性贫血。

(2)慢性失血性贫血　初期由于失血量少,骨髓造血功能可以实现代偿,贫血症状不明显。但是长期反复失血,因铁丧失过多,导致缺铁性贫血。血象特点为小红细胞低色素性贫血。红细胞大小不均,并呈异形性(椭圆形、梨形、哑铃形等)。严重时,骨髓造血功能衰竭,肝、脾内可出现髓外造血灶。

(二)溶血性贫血

1. 病因

溶血性贫血常见于血液寄生虫(焦虫等)、细菌、病毒性感染、化学药品、有毒植物及代谢性疾病、电离辐射、免疫反应等。

(1)生物性因素

病原微生物感染,如钩端螺旋体病、溶血性梭菌病、溶血性链球菌病、葡萄球菌病、猪瘟、鸡传染性贫血、鸡包涵体肝炎等。

寄生虫感染,主要有锥虫、焦虫、边虫、钩虫等。

(2)物理性因素　包括高温、低渗溶液、电离辐射等均能引起红细胞大量破坏。

(3)化学性因素　很多化学物质都能使动物发生溶血性贫血。其中最常见的是铜、铅、皂苷和某些药物，如硝基呋喃妥因、新胂凡纳明、非那西汀及磺胺等药超量使用时能够产生贫血。

(4)有毒植物　多种有毒植物都能使动物发生溶血性贫血。如蓖麻籽、栎树枝、冰冻芜菁、金雀枝、毛茛属植物、旋花植物、黑藜芦及野葱等。但因其适口性差，动物极少中毒。

(5)代谢性疾病　产后血红蛋白尿是常见于高产乳牛的一种疾病，发生在产后2～3周，特征为发生贫血和血红蛋白尿，可能与磷的不足有关。犊牛或青年牛常发生水中毒，导致血液低渗，红细胞水肿、破裂而发生溶血和血红蛋白尿。

(6)免疫性因素　见于异型输血、新生畜免疫溶血性疾病、自身免疫溶血性疾病如全身性红斑狼疮等。

2. 机理

各种疾病造成红细胞溶解，在体内破坏速度超过了骨髓的代偿能力，引起溶血性贫血。

3. 病理特征

血液总量一般不减少，由于红细胞大量破坏，使单位容积(mm^3)的红细胞和血红蛋白减少。由于缺氧和红细胞分解产物的作用，骨髓造血功能增强。血象特点是外周血中网织红细胞明显增多，还可见到有核红细胞和多染色性红细胞。

急性溶血性贫血时，大量释放血红蛋白，出现血红蛋白尿。同时血中间接胆红素增多，在心血管内膜、浆膜、黏膜等部位呈现明显的溶血性黄疸。红细胞大量崩解，肝、脾等多个器官组织内，单核巨噬细胞系统机能增强。肝、脾明显肿大，并有含铁的血黄素沉着。

(三)再生障碍性贫血

1. 病因

(1)物理性因素　动物机体长期暴露于α射线、γ射线、X射线、镭或放射性核素的辐射环境，可以造成选择性的骨髓功能不全。

(2)化学性因素　已经证明从三氯乙烯抽提的饲料、蕨类植物、50多种化学药物(氯霉素、保泰松、抗癌药、某些抗生素、有机砷化合物)及最常见的苯及其衍生物类化学物质能造成再生障碍性贫血。

(3)生物性因素　某些病毒性传染病(马传染性贫血、牛恶性卡他热、鸡传染性贫血、鸡包涵体性肝炎等)，能造成再生障碍性贫血。

(4)骨髓组织损伤　白血病或骨髓瘤等使骨髓组织破坏或抑制，不能充分利用造血原料。

2. 机理

这类贫血是物理作用、化学作用、中毒及某些疾病的继发反应，导致骨髓造血功能低下。发病机理假说如下。

(1)造血干细胞受损　干细胞数量下降或功能受损而引起再障(种子学说)。如病毒感染抑制造血干细胞分化、增殖，致再生障碍性贫血。

(2)造血微环境受损　骨髓中基质和循环构成微环境，提供了干细胞生长、繁殖条件及分化方向(土壤学说)。如电离辐射和骨瘤等反复作用,使骨髓组织破坏或抑制,不能充分利用造血原料,使红细胞生成减少或消失。

3. 病理特征

血象特点是外周血中正常的和网织红细胞呈进行性减少或消失,红细胞大小不均,并呈异形性。除了红细胞减少外,还有白细胞、血小板减少,皮肤、黏膜出血和感染等症状。骨髓造血组织发生脂肪变性和纤维化,红骨髓被黄骨髓取代。血清中铁和铁蛋白含量增高(区别于缺铁性贫血)。

(四)营养不良性贫血

1. 病因

营养不良性贫血是造血原料(铜、铁、钴、维生素 B_{12}、维生素 B_6、叶酸、蛋白质)缺乏或不足,红细胞生成不足造成的贫血。临床以营养性缺铁性贫血最为多见,广泛地存在于世界各地。

2. 机理

缺铁性贫血是指体内可用来制造血红蛋白的贮存铁已被用尽,红细胞生成障碍所致的贫血,特点是骨髓、肝、脾及其他组织中缺乏可染色铁,血清铁蛋白浓度降低,血清铁浓度和血清转铁蛋白饱和度也均降低,表现为小细胞低色素性贫血和巨幼红细胞性贫血。除了仔猪贫血外,动物在缺铁的草场放牧及犊牛在哺乳期不给补料而发生缺铁性贫血。钼中毒会干扰铜的代谢,进而又可干扰铁的利用。铜能促进铁的吸收利用,促进红细胞的成熟和释放。铜为许多酶的组成成分,直接参与造血过程。

维生素 B_{12} 和叶酸是构成红细胞核酸的必需物质,动物胃肠内微生物可以合成维生素 B_{12},如机体合成障碍,则导致维生素 B_{12} 缺乏,引起贫血。

钴是维生素 B_{12} 的组成成分,钴缺乏症伴有维生素 B_{12} 合成的下降。牛和羊在(土中钴低于每千克 2 mg)缺钴的土地上,因维生素 B_{12} 合成的剧烈下降而造成严重贫血。叶酸和吡哆醇(维生素 B_6)缺乏症是罕见的,动物在正常情况下一般不会发生。

蛋白质缺乏能干扰血红蛋白的合成和造成贫血,老年动物这类贫血十分常见。常常由于饲料中缺乏蛋白质或胃肠消化机能障碍,蛋白质吸收不足,以及慢性消耗性疾病(如结核病、鼻疽),造成蛋白质缺乏,均可引起贫血。

3. 病理特征

营养不良性贫血一般病程较长,动物消瘦,血液稀薄,血红蛋白含量降低,血色淡。铁和铜缺乏时,血象特点是小红细胞低色素型贫血,红细胞平均体积及血红蛋白平均含量均降低。严重时,红细胞大小不均,并呈异形性(由于缺铁使红细胞的基质结构合成障碍所致)。钴和维生素 B_{12} 缺乏时,由于红细胞成熟障碍,血象特点为大红细胞高色素型贫血,血红蛋白含量比正常高。

贫血的原因主要是出血、溶血、骨髓功能不全等,症状上不易区分,但从血涂片等实验室检验项目上区别就容易了,尸体剖检所见病变可做参考。各类贫血特点,见表 15.1。

表 15.1 各类贫血的特点

项目	失血性贫血		溶血性贫血	营养不良性贫血	再生障碍性贫血
	急性	慢性			
原因	外伤、肝脾破裂、产后大流血等	寄生虫病、胃溃疡等	溶血性微生物、毒物、血液原虫、免疫性溶血等	长期缺乏蛋白质、铁、铜、维生素 B_{12} 等	某些中毒、病毒性传染病、放射性物质照射等
红细胞数量	减少	减少	减少	略减少	减少
血红蛋白含量	降低	降低	降低	铁和铜缺乏时降低，钴和维生素 B_{12} 缺乏时比正常高	降低
血色指数	初期为正色素性，后期为低色素性	正色素性，补铁不足呈低色素性	初期为高色素性，后期为低色素性	缺铁为低色素性贫血，缺维生素 B_{12} 为高色素性贫血	无明显变化
血细胞象	红细胞基本正常，后期网织红细胞、有核细胞增多，也见多染性红细胞	红细胞染色淡、大小不均，严重时有异型细胞出现	网织红细胞、有核红细胞增多、出多染性红细胞	红细胞淡染、体积小，有时呈异型性	红细胞大小不均，出现异型红细胞，白细胞和血小板都减少
病变	贫血性心衰、休克	见肝脾髓外造血灶，肝脂变，脾呈肉状，管状骨内红髓扩大	贫血、黄疸、脾肿大三联征并血红蛋白尿	呈恶病质（严水肿、贫血、消瘦）	黏膜、皮肤有出血和感染，反复发热，抗贫血药治疗无效，管状骨内红髓区缩小
全身性贫血时全身综合表现：被毛粗乱、消瘦、乏力、呼急促、生长慢、不愿活动。脉增数、血液稀薄、皮下水肿、可视黏膜苍白、食欲减退、消化不良					

二、对机体的影响

贫血时，动物体内会发生一系列病理生理变化，有些是贫血造成组织缺氧的直接结果，有些则是对缺氧的生理性代偿反应。

（一）组织缺氧

红细胞是携氧和运氧的工具，它的主要功能是将氧从肺输送到全身组织，并将组织中的二氧化碳输送到肺，由肺排出。贫血时，毛细血管内的氧扩散压力过低，以致对距离较远的组织供氧不足，此外，血液总的携氧能力降低，输送至组织的因而减少，结果造成组织缺氧、酸中毒。各器官、组织随之出现细胞萎缩、变性、坏死。

（二）生理性代偿反应

即使在组织缺氧的情况下，血红蛋白中的氧实际上并未完全被释放和利用。身体能通过增加血红蛋白中氧的释放、增加心脏输出量和加速血液循环、血液总量的维持、器官和组织中血流的重新分布、红细胞增多等发挥多种代偿机制以便充分利用血红蛋白中的氧，使组织尽量获得更多的氧气。

任务二　脾　　炎

脾炎是脾脏最常见的一种病理过程，由于脾脏是参与免疫反应的重要外周免疫器官，又是位于血液循环通路中的滤过器官，在吞噬、处理和清除血液的病原体过程中，本身容易遭受刺激和损伤，从而引起炎症。脾炎根据其病变特征和病程急缓可分为急性炎性脾肿、坏死性脾炎、化脓性脾炎和慢性脾炎四种类型。

一、急性炎性脾肿

（一）病因和机理

急性炎性脾肿也称为败血脾，是指伴有脾脏明显肿大的急性脾炎，多见于炭疽、弓形虫病、急性猪丹毒、猪急性副伤寒、猪急性链球菌病等。也可见于牛泰勒焦虫病、马梨形虫病等急性经过的血液原虫病。

（二）病理变化

眼观　脾脏体积增大，但程度不同，一般比正常大 2～3 倍，被膜紧张，边缘钝圆，切开时流出血样液体，切面隆起并富有血液，明显肿大时犹如血肿，呈暗红色或黑红色（参见彩图 15.1），白髓和脾小梁纹理不清，脾髓质软，用刀轻刮切面，可刮下大量富含血液而软化的脾髓。

镜检　可见脾髓内充盈大量血液，脾实质细胞（淋巴细胞、网状细胞）弥漫性坏死、崩解而明显减少；白髓体积缩小，甚几乎完全消失，仅在中央动脉周围残留少量淋巴细胞（参见彩图 15.2）；红髓中固有的细胞成分也大为减少，有时在小梁或被膜附近可见一些被血液排挤的淋巴组织。脾脏含血量增多是急性炎性脾肿最突出的病变，也是脾体积增大的主要组织学基础。脾脏内大量血液充盈是炎性充血和出血的结果，其发生与血液循环障碍和植物性神经机能障碍所致脾被膜、小梁内平滑肌松弛以及上述支持组织中平滑肌、胶原纤维、弹性纤维的损伤有直接联系。在充血的脾髓中还可见病原菌和散在的炎性坏死灶，后者由渗出的浆液、嗜中性粒细胞和坏死崩解的脾实质细胞混杂在一起组成，其大小不一，形状不规则。此外，被膜和小梁中的平滑肌、胶原纤维和弹性纤维肿胀、溶解、排列疏松。

二维码 15-1　急性炎性脾肿
（彩图 15.1、彩图 15.2）

（三）结局和对机体的影响

急性炎性脾肿的病因消除后，炎症过程逐渐消散，充血消失，局部血液循环可恢复正常，坏死的细胞崩解，随同渗出物被吸收。此时脾脏实质成分减少，结果使脾脏皱缩，其被膜上出现皱纹，质地松弛，切面干燥呈褐红色。以后这种脾脏通过淋巴组织再生和支持组织的修复一般都可以完全恢复其正常的形态结构和功能。有些因机体状况不良而再生能力弱和脾实质破坏严重可发生脾萎缩，此时脾体积缩小，被膜和小梁因结缔组织增生而增厚、变粗。

二、坏死性脾炎

（一）病因和机理

坏死性脾炎是指脾脏实质坏死明显而体积不肿大的急性脾炎，多见于出血性败血症。如鸡新城疫、禽霍乱、巴氏杆菌病、猪瘟、结核病、弓形虫病及牛坏死杆菌病等。

（二）病理变化

眼观　脾脏体积不肿大，其外形、色彩、质地与正常脾脏无明显的差别，透过被膜可见分布不均的灰白色坏死小点。

二维码 15-2　坏死性脾炎
（彩图 15.3、彩图 15.4）

镜检　可见脾脏实质细胞坏死特别明显，在白髓和红髓均可见散在的坏死灶，其中多数淋巴细胞和网状细胞已坏死，其胞核溶解或破碎，胞浆肿胀、崩解（参见彩图 15.3、彩图 15.4）。坏死灶内同时见浆液渗出和嗜中性粒细胞浸润，有些粒细胞也发生核破碎。脾脏含血量不见增多，故脾脏的体积不肿大。被膜和小梁均见变质性变化。

鸡新城疫和鸡霍乱时，表现坏死性脾炎，坏死主要发生在鞘动脉的网状细胞，并可扩大波及周围淋巴组织。此时鞘动脉的内皮细胞稍肿胀，尚可辨认，而外围的网状细胞都发生坏死，其胞核溶解，胞浆肿胀、崩解；坏死细胞通常与渗出的浆液混合成均质一片。严重时周围的淋巴组织也发生坏死，且可与相邻的坏死灶互相融合。有的坏死性脾炎，由于血管壁破坏，还可发生较明显的出血。例如，在猪瘟的一些病例，脾脏白髓内出现灶状出血，严重时整个白髓的淋巴细胞几乎全被红细胞替代。坏死性脾炎中增生过程通常很不明显。

（三）结局和对机体的影响

坏死性脾炎的病因消除后，炎症过程可以消散，随着坏死液化物和渗出物的吸收，淋巴细胞和网状细胞的再生，一般可以完全恢复脾脏的结构和功能。只有脾实质和支持组织遭受严重损伤的病例，脾脏才不能完全恢复，其实质成分减少，出现纤维化，支持组织中结缔组织明显增生而致小梁增粗和被膜增厚。

三、化脓性脾炎

（一）病因和机理

化脓性脾炎主要是由其他部位的化脓灶经血流转移而来，也可直接感染引起。

（二）病理变化

眼观　脾脏形成大小不一的化脓灶（脓肿）。

镜检　主要是嗜中性粒细胞浸润和淋巴组织坏死。

四、慢性脾炎

(一)病因和机理

慢性脾炎是指伴有脾脏肿大的慢性增生性脾炎，多见于慢性传染病和寄生虫病，如结核分枝杆菌、布鲁氏菌病、副伤寒、亚急性或慢性马传染性贫血、牛传染性胸膜肺炎、锥虫病、焦虫病等。

(二)病理变化

眼观　脾脏轻度肿大或比正常大 1～2 倍，被膜增厚，边缘稍显钝圆，其质地硬实，切面平整或稍隆突，在暗红色红髓的背景上可见灰白色增大的淋巴小结呈颗粒状向外突出；但有时这种现象不明显，只见整个脾脏切面色彩变淡，呈灰红色。

镜检　可见增生过程特别明显，此时淋巴细胞和巨噬细胞都可呈现分裂增殖，但在不同的传染病过程中有的以淋巴细胞增生为主，有的以巨噬细胞增生为主，有的淋巴细胞和巨噬细胞都明显增生。

例如，在亚急性马传贫的慢性脾炎时，脾脏淋巴细胞的增生特别明显，往往形成许多新的淋巴小结，并可与原有的白髓连接。在鸡结核性脾炎时，脾脏的巨噬细胞明显增生，形成许多由上皮样细胞和多核巨细胞组成的肉芽肿，其周围也见淋巴细胞浸润和增生。在布鲁氏菌病慢性脾炎时，既可见淋巴细胞增生形成明显的淋巴小结，又有由巨噬细胞增生形成的上皮样细胞结节散在分布于脾髓中。慢性脾炎过程中，还可见支持组织内结缔组织增生，因而使被膜增厚和小梁变粗。与此同时，脾髓中也见散在的细胞变性和坏死。

(三)结局和对机体的影响

慢性脾炎通常以不同程度的纤维化为结局。随着慢性传染病过程的结束，脾脏中增生的淋巴细胞逐渐减少，局部网状纤维胶原化，上皮样细胞转变为成纤维细胞，结果使脾脏内结缔组织成分增多，发生纤维化；而被膜、小梁也因结缔组织增生而增厚、变粗，从而导致脾脏体积缩小、质地变硬、功能丧失。

任务三　淋巴结炎

淋巴结炎是指淋巴结的炎症，按其经过分为急性和慢性两种类型。急性淋巴结炎常见的有浆液性淋巴结炎、出血性淋巴结炎、坏死性淋巴结炎、化脓性淋巴结炎；慢性淋巴结炎初期为细胞增生性淋巴结炎，后期发展为纤维增生性淋巴结炎。

(一)急性淋巴结炎

急性淋巴结炎多见于炭疽、猪瘟、猪丹毒、猪巴氏杆菌病等急性传染病，或当某一器官、组织感染发炎时，相应的淋巴结也可发生同样变化。

1. 浆液性淋巴结炎

(1)病因和机理　浆液性淋巴结炎多发生于急性传染病的初期，或邻近组织有急性炎症时。

(2)病理变化

眼观　发炎淋巴结肿大，被膜紧张，质地柔软，呈潮红色或紫红色；切面隆突，颜色暗红，湿润多汁。

二维码 15-3　浆液性淋巴结炎(彩图 15.5)

镜检　可见淋巴结中的毛细血管扩张、充血；淋巴窦明显扩张，内含浆液(参见彩图 15.5)，窦壁细胞肿大、增生并有许多脱落后成为巨噬细胞(此变化称为窦卡他)。扩张的淋巴窦内，通常还有不同数量的嗜中性粒细胞、淋巴细胞和浆细胞，而巨噬细胞内常有吞噬的致病菌、红细胞、白细胞。还可见淋巴小结的生发中心扩张，并有细胞分裂象，淋巴小结周围、副皮质区和髓索处有淋巴细胞增生等。

(3)结局　浆液性淋巴结炎是急性淋巴结炎的早期变化，病因消除可恢复正常，如炎症进一步发展，则可发展为其他类型的淋巴结炎。

2. 出血性淋巴结炎

(1)病因和机理　出血性淋巴结炎通常是由浆液性淋巴结炎发展而来，常见于猪瘟、猪丹毒、猪巴氏杆菌病等。

(2)病理变化

眼观　淋巴结肿大，呈暗红或黑红色，被膜紧张，质地稍显实；切面湿润，稍隆突并含多量血液，呈弥漫暗红色或呈大理石样花纹(出血部暗红色，淋巴组织呈灰白色)(参见彩图 15.6、彩图 15.7)。

二维码 15-4　出血性淋巴结炎(彩图 15.6 至彩图 15.9)

镜检　可见除一般急性炎症的变化外，最明显的变化是出血，此时淋巴组织中可见充血和散在的红细胞或灶状出血，淋巴窦内及淋巴组织周围有大量红细胞(参见彩图 15.8、彩图 15.9)。

(3)结局　出血性淋巴结炎轻者，病因消除可恢复正常，如发展严重，则可转化为坏死性淋巴结炎。

3. 坏死性淋巴结炎

(1)病因和机理　坏死性淋巴结炎是以淋巴结的实质发生坏死为特征的炎症。常见于猪弓形虫病、坏死杆菌病、仔猪副伤寒等。

二维码 15-5　坏死性淋巴结炎(彩图 15.10)

(2)病理变化

眼观　淋巴结肿大，呈灰红色或暗红色，切面湿润，隆突，边缘外翻，散在灰白色或灰黄色坏死灶和暗红色出血灶，坏死灶周围组织充血、出血；淋巴结周围常呈胶冻样浸润。

镜检　可见坏死区淋巴组织结构破坏，细胞核崩解，呈蓝染的颗粒(参见彩图 15.10)，并有充血和出血，嗜中性粒细胞和巨噬细胞浸润，淋巴窦扩张，其中有多量巨噬细胞和红细胞，也可见白细胞和组织坏死崩解产物。淋巴结周围组织明显水肿和白细胞浸润。

(3)结局　较轻的坏死性炎，坏死成分少，病因消除可恢复正常，如坏死性淋巴结炎较严重，坏死灶可发生机化或包囊形成，如淋巴结组织广泛坏死，可导致淋巴结纤维化而完全失去功能。

4.化脓性淋巴结炎

(1)病因和机理　化脓性淋巴结炎是淋巴结的化脓性炎症过程。其特点是大量嗜中性粒细胞渗出并伴发组织的脓性溶解。它多继发于所属组织器官的化脓性炎，是化脓菌沿血流、淋巴流侵入淋巴结的结果。

(2)病理变化

眼观　淋巴结肿大，有黄白色化脓灶，切面有脓汁流出。严重时整个淋巴结可全部被脓汁取代，形成脓肿。

镜检　炎症初期淋巴窦内聚集浆液和大量嗜中性粒细胞，窦壁细胞增生、肿大，进而嗜中性粒细胞变性、崩解，局部组织随之溶解形成脓液。时间较久则见化脓灶周围有纤维组织增生并形成包囊。

(3)结局　较小的化脓灶可吸收、修复或机化形成脓肿，较大的化脓灶则形成脓肿，外有结缔组织包膜，其中脓汁逐渐浓缩进而钙化，淋巴结化脓性炎可向周围组织发展，也可通过淋巴管、血管转移到其他淋巴结和全身其他器官，形成脓毒败血症。

(二)慢性淋巴结炎

1.病因和机理

慢性淋巴结炎多由急性淋巴结炎转变而来，也可由致病因素持续作用而引起。常见于某些慢性疾病，如结核分枝杆菌、布鲁氏菌病、猪支原体性肺炎等。

2.病理变化

眼观　发炎淋巴结肿大，质地变硬；切面呈灰白色，隆突，常因淋巴小结增生而呈颗粒状。后期淋巴结往往缩小，质地硬，切面可见增生的结缔组织不规则交错，淋巴结固有结构消失。

镜检　可见淋巴细胞、网状细胞显著增生(参见彩图 15.11、彩图 15.12)；淋巴小结肿大，生发中心明显。淋巴小结与髓索及淋巴窦间界限消失，淋巴细胞弥漫性分布于整个淋巴结内。网状细胞肿大、变圆，散在于淋巴细胞间。后期淋巴结结缔组织显著增生，网状纤维变粗转变为胶原纤维，血管壁硬化。严重时，整个淋巴结可变为纤维结缔组织小体。

二维码 15-6　慢性淋巴结炎
(彩图 15.11、彩图 15.12)

在结核病及布鲁氏菌病时，发生特异性增生性淋巴结炎。此时淋巴结内除有淋巴细胞，网状细胞增殖外，可见由上皮样细胞和多核巨细胞构成的特殊性肉芽组织的增生。严重时整个淋巴结几乎充满上皮样细胞和多核巨细胞。

3.结局

慢性淋巴结炎可保持很长时间，如病因消除，细胞增生过程停止，数量减少，淋巴组织内结缔组织增生和网状纤维胶原化。淋巴结功能减弱甚至消失。

任务四　法氏囊炎

(一)病因

法氏囊炎是由病原微生物引起的法氏囊炎症。主要见于鸡传染性法氏囊病、鸡新城疫、禽流感及禽隐孢子虫感染等传染性疾病。按病变性质可分为卡他性炎、出血性炎及坏死性炎。

(二)病理变化

眼观　法氏囊周围常见淡黄色胶冻样水肿，法氏囊肿大，质地变硬，潮红或呈紫红色似血肿。切开法氏囊，腔内常见灰白色黏液、血液或干酪样坏死物，黏膜肿胀、充血、出血(参见彩图 15.13)，或见灰白色坏死点。后期法氏囊萎缩，壁变薄，黏膜皱褶消失，色变暗，无光泽，有时腔内含有灰白色或紫黑色干酪样坏死物。

二维码 15-7　法氏囊炎
(彩图 15.13)

镜检　法氏囊淋巴滤泡内实质细胞发生不同程度的变性坏死，见许多崩解破碎的细胞，有的滤泡充满浆液或血液，滤泡间充血、出血、炎性细胞浸润。后期淋巴滤泡萎缩消失，间质结缔组织增生，严重时法氏囊淋巴组织被结缔组织取代而发生纤维化。

【本项目关键词】

贫血　脾炎　淋巴结炎　法氏囊炎

【本项目小结】

造血与免疫系统主要包括骨髓、胸腺、法氏囊、淋巴结、脾脏、扁桃体和黏膜相关淋巴组织等，本项目主要介绍贫血、脾炎、淋巴结炎、法氏囊炎。贫血不是一种疾病，而是骨髓炎或其他多种疾病中伴发的一种重要症状。免疫器官可发生各种病理变化，其中最主要的是炎症性病变，如脾炎、淋巴结炎和法氏囊炎。根据病变特征和病程，脾炎可分为急性炎性脾肿、坏死性脾炎、化脓性脾炎和慢性脾炎；而淋巴结炎分为急性和慢性两种类型，急性淋巴结炎包括浆液性、出血性、坏死性和化脓性等类型，而慢性淋巴结炎以淋巴细胞增生为主。法氏囊炎按病变性质可分为卡他性炎、出血性炎及坏死性炎。

【复习思考题】

1. 兽医临床上如何鉴别和诊断不同类型的贫血。

2. 结合兽医临床描述炭疽、弓形虫病、急性猪丹毒、猪急性副伤寒、猪急性链球菌病脾脏的病变特征。

3. 结合兽医临床描述鸡新城疫、禽霍乱、巴氏杆菌病、猪瘟、结核病、弓形虫病及牛坏死杆菌病等脾脏的病变特征。

4. 结合兽医临床描述炭疽、猪瘟、猪丹毒、猪巴氏杆菌病等急性传染病淋巴结的病变特征。

5. 结合兽医临床叙述鸡传染性法氏囊病、鸡新城疫、禽流感及禽隐孢子虫感染法氏囊病变特征。

二维码 15-8　复习思考题参考答案　　**二维码 15-9　贫血(视频)**

项目十六
呼吸器官病理

【知识目标】

1. 了解上呼吸道炎症和各型肺炎的临床病理表现和对机体的影响。
2. 熟悉上呼吸道炎症和各型肺炎的常见原因和病理过程。
3. 掌握上呼吸道炎症、肺炎、肺气肿和肺萎陷的病理变化特征。

【技能目标】

能够准确识别上呼吸道炎症、肺炎、肺气肿和肺萎陷的病理变化，并能对兽医临床上常见的上呼吸道炎症、肺炎、肺气肿和肺萎陷做出正确的区分。

【素质目标】

培养学生严谨识别、诊断呼吸病理的工匠精神。

上呼吸道和肺是机体与外环境之间进行气体交换的通道和场所。由于呼吸器官直接与外界相通，所以在呼吸运动过程中，外环境中的有害物质均可随吸入的空气直接侵入，损害呼吸器官，此外，机体其他器官系统的病变也可以通过血液循环与神经、体液调节紊乱等方式而损害呼吸器官，常见有上呼吸道炎症、肺炎、肺气肿和肺萎陷。

任务一　上呼吸道炎症

上呼吸道炎症是指鼻腔、喉和气管黏膜的炎症，即鼻炎、喉炎和气管炎。其病变的表现形式与一般黏膜的炎症是相同的，通常开始为急性卡他性炎，以后可发展为化脓性炎、纤维素性炎或纤维素性坏死性炎。有些病例的炎症开始于鼻腔，进而沿呼吸道黏膜向下蔓延，引起咽炎、喉炎、气管炎和支气管炎，甚至可能波及肺而导致肺炎。

一、病因和机理

上呼吸道的炎症可以由物理性因素、化学性因素和寄生虫(如绵羊鼻蝇蛆)等所引起，但多数的病因是病原微生物，其中有些微生物只单独引起鼻炎、喉炎或气管炎，有些病原如腺疫链球菌、鼻疽杆菌、支气管败血波氏杆菌、传染性喉气管炎病毒、恶性卡他热病毒等，可引起上呼吸道和肺脏等多种器官的炎症。

二、病理变化

眼观　上呼吸道黏膜潮红、肿胀、糜烂。渗出的浆液初为稀薄、透明的液体，随病程发展，渗出物转变为灰白色的黏稠液体。再发展黏膜表面出现黄白色、黏稠、浑浊的脓性渗出物。

镜检　黏膜上皮细胞变性、坏死、脱落，黏膜表面附有浆液或黏液，其中混有脱落上皮、白细胞和少量红细胞，黏膜下充血、水肿和白细胞渗出。

任务二　肺　　炎

肺炎是细支气管、肺泡和肺间质的炎症，是常见的肺脏病理过程。可发生于各种动物，且往往是死亡的原因。

由于致病因子和机体的反应性不同，肺炎的性质和严重程度也不同。按照病因可分为细菌性肺炎、病毒性肺炎、支原体性肺炎、立克次氏体性肺炎、霉菌性肺炎、寄生虫性肺炎、中毒性肺炎和吸入性肺炎等。按照病变范围可分为支气管肺炎、纤维素性肺炎和间质性肺炎。

一、支气管肺炎

支气管肺炎是动物肺炎的基本形式，是以支气管为中心的单个小叶或一群小叶的炎症，故又称为小叶性肺炎。其炎性渗出物以浆液和脱落的上皮细胞为主，所以又称卡他性肺炎。

(一)病因和机理

引起支气管肺炎的原因主要是细菌(巴氏杆菌、沙门菌、葡萄球菌、链球菌、霉形体和霉菌等)，在有害因子(寒冷、感冒、过劳、长途运输和B族维生素缺乏等)影响下，机体抵抗力降低，特别是呼吸道防御能力减弱，进入呼吸道的病原菌可大量繁殖，引起支气管炎，炎症沿支气管蔓延，引起支气管周围的肺泡发炎。另外，病原菌也可经血流运行至肺脏，引起间质发炎，继而波及支气管和肺泡，引起支气管肺炎。

(二)病理变化

眼观　肺的前下部区域内不规则实变（坚实并能沉于水），肺的尖叶、心叶和膈叶是最常受侵犯的部位。实变区色暗红至淡灰红到灰色不等(参见彩图16.1、彩图16.2)。取决于炎症的性质和时间经过。病变多呈镶嵌状，中心部灰白至黄色、周围为红色的实变区以及充血和萎陷，外围为正常乃至气肿的苍白区。

镜检　病变的核心是在支气管一肺泡连接处。早期细支气管和相连的肺泡内充满嗜中性粒细胞，有时是不等量的细胞碎屑、黏液、纤维素与巨噬细胞的混合物。细支气管上皮不同程度变性、坏

二维码 16-1　支气管肺炎
(彩图 16.1 至彩图 16.3)

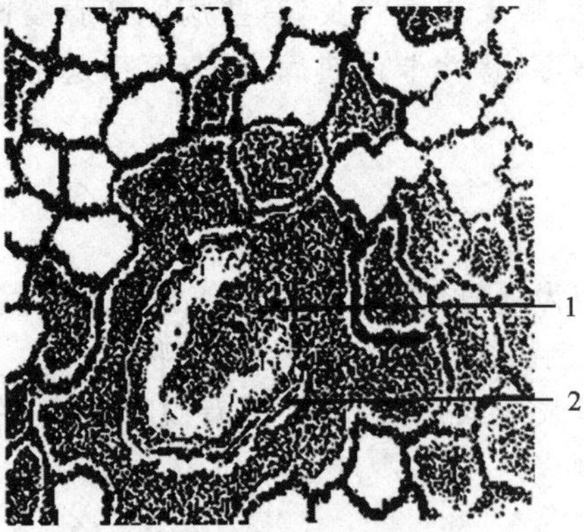

图 16.1 支气管肺炎

(引自周铁忠等,2006)

1.细支气管腔和肺泡腔内充满大量嗜中性粒细胞的炎性渗出物 2.细支气管壁充血、水肿,嗜中性粒细胞浸润

死和脱落。细支气管壁及周围结缔组织充血、水肿、白细胞浸润(图 16.1,参见彩图 16.3)。如病程延长,则间质出现结缔组织增生。

(三)结局和对机体的影响

1.完全消散

及时消除病因,支气管肺炎可消散,完全修复。

2.慢性化

慢性支管肺炎的病变为慢性化脓和纤维化,如猪喘气病时在两侧肺边缘形成对称性的肺肉变。

3.并发症

严重的支气管肺炎时肺泡中隔坏死、渗出物难以清除或病原持续存在,引起一系列并发症,包括从萎陷、慢性支气管炎到脓肿形成或坏死块形成或纤维化。

4.支气管肺炎对机体的影响

主要为低氧血症和毒血症,依肺炎侵犯的范围、组织破坏的程度和细菌的毒力而定。低氧血症是由于肺泡有效呼吸面积大量减少,而毒血症是有毒产物和细菌毒素进入血流的结果。低氧血症和毒血症的联合是严重支气管肺炎引起死亡的主要原因。

二、纤维素性肺炎

纤维素性肺炎是以细支气管和肺泡内充满大量纤维素性渗出物为特征的急性炎症。此型肺炎常侵犯一个大叶、一侧肺叶或全肺,所以又称大叶性肺炎。

(一)病因和机理

纤维素性肺炎见于传染病,如巴氏杆菌病、猪传染性胸膜肺炎、牛传染性胸膜肺炎等,这些病的病原体可随血液、呼吸道和淋巴液侵入肺脏,在机体抵抗力降低时(感冒、过劳、长途运输和吸入刺激性气体等),病原体大量繁殖,沿支气管、血管周围的淋巴管扩散,炎症迅速扩展至整个肺叶及胸膜。由于毛细血管壁遭受损伤,可引起纤维素渗出、出血等变化。

(二)病理变化

按纤维素性肺炎的病变发展过程可分为四个期,但各期的变化实际是一个连续发展过程的不同阶段,并不能机械性地将其分开。

1.充血水肿期

充血水肿期的特征是肺泡壁毛细血管充血与浆液性水肿。

眼观 可见肺脏稍肿大,重量增加,质地稍变实,呈暗红色,切面平滑,按压时流出大量血样泡沫液体(参见彩图 16.4)。

镜检 可见肺泡壁毛细血管扩张充血,肺泡腔内有大量浆液性

二维码 16-2 纤维素性肺炎
(彩图 16.4 至彩图 16.9)

渗出液(参见彩图 16.5),少量红细胞、嗜中性粒细胞和巨噬细胞等(图 16.2)。

2. 红色肝变期

红色肝变期由充血水肿期发展而来,其特征是肺泡壁毛细血管仍显著扩张充血,肺泡腔内含有大量纤维素、白细胞和红细胞。

眼观　可见肺体积肿大,呈暗红色,质地坚实如肝,切面干燥呈细颗粒状(参见彩图 16.6)。肺间质增宽(有半透明胶样液体蓄积),呈灰白色条纹。

镜检　可见肺泡壁毛细血管极度扩张充血,支气管和肺泡腔内有多量交织成网的纤维素,网眼内有多量的红细胞,少量的白细胞和脱落上皮细胞(参见彩图 16.7)。间质炎性水肿,淋巴管扩张(图 16.3)。

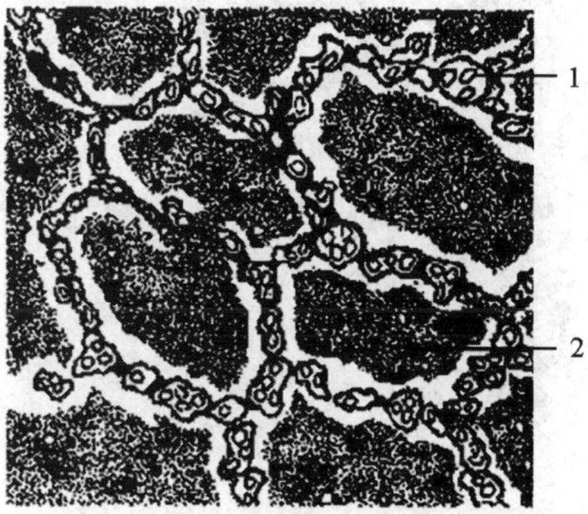

图 16.2　纤维素性肺炎(充血水肿期)

(引自周铁忠等,2006)

1. 肺泡壁毛细血管高度充血　2. 肺泡内充满浆液,其中混有少量红细胞、白细胞和肺泡上皮细胞

3. 灰色肝变期

灰色肝变期的特征是肺泡壁充血减弱或消退,肺泡腔中有大量嗜中性粒细胞。

眼观　可见肺呈灰红色和灰白色,质地坚实如肝,切面干燥,呈细颗粒状(参见彩图 16.8)。间质变化同上期。

镜检　可见肺泡壁毛细血管充血消退,白细胞和纤维蛋白增多,红细胞溶解消失(图 16.4,参见彩图 16.9)。

4. 消散期

消散期的特征是嗜中性粒细胞坏死崩解、纤维素溶解、肺泡上皮再生和肉芽组织增生。

眼观　可见肺体积较前期变小,略带灰红色或正常色,质地柔软,切面湿润。

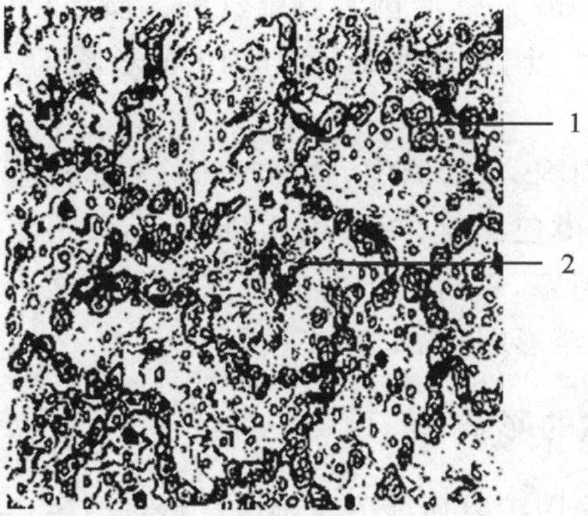

图 16.3　纤维素性肺炎(红色肝变期)

(引自周铁忠等,2006)

1. 肺泡壁仍高度充血　2. 肺泡内含大量纤维素、红细胞和少量嗜中性粒细胞

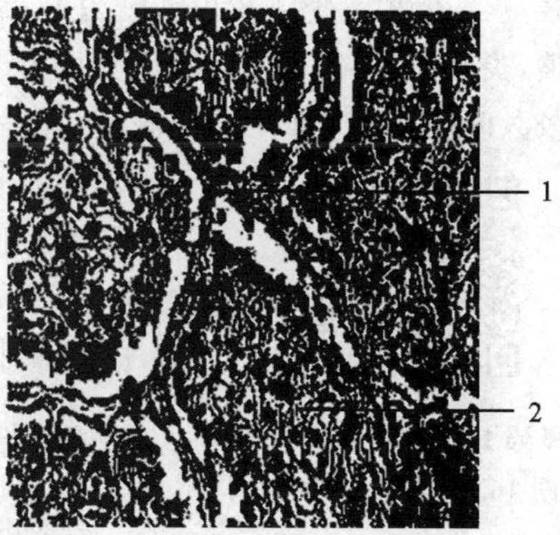

图 16.4　纤维素性肺炎(灰色肝变期)

(引自周铁忠等,2006)

1. 肺泡壁充血消失　2. 肺泡内含大量嗜中性粒细胞和纤维素

镜检　可见肺泡壁毛细血管重新扩张,肺泡腔中的嗜中性粒细胞坏死、崩解,纤维素被溶

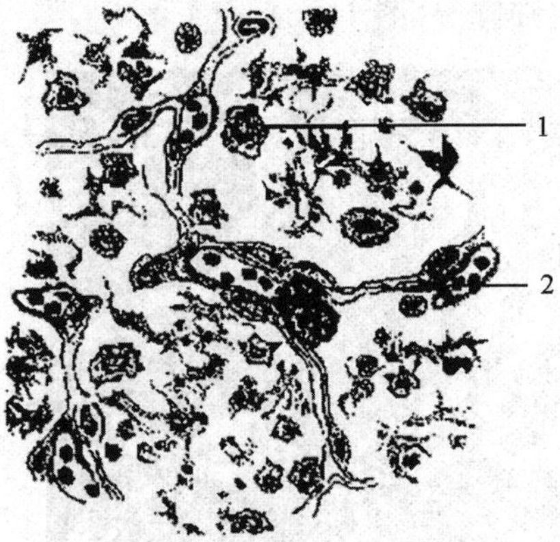

图 16.5　纤维素性肺炎(消散期)
(引自周铁忠等,2006)
1.肺泡内含巨噬细胞、坏死的嗜中性粒细胞及纤维素碎片　2.肺泡内又出现充血

解,成为微细颗粒。巨噬细胞增多,并可吞噬坏死细胞和崩解产物(图 16.5)。

(三)结局和对机体的影响

动物发生纤维素性肺炎时很少能完全恢复,渗出物、坏死组织常被机化,使肺组织致密而坚实,呈肉样色彩,故称“肉变”。若继发感染,则可形成大小不一的脓肿或腐败分解。严重时,形成空洞或继发脓毒败血症,常伴发纤维素性胸膜炎、心包炎,病程较长时可有胸膜、心包和肺的粘连,纤维素性肺炎可很快引起动物呼吸和心功能障碍而死亡。

三、间质性肺炎

间质性肺炎是指发生于肺脏间质的炎症,特征是间质炎性细胞浸润和结缔组织增生。

(一)病因和机理

引起间质性肺炎的原因很多,常见的有微生物(如病毒、霉形体等)、寄生虫(如弓形虫),此外,过敏反应、某些化学性因素都可引起间质性肺炎。病因可直接或间接损伤肺泡壁毛细血管,引起通透性升高。在病原体及毒物作用下,肺泡上皮增生,同时间质结缔组织增生和单核细胞、淋巴细胞等浸润。

(二)病理变化

眼观　可见病变区灰白或灰红色,常呈局灶性分布,病灶周围常有肺气肿。质地稍硬,切面平整,炎灶大小不一。病区可为小叶性、融合性或大叶性(参见彩图 16.10 至彩图 16.12)。病程较久时,则可纤维化而变硬。

镜检　可见支气管周围、血管周围,肺小叶间隔和肺泡壁及肺胸膜,有不同程度水肿和淋巴细胞、单核细胞浸润,结缔组织轻度增生,间质增宽,肺泡腔闭塞,有时渗出的血浆成分在肺泡内形成透明膜(参见彩图 16.13 至彩图 16.15)。

二维码 16-3　间质性肺炎
(彩图 16.10 至彩图 16.15)

(三)结局和对机体的影响

急性间质性肺炎在病因消除后能完全消散。慢性时常以纤维化而告终,可持久地引起呼吸障碍。

【知识拓展】

化脓性肺炎

化脓性肺炎是指由化脓性病原菌侵入引起的肺炎，特征是肺泡内含有化脓性渗出物。

（一）病因和机理

化脓性病原菌侵入后，一是由上部呼吸道而来，多与支气管肺炎并发，称此为化脓性支气管肺炎；二是经血液由其他部位的化脓性病灶转移而来，所以称为转移性化脓性肺炎，多见于猪、牛和马。例如猪的化脓性棒状杆菌、绿脓杆菌、猪霍乱沙门杆菌、坏死杆菌、放线菌等；牛的化脓性棒状杆菌、化脓性心内膜炎和化脓性乳腺炎时的链球菌；马腺疫链球菌等。化脓性支气管肺炎常与纤维素性和卡他性肺炎并发，牛羊多见，例如羊的化脓性棒状杆菌和羊败血性巴氏杆菌合并引起的进行性肺炎；羊伪结核分枝杆菌所引起的干酪性淋巴管炎时的肺脓肿；各种化脓菌所引起的小牛肺炎。

（二）病理变化

眼观　肺实质处处散发粟粒大或较大的脓肿。脓肿边缘充血、水肿，并呈现肺炎区。以后于脓肿周围绕以结缔组织的脓肿膜。化脓性支气管肺炎与纤维素性肺炎并发时，则于纤维素性肺炎肝变期病灶内，有粟粒大至榛实大含有灰绿色脓汁的散在的脓肿。胸膜下的脓肿突出于肋膜表面，该部胸膜肥厚粗糙，脓肿周围常有一层脓肿膜，脓肿膜愈厚，表示脓肿经过的时期愈久。

镜检　初期病变部充血，有多量嗜中性粒细胞和少量单核细胞浸润（参见彩图16.16），以后肺组织完全被破坏，形成脓肿。脓肿周围常见由结缔组织组成的脓肿膜，经时较久者其内部的渗出物往往钙化。

二维码16-4　化脓性肺炎
（彩图16.16）

（三）结局和对机体的影响

较小的化脓灶可吸收修复，较大的则发生机化、包囊形成等，如肺组织结构大面积破坏和坏死，严重影响肺脏的功能，可导致呼吸困难而死亡。

坏疽性肺炎

坏死的肺组织发生腐败分解，称为坏疽性肺炎。

（一）病因和机理

引起坏死组织腐败分解的细菌，可由支气管，或由血液而来。肺组织原发性坏疽性肺炎多由于种种异物的吸入所致。例如药物所致的药物性肺炎、麻醉药可引起麻醉性肺炎、食物误咽可致异物性肺炎或脓汁等，也可由前胃异物的刺入而发。

（二）病理变化

眼观　为纤维素性或卡他性肺炎。肝变区内出现腐败分解的变化，呈灰绿色粟粒大或互相融合的结节性病灶，内含有绿色腐败内容物，这就是液化区，这些液化区可侵害整个肺叶或一群小叶,液化区的轮廓不整齐,放出恶臭气味。

镜检　最初呈明显的化脓性支气管炎,以后这种炎性病灶由支气管向肺实质呈放射状蔓延,产生很多相似的炎性病灶,后者互相融合而进行液化。在牛中可见严重的小叶间水肿和气肿,空气可由腐败的肺组织和广大的气肿区逸出,最初引起气胸,以后气体经胸腔入口窜入颈部、肩部甚至蔓延到背部皮下。病程较久,则小叶间和大支气管周围发生机化。

(三)结局和对机体的影响

当发生坏疽性肺炎时,不仅呼吸面积减少,而且因腐败分解产物的吸收可引起自体中毒。严重时,形成空洞或继发脓毒败血症而死亡。

寄生虫性肺炎

寄生虫性肺炎是指由寄生虫侵入肺脏而引起的一种慢性支气管肺炎。

(一)病因和机理

寄生虫性肺炎多发生于犊牛、绵羊和山羊。侵入肺脏的虫体多为线虫的幼虫,在肺脏中发育繁殖,常使肺形成一种慢性肺炎。其他如牛和猪的肺脏还可见有囊虫、棘球蚴和肺吸虫的寄生,可造成肺脏的严重损伤。

(二)病理变化

眼观　硬结区广泛地散布全肺,或多数小硬结区互相融合形成一个大硬结区。这些硬节区由于时期的不同,呈红色、灰红色乃至灰黄色。最陈旧的病灶呈灰白色,因结缔组织增生,故很坚硬。病灶的切面见支气管和小支气管充满黏液脓性渗出物,其中混有虫体和虫卵;支气管扩张,管壁增厚。在肺吸虫寄生时,常于肺脏形成黑褐色大豆大至蚕豆大的结节,结节中含有黑褐色软泥样物和肺吸虫(通常为两个),并伴发明显的胸膜炎。

镜检　病初,肺脏散发多数针头大炎性病灶,炎灶中央部为虫体,周围围绕渗出物,并有多量嗜酸性粒细胞。病灶外围显示充血、出血变化。较陈旧的结节,于细胞碎屑中含有多量淋巴细胞和嗜酸性粒细胞,并见死亡的幼虫,偶见巨噬细胞和多核巨细胞;病灶边缘为肉芽组织。

在大的炎灶区,因支气管内充满化脓性渗出物和虫体,所以支气管黏膜常被摧毁,支气管壁见有明显的白细胞浸润和结缔组织高度增生,有时仅残存有软骨板。在支气管周围的肺泡中见有虫卵和虫体片段,伴发肺泡中隔增厚,支气管淋巴结增大。

此外,在牛和猪的肺脏有囊虫和棘球蚴寄生时,于肺脏可见散在的囊泡,周围围绕结缔组织,内含清亮黄色液。有时见有小的干酪样内容物的结节,囊泡周围的肺组织萎陷。

(三)结局和对机体的影响

硬结区被覆于受害处的胸膜往往伴发炎症。慢性炎症从支气管向周围肺实质呈放射状蔓延,所以不仅有支气管炎和支气管周围炎变化,而且还发生局灶性肺炎。随肺脏病灶的多少和面积大小,呼吸功能发生不同程度的障碍。

任务三　肺气肿

肺气肿是指肺组织含气量异常增多而致体积过度膨大。肺泡内空气增多称肺泡性肺气肿;由于空气进入肺间质并使其膨胀时,称间质性肺气肿。前者较常见。

一、病因和机理

(一)急性肺泡性肺气肿

多见于吸气量急剧增加,肺内压升高,肺泡扩张。

1. 呼吸急剧加强

濒死或代偿性呼吸增强时深度吸气,肺泡内气体急剧增加。

2. 剧烈咳嗽时

深吸气,肺内压升高,肺含气量增加,肺泡扩张。

3. 支气管不全阻塞

支气管炎时,渗出物增多,如肺丝虫寄生等,阻塞物好似活塞,吸气时肺扩张,支气管管径扩大,空气可进入肺泡;呼气时则闭塞,空气不能呼出而蓄积在肺泡中(图16.6)。

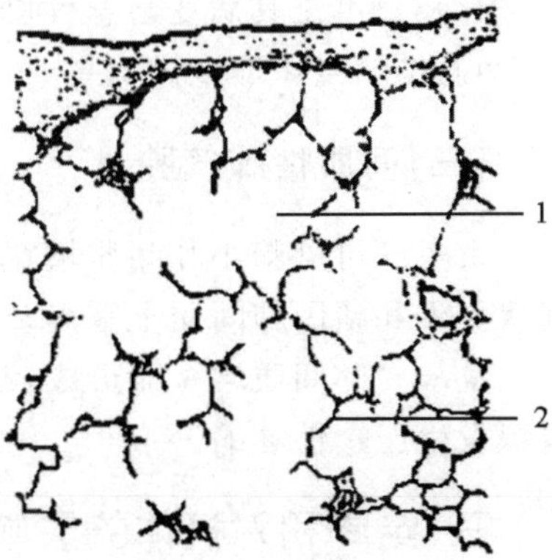

图16.6 肺泡性肺气肿

(引自周铁忠等,2006)

1.肺泡极度扩张,且互相融合

2.肺泡壁变薄,其中毛细血管闭塞

(二)慢性肺泡性肺气肿

1. 弹性纤维萎缩

老年动物肺脏弹性纤维萎缩,肺泡壁的弹性回缩力降低,常处于膨胀状态而使肺泡扩张。

2. 过度使役

长期过度使役,需气量增多,呼吸加强,肺泡长期处于扩张状态,毛细血管受压、闭锁,肺泡营养不良,弹性纤维断裂,回缩力降低。

3. 慢性支气管炎

由于支气管管腔狭窄,气体不能呼出;或由于肺泡炎性渗出物及肺泡上皮的破坏,表面活性物质减少,肺泡表面张力降低,回缩力下降,吸气时易扩张。

(三)间质性肺气肿

多伴发于肺泡性肺气肿,肺泡或细支气管破裂,气体进入间质,使其扩张。常见于牛甘薯黑斑病中毒。

二、病理变化

(一)急性肺泡性肺气肿

眼观 可见肺体积增大,常充满胸腔,色泽苍白(参见彩图16.17),质地松软,按压后凹陷慢慢复平,并有捻发音,切面干燥。

镜检 可见肺泡强度扩张,间隔变薄,毛细血管闭塞,肺泡隔常发生破裂,融合成大的囊腔

(参见彩图 16.18)。

二维码 16-5　肺气肿

(彩图 16.17、彩图 16.18)

(二)慢性肺泡性肺气肿

眼观　可见肺脏膨大,肺表面有肋骨压痕,肺切面有气囊泡,切开时有破裂声。

镜检　可见其病变与急性肺泡性肺气肿相同,但肺泡弹性纤维减少,间质结缔组织增多。

(三)间质性肺气肿

眼观　可见肺小叶间质增宽,内有成串的大气泡,许多单个气泡形成完整的条索,使肺呈网状。牛和猪因肺间质丰富而疏松,故间质性气肿非常明显。

镜检　肺间质增宽而形成较大的囊,其间质和肺泡壁毛细血管管腔狭窄贫血,气囊周围肺组织发生压迫性萎缩。

三、结局和对机体的影响

急性肺气肿在病因消除后,肺组织弹性恢复,可完全恢复正常。慢性肺泡性肺气肿由于破坏严重,部分发生纤维化,不能完全恢复。肺气肿可使胸膜腔内压升高,静脉回流障碍,肺泡壁毛细血管闭锁,肺动脉压升高,加重右心负荷,引起右心肥大,重者可引起呼吸及心脏功能不全。

任务四　肺萎陷

肺萎陷是指肺脏膨胀不全或曾充过气的肺组织的塌陷,使肺实质出现相对无空气的区域,可分为先天性肺萎陷和后天性肺萎陷 2 种类型。

一、先天性肺萎陷

先天性肺萎陷又称为肺膨胀不全(肺不张)或胎儿肺不张,见于从未呼吸过的死产动物和不完全充气的动物。主要病因是胎儿生前全身虚弱、营养不良、呼吸中枢受损或喉部功能紊乱、气道阻塞、肺和胸腔结构异常,造成呼吸无力或呼吸受阻所致。

胎儿肺不张时,因肺泡隔毛细血管扩张,肺脏呈紫红色,肉质样,小块肺组织在水中不漂浮。局部肺泡腔充盈液体,上皮细胞呈圆形。如在肺泡液中见到从口鼻处脱落的上皮细胞鳞屑、羊水、亮黄色的胎粪颗粒,表明胎儿在子宫内窒息前曾有过呼吸。

新生动物弥散性肺萎陷是新生畜透明膜病的一个特点。本病多见于羔羊、仔猪、幼犬、马驹及犊牛。除了肺叶边缘外,受损的肺出现大面积萎陷。

眼观　肺重量增加,呈肉样,常有水肿。切面常流出奶酪色或血样泡沫,大气道内也有这种泡沫。在水中肺组织沉下或半沉。

镜检　肺泡隔充血,有不同程度的肺泡塌陷或肺泡内含有水肿液,肺泡管和终末细支气管表面附着有均质红染的透明膜,常见局灶性出血和间质性水肿。

二、后天性肺萎陷

后天性肺萎陷又称肺泡塌陷。根据病因和发病机理可分为阻塞型、压迫型和坠积型等3种类型。

（一）发生原因

1. 阻塞型

阻塞型是后天性肺萎陷中最常见的一种类型，主要是由于小支气管被过多的分泌物或炎性渗出物阻塞所引起。常见于慢性支气管炎、支气管肺炎、病毒感染（如牛呼吸道合胞体病毒）、有害气体与异物的吸入。绝大多数病例可引起末梢气道完全阻塞，肺泡塌陷，导致肺萎陷。

2. 压迫型

由肺胸膜和肺内占位性病变以及气胸所引起。常见于胸腔积水、胸腔积血、渗出性胸膜炎、气胸、纵隔与肺肿瘤等。气胸时病变侧几乎发生全肺性萎陷，多见于犬和猫等动物。

3. 坠积型

见于患病动物长期躺卧侧的肺下部。

（二）病理变化

眼观　由阻塞引起的肺萎陷肺具有代表性，萎陷区呈均匀的暗红色，质地柔软，小块肺组织在水中易沉没，如肺内仍保留一定量的气体投大水中也可不下沉（参见彩图16.19）。小支气管可见被渗出物、寄生虫、吸入的异物或肿瘤细胞等所阻塞。

镜检　单纯肺萎陷可见肺泡隔轻度充血，肺泡壁呈紧密的平行状排列（参见彩图16.20），残留的肺泡腔呈缝隙样，两端呈锐角。萎陷的肺泡腔内可见脱落的肺泡上皮细胞。病程较长时病变部位可因结缔组织增生而发生纤维化。

二维码16-6　肺萎陷
（彩图16.19、彩图16.20）

三、结局及对机体的影响

肺萎陷是一种可逆性的病理过程，特别是阻塞性肺萎陷，当除去病因后，病变部位肺组织可恢复通气、换气功能。但持续性肺萎陷可引起肺通气障碍、肺泡表面活性物质活性丧失及下呼吸道分泌物淤积，发生呼吸功能不全甚至危及生命。长期肺萎陷可引起肺纤维化，当有感染性因素存在时还可引发萎陷性肺炎。

【本项目关键词】

上呼吸道炎症　肺炎　肺气肿　肺萎陷

【本项目小结】

呼吸器官病理主要包括上呼吸道炎、肺炎、肺气肿和肺萎缩。上呼吸道炎症是包括鼻炎、喉炎和气管炎。其病变的形式与一般黏膜的炎症相同。引起肺炎的病因很多，而按照病变范围来划分，即分为支气管肺炎、纤维素性肺炎和间质性肺炎。支气管肺炎是以肺小叶为基础引发的炎症。纤维素性肺炎也称大叶性肺炎，肺的病变过程可分为充血水肿期、红色肝变期、灰色肝变期、消散期。间质性肺炎是发生于肺脏间质的炎症。肺气肿指局部肺组织内气体含量增多，肺脏体积增大。肺萎陷是指肺脏膨胀不全或曾充过气的肺组织的塌陷，使肺实质出现相对无空气的区域。

【复习思考题】

1. 描述支原体、霉菌、过敏反应、化脓性棒状杆菌、绿脓杆菌、异物、寄生虫所引起的呼吸器官病理变化特征。

2. 简述在显微镜下如何诊断化脓性肺炎。

3. 描述纤维素性肺炎的不同阶段病理变化特征，其结局和对机体影响如何？

二维码 16-7　复习思考题参考答案

二维码 16-8　肺气肿（视频）

项目十七
消化器官病理

【知识目标】

1. 了解胃肠炎、肝坏死和胰腺炎的常见病因，了解肝炎和肝硬化的常见病因和对机体的影响。

2. 掌握胃肠炎、肝炎、肝硬化和胰腺炎的类型和病理变化。

【技能目标】

能够准确识别胃炎、肠炎、肝炎、肝硬化和胰腺炎的病理变化，并能对兽医临床上常见的胃炎、肠炎、肝炎、肝硬化和胰腺炎做出正确的区分。

【素质目标】

培养学生诊断器官病理的严谨工作作风，树立动物福利意识。

任务一　胃肠炎

胃肠黏膜及其深层组织的炎症，称为胃肠炎。胃肠炎是家畜常发病之一，其发生原因很多，细菌、病毒和寄生虫寄生等生物性因素的感染，采食大量粗劣不易消化或发霉变质的饲料，误食各种有毒物质等，均可引起胃肠炎的发生。胃炎和肠炎往往同时发生或相继先后发生，但胃炎和肠炎在病理变化上各有特异之处，现分述如下：

一、胃炎

胃炎是指胃壁表层和深层组织的炎症。根据其发病经过的快慢不同，可将其分为急性胃炎和慢性胃炎两种。

(一)急性胃炎

急性胃炎病程短，发病急，症状明显，炎症反应剧烈，以渗出变化为主。根据其渗出物的性质不同，可分为急性卡他性胃炎、出血性胃炎和纤维素性一坏死性胃炎。

1. 急性卡他性胃炎

急性卡他性胃炎是常见的一种胃炎类型，以胃黏膜表面被覆多量黏液和脱落上皮为特征。

(1)病因和机理　包括生物性(细菌、病毒、寄生虫等)因素、机械性(粗硬饲料、尖锐异物刺激)因素、物理性(冷、热刺激)因素、化学性(酸、碱物质，霉败饲料，化学药物)因素以及剧烈的应激因素等。其中以生物性因素最为常见，损害最严重。例如猪瘟、猪丹毒、猪传染性胃肠炎、仔猪水肿病、犬瘟热、犬细小病毒性肠炎、鸡新城疫、禽霍乱等传染性疾病均可引起急性卡他性胃炎。

(2)病理变化

眼观　发炎部位胃黏膜特别是胃底腺部黏膜呈现弥漫性充血、潮红、肿胀，黏膜面被覆多量浆液性、浆液—黏性、脓性甚至血性分泌物，并常散发斑点状出血和糜烂。

镜检　可见胃黏膜上皮细胞变性、坏死、脱落，有时局部出现浅层糜烂；固有层、黏膜下层毛细血管扩张、充血，甚至出血；固有层内淋巴小结肿胀，有时见其生发中心扩大或发生新生淋巴小结；组织间隙有大量浆液渗出及炎性细胞浸润，杯状细胞增多并脱落；黏膜下层有轻度充血和水肿。

2. 出血性胃炎

出血性胃炎以胃黏膜弥漫性或斑点状出血为特征。

(1)病因和机理　包括各种原因造成的剧烈呕吐、强烈的机械性刺激、毒物中毒及某些传染病。如灭鼠药、重金属(砷)、农药中毒，霉败饲料的刺激，鸡新城疫、鸡法氏囊病、禽流感、猪瘟、犬瘟热、犬细小病毒性肠炎、兔巴氏杆菌病、兔瘟、败血性猪丹毒、绵羊真胃内的捻转胃虫侵袭等均可引起胃黏膜出血。

(2)病理变化

眼观　胃黏膜呈深红色的弥漫性、斑块状或点状出血，黏膜表面或胃内容物含有游离的血液。时间稍久，血液渐呈棕黑色，与黏液混在一起成为一种淡棕色的黏稠物，附着在胃黏膜表面。

镜检　可见黏膜固有层、黏膜下层毛细血管扩张、充血，红细胞局灶性或弥漫分布于整个黏膜内。

3. 纤维素性-坏死性胃炎

纤维素性-坏死性胃炎以胃黏膜糜烂甚至形成溃疡，并在黏膜表面覆盖大量纤维素性渗出物为特征。

(1)病因和机理　由较强烈的致病刺激物、应激、病原微生物和寄生虫感染等因素引起，如误咽腐蚀性药物、猪应激性溃疡，某些传染病如猪瘟、新城疫、沙门菌病、坏死杆菌及化脓性细菌感染等。

(2)病理变化

眼观　胃黏膜表面被覆一层灰白色、灰黄色纤维素性薄膜。浮膜性炎时，假膜易剥离，剥离后，黏膜表面充血、肿胀、出血、光滑无缺损；固膜性炎时，纤维素膜与组织结合牢固，不易剥离，强行剥离则见糜烂和溃疡。

镜检　黏膜表面、黏膜固有层甚至黏膜下层有大量纤维素渗出，黏膜上皮坏死、脱落，黏膜固有层和黏膜下层充血、出血，有大量多形核嗜中性粒细胞等浸润。若继发感染了化脓性细菌（如化脓棒状杆菌、化脓性链球菌、绿脓杆菌等），则转为化脓性胃炎，黏膜表面覆盖大量的脓性分泌物。

（二）慢性胃炎

慢性胃炎是以黏膜固有层和黏膜下层结缔组织显著增生为特征的炎症。慢性胃炎病情缓和、病程较长，常常是由急性胃炎转化而来。

（1）病因和机理　多由急性胃炎发展转变而来，少数由寄生虫（猪蛔虫，马胃蝇的幼虫，牛、羊真胃捻转血矛线虫）寄生所致。

（2）病理变化

眼观　胃黏膜表面被覆大量灰白色、灰黄色黏稠的液体，胃黏膜皱褶显著增厚。由于增生性变化，使全胃或幽门部黏膜肥厚，称肥厚性胃炎。若黏膜固有层腺体与黏膜下层的结缔组织呈不均匀地增生，使黏膜表面呈高低不平的颗粒状，称颗粒性胃炎，它较多发生于胃底腺部。随着病变的发展，增生的结缔组织逐渐衰老而发生瘢痕性收缩，腺体、肌层、胃黏膜萎缩变薄，胃壁由厚变薄，皱襞减少，称萎缩性胃炎。

镜检　黏膜固有层和黏膜下层腺体、结缔组织增生，并有多量炎性细胞浸润。以后固有层的部分腺体受增生的结缔组织压迫而萎缩，部分存活的腺体则呈代偿性增生。腺体的排泄管也因受增生的结缔组织压迫而变得狭长或形成闭塞的小囊泡。后期胃黏膜萎缩，肌层也发生萎缩。

二、胃溃疡

（一）病因和机理

胃溃疡可由许多原因引起，各种不同的应激和饲养管理的不当，如饲喂间隔时间太长、饲料过干或过湿、过细或过粗等均是导致胃溃疡的因素。应激与饲养管理不当，一方面可使动物全身性代谢紊乱；另一方面又能使胃黏膜上皮营养代谢失调，黏膜保护性能降低，被胃液的蛋白水解酶自我消化、损害形成溃疡。此外，某些病原微生物、寄生虫等也可以引起胃溃疡。

（二）病理变化

眼观　溃疡面大小不一，呈圆形或不整形。溃疡的深度，由浅在的黏膜糜烂到完全穿孔（参见彩图 17.1）；溃疡中心因坏死组织被胃液消化，显示软柔液化，并呈污褐色。

镜检　溃疡部组织呈溶解状态，溃疡边缘的黏膜上皮轻度增生，溃疡底部明显充血、出血，有程度不同的炎性细胞浸润和成纤维细胞增生。

二维码 17-1　胃溃疡
（彩图 17.1）

三、肠炎

肠炎是指某段肠道或整个肠道的炎症。临床上，很多肠炎与胃炎往往同时发生，故称胃肠炎。根据发病部位可将肠炎分为十二指肠炎、空肠炎、回肠炎、盲肠炎、结肠炎和直肠炎等，但肠炎并不局限于某一固定区段，往往表现为不同肠段同时发生或相继发生炎症，因此临床上常有小肠结肠炎、盲肠结肠炎之称。根据病程长短可将肠炎分为急性和慢性两种，急性肠炎有卡他性肠炎、出血性肠炎、化脓性肠炎和纤维素性肠炎。

(一)急性肠炎

急性肠炎根据渗出物的性质和病变特点，常分为 4 种类型。

1. 急性卡他性肠炎

急性卡他性肠炎为临床上最常见的一种肠炎类型，多为各种肠炎的早期变化，以充血和渗出为主，主要以肠黏膜表面渗出多量浆液和黏液为特征。

(1)病因和机理　卡他性肠炎病因很多，有营养性、中毒性、生物性因素等几大类。如饲料粗糙、霉败、搭配不合理，饮水过冷、不洁，误食有毒植物，滥用抗生素导致肠道正常菌群失调及霉菌毒素中毒，病毒、细菌、寄生虫感染等。如猪瘟、猪传染性胃肠炎、仔猪黄痢、仔猪白痢、仔猪副伤寒、鸡新城疫、禽流感、传染性法氏囊病、鸡白痢、伤寒、副伤寒、禽霍乱、鸡盲肠肝炎、犬细小病毒性肠炎等。

(2)病理变化

眼观　肠黏膜表面(或肠腔中)有大量半透明无色浆液或灰白色、灰黄色黏液，刮取覆盖物可见肠黏膜潮红、肿胀，肠壁孤立淋巴小结和集合淋巴小结肿胀，形成灰白色结节，呈半球状凸起(参见彩图 17.2)。

镜检　黏膜上皮变性、脱落，杯状细胞显著增多，黏液分泌增多。黏膜固有层毛细血管扩张、充血，并有大量浆液渗出和大量嗜中性粒细胞及数量不等的组织细胞、淋巴细胞浸润，有时可见出血性变化。

二维码 17-2　急性卡他性肠炎(彩图 17.2)

2. 出血性肠炎

出血性肠炎以肠黏膜明显出血为特征的炎症。

(1)病因和机理　主要有化学毒物(如牛、羊误食夹竹桃叶子)引起的中毒，微生物感染(炭疽、钩端螺旋体病、犬细小病毒性肠炎、急性猪丹毒、仔猪红痢、猪痢疾、羊肠毒血症、禽霍乱、禽流感)或寄生虫侵袭(鸡球虫病、兔球虫病)。

(2)病理变化

眼观　肠黏膜肿胀，有点状、斑块状或弥漫性出血，黏膜表面覆盖多量红褐色黏液，有时有暗红色血凝块(参见彩图 17.3)。肠内容物中混有血液，呈淡红色或暗红色。

二维码 17-3　出血性肠炎(彩图 17.3)

镜检　黏膜上皮和腺上皮变性、坏死和脱落，黏膜固有层和黏膜下层血管明显扩张、充血、出血和炎性渗出。

3. 化脓性肠炎

化脓性肠炎是由化脓菌引起的以嗜中性粒细胞渗出和肠壁组织脓性溶解为特征的肠炎。

(1)病因和机理　主要由各种化脓菌引起，如沙门菌、链球菌、志贺氏杆菌等，多经肠黏膜损伤部或溃疡面侵入。

(2)病理变化

眼观　肠黏膜表面被覆多量脓性渗出物，有时形成大片糜烂和溃疡。

镜检　肠黏膜固有层和肠腔内有大量嗜中性粒细胞，毛细血管充血、水肿，黏膜上皮细胞发生变性、坏死和大量脱落等变化。

4. 纤维素性肠炎

纤维素性肠炎是以肠黏膜表面被覆纤维素性渗出物为特征的炎症，临床上多为急性或亚急性经过。根据病变特点可分为浮膜性肠炎和固膜性肠炎。

(1)病因和机理　多数与病原微生物感染有关，如猪瘟、仔猪副伤寒、鸡沙门菌病、猪坏死性肠炎、鸡新城疫、小鹅瘟等。

(2)病理变化

眼观　初期肠黏膜充血、出血和水肿，黏膜表面有多量灰白色、灰黄色絮状、片状、糠麸样纤维素性渗出物，多量的渗出物形成薄膜被覆于黏膜或肠内容物表面。如果纤维素性薄膜易于剥离，剥离后仅见黏膜充血、水肿，表面光滑，或有轻度糜烂，则称为浮膜性肠炎；如果肠黏膜发生深层坏死，渗出的纤维蛋白与深部组织牢固结合，不易剥离，强行剥离后可见出血和溃疡，则称为固膜性肠炎，或称为纤维素性－坏死性肠炎(参见彩图 17.4、彩图 17.5)。如亚急性、慢性猪瘟大肠黏膜表面形成的“扣状肿”。

镜检　病变部位肠黏膜上皮脱落，渗出物中有大量的纤维素和黏液、嗜中性粒细胞，黏膜固有层、黏膜下层小血管充血、水肿和炎性细胞浸润。固膜性肠炎坏死严重(参见彩图 17.6)，大量渗出的纤维蛋白和坏死组织融合在一起，黏膜下层因凝固性坏死而失去固有结构，坏死组织周围有明显充血、出血和炎性细胞(嗜中性粒细胞、浆细胞、淋巴细胞等)浸润。

二维码 17-4　纤维素性肠炎
(彩图 17.4 至彩图 17.6)

(二)慢性肠炎

慢性肠炎是以肠黏膜固有层和黏膜下层结缔组织增生及炎性细胞(淋巴细胞为主，还有浆细胞、组织细胞)浸润为特征的炎症。

1. 病因和机理

慢性肠炎主要由急性肠炎发展而来，也可由长期饲喂不当，肠内有大量寄生虫或其他致病因子所引起。

2. 病理变化

眼观　肠管臌气(肠蠕动减弱、排气不畅)。肠黏膜表面被覆多量黏液，肠壁增厚。有时结缔组织增生不均，使肠黏膜表面呈现高低不平的颗粒状或形成皱褶(参见彩图 17.7)。此外，病程较长时，增生的结缔组织收缩，肠壁萎缩变薄。

镜检　黏膜上皮变性、脱落，肠腺间结缔组织增生，肠腺萎缩或完全消失或伸长，有时结缔组织侵及肌层及浆膜，伴有淋巴细胞、浆细胞、组织细胞浸润，有时有嗜酸性粒细胞浸润。

二维码 17-5　慢性增生性肠炎(彩图 17.7)

任务二　肝　　炎

肝炎是许多动物的常见疾病。其发生原因有传染性的、中毒性的和寄生虫性的几类。按疾病进程分急性和慢性两种。病理类型则有实质性与间质性之分。根据病因、疾病进程和病理特点将肝炎分为传染性肝炎和中毒性肝炎。

一、传染性肝炎

动物的传染性肝炎由病毒、细菌、霉菌和寄生虫引起。

(一)病毒性肝炎

1.病因和机理

侵害动物肝脏引起炎症的病毒都是一些所谓嗜肝性病毒，如雏鸭肝炎病毒、鸡包涵体肝炎病毒、犬传染性肝炎病毒。某些不是以肝脏为主要侵害靶器官的病毒如牛恶性卡他热、鸭瘟、马传染性贫血等病的病原体，也可引起肝炎。

2.病理变化

眼观　肝脏呈不同程度肿大，边缘钝圆，被膜紧张，切面外翻。呈暗红色或红色与土黄色(或黄褐色)相间的斑驳色彩，其间往往有灰白色或灰黄色的形状不一的坏死灶。胆囊胀大或缩小不定。

二维码 17-6　病毒性肝炎（彩图 17.8）

镜检　肝小叶中央静脉扩张，小叶内见出血和坏死病灶。肝细胞广泛水泡变性，淋巴细胞浸润(参见彩图 17.8)，肝窦充血。小叶间组织和汇管区内小胆管和卵圆形细胞增殖。部分病毒所致肝炎还可于肝细胞的胞核或胞浆内发现特异性包涵体；用免疫组织化学或特殊染色方法有时可发现病毒表面抗原。

3.病毒性肝炎常见疾病

(1)鸭病毒性肝炎　是雏鸭的一种高度致死性的急性传染病，主要发生于3周龄以下的雏鸭，成年鸭不发病，病原属于小核糖核酸病毒群的一种嗜肝性病毒。

眼观　肝脏肿大，质地柔软，呈淡红色或外观显斑驳状，表面有出血点或出血斑，有些病例有坏死灶。胆囊扩张，充满胆汁。肾脏充血肿胀，其他器官无明显变化。

镜检　肝细胞广泛发生颗粒变性和脂肪变性，以至发生局灶性坏死，坏死灶周围有炎性细胞浸润。小叶间胆管上皮增生，小血管周围有淋巴细胞浸润，散在出血区。

(2)鸡包涵体肝炎　是主要发生于肉用仔鸡和青年产蛋鸡的一种急性传染病，病原是禽腺病毒属的病毒。

眼观　病鸡的肝脏肿大，质脆，呈淡黄白色，表面和切面上可见出血斑点，并有胆汁淤积的斑纹。

镜检　肝细胞广泛发生空泡变性或脂肪变性和凝固性坏死，很多肝细胞的胞核肿大，染色质消失，核内含有苏木素－伊红染色呈红色的嗜酸性包涵体，少数为呈紫色的嗜碱性包涵体。

包涵体的形体很大，充满细胞核内，数量很多，一个视野内常能见到多个细胞含有核内包涵体，肝内有散在出血灶和胆管组织增生变化。

(3)犬传染性肝炎　是犬属动物的一种传染病，主要发生于青年犬，病原是一种腺病毒。

眼观　皮下水肿，腹腔蓄积澄清或血样液体，胃、肠、胆囊和膈肌浆膜下出血。肝脏肿大，质脆，呈黄色斑驳状，胆囊水肿。

镜检　肝实质严重变性和坏死，坏死灶多位于肝小叶中心，为许多嗜伊红染色的凝固性坏死灶，周围有淋巴细胞、单核细胞浸润，并有少量胆色素沉积。在坏死灶附近变性的肝细胞中可见到明显的核内包涵体，胞核极度肿大，染色质过集，包涵体的体积很大，几乎占据整个胞核内脏，嗜伊红染色，轮廓清晰，枯否氏细胞肿大，也可见到相同的核内包涵体，这是本病在组织学上的病变特征。

(二)细菌性肝炎

1.病因和机理

引起此型肝炎的细菌种类很多，如巴氏杆菌、沙门菌、坏死杆菌、钩端螺旋体和各种化脓性细菌等。细菌性肝炎以组织变质、坏死、形成脓肿或肉芽肿为主要病理特征。

2.病理变化

(1)以变质为主要表现的细菌性肝炎

眼观　肝脏肿大，肝内充血阶段可见肝脏呈暗红色；有黄疸者为土黄色或橙黄色。常见点状出血与斑状出血，以及灰白色或灰黄色的坏死病灶。禽类的许多细菌性肝炎，还见肝被膜上有呈条索样或膜样的纤维素性渗出物(纤维素性肝周炎)。

镜检　中央静脉扩张，肝窦充血。肝细胞广泛颗粒变性、脂肪变性或水泡变性和局灶性坏死，以及以嗜中性粒细胞为主的炎症细胞浸润。

(2)化脓性感染特别是化脓棒状杆菌引起的化脓性肝炎(肝脓肿)　在牛中很常见，病菌一般经由门静脉血流进入肝脏，也可能由于网胃里的异物直接刺入肝脏，或是由于创伤性网胃炎的化脓病灶直接蔓延到肝脏所致。

眼观　脓肿为单发或多发，多数发生在左肝叶。脓肿具有包膜，内含黏稠的黄绿色脓液。肝表面的脓肿常引起纤维素性肝周围炎，因而发生粘连。

(3)禽霍乱　常发生于鸡、鸭、鹅的巴氏杆菌病的肝脏，有点状坏死和实质性炎症，对急性型病例具有诊断意义。

眼观　肝脏稍肿大，由于淤血而大部分呈暗红色，表面和切面上可见散在大量针头大的灰白色坏死点(参见彩图 17.9)。坏死灶周围不见充血带，因此在肝脏变性显著的病例，由于肝实质肿胀发黄而将坏死点掩盖，不易分辨。

镜检　局部肝细胞发生凝固性坏死，并有多量白细胞浸润(参见彩图 17.10)。

二维码 17-7　细菌性肝炎
(彩图 17.9、彩图 17.10)

(4)沙门菌引起的各种动物(主要是鸡、猪和牛)的沙门菌病，常发生肝脏炎症病变。

眼观　肝脏中出现多量大小不等的灰白色或灰黄色斑点病灶。

镜检　病灶为肝细胞凝固性坏死，或是由于单核细胞增生而形成的细胞性肉芽肿，肝小叶间往往也有单核细胞浸润。

(5)鸡弯杆菌性肝炎　是鸡的一种由空肠弯杆菌引起的传染病，多见于产蛋鸡和小母鸡，亚急性或慢性经过。

眼观　肝脏肿大，由于充血而呈桃花芯木色泽，有时因胆汁浸染呈黄色，肝表面和实质内有大的融合性坏死灶，有的坏死灶外观呈星状或椰菜花状。坏死灶数量不一，少时仅见几个，多时可见肝脏满布大小不等的黄色坏死灶，有的病鸡肝脏破裂，肝包膜下形成血肿，有时血肿破裂发生内出血。常见发生腹膜炎，胆囊肿大，心包积液，病程长的病鸡可以发生肝硬化。

镜检　肝充血和出血，肝细胞广泛颗粒变性、脂肪变性和坏死，坏死区大小和形状不等，灶内有淋巴细胞和嗜中性粒细胞浸润，汇管区和肝窦内也有同样的白细胞浸润，胆管增生。慢性病例的肝汇管区和肝小叶内有明显的结缔组织增生和淋巴细胞浸润。

(6)以肉芽肿形式出现的细菌性肝炎，常为肝内感染某些慢性传染病的病原体如结核分枝杆菌、鼻疽杆菌、放线菌等所致。肝内此类肉芽肿的组织结构大致相同，为大小不等的结节状病变。增生性结节中心为黄白色干酪样坏死物，如有钙化时质地比较硬固，刀切时闻磨砂声。

镜检　结节中心为均质无结构坏死灶，其间或有钙盐沉着；周围为多量上皮样细胞浸润，其间还见几个胞体很大的多核巨细胞，它们的胞核位于胞浆的一侧边缘，呈马蹄状排列；周围有多量淋巴细胞浸润，外围见数量不等的结缔组织环绕。结节与周围组织分界清楚。

(三)霉菌性肝炎

1. 病因和机理

其病原体常见有烟曲霉菌、黄曲霉菌、灰绿曲霉和构巢曲霉等致病性真菌。

二维码 17-8　霉菌性肝炎
(彩图 17.11)

2. 病理变化

眼观　肝脏显著肿大，边缘钝圆，切面隆突，呈土黄色，质脆易碎，有明显黄疸(参见彩图 17.11)。

镜检　肝细胞脂肪变性、坏死，肝组织出血和淋巴细胞增生，间质小胆管增生。慢性病例则形成肉芽肿结节，其组织结构与其他特异性肉芽肿相似，但可发现大量菌丝。

(四)寄生虫性肝炎

1. 病因和机理

此型肝炎因肝内某些寄生虫在肝实质中或肝内胆管寄生繁殖，或某些寄生虫的幼虫移行于肝脏时而发生。

2. 病理变化

(1)鸡盲肠肝炎　又叫黑头病，病原体是火鸡组织滴虫，特征为引起盲肠和肝脏的特异性坏死性炎症。有些病鸡的面部皮肤变紫蓝色或黑色，所以俗称“黑头病”。

眼观　可见一侧或两侧盲肠发生出血性坏死性炎症，盲肠肿大，肠腔内渗出的纤维素与坏死黏膜形成较厚的包膜包裹肠内容物而成香肠样。肝脏肿大，表面形成圆形或不规则形的、稍凹陷的溃疡病灶，溃疡呈淡黄色或淡绿色，边缘稍隆起(参见彩图 17.12)。

镜检　肝坏死灶为肝实质凝固性坏死，有炎性细胞浸润，包括巨噬细胞、淋巴细胞和嗜中性粒细胞，在坏死区周围可以看到圆形的组织滴虫，大小不一，染成红色。

二维码 17-9　寄生虫性肝炎(鸡盲肠肝炎)(彩图 17.12)

(2)兔球虫病　是家兔的一种常见病，病原为艾美耳属球虫。种类很多，大多寄生于肠道黏膜上皮细胞，其中的斯蒂德艾美耳球虫寄生于肝内胆管系统的黏膜层内，引起肝脏产生典型的球虫性肝炎病变。

眼观　肝脏肿大，表面有米粒至豌豆大的黄白色结节，还可见弯曲的灰白色条索状物，均为增生和扩大的胆管。

镜检　初期为胆管黏膜上皮脱落，呈卡他性胆管炎，以后由于胆管上皮增生，胆管显著扩张，黏膜上皮呈乳头状或树枝状突出于胆管腔内，在这种增生的上皮层内可以看到球虫卵囊、裂殖体等。在慢性病例、胆管周围及肝小叶间有多量结缔组织增生，附近的肝实质组织萎缩。

(3)由某些寄生虫(蛔虫和肾虫)的幼虫移行肝脏时发生的肝炎。

眼观　肝脏表面有大量形态不一的白斑散布，白斑质地致密和硬固，有时高出被膜位置。此俗称“乳斑肝”(参见彩图 17.13)。

镜检　可见许多肝小叶内有局灶性坏死病灶，其周围有大量嗜酸性粒细胞以及少量嗜中性粒细胞和淋巴细胞浸润，小叶间和汇管区结缔组织增生。寄生虫幼虫移行的肝脏坏死病灶，形成有上皮样细胞围绕和炎性细胞浸润以及结缔组织增生的肉芽肿。

二维码 17-10　寄生虫性肝炎(乳斑肝)(彩图 17.13)

二、中毒性肝炎

中毒性肝炎又称非传染性肝炎，由病原微生物以外的其他毒性物质引起。由于环境污染的日益严重，以及各种化学性制剂(农药、药物、添加剂)的广泛使用和人工配合饲料的某些缺陷等原因，动物中的中毒性肝炎已日渐多见，在集约化和封闭式饲养的饲养业中，且常有大规模发生的特点。

(一)病因和机理

引起中毒的各种化学性物质大多是所谓的亲肝性毒物，例如有机氯化合物中的氯丹、毒杀芬、敌草腈、五氯酚钠、多氯联苯胺等，有机磷化合物中的双硫磷和有机汞化合物中的赛力散等。这类用作农药的物质在使用不当时可污染饲料而使动物受害。

引起中毒的药物种类也很多。药物与毒物之间并无严格的界限，当超量使用或用法不当时，可对机体(包括肝脏)起毒性作用；有不少药物对肝组织能产生直接毒害的影响，如汞剂、硫酸亚铁、氯仿、酒精、甲醛、磷、铜、砷、氟化物和煤酚等。近年还不断发现某些临床上经常使用的解热镇痛药如烃基保泰松、吲哚美辛，某些抗生素和呋喃类化合物如先锋毒素Ⅰ、杆菌肽、呋喃唑酮、麻醉药氟烷和免疫抑制药硫唑嘌呤以及种类繁多的环境消毒药等，在过量或持久使用的情况下对动物的肝脏均有一定的毒性，有的很快即引起转氨酶上升。在动物已有肝疾患时，其毒性更为明显。

因机体本身患有某些疾病引起物质代谢障碍，毒性代谢产物在体内蓄积过多，以及严重的胃肠炎、肠梗阻和肠穿孔招致的腹膜炎，也能发生这一类型的肝炎。

（二）病理变化

急性中毒性肝炎的主要病理变化是肝组织发生重度的营养不良性病变以至坏死，同时还伴有充血、水肿和出血。

眼观　肝脏呈不同程度肿大，潮红充血或可见出血点与出血斑，水肿明显时肝湿润和重量增加，切面多汁。在重度肝细胞脂肪变性时，肝呈黄褐色。如淤血兼有脂肪变性时，肝脏在黄褐色或灰黄色的背景上，见暗红色的条纹，呈类似于槟榔切面的斑纹；同时常可于肝的表面和切面发现有灰白色的坏死灶。急性中毒性肝炎，由于大量肝细胞坏死、崩解和伴有脂肪变性，肝脏的体积通常缩小，肝叶边缘变为锐薄，呈黄色。

镜检　肝小叶中央静脉扩大，肝窦淤血和出血，肝细胞重度脂肪变性和颗粒变性，小叶周边、中央静脉周围或散在的肝细胞坏死。严重病例坏死灶遍及整个小叶呈弥漫性坏死；未完全坏死溶解的肝细胞见胞核固缩或碎裂。肝小叶内或间质中炎性细胞渗出现象一般微弱，有时仅见少许淋巴细胞。

（三）结局和对机体的影响

由于引起中毒的毒物种类较多，且中毒的程度轻重不一，上述这些变化有时差异颇大。耐过的一些急性中毒性肝炎可转为慢性。变性轻微的肝细胞可逆转恢复正常，其坏死灶通过纤维组织增生而瘢痕化，肝脏实质萎缩，肝被膜、小叶间和汇管区结缔组织不同程度增生而出现肝硬化。

任务三　肝硬化

各种原因引起肝细胞严重变性和坏死后，出现肝细胞结节状再生和间质结缔组织广泛增生，使肝小叶正常结构受到严重破坏，肝脏变形、变硬的过程称为肝硬化。

一、病因和机理

（一）门脉性肝硬化

见于病毒性肝炎、黄曲霉毒素中毒、营养缺乏，如缺乏胆碱或蛋氨酸等，肝脏长期脂变、坏死，被结缔组织取代，肝小叶结构改变。其特征是汇管区和小叶间纤维结缔组织增生，但胆管增生不明显，假小叶形成，眼观可见肝脏表面颗粒状小结节，黄褐色或黄绿色，弥漫分布于全肝。镜检，肝小叶正常结构破坏，肝小叶被结缔组织分割形成大小不一的“假小叶”团块，无中央静脉，细胞排列紊乱，细胞较大。

（二）坏死后肝硬化

此种肝硬化是在肝实质大片坏死的基础上形成的，黄曲霉毒素、四氯化碳中毒及猪营养性肝病等常是慢性中毒性肝炎，可引起此型肝硬化。病初因病变发展较快，大量肝细胞迅速坏死，使肝体积缩小，以后肝细胞结节状再生，形成大小不一的结节。与门脉型肝硬化不同之处在于假小叶间的纤维间隔较宽，炎性细胞浸润，小胆管增生显著。

（三）淤血性肝硬化

此种肝硬化是因为长期心脏功能不全，肝脏淤血、缺氧，肝细胞变性、坏死，网状纤维胶原化，间质因缺氧及代谢产物的刺激而发生结缔组织增生。特点是肝体积稍缩小，红色褐，表面呈细颗粒状。

（四）寄生虫性肝硬化

这是最常见的肝硬化。可以是寄生虫幼虫移行时破坏肝脏（如猪蛔虫病），或是虫卵沉着在肝内（牛、羊血吸虫），或由成虫寄生于胆管内（牛、羊肝片形吸虫），或由原虫寄生于肝细胞内，引起肝细胞坏死（兔肝球虫病）。此型肝硬化的特点是有嗜酸性粒细胞浸润。

（五）胆汁性肝硬化

由于胆道阻塞，肝内胆汁淤滞而引起。肿瘤、结石、虫体可压迫或阻塞胆管，使胆汁淤滞。

眼观　肝被胆汁染成绿色或绿褐色。肝体积增大，表面平滑或颗粒状，硬度中等。

镜检　可见肝细胞胞浆内胆色素沉积，肝细胞变性、坏死；毛细胆管淤积胆汁、胆栓形成。胆汁外溢，充满坏死区成为“胆汁湖”。汇管区小胆管和纤维组织增生。

二、病理变化

肝硬化由于发生原因不同，其形态结构变化也有所差异，但基本变化是一致的。

眼观　肝脏常见缩小，边缘锐薄，质地坚硬，表面呈凹凸不平或颗粒状、结节状隆起，色彩斑驳，常染有胆汁；肝被膜变厚。切面上可见十分明显的淡灰色结缔组织条索围绕着淡黄色圆形的肝实质（参见彩图 17.14 至彩图 17.16）。肝内胆管明显，管壁增厚。

镜检　可见以下特征变化。

（一）结缔组织广泛增生

结缔组织在肝小叶内及间质中增生，炎性细胞以淋巴细胞浸润为主。

（二）假性肝小叶形成

增生的结缔组织包围或分割肝小叶，使肝小叶形成大小不等的圆形小岛，称假性肝小叶（参见彩图 17.17 至彩图 17.22）。假小叶内缺乏中央静脉或中央静脉偏位，肝细胞大小不一，排列紊乱。

二维码 17-11　肝硬化
（彩图 17.14 至彩图 17.22）

（三）假胆管

在增生的结缔组织中有新生毛细血管和假胆管。假胆管是由两条立方形细胞形成的条索，但无腔，故称假胆管。

(四)肝细胞结节

病程长时,残存肝细胞再生,由于没有网状纤维作支架,故再生肝细胞排列紊乱,聚集成团,且无中央静脉。再生的肝细胞体积较大,胞核可能有两个或两个以上,胞浆着染良好。

三、结局和对机体的影响

肝硬化是一种渐进性病理过程,即使病因消除也不能恢复正常。肝细胞的再生和代偿能力都很强,早期可通过功能代偿而在相当长的时间内不出现症状。但后期由于代偿失调,则出现一系列的症状,主要为门静脉高压和肝功能障碍。

(一)门静脉高压

肝硬化时,门静脉压升高,引起门静脉所属器官(胃、肠、脾)淤血和水肿,影响胃肠道蠕动和分泌功能,进一步引起慢性胃肠炎,所以临床上有食欲不振和消化不良。肝硬化后期可引起腹水。腹水的形成机理主要是门静脉高压和血浆胶体渗透压下降所引起的。

(二)肝功能障碍

1.合成功能改变

肝硬化时,肝脏合成蛋白质的能力降低,血浆蛋白含量减少,血浆胶体渗透压降低。另外,肝合成纤维蛋白原和凝血酶原的作用降低,故有出血倾向。

2.灭活功能降低

肝硬化时,肝脏对某些激素特别是醛固酮和抗利尿激素灭活发生障碍,使其在体内蓄积,引起腹水。

3.胆色素代谢障碍

肝细胞受损和胆汁排出受阻,血中直接胆红素及间接胆红素均增加,发生黄疸。

4.酶活性改变

肝细胞受损,某些酶如谷丙转氨酶、谷草转氨酶等进入血液,因而肝功能检查时,这些酶活性升高。

5.肝性脑病

是肝功能衰竭的一种表现。肝硬化时,肝脏屏障及肝脏解毒功能降低,不能有效地清除血液中有毒代谢产物,如血氨及酚类,造成自体中毒,特别是氨中毒。

任务四 肝坏死

肝脏常受致病因子的影响,发生变质性变化或炎症,而肝脏的变质性变化和炎症非常复杂,常以肝细胞变性、坏死为主要表现形式。

一、病因和机理

肝脏是体内最大的代谢和解毒器官，也是非常重要的屏障机构。所以肝脏在发挥生理作用的同时，又易受各种致病因子的作用，发生变性、坏死。引起肝细胞坏死的原因很多，常见的有生物性致病因子（如细菌、病毒、寄生虫及其代谢产物等）、化学毒物及某些药物（如重金属盐、氯仿、四氯化碳、棉酚、氯霉素、利福平等）。某些营养物质缺乏（如微量元素硒、维生素 E、含硫氨基酸等）。这些原因引起肝细胞代谢障碍，肝屏障功能受损，导致肝细胞变性、坏死。

二、病理变化

按坏死灶发生的位置，可把肝坏死分为以下几种形式。

（一）弥漫性肝坏死

这种坏死的范围可以超过肝小叶的界限。如果肝实质大片坏死和溶解吸收，肝体积缩小，处于不同变性阶段或坏死的肝组织呈黄色，出血坏死的肝组织呈暗红色，称之为急性黄色（红色）肝萎缩。

（二）局灶性肝坏死

在剖检中最常见，多发生于传染病过程中。坏死灶散在分布于肝小叶内任何部位，针头大到粟粒大，数量较多。例如沙门菌病、禽巴氏杆菌病等。

（三）周边性肝坏死

肝小叶周边的肝细胞首先受到血中有毒物质的作用发生坏死，主要见于中毒性肝病。

（四）中心性肝坏死

中心性肝坏死是比较常见的肝坏死的一种形式，靠近中央静脉的肝细胞受到淤血缺氧的影响。中心区肝细胞坏死见于急性肝中毒、肝淤血等。

任务五　胰腺炎

胰腺炎是指在致病因子作用下胰腺发生的炎症，可分为急性和慢性两种类型。

一、急性胰腺炎

急性胰腺炎是指以胰腺水肿、出血和坏死为特征的炎症。兽医临床上多见的是由于胰蛋白酶直接作用于胰腺组织引起的急性出血性胰腺坏死。急性胰腺炎时可有淀粉酶漏进血液，故检测血清淀粉酶升高是诊断急性胰腺炎的重要指标。

（一）原因

急性胰腺炎包括胰管阻塞、急性中毒、血液灌注不足（休克）、细菌病毒感染、外伤、邻近腹膜炎蔓延、十二指肠液或胆汁反流进入胰导管等。例如当蛔虫、肝片形吸虫、华支睾吸虫寄生于胆管或引发十二指肠炎时，可引起胰管阻塞，胰液排出障碍，分泌管内压升高、破裂，胰液外溢。胰液中的胰蛋白酶可引起组织蛋白质水解，导致组织坏死。胰液中的磷脂酶 A 和脂肪酶可引起脂肪坏死，导致胰腺及其周围脂肪组织发生自我消化。

(二)病理变化

眼观　胰腺肿大，质地变软，湿润，表面和切面见出血斑点以及灰黄或灰白色坏死灶。大网膜和肠系膜散在大小不一的黄白色斑点状或团块状脂肪坏死灶，是脂肪分解产物脂肪酸与组织中的钙盐结合生成的钙皂。由于钙消耗过多，血钙含量下降，动物生前可能发生痉挛。

镜检　胰腺组织内见广泛的充血、出血、水肿和微血栓形成，胰腺腺泡和胰岛呈现局灶性或弥散性坏死。坏死灶周围见中性粒细胞和单核细胞浸润。

二、慢性胰腺炎

慢性胰腺炎是指以胰腺弥散性纤维化、体积缩小为特征的炎症。

(一)原因

多由急性胰腺炎转变而来，或由临床症状不明显的隐性病例(如胰腺肿瘤、牛羊胰管内胰阔盘吸虫寄生)发展而来。某些疾病也可伴发慢性间质性胰腺炎。

(二)病理变化

眼观　胰腺体积缩小，质地较实，表面有纤维性结节而显粗糙，常与周围组织发生粘连。切面可见胰管扩张，充满多量黏稠的炎性渗出物。间质内结缔组织增生。牛慢性胰腺炎常有白色、质硬的胰石形成，由碳酸钙和磷酸钙组成。猫慢性胰腺炎见胰腺苍白，表面有细颗粒，切面坚实，肠系膜、网膜和肾周围脂肪组织常见白色点状病灶。

镜检　许多胰腺腺泡和胰岛组织发生坏死，有的坏死灶见钙盐沉积，其周围单核细胞、淋巴细胞、浆细胞浸润。间质结缔组织大量增生和纤维化。猫慢性胰腺炎见胰腺实质出现程度不等的变性、坏死、萎缩等病变，间质发生明显的纤维化及以淋巴细胞为主的炎性细胞浸润。

【本项目关键词】

胃肠炎　肝炎　肝硬化　肝坏死　胰腺炎

【本项目小结】

胃炎是指胃壁表层和深层组织的炎症。根据其发病经过的快慢不同，可将其分为急性胃炎和慢性胃炎两种。急性胃炎根据其渗出物的性质不同，可分为急性卡他性胃炎、出血性胃炎和纤维素性—坏死性胃炎。肠炎是指肠道或其某一部分的炎症，根据病变特点分为急性卡他性肠炎、出血性肠炎、化脓性肠炎、纤维素性肠炎、慢性增生性肠炎。肝炎是多种病因引起肝脏的炎症，临床常见类型有传染性肝炎和中毒性肝炎。肝硬化是在门静脉高压、肝坏死、寄生虫侵袭的基础上发生的，主要病理变化是假小叶形成和结缔组织增生。胰腺炎是指在致病因子作用下胰腺发生的炎症，可分为急性和慢性两种类型。

【复习思考题】

1.试比较动物急性卡他性胃炎与急性出血性胃炎的异同点。

2.试分析猪场传染性胃肠炎与流行性腹泻在消化道上的病变特征。

3.比较细菌性肝炎与病毒性肝炎在显微镜下观察到的不同特征。

4.试分析肝硬化的发生原因,并谈谈在实际中如何预防。

二维码 17-12　复习思考题参考答案　　二维码 17-13　胃肠炎(视频)

项目十八
泌尿与生殖器官病理

【知识目标】

1. 了解泌尿与生殖器官疾病的发生原因、结局和对机体的影响。

2. 熟悉各型肾炎、尿毒症、睾丸炎和卵巢囊肿的常见原因和病理过程。

3. 掌握睾丸炎、乳腺炎、子宫内膜炎、卵巢囊肿和各型肾炎的病理变化。

【技能目标】

能够准确识别肾炎、子宫内膜炎、睾丸炎、乳腺炎和卵巢囊肿的病理变化，并能对兽医临床上常见的肾炎、子宫内膜炎、睾丸炎、乳腺炎和卵巢囊肿做出正确的区分。

【素质目标】

培养学生的动物福利意识，树立医者仁心。

任务一　肾　　炎

肾小球、肾小管及其间质的炎症，称为肾炎。临床上最常见的有肾小球肾炎和间质性肾炎。

一、肾小球肾炎

肾小球肾炎是以肾小球损害为主的肾炎。炎症过程常常始于肾小球，然后波及肾小囊，最后波及肾小管和间质。肾小球肾炎可为原发性，即原发于肾脏的独立疾病；也可为继发性，即肾脏疾病由其他疾病所引起。一般所指肾小球肾炎为原发性。因病变常呈两侧弥散性分布，故又称弥散性肾小球肾炎。

(一)病因和机理

肾小球肾炎的发病原因和机理尚不十分清楚，但研究发现肾小球肾炎多发生于某些传染病过程中，如猪瘟、猪丹毒、马鼻疽、鸡新城疫等均可伴发肾小球性肾炎。一般认为与感染有关，是一种免疫性疾病。目前认为发生肾炎主要可通过如下 2 种方式。

1. 免疫复合物型肾小球肾炎

免疫复合物型肾小球肾炎是机体在外源性(如链球菌的胞浆膜抗原和异种蛋白质等)或内源性抗原(如由于感染或自身组织破坏而产生的变形物质等)刺激下产生相应的抗体，当抗原抗体在血液中形成抗原-抗体复合物，随血液流经肾小球时沉着在肾小球血管内皮下或血管间质内。引起肾小球损伤而出现肾小球肾炎。

2. 抗肾小球基底膜抗体型肾小球肾炎

抗肾小球基底膜抗体型肾小球肾炎是在感染或其他因素的作用下，细菌或病毒的某种成分与肾小球基底膜结合，形成自身抗原，刺激机体产生抗自身肾小球基底膜抗原的抗体；或某些细菌及其他物质与肾小球毛细血管基底膜有共同抗原性，这些抗原刺激机体产生的抗体，既可与该抗原物质起反应，也可与肾小球基底膜起反应，并激活补体等炎症介质，引起肾小球基底膜的损伤和肾小球肾炎。

(二)病理变化

根据肾小球的病理变化，肾小球肾炎可分为急性肾小球肾炎、亚急性肾小球肾炎和慢性肾小球肾炎 3 种类型。

1. 急性肾小球肾炎

急性肾小球肾炎的病程一般较短，病理变化主要发生在血管球及肾小囊内，包括变质、渗出和增生等病理变化。

眼观　肾脏稍肿大，被膜紧张，容易剥离，肾表面及切面呈红色，故称“大红肾”。切面皮质增厚，纹理不清，肾小球呈灰白色半透明的细颗粒状。急性肾小球肾炎常表现出血性肾小球肾炎，在肾皮质切面上及肾表面均可见有分布均匀、大小一致的红色小点。

镜检　主要病变是内皮细胞增生。早期病变主要表现在肾小球毛细血管肿胀、增生，并有少量嗜中性粒细胞浸润，肾小球毛细血管内皮细胞和间质细胞增生，致使整个肾小球体积增大(图 18.1)。增生细胞压迫肾小球毛细血管致使管腔狭窄甚至阻塞(参见彩图 18.1、彩图 18.2)，引起肾小球缺血。这种以细胞增生为主的肾小球肾炎又称为急性增生性肾小球肾炎。

二维码 18-1　急性肾小球肾炎(彩图 18.1、彩图 18.2)

病变发展严重时，肾小球基底膜受损，毛细血管通透性增高，血浆液体、血浆蛋白和红细胞就会渗出到球囊内。渗出物挤压血管球使其体积缩小和贫血。渗出物以浆液为主的称为急性渗出性肾小球肾炎。若有大量红细胞渗出，则称为急性出血性肾小球肾炎，其球囊内充满多量红细胞。除了肾小球病变以外，肾小管上皮细胞可因缺血常发生颗粒变性和脂肪变性。肾小管管腔内可出现细胞和蛋白成分所形成的各种管型。肾间质充血、水肿和炎性细胞浸润。

2. 亚急性肾小球肾炎

介于急性和慢性肾小球肾炎之间的病变类型。主要病变特征是球囊上皮显著增生，在球囊内形成新月状（月牙状）形体，称为“新月体”样增生，故亚急性肾小球肾炎又称新月形肾小球肾炎。

眼观　肾脏体积肿大，表面光滑，被膜易剥离，苍白色，有“大白肾”之称，质地柔软，切面隆起，皮质增宽，与髓质分界明显。

二维码 18-2　亚急性肾小球肾炎（彩图 18.3）

镜检　亚急性肾小球肾炎突出的病理变化是肾小囊上皮细胞显著增生，肾小囊壁层上皮细胞肥大、增生，重叠在尿极的肾小囊壁层上，形成“新月体”（图 18.2，参见彩图 18.3）。而当增殖的上皮细胞环绕肾小球囊壁时，形成“环状体”。增生的上皮细胞间可出现纤维细胞，最后变成纤维性新月体，进一步可发生变性坏死。新月体纤维化时，往往引起肾小球壁层和脏层粘连，使肾小囊腔闭塞，同时压迫血管球，导致毛细血管塌陷，管腔闭塞和缺血，最后整个肾小球发生纤维化和透明样变性。

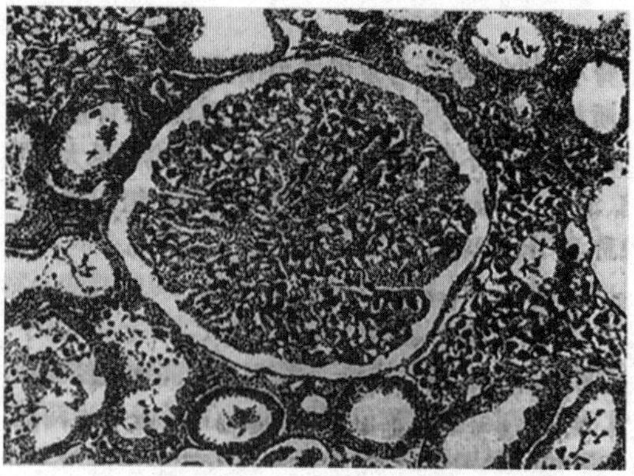

图 18.1　急性肾小球肾炎

肾小球体积增大，毛细血管内皮和间质增生，并有少量嗜中性粒细胞浸润

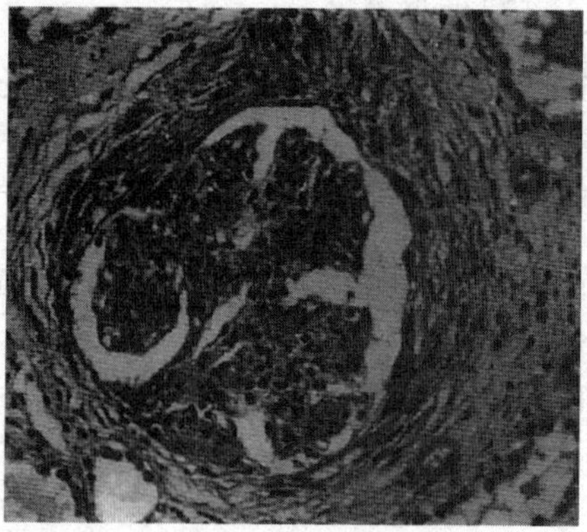

图 18.2　亚急性肾小球肾炎

（引自林曦，2003）

肾小球囊上皮细胞增生，形成纤维性新月体

3. 慢性肾小球肾炎

慢性肾小球肾炎发病缓慢，病程较长。主要病变特征是肾小球被增生的结缔组织取代而发生纤维化，进而发生透明变性。

二维码 18-3　慢性肾小球肾炎（彩图 18.4）

眼观　肾脏体积缩小，色泽苍白，质地变硬，被膜明显增厚，与实质粘连，不易剥离。表面凸凹不平或呈弥散性的颗粒状，故有“颗粒状皱缩肾”之称。切面上皮质较窄，与髓质界限不清。有时在皮质或髓质内有大小不等的囊肿，其中充满蛋黄色尿液。

镜检　肾小球毛细血管壁增厚明显，管腔狭小甚至完全闭塞。肾小球可发生纤维化和透明样变性。所属的肾小管因缺血而萎缩、消失，并被结缔组织增生而取代（图 18.3，参见彩图 18.4）。结缩组织老化收缩，使纤维化或透明样变性的肾小球数目相对增多和相互靠近，这种现象称为“肾小球集中”，是慢性肾小球肾炎的特点之一。残存的正常肾单位则发生代偿性肥大，表现为肾小球体积增大，肾小管扩大。

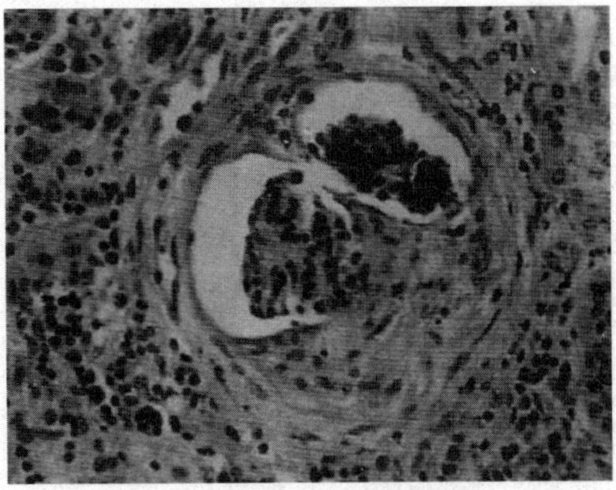

图 18.3　慢性肾小球肾炎

（引自林曦，2003）

肾小球纤维化，肾小管萎缩，间质结缔组织增生和淋巴细胞浸润

（三）结局和对机体的影响

发生急性肾小球肾炎时，肾小球毛细血管内皮细胞和血管间质细胞等成分的增生及毛细血管内皮细胞的肿胀，毛细血管管腔狭窄，肾血流受阻，血管球滤过减少，原尿生成减少，而肾小管的变化较轻微，可进行尿液浓缩，故患畜临床表现为少尿或无尿。肾脏功能障碍，导致机体代谢产物、毒性产物和水钠在体内蓄积，引起氮质血症，酸中毒和肾水肿。慢性肾小球肾炎，由于肾小球纤维化和透明变性以及正常肾单位的代偿，初期患畜出现代偿性的尿量增多，尿液比重降低。后期失代偿时，尿液减少或无尿，代谢产物或毒性产物在体内蓄积，患畜常死于尿毒症。

二、间质性肾炎

间质性肾炎是以炎症主要侵害肾间质，以间质内有炎性细胞浸润和结缔组织增生为特征的一种肾炎。

（一）病因和机理

间质性肾炎的原因与发生机理尚不十分清楚，一般认为与感染和中毒性因素有关，临床上多发于马传染性贫血、马鼻疽、钩端螺旋体病、大肠杆菌病、牛恶性卡他热等病理过程中，由于病原微生物及其产物、组织蛋白分解产物和胃肠内产生的有毒产物等经肾脏排出时，均可侵害肾间质，引起肾间质的损伤和间质性肾炎。

间质性肾炎通常同时发生于两侧肾脏，表明其发生是由于病原微生物及其产物在排泄过程中经血源性途径侵入肾脏而引起的。炎症先发生于肾间质部分，表现为炎性细胞浸润及结缔组织增生。邻近的肾单位受到压迫而逐渐萎缩和消失，甚至发生纤维化。

（二）病理变化

间质性肾炎按照炎症发展阶段，可将其分为急性间质性肾炎和慢性间质性肾炎 2 种。临床上常见慢性间质性肾炎。

1. 急性间质性肾炎

多为间质性肾炎的初期阶段，其特点是以肾间质内有炎性细胞浸润为特征。

眼观　肾体积肿大，被膜紧张，容易剥离。剥离后表面平滑，表面及切面皮质部散在灰白色或灰黄色针尖大至米粒大的点状病灶。严重者病灶扩大或相互融合形成玉米粒大或更大的白斑，故称“白斑肾”。切面可见病灶呈线条状散布。

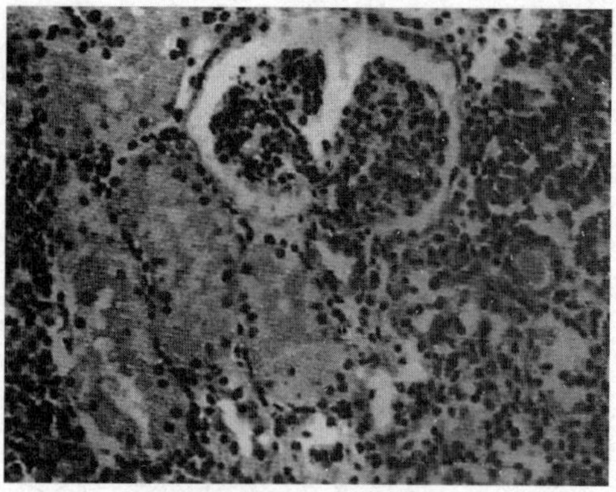

图 18.4 急性间质性肾炎

(引自林曦,2003)

肾间质中有大量淋巴细胞和不同数量浆细胞、单核细胞浸润

镜检 肾间质内有大量的淋巴细胞、巨噬细胞,并混有嗜中性粒细胞和浆细胞,伴有结缔组织增生(图 18.4)。

2. 慢性间质性肾炎

多为间质性肾炎的晚期病变,其特点是以间质结缔组织增生为特征。

眼观 肾体积缩小,质地变硬,被膜皱缩、增厚,不易剥离,肾表面凹凸不平呈颗粒状,切面上皮质部变薄,增生的结缔组织呈灰白色条纹状,常在皮质和髓质部见到囊肿,其中充满淡黄色尿液。

镜检 肾间质结缔组织增生显著,压迫肾小球和肾小管,使其发生萎缩、变性,管腔狭窄或消失,残留的肾小管代偿性扩张,形成大小不一的囊泡。有的肾小管腔内有颗粒管型或透明管型,肾小球体积缩小,继而纤维化和透明变性,肾小囊壁增厚。

(三)结局和对机体的影响

间质性肾炎病变主要在肾间质,肾小球和肾小管损伤较轻微,肾小球滤过和肾小管浓缩尿液的功能无明显变化,患畜临床症状不明显。后期,由于结缔组织广泛增生,继而发生纤维化,大量肾单位受损,临床上出现少尿或无尿症状,患畜往往死于尿毒症。

三、化脓性肾炎

化脓性肾炎是指肾实质和肾盂的化脓性炎症,根据病原的感染途径不同可分为以下 2 种类型。

(一)肾盂肾炎

肾盂肾炎是肾盂和肾组织因化脓菌感染而发生的化脓性炎症。通常是从下端尿路上行的尿源性感染,常与输尿管、膀胱和尿道的炎症有关,母畜发病率较高。

1. 病因和机理

细菌感染是肾盂肾炎的主要原因,主要病原菌是棒状杆菌、葡萄球菌、链球菌、绿脓杆菌,大多是混合感染。细菌沿尿道逆行蔓延到肾盂,经集合管侵入肾髓质,甚至侵入肾皮质,导致肾盂肾炎。尿道狭窄与尿路阻塞都是引起肾盂肾炎的重要因素,尿路阻塞导致尿液蓄积,细菌大量繁殖,引起炎症。

2. 病理变化

眼观 初期,肾脏肿大、柔软,被膜容易剥离。肾表面常有略显隆起的灰黄或灰白色斑状化脓灶,脓灶周围肾表面有出血。切面肾盂高度肿胀,黏膜充血水肿,肾盂内充满脓液;髓质部见有自肾乳头伸向皮质的呈放射状的灰白或灰黄色条纹,以后这些条纹融合成楔状的化脓灶,其底面转向肾表面，尖端位于肾乳头，病灶周围有充血、出血，与周围健康组织分界清楚。严重病例肾盂黏膜和肾乳头组织发生化脓、坏死，引起肾组织的进行性脓性溶解，肾盂黏膜形成溃疡。后期肾实质内楔形化脓灶被吸收或机化，形成瘢痕组织，在肾表面出现较大的凹陷，肾体积缩小，形成继发性皱缩肾。

镜检　初期，肾盂黏膜血管扩张、充血、水肿和细胞浸润。浸润的细胞以嗜中性粒细胞为主（参见彩图18.5）。黏膜上皮细胞变性、坏死、脱落，形成溃疡。自肾乳头伸向皮质的肾小管（主要是集合管）内充满嗜中性粒细胞，细菌染色可发现大量病原菌，肾小管上皮细胞坏死脱落。间质内常有嗜中性粒细胞浸润、血管充血和水肿。后期转变为亚急性或慢性肾盂肾炎时，肾小管及间质内的细胞浸润以淋巴细胞和浆细胞为主，形成明显的楔形坏死灶。病变区成纤维细胞广泛增生，形成大量结缔组织，结缔组织纤维化形成瘢痕组织。

二维码18-4　化脓性肾炎（彩图18.5）

（二）栓子性化脓性肾炎

栓子性化脓性肾炎是指发生在肾实质内的一种化脓性炎症，其特征性病理变化是在肾脏形成多发性脓肿。

1.病因和机理

病原是各种化脓菌，这种化脓菌多来源于机体其他组织器官的化脓性炎症。机体其他组织器官的化脓性炎症的化脓菌团块侵入血流，经血液循环转移到肾脏，进入肾脏的化脓菌栓子在肾小球毛细血管及间质的毛细血管内形成栓塞，引起化脓性肾炎。

2.病理变化

眼观　病变常累及两侧肾脏，肾脏体积增大，被膜容易剥离。在肾表面见有多个稍隆起的灰黄色或乳白色圆形小脓肿，周边围以鲜红色或暗红色的炎性反应带。切面上的小脓肿较均匀地散布在皮质部，髓质内的脓肿灶较少。髓质内的病灶往往呈灰黄色条纹状，与髓放线的走向一致，周边也有鲜红色或暗红色的炎性反应带。

镜检　在血管球及间质毛细血管内有细菌团块形成的栓塞，其周围有大量嗜中性粒细胞浸润。在肾小管间也可见到同样的细菌团块和嗜中性粒细胞浸润，以后浸润部肾组织发生坏死和脓性溶解，形成小脓肿，脓肿范围逐渐扩大和融合，形成较大的脓肿，其周围组织充血、出血、炎性水肿以及嗜中性粒细胞浸润。

任务二　尿毒症

尿毒症是由于肾衰竭导致大量毒性物质在体内蓄积所引起的自体中毒的综合性症候群。无论是急性还是慢性肾功能不全，发展到严重阶段均以尿毒症告终。

一、原因及发病机理

目前认为多种毒性物质蓄积均可引发尿毒症。

(一)尿素

多数患尿毒症的动物,血中尿素含量升高。研究证明,尿素经肠壁排入肠腔后再经肠道内细菌尿素酶作用,可分解为氨及铵盐(碳酸铵、氨基甲酸铵),而氨具有毒性作用,若吸收入血,可引起神经系统中毒症状。近年的研究还证实,尿素的毒性作用与其代谢产物氰酸盐有关。氰酸盐与蛋白质作用后产生氨基甲酰衍生物,当其在血中浓度升高时可抑制酶的活性,导致中毒症状出现。

(二)胍类化合物

胍类化合物是鸟氨酸循环中精氨酸的代谢产物,正常时精氨酸生成尿素、肌酸、肌酐等随尿排出。尿毒症时,这些物质随尿排出发生障碍,故精氨酸通过另外一些渠道生成甲基胍和胍基琥珀酸。甲基胍是毒性最强的小分子物质,给犬大量注射引起体重减轻、呕吐、腹泻、便血、痉挛、嗜睡、血中尿素氮增加、红细胞寿命缩短等症状,与尿毒症相似。胍基琥珀酸还可抑制血小板黏着和淋巴细胞的转化作用。

(三)胺类化合物

胺类化合物包括精胺、尸胺和腐胺,它们是赖氨酸、鸟氨酸和 S-腺苷蛋氨酸的代谢产物。正常时这些胺类物质随尿排出体外;当肾功能严重障碍以上多胺排出受阻时,则发生多胺血症,并导致患畜出现尿毒症的一些症状。

(四)甲状旁腺激素

甲状旁腺激素是一种重要的尿毒症毒素。血浆中甲状旁腺激素增多,可促进钙进入神经膜细胞或神经轴突,造成周围神经的损害;可破坏血脑屏障的完整性,使钙进入脑细胞,造成中枢神经系统功能障碍;可引起肾性骨骼营养不良;可引起软组织钙化、坏死和皮肤瘙痒等症状。

(五)肌酐

肌酐是体内正常代谢产物,尿毒症时血浆肌酐浓度升高是由于排出受阻所致。高浓度的肌酐可引起动物嗜睡,并抑制红细胞对葡萄糖的利用,使红细胞寿命缩短而导致贫血。

(六)酚类化合物

肠道菌可将芳香族氨基酸转变成酚和酚酸。肾功能不全时,由于肝脏解毒功能降低和肾脏排泄功能减弱,血浆中酚类含量升高。酚类对中枢神经系统有抑制作用,引起昏迷,还能抑制血小板聚集,可能与出血倾向有关。

二、对机体的主要影响

(一)神经系统

1. *尿毒症性脑病*

尿毒症时,血液中有毒物质蓄积过多,使中枢神经细胞能量代谢障碍,导致细胞膜

Na^+-K^+-ATP 酶失灵而引起神经细胞水肿。有些毒素可直接损害中枢神经细胞，使动物出现精神不振、嗜睡，甚至昏迷。

2. 外周神经病变

甲状旁腺激素和胍基琥珀酸可直接作用于外周神经，使外周神经髓鞘脱失和轴突变性，动物呈现肢体麻木和运动障碍。

（二）消化系统

肾功能不全时，尿素被肠道内细菌尿素酶分解而产生的氨，刺激肠道黏膜引起出血性—坏死性肠炎。动物表现出食欲减退、呕吐和腹泻等症状。

（三）心血管系统

钠、水潴留，代谢性酸中毒，高钾血症和尿毒症毒素的蓄积，可导致心功能不全和心律失常。尿毒症晚期可出现无菌性心包炎，这种心包炎可能是由于尿毒症毒素（如血液中蓄积的尿酸、草酸盐等）刺激心包引起的。

（四）呼吸系统

机体酸中毒可使呼吸加深、加快；尿素在消化道经尿素酶分解形成氨，氨又重新吸收入血，血氨浓度升高并经呼吸道排出，导致呼出气体具有氨的臭味；尿素刺激胸膜可引起纤维素性胸膜炎。

（五）皮肤

尿毒症时，汗腺可呈代偿性分泌加强，尿素随汗排出，刺激皮肤感觉神经末梢，而导致皮肤发痒；随汗排出的尿素结晶，呈白色糠麸样粉末可附着于眼、鼻及其他部位皮肤和被毛上。

（六）其他

尿毒症还可引起动物机体内分泌功能、免疫系统功能和物质代谢障碍。

任务三　子宫内膜炎

子宫内膜炎是母畜常发疾病之一，是由于子宫黏膜发生感染而引起的子宫黏膜的炎症过程。

一、病因和机理

引起子宫内膜炎的原因很多，常见的为理化因素和生物因素。前者如用过热或过浓的刺激性消毒药水冲洗子宫、产道，以及难产时使用器械或截胎后露出的胎儿骨端所造成的损伤而引起；后者主要由细菌如化脓棒状杆菌、葡萄球菌、链球菌、大肠杆菌、沙门菌和布鲁氏菌等引起。

病原体可经上行性（阴道感染）或下行性（血源性或淋巴源性）感染。动物分娩时和产后期间,生殖器官的生理和形态结构变化,有利于细菌入侵和繁殖。此外产道黏膜的损伤,产后子宫蓄积恶露等,为细菌的侵入和繁殖提供了有利的条件。自阴道流出的恶露玷污阴门附近及尾根部的皮毛上,同时产后阴门松弛,子宫黏膜外露遭污染及摇动尾巴时污物触及阴门等也是构成上行性感染的重要因素。此外,胎衣不下往往继发子宫内膜炎;全身性感染或局部炎症经血行感染,也可引起子宫内膜炎。

二、病理变化

根据病程经过,子宫内膜炎可分为急性子宫内膜炎和慢性子宫内膜炎 2 种类型。

(一)急性子宫内膜炎

急性子宫内膜炎的特点是以渗出性变化为主,同时伴有不同程度的变性、坏死或化脓。根据炎症的性质,可分为急性卡他性子宫内膜炎、急性纤维素性子宫内膜炎、急性化脓性子宫内膜炎。

眼观　子宫常见增大和松软。切开子宫后可见子宫壁呈不同程度的增厚,子宫腔内有多量的炎性渗出物。若为卡他性炎,则见子宫黏膜肿胀、充血和出血,黏膜表面被覆浑浊的浆液性或黏液性渗出物,尤其在子叶及其周围,充血和出血更为明显。若为纤维素性炎,可见多量纤维素性渗出物附着在黏膜面上,形成一层半游离状态的薄膜。当黏膜坏死严重时,则发展为纤维素—坏死性炎,渗出的纤维素与黏膜的坏死组织牢固地黏着,不易剥离,若强行剥离则遗留溃疡面。化脓性炎时,子宫黏膜充血肿胀,黏膜表面覆盖一层黄白色脓性物质,子宫腔也有一定量的脓汁,病情严重时,黏膜多发生糜烂。炎症或局限于一侧子宫角,或对称性地侵害两侧子宫角以及子宫体与子宫颈。

镜检　卡他性子宫内膜炎时,黏膜血管扩张充血、出血,并有微血栓形成,黏膜上皮细胞和子宫腺管上皮细胞变性、坏死或脱落,嗜中性粒细胞、巨噬细胞及淋巴细胞广泛浸润,黏膜上覆盖着脱落的上皮细胞、炎性细胞、浆液或黏液。纤维素性炎时,子宫腔及其黏膜上有多量含纤维素、炎性细胞、红细胞、坏死脱落的上皮细胞,血管扩张充血。有时渗出及坏死严重,组织坏死可直达子宫壁深层,炎性细胞浸润显著,肌层中肌纤维也多变性肿胀。化脓性炎时黏膜血管扩张充血,黏膜固有层嗜中性粒细胞广泛浸润并发生脓性溶解,黏膜上皮细胞变性、坏死、脱落和崩解(参见彩图 18.6、彩图 18.7)。子宫腺上皮细胞变性、坏死。

二维码 18-5　急性子宫内膜炎（彩图 18.6、彩图 18.7）

(二)慢性子宫内膜炎

慢性子宫内膜炎多由急性子宫内膜炎迁延而来,也可单独发生。其病理变化多样,主要取决于病程长短和病原体的生物学特性,但多表现为淋巴细胞、浆细胞大量浸润和成纤维细胞增生,使子宫壁增厚并纤维化。慢性子宫内膜炎常见以下病型。

1. 慢性卡他性子宫内膜炎

眼观　子宫黏膜面上有较多稀薄的或黏稠的分泌物,子宫壁变厚,较硬实。牛患慢性子宫内膜炎时,坏死的子宫组织常发生钙盐沉着,形成硬固的灰白色小斑点。

镜检　原发性慢性卡他性子宫内膜炎,淋巴细胞、浆细胞及成纤维细胞大量增生,黏膜肥厚。由于炎性细胞浸润和腺体、腺管间的结缔组织增生不均衡,变化显著的部位呈息肉状隆起，称为慢性息肉性子宫内膜炎。随着成纤维细胞的增生、胶原纤维的产生，腺体排泄管受压迫以至堵塞，分泌物蓄积在腺腔内，使腺腔扩张形成大小不等的囊状，内含无色或浑浊的液体，称为慢性囊肿性子宫内膜炎。在慢性卡他性子宫内膜炎的发展过程中，有时子宫内膜的柱状上皮细胞可化生为复层鳞状上皮细胞，并可发生角化。有些病例子宫腺管萎缩或消失，子宫黏膜变得很薄，则称为慢性萎缩性子宫内膜炎。

2. 慢性化脓性子宫内膜炎

眼观　慢性化脓性子宫内膜炎也称为子宫积脓，多由急性化脓性子宫内膜炎发展而来，常见于牛和猪。由于子宫腔内蓄积大量脓液，子宫体积增大，按压有波动感。剖开子宫，流出大量脓汁(参见彩图 18.8)。因化脓菌种类不同，脓汁的颜色和黏稠度也有差异，可呈现淡黄、黄白、淡绿或褐红等不同颜色；有的脓汁稀薄如水，有的浑浊浓稠，有的则呈干酪样。子宫黏膜粗糙、污秽，其上被覆一层糠麸样坏死组织碎片，子宫壁呈不同程度的增厚。

二维码 18-6　化脓性子宫内膜炎(彩图 18.8)

镜检　可见黏膜内有大量嗜中性粒细胞、浆细胞和淋巴细胞浸润，浸润的细胞与黏膜组织多坏死溶解。黏膜固有层及黏膜下层也见上述炎性细胞浸润以及成纤维细胞增生。腺管多变性、坏死、消失，部分残存的腺腔扩张，其内常充斥嗜中性粒细胞及细胞崩解产物。

三、结局和对机体的影响

发生急性卡他性子宫内膜炎时，若能及时消除病因，合理治疗，可以恢复。发生慢性卡他性子宫内膜炎时，黏膜病变由于增生的结缔组织纤维化，子宫腺萎缩、消失，而难以痊愈，一般不能恢复生理机能。子宫积脓可导致脓毒败血症，引起动物死亡。

任务四　睾丸炎

睾丸炎和附睾炎是由致病因素引起睾丸和附睾的炎症，可发生于各种动物，但以牛、羊和猪较多见。若附睾炎与睾丸炎同时发生，则合称为附睾-睾丸炎。

一、原因及致病机理

引起睾丸炎和附睾炎的病原主要为致病菌，如葡萄球菌、链球菌、化脓放线菌、铜绿假单胞菌和大肠杆菌等，其次为病毒及寄生虫。某些传染病或寄生虫病，如布鲁氏菌病、结核病、放线菌病、鼻疽、霉菌病、螺旋体病、马腺疫、沙门菌病和媾疫等可伴发睾丸炎及附睾炎。病毒可以直接侵犯睾丸而引起炎症，如乙脑病毒常可导致猪的睾丸炎。病原通常经下列途径侵入睾丸和附睾而引起炎症。

(一)外伤性感染

病原通过伤口进入阴囊，首先引起睾丸周围炎及睾丸鞘膜炎，进而波及睾丸和附睾。炎症多呈一侧性。

(二)尿道源性感染

病原经尿生殖道或副性腺逆行而引起睾丸炎和附睾炎,即尿道源性感染。

(三)血源性和淋巴源性感染

全身性疾病或局部性炎症时,病原可进入血液或淋巴液,再可随血液、淋巴进入睾丸及附睾而引起炎症。炎症常呈两侧性。

(四)直接感染

睾丸邻近的器官如前列腺、精囊等发生感染,病原直接沿输精管进入睾丸、附睾引起炎症。

二、病理变化

睾丸炎及附睾炎的病变因病原不同而异,但急性者多以渗出、变质为主,而慢性者则以肉芽组织增生和纤维化为特点,某些传染病可形成特殊性肉芽肿。睾丸及附睾损伤严重时,常有精子外溢而引起变态反应,致使炎症加重,后期形成精子性肉芽肿。

(一)睾丸炎

按病程长短分为急性和慢性睾丸炎;按病因性质不同分为非特异性和特异性睾丸炎。

1. 急性睾丸炎

以渗出性变化为主,同时伴有不同程度的变性、坏死或化脓,睾丸呈现红、肿、热、痛等局部变化。

眼观　可见一侧或两侧睾丸因充血、渗出而肿大、变硬,固有鞘膜紧张。切面湿润多汁,实质显著膨隆,并常见大小不一的凝固性坏死灶或化脓灶。炎症波及固有鞘膜时,可引发睾丸鞘膜炎,总鞘膜腔内积蓄炎性渗出液。总鞘膜的炎症还可沿腹股沟管蔓延到腹腔而引起急性腹膜炎。由布鲁氏菌引起的特异性睾丸炎,除上述病变外,总鞘膜腔内常蓄积脓性-纤维素性渗出物,故在炎症后期鞘膜壁层和脏层之间常发生粘连;由结核分枝杆菌引起的特异性睾丸炎,常在睾丸实质中形成粟粒性结核结节,睾丸通常肿大。

镜检　初期睾丸实质中血管扩张充血,曲细精管的上皮细胞变性、坏死或脱落,间质中浆液渗出及大量炎性细胞浸润。随着疾病的发展,睾丸实质中的大量炎性渗出物压迫血管,引起局部血液循环障碍,同时也因病原及其毒素的刺激,睾丸可发生广泛性坏死,形成多发性的坏死灶或化脓灶。由布鲁氏菌引起的特异性睾丸炎,除曲精小管原有结构破坏消失外,还可见中性粒细胞渗出形成大小不等的脓肿,以及由巨噬细胞、上皮样细胞等形成的增生性结节。

2. 慢性睾丸炎

多由急性睾丸炎转变而来,也可由真菌、螺旋体、寄生虫感染而引起。其病理特征是睾丸发生局灶性或弥散性肉芽组织增生及纤维化,故其出现不同程度的萎缩、变硬。

眼观　睾丸呈不同程度的萎缩,质地变硬,固有鞘膜增厚。当伴有鞘膜炎时,固有鞘膜可与阴囊或睾丸粘连,使睾丸固定,难以移动。睾丸切面干燥致密,并见大小不一的坏死灶或化脓灶,其周围由较厚的结缔组织所包裹。坏死灶中常见钙盐沉着。

镜检　曲细精管基底膜呈玻璃样变或纤维化，生精上皮细胞大量消失，其周围因结缔组织增生而硬化，也可形成小的增生灶。由结核分枝杆菌、布鲁氏菌和鼻疽杆菌等引起的慢性特异性睾丸炎，在病变区常形成特殊性肉芽肿。肉芽肿中心为坏死灶或化脓灶，外周由巨噬细胞、上皮样细胞、多核巨细胞形成特殊性肉芽组织，最外围是普通肉芽组织，其间有淋巴细胞浸润。

（二）附睾炎

附睾炎常与睾丸炎同时发生，可分为急性和慢性 2 种。

1. 急性附睾炎

为单侧性或两侧性，以变质和渗出变化为主。

眼观　病变附睾肿胀，质地柔软，切面湿润，用力挤压时见有黏液样物质从切面流出，白膜有炎性渗出物附着。炎症波及总鞘膜腔时，可见腔内有浆液流出。随着炎症的发展，附睾内可出现弥散性坏死或大小不一的坏死灶。

镜检　早期可见附睾内血管扩张充血，血管周围浆液渗出及淋巴细胞浸润，随后中性粒细胞出现于渗出物中。部分附睾管上皮细胞水肿或坏死、脱落，管腔内充满渗出的浆液、坏死脱落的上皮细胞、中性粒细胞、淋巴细胞以及变性的精子。炎症由布鲁氏菌引起时，附睾内可见精子性肉芽肿形成。

2. 慢性附睾炎

多由急性附睾炎转化而来，或一开始就呈慢性经过，以肉芽组织增生和纤维化为特征。

眼观　附睾体积常略缩小，质地坚硬，间质中结缔组织呈局灶性或弥散性增生，白膜和固有鞘膜粘连。附睾内有数量不等的囊肿和大小不一的结缔组织包囊。慢性附睾炎常与慢性前列腺炎、慢性精囊炎同时或先后发生。

镜检　附睾管的残存上皮细胞可发生乳头状增生、变性，并伴有小管内囊肿形成。附睾坏死灶周围见多量纤维组织增生和淋巴细胞及巨噬细胞浸润。结缔组织增生及上皮细胞增生使附睾管腔变细、变窄甚至闭合，引起其内容物淤滞。如果病变为两侧，则造成不孕。附睾管上皮细胞变性坏死，使附睾管破裂，引起精子外渗。外渗的精子可引发精子性肉芽肿，或精子进入总鞘膜腔，引起严重的总鞘膜腔炎。

任务五　乳腺炎

乳腺炎为乳腺的一种炎症性疾病，又称乳房炎。其特征为乳腺发生各种不同类型的炎症，乳汁发生生理生化性状改变和含有大量病原体及其毒素，食用后导致胃肠疾病。部分乳腺炎的病原菌还能危害人的健康。乳腺炎可见于各种动物，其中以牛、羊最为多发。

一、病因和机理

乳腺炎大多由细菌感染所引起。引起乳腺炎的细菌种类，主要的病原菌有链球菌、其次是葡萄球菌、化脓性棒状杆菌、大肠杆菌、坏死杆菌等。此外结核分枝杆菌、放线菌、布鲁氏菌及口蹄疫病毒等也可引起乳腺炎。病原体可通过 3 种途径进入乳腺而引起乳腺炎：通过乳头输乳管进入乳腺引起乳腺炎，是主要的感染途径；经血液循环运输至乳腺引起乳腺炎；通过损伤的乳房皮肤由淋巴管道侵入乳腺引起乳腺炎。此外，机械性或物理性损伤（如挤乳方法和技术不当）所致乳头损伤，某些毒性物质的作用或乳汁的停滞等，对细菌侵入乳腺和引起乳腺炎往往起着重要的促进作用。

二、病理变化

乳腺炎的分类较为复杂，一般根据病原种类和病变特点的不同分为急性弥漫性乳腺炎、慢性弥漫性乳腺炎、化脓性乳腺炎和特异性乳腺炎等。

（一）急性弥漫性乳腺炎

急性弥漫性乳腺炎是牛的一种常发性乳腺炎，多发于泌乳初期。病原体主要是葡萄球菌和大肠杆菌，或是葡萄球菌、大肠杆菌与链球菌的混合感染。其病变特点是以渗出变化为主，根据渗出物的性质不同，又可分为以下 4 种。

1. 浆液性乳腺炎

是一种渗出性炎症，其病变特征是以浆液的渗出为主。

眼观　乳腺肿大，皮肤紧张，色稍苍白，易于切开，切面湿润有光泽。乳腺小叶呈灰黄色。

镜检　乳腺腺泡腔内含有少量均质并带有空泡的脂肪滴渗出物，乳腺小叶和腺泡间的结缔组织炎性水肿。

2. 纤维素性乳腺炎

其病变特征是以纤维素的渗出为主。

眼观　病变部位乳腺坚实，切面干燥，呈白色或黄色，在乳池和输乳管黏膜上可见纤维素性渗出物。

镜检　腺泡腔内有数量不等的纤维素渗出，并有少量的嗜中性粒细胞和单核细胞浸润（参见彩图 18.9 至彩图 18.11）。

二维码 18-7　急性乳腺炎
（彩图 18.9 至彩图 18.11）

3. 卡他性乳腺炎

其病变特征是以黏液的渗出为主。

眼观　乳腺肿大，较坚实，切面干燥，呈淡黄色颗粒状，压之有浑浊的黏液流出。

镜检　腺泡腔内有许多脱落上皮细胞和白细胞，间质血管充血、水肿。

4. 出血性乳腺炎

其病变特征是以红细胞的渗出为主。

眼观　乳腺切面光滑，暗红色，按压切面可流出淡红色或血样稀薄液体，其中混有絮状血凝块，输乳管及乳池黏膜常见出血点。

镜检　腺泡上皮细胞变性和脱落，乳腺间质血管充血和血栓形成，在腺泡腔内或间质内有大量红细胞渗出。

（二）慢性弥漫性乳腺炎

慢性弥漫性乳腺炎一般由急性炎症转移而来，这是奶牛的一种常见的乳腺炎。本病常发生于泌乳期以后，常呈慢性经过。其特征是以乳腺实质萎缩和间质结缔组织增生为主。

眼观　通常多发于后侧乳叶，初期病变与急性弥漫性乳腺炎相似。其特征是在导管系统内有卡他性乃至化脓性炎。病变乳叶肿大，稍硬，乳池和输乳管扩张，腔内充满黄褐色或黄绿色脓样液，并混有血液，乳池和输乳管黏膜显著充血，黏膜呈颗粒状，间质充血、水肿。后期乳池和输乳管显著扩张，腔内充满绿色脓样液，黏膜呈结节状，条纹状或息肉状肥厚，其相邻的乳腺实质萎缩甚至消失，病变部位乳腺显著缩小和发生硬化。乳腺淋巴结显著肿胀。

二维码 18-8　慢性乳腺炎
（彩图 18.12）

镜检　初期乳池和输乳管及腺泡腔内充满带有空泡状的脂肪滴渗出物，其中混有嗜中性粒细胞和脱落上皮。以后病变主要是淋巴细胞、浆细胞和单核细胞浸润，同时有成纤维细胞大量增生（图 18.5，参见彩图 18.12）。乳池和输乳管上皮细胞增厚，形成皱襞和息肉状突起。最后由于纤维组织收缩，残留的腺泡、输乳管和乳池被牵引而显著扩张，上皮萎缩或鳞状化生。

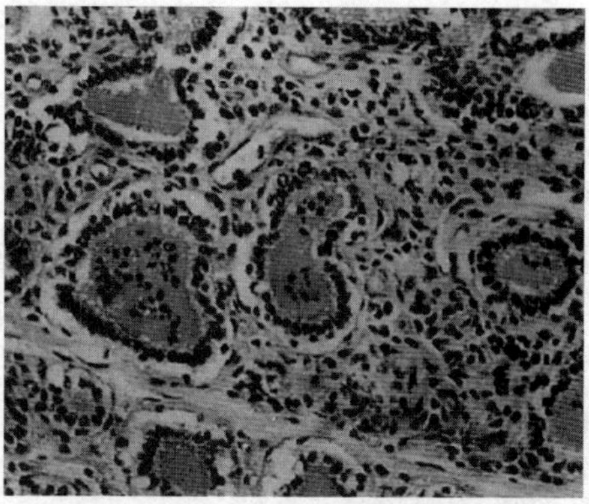

图 18.5　慢性弥漫性乳腺炎
（引自林曦，2003）
腺泡腔内充满渗出物，间质中白细胞浸润和结缔组织增生

（三）化脓性乳腺炎

化脓性乳腺炎主要由化脓棒状杆菌引起，其次由化脓性链球菌和铜绿假单胞菌引起。最常发生于牛、猪和羊。本病一般呈慢性经过。

本病可侵害一个或几个乳区，发病乳区肿大，常呈结节状，脓肿可向皮肤穿孔，形成窦道。切面可见大小不等的脓肿，充满带有黄绿色或黄白色恶臭的稀薄或浓稠的浓汁。脓灶内层为肉芽组织包裹，外层为致密结缔组织包裹。化脓性乳腺炎有时可表现为皮下及间质的弥漫性化脓性炎，炎症可由间质蔓延到实质，引起较大范围的乳腺组织化脓和坏死。

由于化脓性乳腺炎对乳腺实质破坏严重，乳池和输乳管也遭到破坏，不易再生恢复，大都形成瘢痕而愈合。化脓性乳腺炎的最严重后果是引起脓毒败血症而致死亡。

（四）特异性乳腺炎

特异性乳腺炎是由某些特异性病原菌感染所引起的，并具有特异性炎症病变的乳腺炎的统称。常见有以下 3 种。

1.结核性乳腺炎

结核性乳腺炎是由结核分枝杆菌所引起，以形成结核性特异性炎症病变为特征的一种乳腺炎。

（1）结节性乳腺炎　结节性乳腺炎是以乳腺内形成数量不等的结核结节为特征的一种乳腺炎。

眼观　乳腺内有许多结核结节，呈灰白色，由粟粒大、高粱粒大到豌豆大，这些结节有时有较轻微的干酪化，有时不发生干酪化。当结节密集或相互融合时，病变部位灰白色而坚实。

镜检　结节性病变主要由增生的特异肉芽组织和普通肉芽组织构成，病变中心可能发生干酪样坏死和钙化。

(2)干酪性乳腺炎　干酪性乳腺炎是以发生干酪样坏死为特征的一种乳腺炎。

眼观　病变常侵害几个乳区乃至整个乳房，发病部位显著肿胀，坚硬易切开，切面有干酪样大病灶呈地图样分布，病灶周围可见红晕。

镜检　初期病变为血管充血、水肿和炎性细胞浸润，并有大量的纤维蛋白渗出，后期则迅速发生干酪样坏死。

2. 放线菌性乳腺炎

放线菌性乳腺炎是由放线菌感染所引起的一种乳腺炎。一般经皮肤损伤感染，在乳腺皮下或深部形成放线菌化脓灶。

眼观　病变部位肿胀，切开为有厚层结缔组织包裹的脓肿，浓汁稀薄或浓稠，其中含有淡黄色细颗粒，脓肿及临近的皮肤可逐渐软化和破裂，形成向外排放的窦道。乳腺深部的脓肿破溃时，可开口于输乳管和乳池，乳汁有放线菌。

镜检　病灶中心为放线菌块和脓液，菌块中央是相互交织成团的菌丝，菌丝向四周放射。菌块周围是由巨噬细胞、上皮样细胞、多核巨细胞等组成的特殊肉芽组织，再外围是普通肉芽组织。

3. 布鲁氏菌性乳腺炎

布鲁氏菌性乳腺炎是由布鲁氏菌感染所引起的一种乳腺炎。

眼观　初期无明显变化，后期由于结缔组织增生和乳腺实质萎缩，可见病变部位有硬固的病灶。

镜检　在乳腺内可见到局灶性炎症病灶，病灶主要是由增生的淋巴细胞和上皮细胞形成的小结节，结缔组织增生，结节内腺泡萎缩和上皮变性、坏死。

三、结局和对机体的影响

不同的病原微生物所引起的乳腺炎对机体的影响也不尽相同，但基本都表现出患病乳房有不同程度的充血、增大、发硬、温热和疼痛等临床症状，影响母畜的正常生产，拒绝哺育幼畜，泌乳减少或分泌劣质乳汁，甚至泌乳停止。因此该病不仅影响产奶量，影响生产，造成经济损失，而且影响奶的品质，危及人的健康。

任务六　卵巢囊肿

卵巢囊肿指在卵巢内存在一到数个比成熟卵泡大且含有液体的囊样的肿物。本病是雌性动物(特别是母牛)的常发病，也是导致雌性动物不孕的一个重要原因。

一、原因及致病机理

卵巢囊肿的发生原因和机理至今还不完全清楚，多数学者认为下丘脑-垂体-卵巢轴功能异常、饲养管理不当、某些疾病的影响等，在卵巢囊肿的发展中起着重要作用。

(一)体内激素分泌异常

正常的卵巢周期包括卵泡发育、排卵、黄体形成三个阶段,均依赖下丘脑-垂体-卵巢轴产生的多种生殖激素进行调节。生殖激素分泌异常,例如垂体促性腺激素异常,特别是促黄体素不足和促卵泡激素不足,它们在血浆中的比例达不到一定浓度和一定比例时,就使得成熟卵泡不能正常排卵,但颗粒细胞仍分泌液体,即可而形成囊肿。

(二)饲养管理不当

饲料中缺乏维生素 A、维生素 E 及微量元素,或雌激素含量高;饲喂过多精料又缺乏运动;动物虚弱、营养不良、应激、过度劳役,或卵泡发育过程中气温骤变等原因,均可影响卵泡发育,产生卵巢囊肿。

(三)其他疾病的影响

当奶牛发生子宫内膜炎、胎衣不下、卵巢周围炎、卵巢炎、卵巢下垂、流产等疾病时,可引发卵巢囊肿。另外,某些遗传因素、动物排卵时血压增高或血凝固性降低等,也可引起卵巢囊肿。

二、类型及病理变化

卵巢囊肿包括卵泡囊肿、黄体囊肿等类型。

(一)卵泡囊肿

卵泡囊肿多见于牛、猪、老年犬猫,是最常见的一种卵巢囊肿。主要是由于卵泡上皮变性,卵泡壁结缔组织增生变厚,卵细胞死亡,卵泡液未被吸收或者增多,卵泡腔增大而形成的囊肿。

眼观　卵泡囊肿一般比正常卵泡大,一个或数个,分布于一侧或两侧卵巢。囊壁较薄而致密,紧张度较高,囊内充满清亮的液体。有时滤泡囊肿因出血而形成出血性囊肿。牛的卵泡囊肿直径多为 2～5 cm,有的可达拳头大;马的为 6～10 cm,有时可达 12 cm 乃至取代全部卵巢组织。此外,可见子宫壁水肿、增厚,宫颈变大、开放、分泌灰白色黏液等病变。

镜检　可见颗粒层萎缩,颗粒细胞变性、减少;卵泡壁结缔组织增生变厚,内壁仅为一层扁平细胞甚至完全消失;卵细胞坏死消失,卵泡液增多。同时见子宫内膜肥厚,子宫腺数量增多,有多量黏液蓄积于腺腔内。

(二)黄体囊肿

黄体囊肿是由于未排卵的卵泡壁上皮细胞黄体化而形成的囊肿。可见于牛、马、驴、猪及老年犬猫。

眼观　多发生于单侧卵巢。囊肿常呈圆球形,囊壁光滑,大小不等,一般为核桃大至拳头大,囊腔形状不规则并充满透明液体。黄体囊肿破裂后可引起出血,在囊腔内形成血样液体。犬黄体囊肿时,常可同时发生子宫内膜肥厚和子宫积脓。

镜检　可见囊肿壁由多层黄体细胞组成,细胞质内含有黄体色素颗粒和大量脂质。有时黄体细胞在囊壁分布不均，一端多而另一端少，当囊壁很薄时，可见贴附有一层纤维组织或透明样物质的薄膜。

(三)其他类型的囊肿

1. 子宫内膜性囊肿

主要是由脱落的子宫内膜上皮细胞经输卵管反流入腹腔，种植在卵巢引起。囊肿壁由子宫内膜上皮细胞组成，壁较厚，内壁欠光滑，囊腔内充满大量黏稠咖啡色类似巧克力状的液体，故又称“巧克力囊肿”。

2. 包含物性囊肿

包含物性囊肿较少见，多发生于老年动物。由于卵巢表面的一部分上皮细胞和一些具有分泌功能的细胞，在排卵后被反常地包埋在卵巢基质中，当这些细胞不断分泌液体时可形成囊肿。

【本项目关键词】

肾炎　尿毒症　子宫内膜炎　乳腺炎　睾丸炎　卵巢囊肿

【本项目小结】

肾炎包括肾小球肾炎、间质性肾炎与化脓性肾炎。肾小球肾炎是一种免疫性疾病，以肾小球受到损害为主；间质性肾炎是病原经血源性播散所致，发生在肾的间质；化脓性肾炎是由化脓菌经尿道上行性传播或血源性播散所引起，发生在肾盂和肾实质。尿毒症是由于肾衰竭导致大量毒性物质在体内蓄积所引起的自体中毒的综合性症候群。无论是急性还是慢性肾功能不全，发展到严重阶段均以尿毒症告终。细菌感染是子宫内膜炎的主要病因。急性子宫内膜炎以渗出为主，伴有不同程度的变性、坏死或化脓；慢性子宫内膜炎以淋巴细胞、浆细胞浸润和成纤维细胞增生为主，子宫壁增厚并可发生纤维化。睾丸炎及附睾炎的病变因病原不同而异，但急性者多以渗出、变质为主，而慢性者则以肉芽组织增生和纤维化为特点，某些传染病可形成特殊性肉芽肿。乳腺炎由细菌、支原体、真菌、病毒等病原所致，以细菌感染最常见。乳腺炎根据病原种类和病变特点的不同分为急性弥漫性乳腺炎、慢性弥漫性乳腺炎、化脓性乳腺炎和特异性乳腺炎等，其病变各异；而特异性乳腺炎可形成特殊性肉芽肿。卵巢囊肿指在卵巢内存在一到数个比成熟卵泡大且含有液体的囊样的肿物，是雌性动物(特别是母牛)的常发病，也是导致雌性动物不孕的一个重要原因。

【复习思考题】

1. 肾小球肾炎可分为哪几种类型？其病理变化特点各是什么？
2. 间质性肾炎分为哪几种类型？其病理变化特点各是什么？
3. 子宫内膜炎根据炎症性质可分为哪几种类型？其病理变化特点各是什么？
4. 乳腺炎是怎样发生的？有哪几种类型？其病理变化特征是什么？

二维码 18-9　复习思考题参考答案

二维码 18-10　肾炎(视频)

项目十九
神经器官病理

【知识目标】

1. 了解神经系统机能障碍的原因、主要表现、机理及其结局。

2. 掌握脑脊液循环障碍、神经组织的基本病理变化、脑炎和脑软化的病理变化特征。

【技能目标】

能够识别神经组织基本病理变化、脑炎和脑软化的病理变化，并能对兽医临床上常见的脑炎和脑软化做出正确的区分。

【素质目标】

培养学生严谨求学的工作作风，精益求精的工匠精神。

任务一　脑的基本病理变化

脑组织主要是由神经细胞、神经纤维、神经胶质和结缔组织组成的。在多种疾病中，脑组织的代谢、功能和形态结构常出现不同类型和不同程度的变化，但这些变化也具有一些共同的表现，形成脑组织的基本病变。下面介绍几种常见的脑组织病变。

一、神经元的变化

（一）染色质溶解

染色质溶解是指神经细胞胞浆尼氏小体（即粗面内质网）的溶解。染色质溶解发生在细胞核附近的称中央染色质溶解；发生在细胞周边的称周边染色质溶解。尼氏小体溶解是神经细胞变性的表现形式之一。

中央染色质溶解多见于中毒（如铊中毒等）、病毒感染（如禽脑脊髓炎等）和轻度缺血时。

可见神经细胞胞体肿大、变圆，核附近的尼氏小体崩解成泡沫状并逐渐消失，核周围呈空白区，而细胞周边的尼氏小体仍存在。中央染色体溶解是可复性变化，但病因持续存在时，神经细胞病变可进一步发展，乃至坏死。

周边染色质溶解见于进行性肌麻痹中的脊髓腹角运动神经细胞、某些中毒的早期反应和病毒性感染（如鸡新城疫）。发生周边染色质溶解的神经细胞，其中央聚集较多的尼氏小体，周边尼氏小体消失呈空白区，胞体常缩小变圆。

（二）急性肿胀

神经细胞急性肿胀多见于缺氧、中毒和感染。如乙型脑炎、鸡新城疫和猪瘟的非化脓性脑炎等疾病。病变神经细胞胞体肿胀变圆，染色变浅，中央染色质或周边染色质溶解（参见彩图 19.1），树突肿胀变粗，核肿大淡染、靠边。神经细胞的急性肿胀，也是变性的一种形式，是可复性变化，但肿胀持续时间长，神经细胞则逐渐坏死，此时可见核破裂、溶解消失，胞浆染色变淡或完全溶解。

二维码 19-1　神经细胞急性肿胀、液化（彩图 19.1）

（三）神经细胞凝固

神经细胞凝固又称为神经细胞缺血性损伤，多见于缺血、缺氧、低糖血症、维生素 B_1 缺乏以及中毒、外伤等。病变细胞主要表现为胞浆皱缩，失去微细结构，嗜酸性增加，HE 染色呈均匀红色，在胞体周围出现空隙。细胞核体积缩小，染色加深，与胞浆界限不清，核仁消失。神经细胞凝固早期也属于神经细胞变性型变化，但最终可出现核破碎消失而导致细胞坏死。

二维码 19-2　空泡变性（彩图 19.2、彩图 19.3）

（四）空泡变性

空泡变性指神经细胞浆内出现小空泡。常见于病毒性脑脊髓炎，如羊痒病和牛海绵状脑病，主要表现为脑干某些神经核的神经细胞和神经纤维网中出现大小不等的圆形或卵圆形的空泡（参见彩图 19.2、彩图 19.3）。另外，神经细胞的空泡化也见于溶酶体蓄积病、老年公牛等。一般单纯性空泡变性是可复性的，但严重时则细胞发生坏死。

（五）液化性坏死

液化性坏死是指神经细胞坏死后进一步溶解液化的过程。可见于中毒、感染和营养缺乏（如维生素 E 或硒缺乏）。病变部位神经细胞坏死，早期表现为核浓缩、破碎甚至溶解消失，胞体肿胀呈圆形，细胞界限不清。坏死细胞随时间的延长，胞浆染色变淡，其内有空泡形成，并发生溶解，或胞体坏死产物被小胶质细胞吞噬，使坏死细胞完全消失；与此同时，神经纤维也可发生断裂液化，该部神经组织坏死，形成软化灶。液化性坏死是神经元变性的进一步发展的结果，是不可复性变化，坏死部位可由星形胶质细胞增生而修复。

(六)包涵体形成

神经细胞中包涵体形成可见于某些病毒性疾病。包涵体的大小、形态、染色特性及存在部位,对一些疾病具有证病意义。如狂犬病时神经细胞胞浆内出现嗜酸性包涵体(参见彩图 19.4),疱疹病毒包涵体位于神经细胞核内,犬瘟热时包涵体可同时出现于胞浆和胞核中。

二维码 19-3 包涵体形成(彩图 19.4)

二、胶质细胞的变化

(一)星形胶质细胞的变化

星形胶质细胞是中枢系统的主要支持细胞,其对有害影响并不特别敏感,受到适当损伤可发生转型和肥大、增生,在非化脓性脑炎时常呈弥漫性或局灶性增生。

星形胶质细胞对损伤的反应主要有以下几种形式。

1. 转型和肥大

当脑组织局部缺血、缺氧、水肿时,在梗死、脓肿及肿瘤等病变的周围,星形胶质细胞可发生肥大,表现为胞体肿大、胞浆增多且嗜伊红深染,核偏位。

2. 增生

脑组织因缺血、缺氧、中毒和感染而发生损伤时,星形胶质细胞可出现增生性反应,当大量增生时称为神经胶质增生或神经胶质瘤。

(二)小胶质细胞的变化

小胶质细胞属于单核巨噬细胞系统,是神经组织中的吞噬细胞。小胶质细胞对损伤的反应主要表现为肥大、增生和吞噬 3 个方面。

1. 肥大

一般在神经组织损伤的早期,小胶质细胞很快发生肥大,可见胞体增大,胞浆和原浆突肿胀,核变圆而淡染,在 HE 染色时可见淡红色的胞浆。病程比较缓慢时,肥大的细胞形成杆状细胞,表现为突起回缩,核显著变大,胞浆聚集在细胞的两极。

二维码 19-4 卫星现象、噬神经元(彩图 19.5 至彩图 19.7)

2. 增生和吞噬

小胶质细胞的增生表现为弥漫型和局灶型 2 种形式,常见于中枢神经组织的各种炎症过程,特别是在病毒性脑炎时,如禽脑脊髓炎、马乙型脑炎、猪瘟等疾病的非化脓性脑炎。小胶质细胞可吞噬变性的髓鞘和坏死的神经元,在吞噬过程中,胞体变大变圆,胞核圆形或杆状,深染,胞浆呈泡沫状或格子状空泡,故称格子细胞或泡沫样细胞。增生的小胶质细胞围绕在变性的神经细胞周围,称为卫星现象(参见彩图 19.5),一般由 3～5 个细胞组成。神经细胞坏死后,小胶质细胞也可进入细胞内,吞噬神经元残体,称为噬神经元现象(参见彩图 19.6)。在神经细胞出现灶状坏死、崩解形成的软化灶处，小胶质细胞呈小灶状增生，并形成胶质小结(参见彩图 19.7)，细胞数量由几个至十几个，甚至几十个，其中有的也可来源于血液单核细胞。有时，小胶质细胞核延长到原来的 3～4 倍，核深染，称为杆状细胞。

(三)少突胶质细胞的变化

少突胶质细胞主要存在于神经细胞周围，类似于小胶质细胞形成的卫星现象，但这种现象不是病理变化，而是围绕神经细胞的一种保护性作用。少突胶质细胞在疾病过程中可发生急性肿胀、增生和类黏液变性。

1. 急性肿胀

表现为胞体肿大，胞浆内形成空泡，核浓缩，染色变深。多见于中毒、感染和脑水肿。该变化是可复性的，当病因消除后，细胞形态恢复正常，若液体积聚过多，胞体持续肿胀，甚至破裂崩解，在局部可见崩解的细胞碎片。

2. 增生

表现为少突胶质细胞数量增多。见于脑水肿、狂犬病、破伤风、乙型脑炎等疾病和病理过程。少突胶质细胞增生与急性肿胀常同时发生，增生的细胞发生急性肿胀并可相互融合，形成胞浆内含有空泡的多核细胞。在慢性增生时，少突胶质细胞也可围绕在神经元周围呈卫星现象，在白质内的神经纤维内形成长条状的细胞索，或聚集于血管周围。

3. 类黏液变性

在脑水肿时，少突胶质细胞胞浆出现黏液样物质，HE 染色呈蓝紫色，黏蛋白卡红染色呈鲜红色。同时胞体肿胀，核偏于一侧。

三、血管与脉络膜的变化

(一)血管的变化

在病理情况下，脑血管的变化包括充血、出血、缺血、血栓形成、栓塞、梗死和血管周围管套形成等。充血、出血、缺血、血栓形成、栓塞、梗死详见项目三，在此着重介绍血管周围管套形成。

在脑组织受到损伤时，血管周围间隙中出现围管性细胞浸润(炎性反应细胞)，环绕血管如套袖状，称为血管周围管套形成。管套的细胞成分与病因有一定关系。在链球菌感染时，以嗜中性粒细胞为主；在李氏杆菌感染时，以单核细胞为主；在病毒性感染时，以淋巴细胞和浆细胞为主；食盐中毒时，以嗜酸性粒细胞为主。一般这些细胞是从血液中浸润到血管周隙的，但有时也可由血管外膜细胞增生形成(参见彩图 19.8 至彩图 19.12)。血管周围管套形成通常是机体在某种病原作用下脑组织出现的一种抗损伤性应答反应。

二维码 19-5　血管周围管套形成(彩图 19.8 至彩图 19.12)

(二)脉络膜的变化

脉络膜具有分泌功能，产生脑脊液，其病理变化多表现为脉络膜炎。脉络膜炎常并发于软脑膜炎，一般以渗出性炎为主。

1. 眼观

脑脊液增多，脑室扩张，渗出的液体浑浊，在液体中见漂浮的絮片状物，有的渗出物附着在脉络膜表面。脉络膜水肿增粗，呈半透明状。渗出物可进入导水管内，引起导水管阻塞和室管膜炎。

2. 镜检

脉络膜上皮细胞变性、坏死和脱落，脉络膜内纤维素渗出，嗜中性粒细胞和巨噬细胞浸润。同时见室管膜上皮变性和坏死，室管膜下组织水肿和炎性细胞浸润。

四、脑脊液循环障碍

脑脊液循环障碍，通常表现为脑积水和脑水肿。

(一)脑积水

由于脑脊液流出受阻或重吸收障碍，引起脑脊液在脑室或蛛网膜下腔蓄积，称为脑积水。

脑膜炎、脉络膜炎和室管膜炎时的炎性渗出物，肿瘤和寄生虫等病理产物，脑变位、脑水肿都可能引起脑脊液流出受阻或重吸收障碍，导致脑脊液蓄积，形成脑积水。

脑积水的变化主要表现为脑室或蛛网膜下腔扩张，脑脊液增多，脑实质因脑脊液压迫发生萎缩，如在侧脑室内积水并逐渐增多时，大脑半球实质因压迫萎缩变薄，甚至形成很薄的包膜。

(二)脑水肿

脑水肿是指脑组织水分增加而使脑体积肿大。根据原因和发生机理可将脑水肿分为血管源性脑水肿和细胞毒性脑水肿两种类型。

1. 血管源性脑水肿

血管源性脑水肿是由血管壁的通透性升高所致。可见于细菌内毒素血症、弥漫性病毒性脑炎、金属毒物(铅、汞、锡和铋)中毒、内源性中毒(如肝病、妊娠中毒、尿毒症)以及占位性病变(脑内肿瘤、血肿、脓肿、脑包虫等)压迫静脉而使血液回流障碍，血浆渗出增多，蓄积于脑组织，也会造成脑水肿。

血管源性脑水肿既可以是全脑性的，也可以是局灶性的。

眼观　全脑性水肿表现为硬脑膜紧张，脑回扁平，蛛网膜下腔变狭窄或阻塞，色泽苍白，表面湿润，质地较软。切面稍突起，白质变宽，灰质变窄，灰质和白质的界限不清楚，脑室变小或闭塞，小脑因受压迫而变小，并出现脑疝。局灶性脑水肿可出现中线旁移，胼胝体和脑室受压变形，出现一侧或两侧性脑疝形成。若是静脉受压引起的局部水肿，灰质也有严重的水肿，或有出血，其色泽为粉红色或黄色。

镜检　血管外周间隙和细胞周围增宽充满液体，组织疏松。水肿区着色浅，髓鞘肿胀，轴突不规则增粗或呈串球状变化，有时见血浆蛋白渗出或炎性细胞浸润。

2. 细胞毒性脑水肿

细胞毒性脑水肿是指水肿液蓄积在细胞内。可见于内外源性毒物中毒和水中毒等。

眼观　变化类似于血管源性脑水肿，但更多见于灰质。

镜检　星形细胞肿胀变形，突起断裂，糖原颗粒积聚。少突胶质细胞的胞体变大，核浓缩变形，胞浆呈颗粒状。神经细胞也可表现为胞体肿大，胞核大而淡染，染色质溶解，细胞均质化或液化，特别是大型的神经细胞更为多见。

任务二　脑　炎

脑炎是指脑实质的炎症。按炎症性质可分为非化脓性脑炎和化脓性脑炎。

一、非化脓性脑炎

非化脓性脑炎是指脑组织炎症过程中渗出的炎性细胞以淋巴细胞、浆细胞和单核细胞为主，而无化脓过程的脑炎。如果脊髓同时受损，则称为非化脓性脑脊髓炎；有时软脑膜也有炎性细胞浸润，称为非化脓性脑膜脑脊髓炎。炎症可发生在中枢神经的各部位，如发生在白质称为脑脊髓白质炎；发生在灰质，称为脑脊髓灰质炎；发生在脑干，称为脑干炎；当脑脊髓的白质和灰质广泛性受侵犯，则称为全脑脊髓炎。引起非化脓性脑炎的病因主要是病毒，故本病也称为病毒性脑炎。

(一)病因

多种病毒可引起非化脓性脑炎。其中有嗜神经性病毒，如狂犬病病毒、禽脑脊髓炎病毒、乙型脑炎病毒等；也有泛嗜性病毒，如伪狂犬病病毒、猪瘟病毒、马传染性贫血病毒、牛恶性卡他热病毒、鸡新城疫病毒等。

(二)病理变化

非化脓性脑炎的基本病变为神经细胞变性或坏死、胶质细胞增生和血管反应等变化。

1. 神经细胞变性或坏死

神经细胞变性时表现为肿胀或皱缩。肿胀的神经细胞体积增大，染色变淡，核肿大或消失；皱缩的神经细胞体积缩小，染色深，核皱缩或核与浆界限不清。变性的神经细胞有时出现中央染色质溶解或周边染色质溶解现象，严重时可扩展到整个细胞，灰质细胞肿胀苍白，胞核消失，而轴突完好。在此基础上，变性细胞进而发生坏死，并溶解液化，在局部形成软化灶(参见彩图 19.13 至彩图 19.16)。

二维码 19-6　非化脓性脑炎
(彩图 19.13 至彩图 19.16)

2. 胶质细胞增生

胶质细胞增生也是非化脓性脑炎的重要变化，以小胶质细胞增生为主可呈弥漫性或局灶性增生。如胶质细胞围绕神经细胞增生则称为卫星现象，而吞噬坏死神经细胞则称为噬神经元现象。胶质细胞在软化灶局部增生聚集可形成胶质小结。在非化脓性脑炎的后期，也出现星形胶质细胞的增生，以修复损伤组织。

3. 血管反应

血管反应主要表现为中枢神经系统出现不同程度的充血和围管性细胞浸润。浸润的细胞主要成分是淋巴细胞，同时也有数量不等的浆细胞和单核细胞等，它们常在小动脉和毛细血管周围形成一层、几层或更多层的管套，即管套形成。这些细胞主要来源于血液，也可由血管外膜细胞增生形成。此外，有些疾病也引起血管壁本身的变化，如牛恶性卡他热、马脑脊髓炎可引起血管壁的透明变性和纤维素样变性；猪瘟和犬传染性肝炎时血管内皮细胞可发生变性和坏死；马疱疹病毒感染时可见内皮细胞肿胀和增生等。

非化脓性脑炎虽有上述的共同性病变，但由于病原不同，其病变的发生部位、波及范围也有各自的特点。例如，猪病毒性脑炎、马流行性脑脊髓炎、猪传染性脑脊髓炎、绵羊脑脊髓炎等，病变主要在脑脊髓灰质，即出现脑脊髓灰质炎，而马流行性脑脊髓炎的神经细胞内可出现核内嗜酸性包涵体；猪瘟、鸡新城疫、牛恶性卡他热引起全脑脊髓炎，这是由于病毒弥漫性地侵犯脑脊髓的灰质和白质的缘故；狂犬病、山羊病毒性关节炎/脑炎等引起大脑和小脑的白质发炎，形成脑脊髓白质炎，同时在狂犬病的脑神经细胞的胞浆内见嗜酸性包涵体，即内氏小体；在猪凝血性脑脊髓炎时，病原可侵犯皮质下的基底神经节、丘脑、中脑、脑桥、延脑等并可到达脑干各部，从而引起脑干炎。

二、化脓性脑炎

化脓性脑炎是指脑组织由于化脓菌感染引起的以大量嗜中性粒细胞渗出，同时伴有局部组织的液化性坏死和脓汁形成为特征的炎症过程。若化脓性脑炎同时伴发化脓性脊髓炎，称为化脓性脑膜脑脊髓炎。

(一)病因和机理

引起化脓性脑炎的病原主要是细菌，如葡萄球菌、链球菌、棒状杆菌、化脓放线菌、巴氏杆菌、李氏杆菌、大肠杆菌等，主要来自血源性感染或组织源性感染。

血源性感染常继发于其他部位的化脓性炎，在脑内形成转移性化脓灶。如细菌性心内膜炎、牛化脓放线菌感染、绵羊败血性巴氏杆菌病、驹的肾炎志贺菌感染、绵羊嗜血杆菌感染、鸡葡萄球菌感染等引起的化脓性脑膜脑炎。有些病原菌也可引起原发性化脓性脑膜脑炎，如李氏杆菌、链球菌等。血源性感染可引起脑组织的任何部位形成化脓灶，但以下丘脑和灰白质交界处的大脑皮质最易发生。化脓灶可能是单个，也可能是多发性的。

组织源性感染一般由于脑附近组织的损伤与化脓性炎，通过直接蔓延引起化脓性脑炎。如筛板与内耳发生感染，化脓菌沿神经和血管侵入脑组织；筛窦的化脓性炎，脓肿可扩大而侵及脑膜和大脑皮质；咽炎经咽鼓管蔓延至中耳，引起耳源性脓肿，并从中耳通过筛骨泡或沿天然孔蔓延入脑组织。

(二)病理变化

1. 眼观

脑组织有灰黄色或灰白色化脓灶，其周围有一薄层囊壁，内为脓汁。大脑脓肿一般始于灰质，并可向白质蔓延，在白质沿神经纤维束扩散而形成卫星脓肿；组织源性感染以孤立性脓肿为多见。

2. 镜检

早期的脓肿中心液化，边缘分界不清，周围脑组织疏松水肿并有嗜中性粒细胞浸润，在外围是增生的小胶质细胞和充血形成的炎性反应带。随着病程发展，渗出的嗜中性粒细胞崩解破碎（参见彩图 19.17 至彩图 19.19），局部形成化脓性软化灶，其周围逐渐形成包囊。在囊壁内层有小胶质细胞吞噬坏死崩解细胞碎片后形成的泡沫样细胞，外层为胶原纤维层，其间也见泡沫样细胞。此外，也见小胶质细胞弥漫性增生，在血管周围嗜中性粒细胞和淋巴细胞浸润形成管套。

二维码 19-7　化脓性脑膜脑炎
（彩图 19.17 至彩图 19.19）

当化脓性脑炎伴发化脓性脑膜炎时，常见蛛网膜和软脑膜充血与浑浊，蛛网膜腔内有脓性渗出物，渗出物可沿静脉周隙浸润。脉络膜也可受侵害引起脉络膜炎，见脉络膜肿胀，上皮表面有脓性物质覆盖，脑脊液增多且浑浊。炎症蔓延至室管膜时，发生室管膜炎，并见其周围脑组织水肿和白细胞浸润。在脑膜严重受损时，结缔组织明显增生，使蛛网膜粘连，在蛛网膜腔内产生囊肿性小腔，并使蛛网膜下腔闭塞，从而发生脑脊液循环障碍而招致脑积水。

不同病原菌引起的化脓性脑炎其病变特征是不相同的。例如，由李氏杆菌引起的化脓性脑炎，在脑实质内形成细小化脓灶，血管周围形成单核细胞性管套。病变主要见于延脑、脑桥、丘脑、脊髓颈段。镜检见神经组织局灶性坏死崩解，与渗出的嗜中性粒细胞一起形成小化脓灶。由链球菌引起的化脓性脑膜脑炎，多见于猪。病变轻时主要表现为脑脊髓膜的化脓性炎，剖检见脑脊髓的蛛网膜及软膜血管充血、出血。病变严重时，在灰质浅层可见嗜中性粒细胞浸润，在白质可见充血、出血，在血管周围形成由嗜中性粒细胞、淋巴细胞和单核细胞组成的管套，神经细胞呈各种急性变性变化乃至坏死、液化，胶质细胞增生。

任务三　脑软化

脑软化是指脑组织坏死后分解液化的过程。引起脑软化的病因很多，如细菌、病毒等病原微生物感染、维生素缺乏、缺氧等。由于病因不同，脑软化形成的部位、大小及数量具有某些特异性。

一、雏鸡脑软化

（一）病因

雏鸡脑软化通常发生于 15～30 日龄，又称疯狂病。本病由维生素 E 缺乏引起，维生素 E 缺乏还可引起雏鸡的渗出性素质和肌肉萎缩。

（二）病理变化

1. 眼观

病鸡的运动失调，头后仰或向下收缩，运动吃力，共济失调，腿快速地收缩与松弛，最终导致完全衰竭而死亡。最常见的病变部位是小脑、纹状体、大脑、延脑与中脑。小脑软而肿胀，脑膜水肿，表面有微细出血点，脑回被挤平。

2. 镜检

病变包括血液循环障碍、脱髓鞘和神经细胞变性。脑膜、小脑、大脑血管充血，并发展为水肿，因毛细血管内微血栓形成而引起坏死。神经细胞变性，尤其以浦肯野细胞病变最明显，细胞皱缩并深染，核呈典型的三角形，周边染色质溶解。

二、牛海绵状脑病(疯牛病)

(一)病因

牛海绵状脑病又称疯牛病，是由朊病毒引起的一种具有传染性的人兽共患病。

(二)病理变化

1. 眼观

本病的病理变化主要发生在中枢神经系统，眼观无明显变化。

2. 镜检

可见脑干灰质两侧对称性变性，在脑干的某些神经核的神经细胞和神经纤维网中散在分布有中等大小呈卵圆形或圆形的空泡。脑干的迷走神经背核、三叉神经束核、孤束核、前庭核、红核及网状结构等，在其神经细胞核周围和轴突内含有大空泡，大空泡一个或多个，有时明显扩大致使胞体呈气球样，使局部呈海绵状结构。延髓、中脑的中央灰质部，下丘脑的室旁核区以及丘脑的中隔区是空泡变性最严重的部位，而小脑、海马、大脑皮质和基底神经节通常很少形成空泡。此外，神经细胞变性及丧失使神经细胞数目减少，还有神经胶质增生、胶质细胞肥大等变化。

任务四 神经炎

神经炎是指外周神经的炎症。其特征是在神经纤维变性的同时，神经纤维间质出现不同程度的炎性细胞浸润或增生。

一、病因

引起神经炎的原因有机械性损伤、病原微生物感染、维生素 B_1 缺乏、中毒等。

二、分类和病理变化

根据发病的快慢和病变特性可分为急性神经炎和慢性神经炎 2 种。

(一)急性神经炎

急性神经炎又称急性实质性神经炎，其病变以神经纤维的变质为主，同时见轻微的间质炎性细胞浸润和增生。雏鸡维生素 B_1 缺乏时引起多发性神经炎。

1. 眼观

神经纤维水肿变粗，呈灰黄色或灰红色。在急性化脓性神经炎时，神经纤维肿胀，湿润质软，呈灰黄色或灰红色。

2. 镜检

神经轴突肿胀、断裂或完全溶解，髓鞘脱失，在间质可见巨噬细胞和淋巴细胞浸润（参见彩图 19.20）。在急性化脓性神经炎时，可见轴突肿胀溶解呈空泡化、节片状或完全消失，间质血管扩张充血，浆液渗出和水肿，嗜中性粒细胞浸润，进一步发展可由破碎的嗜中性粒细胞与坏死溶解的神经纤维及渗出液融合形成脓汁，严重时可波及神经外膜及周围组织，形成外膜炎及神经周围炎。

二维码 19-8　急性神经炎
（彩图 19.20）

（二）慢性神经炎

慢性神经炎又称间质性神经炎，其特征是神经纤维变质、间质炎性细胞浸润及结缔组织增生。本病可是原发性的，或由急性神经炎转化而来。

1. 眼观

神经纤维肿胀变粗，质地较硬，呈灰白色或灰黄色，有时与周围组织发生粘连，不易分离。

2. 镜检

轴突变性肿胀、断裂，髓鞘脱失或萎缩消失，神经膜上及周围有大量淋巴细胞、巨噬细胞浸润及成纤维细胞增生，结果使神经纤维增粗和发生硬化。

【本项目关键词】

神经器官　脑炎　脑软化　神经炎

【本项目小结】

脑组织的基本病变包括神经元、神经纤维、胶质细胞、血管和脉络丛、脑脊液等方面的变化。脑炎、神经炎是神经系统主要的炎症性疾病，由病毒引起的非化脓性脑炎较为常见，其病变特点是神经元变性坏死，小胶质细胞增生并构成卫星现象、嗜神经元现象和胶质小结，以淋巴细胞为主要细胞成分的血管周围管套的形成。外周神经的炎症称为神经炎，急性神经炎以神经纤维变质为主，同时见间质轻微的炎性细胞浸润和增生；慢性神经炎时神经纤维变质较轻，而间质出现明显的炎性细胞浸润及结缔组织增生。脑软化是指脑组织坏死后分解液化的过程。引起脑软化的病因很多，如细菌、病毒等病原微生物感染、维生素缺乏、缺氧等。由于病因不同，脑软化形成的部位、大小及数量具有某些特异性。

【复习思考题】

1. 神经器官的基本病理变化有哪些？
2. 化脓性脑炎的原因和病理变化特点各是什么？

3. 描述非化脓性脑炎的病理组织学特征。

4. 查阅相关牛海绵状脑病(疯牛病)资料,写一篇综述性论文。

二维码 19-9　复习思考题参考答案

模块三　病理诊断技术

项目二十

尸体剖检诊断技术

【知识目标】

1. 熟悉尸体剖检前的准备工作及尸体剖检的注意事项。
2. 熟悉动物病料的采取、保存与送检。
3. 熟悉动物组织切片制作的基本程序。
4. 掌握常见动物尸体的剖检技术及常见器官的剖检变化。

【技能目标】

1. 能够对常见动物尸体进行剖检并按要求描述记录。
2. 能够采取动物常见病理材料并合理保存。
3. 能够制作动物病理组织石蜡切片。

【素质目标】

培养精益求精的工匠精神。

任务一　尸体剖检概述

一、尸体剖检的目的与意义

尸体剖检是运用病理解剖知识和病理诊断技术，检查尸体的病理变化，诊断和研究疾病的一种方法。临床上常应用此种方法对死后动物进行病理诊断和疾病研究。

(一)尸体剖检的目的

主要在于通过全面完整地检查尸体的病理变化，查明畜禽患病和死亡的原因，确定疾病的性质，建立客观而准确的病理诊断，为疾病防治提供科学依据。

(二)尸体剖检的意义

(1)验证在动物死前的诊断和治疗是否正确,以便及时总结经验,提高对疾病的认识能力和诊疗水平。

(2)对一些群发病(如传染病、寄生虫病、中毒病和代谢病等)可尽早采取及时有效的预防和控制措施。

(3)可积累病理资料,以便对疾病进行全面系统的研究。

二、尸体变化

动物死亡后,在体内酶和细菌的作用下,以及受到外界环境的影响,逐渐发生一系列的死后变化。尸体变化包括以下几个方面。

(一)尸冷

动物死亡后,由于动物体内产热过程停止,尸体温度逐渐降至外界环境温度的水平称尸冷。尸体温度下降的速度,在最初几小时较快,以后逐渐变慢,通常在室温条件下,平均每小时下降 1 ℃,当外界温度低时,尸冷可能发生得更快。尸温检查有助于确定死亡时间。

(二)尸僵

动物死亡后其肢体发生僵硬的现象,称为尸僵。尸僵是由于肌细胞蛋白质发生凝固,肌肉固缩变得致密僵硬,而引起尸僵。尸僵一般在动物死后 1～6 h 开始发生,经 10～24 h 发展完全,在死后 24～48 h 开始缓解。尸僵的发生和缓解一般是按头部、颈部、前肢、体躯和后肢的顺序进行。尸僵除发生于骨骼肌外,心肌、平滑肌同样可以发生,心肌的尸僵在死后 0.5 h 左右即可发生。环境气温较高时,尸僵出现较早,解僵较快;寒冷时则出现较晚,解僵较迟。肌肉发达的动物尸僵较明显,死于破伤风的动物尸僵发生快而明显。死于败血症的动物,尸僵不显著或不出现。心肌变性或心力衰竭的心肌,则尸僵不出现或不完全,其心脏扩张,并充满血液,心肌质地柔软。

(三)尸斑

动物死亡后,血液由于受重力的影响,沉降到尸体低下部位而出现的色斑,称为尸斑。动物死后,由于心脏和大动脉的临终收缩及尸僵的发生,将血液排挤到静脉系统内,并由于重力作用,血液流向尸体的低下部位,故该部血管充盈血液,组织呈暗红色(死后 1～1.5 h 出现)。初期指压褪色,并且这种色斑可随尸体位置的变更而改变。后期由于发生溶血使该部组织染成红色(一般在死后 24 h 左右开始出现),此时指压或改变尸体位置时也不会消失,即尸斑形成。尸斑在尸体卧侧的皮肤、肺脏、肝脏、肾脏等表现特别明显,要注意不要把这种死后变化与生前的充血、淤血相混淆。在采取病料时,如无特异病变、特殊需要,最好不取这些部位的组织。

(四)血液凝固

动物死后,心脏和大血管内的血液凝固成块,称为血液凝固。死亡较慢者,血凝块往往分为两层，上层呈黄色鸡油样血浆层，称为鸡脂样血凝块。下层是暗红色细胞层。死亡时间较快时，则血凝块呈一致的暗紫红色。死于败血症或窒息、缺氧的动物，血液凝固不良或不凝固。剖检时，要注意血凝块与生前形成的血栓相区别。

（五）尸体自溶和腐败

尸体自溶是指体内组织受到自身蛋白溶解酶的作用，而发生自体溶解的过程。表现最明显的是胃肠和胰腺。在外界气温较高，死亡时间较长的情况下，剖检时常可见到胃肠道黏膜的脱落，就是一种自溶现象。

尸体腐败是指尸体组织蛋白由于受到腐败菌的作用发生腐败分解的现象。参与腐败过程的腐败菌主要是厌氧菌，他们主要来自外界环境和消化道。死于败血症或有大面积化脓的动物尸体极易腐败。尸体腐败破坏生前病变，给剖检工作带来困难，因此，动物死后剖检应尽早进行，最好在 6 h 以内进行。尸体腐败有以下几种表现形式。

1. 腹围膨大

腹围膨大是由于胃肠内细菌大量繁殖，胃肠内容物腐败发酵而产生大量气体的结果。

2. 尸绿

尸绿是组织分解产生的硫化氢与红细胞分解产生的血红蛋白和铁结合形成硫化血红蛋白和硫化铁，致使腐败组织呈绿色，此种变化在肠道最明显。

3. 尸臭

在尸体腐败过程中，可产生大量有恶臭气味的气体，如硫化氢等，故使尸体发出腐臭味。

4. 实质脏器腐败

实质脏器腐败后体积增大，质地柔软，呈泡沫状。

三、尸体剖检的注意事项

为保证尸体剖检的顺利进行，并达到其预期目的，在剖检前必须做好一些必要的准备工作，如剖检器械、消毒药品以及对剖检人员的防护等。尤其对患传染病死亡尸体的剖检，剖检人员既要预防自身的感染，又要注意防止病原的扩散。

（一）剖检时间的确定

应在动物死后尽早进行，特别是炎热的夏季，最好在死后 6 h 以内进行。死后超过 24 h 的尸体，由于尸体自溶与腐败而难以辨别原有病变，失去剖检意义。剖检最好在白天进行，晚间应在充足的 LED 灯下辨别脏器的色彩。

（二）剖检地点的选择

最好在专用的动物剖检室进行。在养殖场死亡的动物，可在其设置的剖检场所进行。如在室外剖检时，应选择远离水源、居民区、道路和畜舍的地点进行。剖检前，先挖好深达 2 m 的尸坑；剖检后，将尸体连同垫布或垫草和污染的土壤一起投入坑内，再撒上生石灰或 3%～5%的来苏尔或其他消毒药，然后用土掩埋。

(三)剖检尸体的搬运

对疑似传染病的尸体,特别是类似炭疽等烈性传染病尸体的搬运,为防止其病原的扩散,必须在搬运前进行相应的处理。用浸透消毒液的药棉团堵塞天然孔,并用消毒液喷湿体表各部,以防运输时造成病原的扩散。剖检场地、运输车辆及其他用具都要进行严格消毒。若疑为炭疽时,可在末梢血管采血做涂片检查,之后对采血处马上烧烙处理;或切开腹壁局部,取小块脾脏组织进行检查,然后将切口用浸透了浓漂白粉液的棉花或纱布堵塞,妥善包装后送检。若确定为炭疽则严禁剖检,并将尸体与被污染的场地、用品等进行严格消毒与处理。

(四)剖检器械和消毒药品的准备

1. 剖检器械

常用的有剥皮刀、脏器刀、外科刀、脑刀、外科剪、肠剪、镊子、骨锯、骨斧、量尺、量杯、注射器和针头、磨刀棒等。

2. 消毒药品

常用的有3%~5%来苏尔、5%石炭酸、3%碘酊、0.2%高锰酸钾、70%酒精等。还要准备一些固定液,如10%福尔马林、95%酒精,用于采集和送检病料的固定与保存。

(五)剖检人员的防护

剖检人员应注意自身保护,剖检人兽共患病的动物尸体时更应严格防护。穿戴好工作衣帽,外罩橡胶或塑料围裙,戴乳胶手套并外加线手套,穿胶靴,必要时还要戴上口罩和眼镜。不慎损伤皮肤时,应立即消毒包扎。剖检完毕,尸体处理后,先除去手套,再脱去全部防护衣物,投入消毒液中浸泡。消毒器械要另用消毒液浸泡。在全部工作完毕后,用消毒液浸泡和洗净双手,最后用清水将手上消毒液冲洗干净。为了除去粪便与腐尸的臭味,可用巴氏消毒液浸泡,既消毒又除臭。剖检器械和衣服消毒后,用清水洗净。橡胶制品晾干后要抹上滑石粉以防粘连。金属器械擦干后要涂抹凡士林防锈。

(六)尸体消毒与处理

在剖检前应对尸体表面喷洒消毒液。如需搬运尸体,应用不透水容器,特别是炭疽、开放性鼻疽等传染病的尸体时,应先用浸透消毒液的药棉团堵塞尸体的天然孔。如确定为传染病的尸体,可采用焚尸炉焚烧、投入专用的尸坑或临时掘坑深埋等方法处理。消毒应参照中华人民共和国国家标准《畜禽产品消毒规范》执行。

任务二　尸体剖检术式

一、牛的尸体剖检术式

尸体剖检术式是指尸体剖检的方法和步骤。常规剖检术式是由表及里分外部检查和内部检查两大部分。

(一)外部检查

外部检查是指在剥皮前对尸体外表的检查,其检查内容包括以下方面。

1.尸冷

检查尸体的体温,有助于确定死亡时间。

2.尸僵

检查尸僵程度是否完全,死于败血症的动物尸僵不全,死于破伤风的动物,因生前肌肉的强直性痉挛,死后尸僵特别明显。

3.尸腐

检查尸体腐败情况,有助于判断死亡时间和生前病情,死于败血症或有大面积化脓的动物尸体极易腐败。

4.肢体形态

检查有无骨折、关节移位、肢体变形、腹部膨胀程度等。

5.营养状况

主要检查尸体肥瘦。

6.可视黏膜

检查眼结膜、口鼻黏膜、肛门和生殖器黏膜等。着重检查可视黏膜的色彩和完整性,观察其有无贫血、充血、淤血、出血、黄疸和外伤等。

7.体表检查

检查体表有无新旧外伤,还要检查天然孔的开闭状态和有无分泌排泄物等。

(二)内部检查

1.剥皮和皮下组织的检查

(1)剥皮　首先使尸体仰卧,从下唇正中线沿颌间正中线,经颈、胸、腹下正中线做一切线,切开皮肤,切至脐部时向左右分为两条。绕过阴茎或乳房等器官后切线又合并为一,直至尾根。再从腹正中切线沿四肢内侧正中做一切线分别切开四肢皮肤,切至球节部做一环形切线。然后沿其切线,剥离全身皮肤(图20.1)。患传染病死亡的尸体一般不剥皮。

(2)皮下组织检查　在剥皮时应随时对皮下组织进行检查,主要检查皮下脂肪含量及性状,肌肉的发育情况,皮下有无出血、水肿和炎症等。

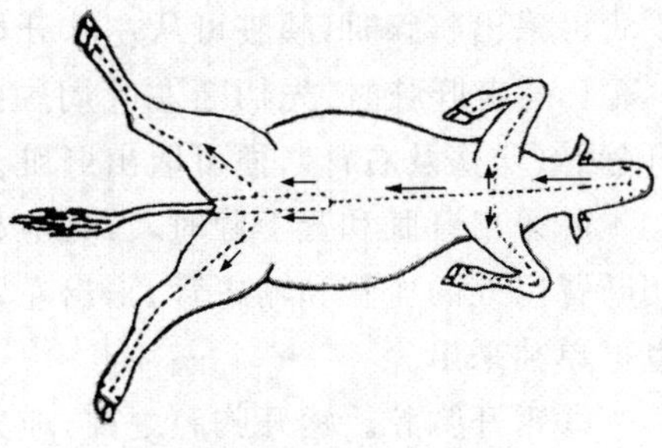

图20.1　牛剥皮示意图

(引自周铁忠等,2006)

2.内脏器官的采出和检查

(1)内脏器官的采出

①腹腔的剖开。牛的尸体剖检,通常采取左侧卧位(马属动物采取右侧卧位、小动物采取仰卧位),切

离剖检侧的前后肢，同时切除母畜乳房或公畜外生殖器。然后从肷窝沿肋骨弓后缘至剑状软骨部，再从肷窝沿髂骨体至耻骨前缘做两条切线，切开腹壁并翻转入腹下，即可显露出腹腔(图 20.2)。此时应随时检查腹腔脏器的位置有无变化，胃肠壁的完整性，腹膜有无出血、炎症反应，损伤和粘连、腹水的数量及性状等。

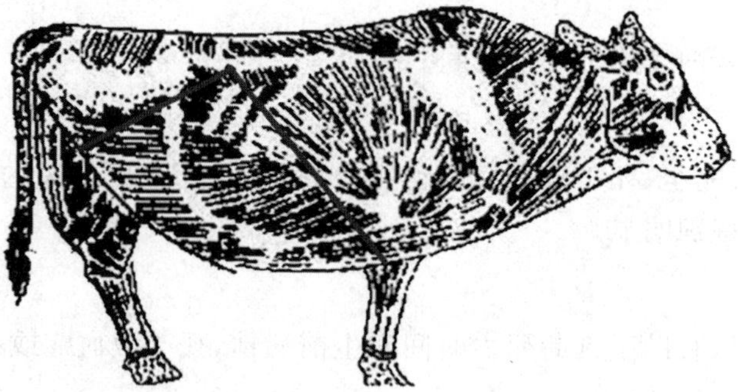

图 20.2　腹腔剖开示意图(引自周铁忠等，2006)

②腹腔脏器的采出。剖开腹腔后，在剑状软骨部可见到网胃，右侧肋骨后缘部为肝脏、胆囊和皱胃，右肷部可见盲肠，其余脏器均被网膜覆盖。因此，为了采出牛的腹腔器官，应先将网膜切除，并依次采出小肠、大肠、胃和其他器官。

a. 切取网膜时，首先检查网膜有无充血、出血及其他病变，然后将两层网膜切下并采出。

b. 采出空肠和回肠时，提起盲肠，沿盲肠体向前，在三角形的回盲韧带处切断，分离一段回肠，在距盲肠约 15 cm 处做双重结扎，从双重结扎中间切断。再抓住回肠断端向前牵引，使肠系膜呈紧张状态，在接近小肠部切断肠系膜。分离十二指肠空肠曲，再做双重结扎，于两结扎间切断，即可取出全部空肠和回肠。与此同时，要检查肠系膜及其淋巴结等有无变化。

c. 采出大肠时，在骨盆口处将直肠内粪便向前挤压并在直肠末端做一次结扎，在结扎后方切断直肠。抓住直肠断端，由后向前分离直肠、结肠系膜至前肠系膜根部。再把横结肠、肠盘与十二指肠回行部之间联系切断。最后切断前肠系膜根部的血管、神经和结缔组织，可取出整个大肠。

d. 采出胃、十二指肠和脾脏时，先将胆管、胰管与十二指肠之间的联系切断，然后分离十二指肠系膜。将瘤胃向后牵引，露出食管，并在末端结扎切断。再用力向后下方牵引瘤胃，用刀切离瘤胃与背部的联系，切断脾膈韧带，将胃、十二指肠及脾脏同时采出。

e. 采出胰腺时，胰脏可从左叶开始逐渐切下或随腔动脉、肠系膜一并取出。

f. 采出肝脏时，先切断左叶周围的韧带及后腔静脉，然后切断右叶周围的韧带、门静脉和肝静脉(勿伤及右肾)，便可取出肝脏。

g. 采出肾脏和肾上腺时，首先应检查输尿管的状态，然后沿腰肌剥离其周围的脂肪囊，并切断肾门处的血管和输尿管，采出左肾，并用同样方法采出右肾。肾上腺可与肾脏同时采出，也可单独采出。

③锯开胸腔。锯开胸腔之前，应先检查肋骨的高低及肋骨与肋软骨结合部的状态。然后将膈的左半部从季肋部切下，用锯把左侧肋骨的上下两端锯断，只留第一肋骨，即可将左胸腔全部暴露。锯开胸腔后，应随时检查左侧胸腔液的量和性状，胸膜的色泽，有无充血、出血或粘连等。

④胸腔脏器的采出。

a. 采出心脏时，先在心包左侧中央做十字形切口，将手洗净，把食指和中指插入心包腔，提取心尖，检查心包液的量和性状；然后沿心脏的左侧纵沟左右各 1 cm 处，切开左、右心室，检查心室内血量及性状；最后将左手拇指和食指分别伸入左、右心室的切口内，轻轻提取心脏，切断心基部的血管，取出心脏。

b. 采出肺脏时，先切断纵隔的背侧部，检查胸腔液的量和性状；然后切断纵隔的后部；最后切断胸腔前部的纵隔、气管、食管和前腔动脉，并在气管轮上做一小切口，将食指和中指伸入切口牵引气管，将肺脏取出。

c. 采出腔动脉时，从前腔动脉至后腔动脉的最后分支部，沿胸椎、腰椎的下面切断肋间动脉，即可将腔动脉和肠系膜一并取出。

⑤骨盆腔脏器的采出。先锯断髋骨体，然后锯断耻骨和坐骨的髋臼支，除去锯断的骨体，盆腔即暴露。用刀切离直肠与盆腔上壁的结缔组织。母牛还应切离子宫和卵巢，再由盆腔下壁切离膀胱颈、阴道及生殖腺等，最后切断附着于直肠的肌肉，将肛门、阴门做圆形切离，即可取出骨盆腔脏器。

⑥口腔及颈部器官的采出。先切开咬肌，再在下颌骨的第一臼齿前，锯断左侧下颌支，再切开下颌支内面的肌肉和后缘的腮腺、下颌关节的韧带及冠状突周围的肌肉，将左侧下颌支取出；然后用左手握住舌头，切断舌骨支及其周围组织，再将喉、气管和食管的周围组织切离，直至胸腔入口处，可采出口腔及颈部器官。

⑦颅腔的打开与脑的采出。

a. 切断头部。沿环枕关节切断颈部，使头与颈分离，然后除去下颌骨体及右侧下颌支，切除颅顶部附着的肌肉。

b. 脑的采出。先沿两眼的后缘用锯横行锯断，再沿两角外缘与第一锯相连接锯开，并于两角的中间纵锯一正中线，然后两手握住左右两角，用力向外分开，使颅顶骨分成左右两半，脑即可取出(图 20.3)。

图 20.3　牛颅腔剖开示意图
(引自周铁忠等，2006)

⑧鼻腔的锯开。沿鼻中线两侧各 1 cm 纵行锯开鼻骨、额骨，暴露鼻腔、鼻中隔、鼻甲骨及鼻窦。

⑨脊髓的采出。剔去椎弓两侧的肌肉，凿(锯)断椎体，暴露椎管，切断脊神经，即可取出脊髓。

上述各体腔的打开和内脏的采出，是系统剖检的程序，在实际工作中，可根据生前的病性，进行重点剖检，适当地改变或取舍某些剖检程序。

(2)内脏器官的检查

①肝脏的检查。先检查肝门部的动脉、静脉、胆管和淋巴结；然后检查肝脏的形态、大小、色泽、包膜性状、有无出血、结节、坏死等；最后切开肝组织，观察切面的色泽、质地和含血量等情况。注意切面是否隆突，肝小叶结构是否清晰，有无脓肿、寄生虫结节和坏死灶等。

②脾脏的检查。脾脏摘除后，注意其形态、大小、质地；然后纵行切开，检查脾小梁、脾髓的

颜色，红、白髓的比例，脾髓是否容易刮脱。

③肾脏的检查。先检查肾脏的形态、大小、色泽、质地，然后由外侧面向肾门部将肾脏纵切为相等的两半，检查包膜是否容易剥离，肾表面是否光滑，皮质和髓质的颜色、质地、比例、结构，肾盂黏膜及肾盂内有无结石等。

④心脏的检查。先检查心脏纵沟、冠状沟的脂肪量和性状，有无出血；然后检查心脏的外形、大小、色泽及心外膜的性状；最后切开心脏检查心腔。沿左侧纵沟切开右心室及肺动脉，同样再切开左心室及主动脉。检查心腔内血液的性状，心内膜、心瓣膜是否光滑，有无变形、增厚，心肌的色泽、质地、心壁的厚薄等(图 20.4)。

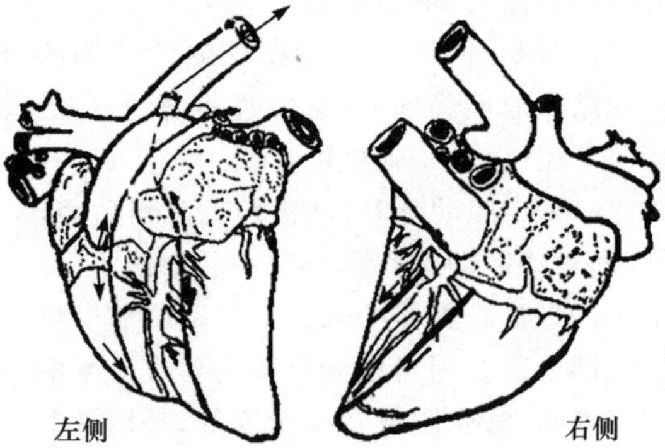

图 20.4 心脏检查示意图

⑤肺脏的检查。首先注意其大小、色泽、重量、质地、弹性、有无病灶及表面附着物等，然后用剪刀沿支气管剪开，注意检查支气管黏膜的色泽、表面附着物的数量、黏稠度。最后横切左右肺叶，注意观察切面的色泽、流出物的数量、色泽变化，同时观察切面有无出血、坏死和结节等病变(图 20.5)。

⑥胃的检查。检查胃的大小、质地、浆膜的色泽，有无粘连、胃壁有无破裂和穿孔等，然后将瘤胃、网胃、瓣胃、皱胃之间的联系分离，使四个胃展开。首先沿皱胃小弯剪开至皱胃与瓣胃交界处，再沿瓣胃的大弯部剪开至瓣胃与网胃口处，并沿网胃大弯剪开，最后沿瘤胃上下缘剪开。分别检查胃内容物的数量、性状及黏膜变化等。并检查瘤胃内有无吸虫、网胃内有无异物和刺伤，瓣胃内容物是否干燥等。

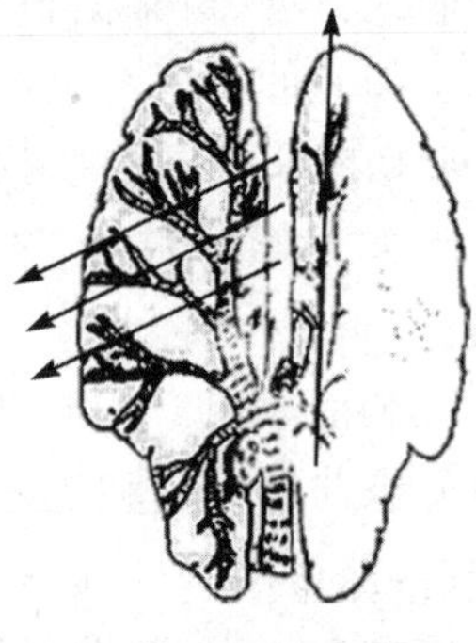
图 20.5 肺脏检查示意图

⑦肠的检查。从十二指肠、空肠、回肠、大肠、直肠分段进行检查。先检查肠管浆膜的色泽和有无粘连、破裂、穿孔等。然后沿肠系膜附着处剪开肠腔，检查肠内容物数量、性状，再除去内容物检查胃肠黏膜有无病变。

⑧内脏淋巴结的检查。应随内脏器官采出或检查时同步进行，特别要注意肺门淋巴结、肠系膜淋巴结的检查。注意检查其大小、颜色、硬度，以及与周围组织的关系，切面的色泽及有无出血、坏死、增生病变等。

二、猪的尸体剖检术式

(一)外部检查

猪的外部检查与牛的外部检查相同，主要检查尸体的营养状况、肢体形态、尸体变化、体表皮肤及可视黏膜，有无新旧损伤、充血、淤血、出血、贫血、黄疸，天然孔的开闭状态和有无分泌排泄物等。

(二)内部检查

1.剥皮与皮下检查

猪的剖检多采取背侧仰卧位，一般先分别切断肩胛内侧和髋关节周围肌肉，仅以部分皮肤与体躯相连，使四肢摊开。猪的剖检多不剥皮，如要剥皮其方法和步骤与牛大体相同，在剥皮过程中随时进行皮下检查，主要检查皮下有无充血、炎症、出血、淤血、水肿等病变，还要检查体表淋巴结的大小、颜色，有无充血、出血、水肿、坏死、化脓等病变。

2.腹腔的剖开与腹腔脏器的采出

(1)腹腔的剖开　先沿腹壁正中线切开剑状软骨与肛门之间的腹壁，再沿肋骨弓将腹壁两侧切开，使腹腔器官全部暴露。此时应检查腹腔脏器的位置，腹膜及腹腔器官浆膜是否光滑，腹腔中有无渗出物及其数量、颜色和性状等。

(2)腹腔脏器的采出　腹腔脏器的采出可先取出脾脏与网膜，其次为空肠、回肠、大肠、胃和十二指肠。

①采出脾脏和网膜时，在右季肋部可见脾脏。提起脾脏，并在接近脾脏根部切断网膜和其他联系后取出脾脏。然后将网膜从其附着部分离采出。

②采出空肠和回肠时，将结肠盘向右侧牵引，盲肠拉向左侧，显露回盲韧带与回肠。在离盲肠约 15 cm 处，将回肠做双重结扎并切断。然后握住回肠断端，用刀切离回肠、空肠上附着的肠系膜，直至十二指肠空肠曲，在空肠起始部做双重结扎并切断，取出空肠和回肠。边分离肠系膜边检查肠浆膜有无出血，肠系膜有无出血、水肿，肠系膜淋巴结有无肿胀、出血、坏死等。

③采出大肠时，在骨盆腔口分离直肠，将其中粪便挤向前方做一次结扎，并在结扎后方切断直肠。从直肠断端向前方分离肠系膜，至前肠系膜根部。分离结肠与十二指肠、胰腺之间的联系，切断前肠系膜根部血管、神经和结缔组织，以及结肠与背部之间的联系，即可取出大肠。再依次将胃和十二指肠、肾脏和肾上腺、胰腺和肝脏采出。

3.胸腔的剖开与胸腔脏器的采出

胸腔的剖开及胸腔脏器的采出。用刀先分离胸壁两侧表面的脂肪和肌肉，检查胸腔的压力，用刀切断两侧肋骨与肋软骨的接合部，再切断其他软组织，除去胸壁腹面，胸腔即可露出。检查胸腔、心包腔有无积液及其性状，胸膜是否光滑，有无粘连。

4.骨盆腔脏器的采取

参照牛的尸体剖检术式进行。

5.颅腔剖开

可在脏器检查完后进行。清除头部的皮肤和肌肉，在两眼眶之间横劈额骨，然后将两侧颞骨(与颧骨平行)及枕骨髁劈开，即可掀掉颅顶骨，暴露颅腔。检查脑膜及脑组织有无充血、出血、坏死及其他病变。

对小猪剖检，可自下颌沿颈部、腹部正中线至肛门切开，暴露胸腹腔、切开耻骨联合露出骨盆腔。然后将口腔、颈部，胸腔、腹腔和骨盆腔的器官一起取出。

内脏各器官的检查与牛的尸体剖检相同，按一定顺序，逐一检查各器官的病理变化。

三、禽的尸体剖检术式

(一)外部检查

先观察全身肢体形态有无异常,羽毛有无光泽、脱毛、蓬乱等现象,泄殖腔周围的羽毛有无粪便污染,皮肤有无肿胀,关节及脚趾有无脓肿或其他异常。检查冠、肉髯和面部的颜色、厚度、有无痘疹等。压挤鼻孔和鼻窦,观察有无液体流出,口腔有无黏液。检查两眼虹膜的颜色,最后触摸腹部有无变软或积有液体。

(二)内部检查

1.体腔的剖开与检查

首先用消毒液将羽毛浸湿,防止羽毛飞扬。切开两侧大腿与腹侧连接的皮肤,用力掰开两腿,使髋关节脱位,将尸体仰卧平摊在搪瓷盘内(图 20.6)。拔掉胸、腹部的羽毛,切开胸、腹部皮肤,并注意观察胸部肌肉的丰满程度、颜色,有无出血、坏死及其他病变。同时检查皮下有无充血、出血、水肿、坏死等病变。然后在后腹部,将腹壁横行切开,顺切口的两侧分别向前剪断胸肋骨(注意不要伤及肝和肺)、喙骨及锁骨,最后把整个胸壁翻向头部,使整个胸腔和腹腔脏器暴露出来。体腔打开后注意观察各脏器的位置、颜色有无变化,体腔浆膜有无充血、出血、水肿及其他病变,体腔内有无积液,各脏器之间有无粘连等。如进行细菌分离,应采用无菌技术打开胸、腹腔,进行分离接种。

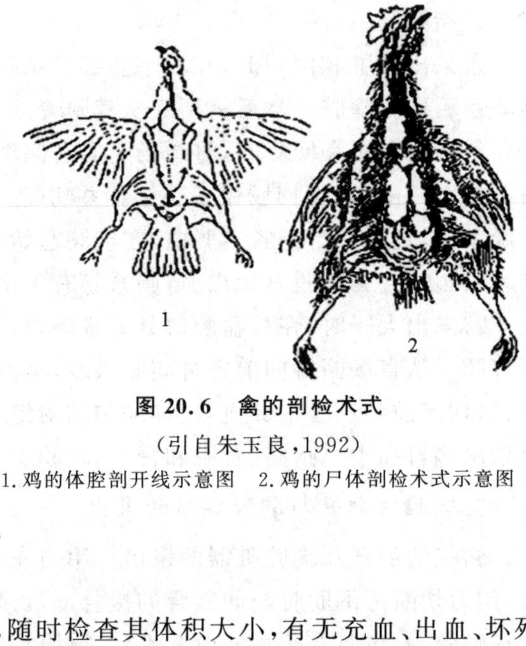

图 20.6 禽的剖检术式

(引自朱玉良,1992)

1.鸡的体腔剖开线示意图 2.鸡的尸体剖检术式示意图

2.内脏器官采取与检查

首先将心脏连同心包一起采取,再取出肝脏,随时检查其体积大小,有无充血、出血、坏死及炎性渗出物等。在打开体腔和内脏器官采取与检查过程中,随时注意检查气囊的厚薄,有无渗出物,霉斑等病变。

在食管末端切断食管,将腺胃向后牵拉,边牵拉边剪断胃肠与背部的联系,在泄殖腔前切断直肠(或连同泄殖腔一同取出),即可取出胃肠道。在分离肠系膜时,要注意肠系膜是否光滑,有无肿瘤及其他病变。并剪开胃肠,检查胃肠内容物含量及其性状,胃肠黏膜有无充血、出血、坏死及炎性渗出物等。在采出直肠时,注意检查在泄殖腔背侧的腔上囊是否肿大及有无充血、出血、坏死及分泌物等。

禽类的肺脏和肾脏分别陷藏于肋间隙内和腰荐骨凹陷处,可用外科刀柄或手术剪剥离取出,并随时检查肺脏和肾脏的体积大小,有无充血、出血、坏死等病变。取出肾脏时,要注意输尿管的检查,重点观察有无尿酸盐沉积。

睾丸、卵巢和输卵管可在原位检查，注意其大小、形状、颜色，卵黄发育状况及有无充血、出血、坏死等病变。

3. 口腔、颈部器官检查

剪开口角，观察鼻后孔、腭裂及喉口有无分泌物堵塞、口腔黏膜有无假膜。再剪开喉头、气管、食管及嗉囊，观察管腔有无渗出物及其性状，以及管腔黏膜的颜色，有无出血、坏死和伪膜等病变。检查嗉囊是否充盈食物，内容物的数量及性状。并在颈椎两侧寻找并观察胸腺的大小及颜色，有无小的出血、坏死点。

4. 脑的采出与检查

可先用刀剥离头部皮肤，再剪除颅顶骨(大鸡用骨剪或普通剪，小鸡用手术剪)，即可露出大脑和小脑，将头顶部朝下，剪断脑下部神经，将脑取出。注意检查脑膜及脑组织有无充血、出血、坏死性病变等。

外周神经检查，在大腿内侧，剥离内收肌，暴露坐骨神经；在脊椎两侧，分离肾脏，露出腰荐神经丛，观察两侧神经的粗细、横纹及色彩、光滑度，以及有无肿大增粗和肿瘤病变等。

任务三　病理材料的采取和送检

在动物尸体剖检时，为了对一些病例做进一步的诊断，往往需要在尸体剖检过程中采取一些器官组织或其相关病料，送往一些有条件的实验室做进一步检查。为了保证送检病料的质量和检查效果，应根据不同的检查项目与目的，分别采取相关的病理材料，并严格按照病料的采取、保存和送检方法进行。

一、病理组织学检验材料的采取和送检

(一)采取

用作病理组织学检验的组织病料应选取病变最典型最明显的部位，并应连同部分健康组织一并采取，同时应该含有该器官的主要部分。例如，肾要有皮质部、髓质和肾盂；脾和淋巴结要有淋巴小结部分；黏膜器官应含有从浆膜到黏膜各部；肠应有淋巴滤泡；心脏应有房室、瓣膜各部；脑组织，取量应较大；大的病变组织不同部位可分段采取多块；若同一组织有不同的病变，应同时各取一块。

(二)保存、包装与送检

1. 固定与保存

病理组织病料可用10%福尔马林溶液(1份市售38%～40%甲醛溶液加9份生理盐水配成)。固定液量为组织体积的10～20倍。容器底部应垫脱脂棉或纱布，以防组织粘贴瓶底影响固定效果，固定时间应在24 h以上。固定24 h后，可换新液保存。在对胃肠壁等膜状组织的固定时，为防止组织扭转变形，可将组织块浆膜面向下平放在硬纸片上，两端结扎固定后放

入固定容器中。肺组织块因比重轻常呈漂浮状态，可用脱脂棉或纱布包裹后再投入固定容器中。做狂犬病的内基氏小体检查的脑组织，用 Zenker 氏固定液固定。做其他包涵体检查的组织用氯化高汞甲醛固定液固定。

2. 包装

病料固定好后，可将组织块用脱脂纱布包裹好，装入塑料袋或木匣内以备送检。

3. 送检

目前多派专人送检，并填写有尸体剖检记录及临床摘要的送检单(表 20.1)。

表 20.1 动物病理材料送检单

<table>
<tr><td colspan="2">送检单位</td><td colspan="4"></td><td>单位地址</td><td colspan="3"></td></tr>
<tr><td>畜种</td><td></td><td>年龄</td><td></td><td>性别</td><td></td><td>发病时间</td><td></td><td>死亡时间</td><td></td></tr>
<tr><td>采样时间</td><td></td><td colspan="3">送检时间</td><td></td><td>送检人</td><td></td><td>联系电话</td><td></td></tr>
<tr><td colspan="10">流行情况</td></tr>
<tr><td colspan="10">临床摘要</td></tr>
<tr><td colspan="10">病理剖检变化</td></tr>
<tr><td colspan="10">病料种类、数量与保存方法</td></tr>
<tr><td colspan="10">送检目的与要求</td></tr>
</table>

(三)注意事项

1.采取的病理材料应保证新鲜,最好是动物的心脏还在跳动时取材,立即投入固定液内,组织块固定前勿沾水。脏器的上皮组织易变质,应争取在死后半小时内处理完毕。

2.组织块力求小而薄,组织块大小应为长宽 1～3 cm,厚度 0.5 cm 左右,有时可采取稍大的病料块,待固定几小时后,再切小切薄;脱水包埋组织块厚度不超过 3 mm。

3.勿使组织块受挤压,切取组织块用的刀、剪要锋利,切割时不可来回锉动。夹取组织时,切勿猛压,以免挤压损伤组织。取材时,组织块可稍大一点,以便在固定后,将组织块的不平整部分修去。在固定前不能用水冲洗。

4.选好组织块的切面,熟悉器官组织的构造并据此决定其切面的走向;纵切或横切根据观察目的而定。

5.保持材料的清洁,组织块上如有血液、污物、黏液、食物、粪便等,先用生理盐水冲洗,然后放入固定液。组织周围不需要的部分,如脂肪等应切除,以免影响以后的程序和观察。

二、微生物学检验材料的采取和送检

(一)采取

1.脏器病料

(1)实质器官的采取　心、肝、脾、肺、肾等实质器官,应选择病变明显的部位,采取 2～5 cm^3 小方块即可。若幼小动物,可采取完整的器官,分别置于灭菌容器内。为防止相互污染,每一个脏器用一套灭菌的剪、刀、镊。同时,可将各脏器做 2～3 张触片或压片。

(2)淋巴结的采取　采取病变脏器邻近的淋巴结,并尽可能多取几个。若采取胃肠附近的淋巴结,应防止胃肠内容物污染。凡被污染的病料,应废弃重采。

(3)肠管的采取　用线扎紧病变明显处(5～10 cm)的两端,自扎线外侧剪断,把该段肠管置于灭菌容器中,冷藏送检。

2.液体病料

(1)粪便病料　用清洁灭菌玻璃棒挑取新鲜粪便或以灭菌的棉拭子从直肠深处或泄殖腔黏膜上蘸取粪便,并立即投入灭菌的试管内密封,或在试管内加入少量 pH 7.4 的保护液再密封。须采取较多量的粪便时,可将动物肛门周围消毒后,用器械或用戴上胶手套的手伸入直肠内取粪便。所收集的粪便装入灭菌的容器内,经密封并贴上标签,立即冷藏,以备送检。

(2)生殖道病料　主要是动物死胎、流产排出的胎儿、胎盘、阴道分泌物等。流产的胎儿及胎盘可按采取组织病料的方法,无菌采取有病变的组织。

(3)胃肠内容物　取中小动物胃内容物时,可将食管及十二指肠结扎,且断端烧烙的整个胃送检。大家畜胃内容物,以无菌刀切开胃后,用灭菌匙取。肠内容物可选取适宜肠段 7 cm 左右,两端结扎,以灭菌剪刀从结扎线外端剪断,置玻璃容器或塑料袋中。

(4)血液　通常从右心腔采取心血。先用烧红的铁片或刀片烙烫心肌表面,然后用灭菌吸管或采血器抽取血液,盛于灭菌的试管或青霉素小瓶中。

(5)胆汁　可用灭菌采血器吸取胆汁数毫升,如幼小动物,可取整个胆囊。

(6)分泌物和渗出物　眼、鼻腔、口腔的分泌液或渗出液，开放的化脓灶，可用灭菌的棉花拭子蘸取，放入试管。

(7)脓液　未破溃的脓肿可用采血器刺入脓肿，吸出脓汁注入灭菌容器内，水疱溶液，皮下水肿液，尸体剖检的胸水、腹水、心包液、关节囊液等可用灭菌采血器或注射器或灭菌吸管抽取或吸取，置于灭菌容器内。

(二)保存、包装与送检

1.保存

(1)病毒检验病料　应装入灭菌容器内，经密封并贴上标签，立即冷藏或冷冻保存。如较长时间才能送检，应在－70 ℃条件下保存，也可加入保存液，如50%灭菌甘油磷酸盐缓冲液，液体病料可保存在pH 7.2～7.4的灭菌肉汤或磷酸盐缓冲液中。

(2)细菌检验病料　供细菌检验的脏器病料，应分别放入灭菌的容器内或灭菌的塑料袋内，贴上标签，立即冷藏保存。做细菌检验的粪便病料较少时，可投入无菌缓冲液或肉汤试管内。较多量的粪便则可装入灭菌的容器内，贴上标签后冷藏保存，如较长时间才能送检，应加入保存液中，如pH 7.2～7.4的灭菌肉汤、30%甘油缓冲盐水等，抽吸的分泌物或渗出液，要分别放入已灭菌的玻璃瓶内，贴上标签，密封冷藏。棉拭子病料可放入灭菌试管内，贴上标签，密封冷藏保存。也可将拭子浸入保存液，一般每支拭子需保存液5 mL，密封低温保存。

2.包装

(1)每份组织病料应分别包装。在病料袋或平皿外面贴上标签，标签注明病料名、病料编号、采样日期等。再将各个病料放到塑料包装袋中。

(2)拭子病料、小塑料离心管要放在特定的塑料盒内。分泌液、渗出液和血清病料装于西林瓶时，要用铝盒盛放，盒内加填塞物避免小瓶晃动。

(3)木箱、包装袋、塑料盒及铝盒要贴封条。封条上要有采样人签章，并注明贴封日期。标注放置方向，切勿倒置。

3.送检

(1)病料送检要求派专人以最快速度送检。送检时要保证病料包装完好，避免碰撞、高温、阳光照射等。病料若能在24 h内送到实验室，可只用带冰袋的保温容器冷藏运输。供病毒检验的病料，在冷藏状态下4 h内送到实验室，如果超过4 h，要做冷冻处理，应先将病料置于－30 ℃冻结，然后再在保温瓶内加冰袋运输，经冻结的病料必须在24 h内送到。24 h内不能送到者需要在运送过程中保持病料温度处于－20 ℃以下。

(2)送检单位向检验单位送检病料的同时必须提供送检单(参见表20.1)。

(三)注意事项

1.在采取病料过程中，应注意无菌操作，避免病料、容器、人员被病原微生物污染或感染。所用器具不能重复使用。在整个采取病料过程中，应注意个人防护。

2.不同病料不能混在一起，盛装病料的容器或试管应先标明动物编号和病料名称。

3.不同取样部位，不同病料和检验目的，所要求的采取、保存方法，所用器械和容器不同，必须做好充分准备。

4.采取病料完成后应将器械，衣物和防护用具等，分别进行清洗和消毒；采取者的双手先用肥皂水洗涤，再用消毒液冲洗，最后用清水冲洗；采取病料的场所应采取冲洗、喷洒消毒药或烧灼等消毒措施，避免散播传染源；采取人员的衣物先用消毒液浸泡，再用清水洗净，太阳下晾晒。

5.病料保存的要求，病料短时间保存，可放入冰箱或加冰的保温容器中(保温箱或保温瓶)冷藏保存；若 24 h 不能送到实验室，需要保持在 −20 ℃以下。病料若较长时间存放，则应于 −70 ℃以下条件保存，不得反复冻融；病料长时间保存如果没有低温条件，可加入相应的保存液保存。保存的病料要贴标签，并注明病料来源，采样人员，采样日期。

6.病料运送的要求，病料经包装密封后，必须尽快送往实验室，延误送检时间，会严重影响诊断结果。因此，在运送病料过程中，要根据病料的保存要求及检验目的，妥善安排运送计划。用飞机运送时，病料应放在增压仓内，以防压力改变，病料受损。

三、寄生虫学检验材料的采取和送检

(一)采取

采取死后的动物皮肤病料，用灭菌的器械取病变部位及与之交界的小部分健康皮肤，可放入有盖容器内供直接镜检。检查活动物的寄生虫病如疥螨、痒螨等时，可在患病皮肤与健康皮肤交界处，用凸刃小刀，使刀刃与皮肤表面垂直，刮取皮屑，直到皮肤轻度出血，接取皮屑供检验。粪便病料应选择新排出的或直接从直肠内采取的粪便，要保持虫体或虫体节片及虫卵的固有形态。

(二)保存、包装和运送

1.保存和包装

(1)粪便　一般寄生虫检验的粪便用量较多，采得的粪便以冷藏不冻结状态送实验室。如较长时间才能送检，应加入保存液，可放入加热到 50～60 ℃的 5%～10%的福尔马林溶液中冷却后密封保存。

(2)涂片　用甲醇固定，片片相叠，涂片之间用火柴杆垫起，最外面的血膜向里，用细线捆扎送检。

(3)虫体　依种类而定。

①吸虫　用生理盐水洗净后，放在常水中杀死，而后放在 70%酒精中固定。

②绦虫　节片的固定方法同上，也可放于绦虫固定液中，12 h 后再移到 70%酒精中保存。绦虫蚴及其病理标本可用 10%福尔马林溶液固定。

③线虫和棘头虫　大型虫体洗净后，放在 4%热福尔马林溶液中保存。小型线虫放在巴氏液或甘油酒精中保存。固定时虫体要用毛笔洗净，固定液应先加热，以便虫体彻底舒展。

④蜘蛛昆虫　昆虫用针插法干燥保存，昆虫的幼虫、虱、毛虱、羽虱、蠕形蚤、虱蝇、舌形虫、蜱等放在加热的 70%酒精中保存，螨类用贝氏液封固。

⑤经固定染色的原虫玻片　直接保存于标本盒内。

⑥病变组织和寄生虫所在组织　于 10%福尔马林液中密封保存。

2. 送检

送检的方法和要求参考微生物学检验材料的运送有关内容。

四、中毒检验材料的采取与送检

(一)采取

1. 脏器组织

可采取肝、肾、胃、肠等脏器组织。

2. 液体病料

可采取血液、尿液、胃肠内容物,以及患病动物的呕吐物等。

3. 可疑中毒物品

如剩余的饲草、饲料,以及中毒前所用药品等。分别装入清洁的容器内,并且注意切勿与任何化学药剂接触混合。

(二)保存、包装与送检

1. 保存

采取的中毒病料应分别装入清洁的容器内,并且注意切勿与任何化学药剂接触混合。

2. 包装与送检

将装入中毒病料容器密封后,装于放有冰块的保温瓶或冷藏箱内,在冷藏的条件下送检。送检的方法和要求参考微生物学检验材料的运送有关内容。

任务四　尸体剖检记录与剖检报告

一、尸体剖检记录

尸体剖检记录是综合分析和诊断疾病的原始资料,也是尸体剖检报告的重要依据,应与剖检同时进行。如因剖检人手紧缺不能同时进行时,可采取补记。

尸体剖检记录的范围主要包括两方面内容:一方面应记录畜主姓名、畜别、品种、性别、年龄、特征、生前表现与治疗情况、死亡时间、剖检时间、剖检地点、剖检编号、剖检人员等;另一方面应记录剖检所见,应遵循系统、客观、准确的原则,力求完整详细,如实反映尸体的各种病理变化,并明确描述病变的发生部位、大小、形状、结构、颜色、湿度、透明度、质地、气味以及表面和切面的特征等。有些病变用文字难以表达时,可绘图补充说明,同时配合拍照或将整个器官保存下来(表 20.2)。

表 20.2　动物尸体剖检记录格式

编号：

送检单位							送检人		
畜别		品种		性别		年龄		特征	
病料种类	（尸体、活体、器官组织、其他病料）				送检日期				

临床摘要（简要记录生前主要临床表现，以及诊断与治疗等情况）

病理变化（记录剖检所见，要力求完整详细，如实反映尸体的各种病理变化，并明确描述病变的发生部位、大小、形状、结构、颜色、湿度、透明度、质地、气味以及表面和切面的特征）

检验项目（病理切片、细菌检验、病毒检验、毒物检验等）

病理诊断（根据剖检所见与检验结果，做出初步诊断）

检验单位（盖章）　　　　检验医师（签名）

年　　月　　日　　时

二、尸体剖检报告

尸体剖检报告是根据尸体剖检记录剖检所见，结合生前表现及其他相关资料，综合分析剖检病变与生前症状的有机联系，阐明其发病与死亡原因，进而做出诊断结论，并提出行之有效的防控措施。

剖检报告的内容包括以下部分。

（一）概述

主要阐述畜主姓名、畜别、品种、性别、年龄、特征、死亡时间、剖检时间和地点、临床摘要及临床诊断等。

（二）病理剖检情况

应以剖检记录为依据，详细报告剖检变化，包括眼观变化和组织学变化及实验室检查情况。

(三)病理剖检诊断

根据剖检所见,结合各器官的病变特点,对主要器官病变做出诊断。

(四)病理诊断结论

根据剖检诊断,结合生前临床诊断及其他有关材料,综合分析,做出病理诊断结论,阐明其发病和致死的原因,并提出防控措施与建议(表 20.3)。

表 20.3 尸体剖检报告格式

编号:

公司或畜主		畜种		性别		年龄		特征	
死亡时间		剖检时间				剖检地点			
临床摘要(以剖检记录为依据)									
病理剖检情况(以剖检记录为依据,详细报告剖检变化,包括眼观变化和组织学变化及实验室检查情况)									
病理剖检诊断(根据剖检所见,结合各器官的病变特点,对主要器官病变做出诊断)									
病理诊断结论(根据剖检诊断,结合生前临床诊断及其他相关材料,综合分析,做出病理诊断结论,阐明其发病和致死的原因,并提出防控措施与建议) 检验单位(盖章) 检验医师(签名) 年 月 日 时									

【知识拓展】

动物病理组织切片制作技术

动物病理组织的观察,必须首先将组织切成很薄(2～10 μm)的切片,再经相应的染色处理,才能在光学显微镜下进行观察。常用的切片技术包括石蜡切片和冰冻切片 2 种,本项目主要介绍石蜡切片技术。

石蜡切片技术是将石蜡充分浸入组织,然后用石蜡包埋,借助于石蜡的硬度进行切片。用石蜡包埋制作的切片能完好地保存组织的原有结构，透明度好，并可长期保存，有利于显微镜下观察组织结构。现将其技术方法介绍如下。

一、取材与固定

(一)取材

病理组织的取材是制作切片的一个重要程序，可根据病理诊断的具体要求取自被检动物机体(外科手术切除组织、尸体剖检采取组织)，具体要求如下。

1. 材料新鲜

取材组织越新鲜越好(动物组织一般在离体 2 h 以内取材)，病理组织应在处死(或病死)后立即取材，并迅速固定，以保证组织的新鲜和原有的形态结构。

2. 病变典型明显

应选取病变最典型最明显的部位，采样要全面，而且具有代表性。应连同部分健康组织一并采取，同时要保持主要组织结构的完整性。大块病变组织可按不同部位采取多块，同一组织有不同的病变应各取一块。

3. 组织块大小

所取组织块理想的体积为 1.8 cm×1.0 cm×0.2 cm，以使固定液能迅速而均匀地渗入组织内部，保证固定效果。

4. 勿挤压组织块

切取组织块用的刀剪要锋利，切割时不可来回锉动。夹取组织时切勿过紧，以免因挤压而使组织、细胞变形。

(二)固定

为阻止组织细胞的死后变化，防止自溶与腐败，保持组织内细胞原有的组织结构，切取组织块后应立即放进固定液进行固定，常用的固定液有以下 2 种。

1. 单纯固定液

(1)10％甲醛固定液。

(2)95％酒精固定液。

2. 混合固定液

(1)酒精-甲醛固定液(95％酒精 9 份、40％的甲醛 1 份)；

(2)Zenken 氏液(重铬酸钾 2.5 g，升汞 5.0 g，蒸馏水 100 mL，冰醋酸 5 mL)；

(3)Bouin 氏液(苦味酸饱和水溶液 25 mL，40％甲醛 25 mL，冰醋酸 5 mL)。

二、脱水与透明

(一)脱水

标本经过固定和冲洗后，组织中含有较多的水分，必须将组织块内的水分置换出来，这一过程称为脱水。石蜡切片必须除去组织中所含水分，因含水组织与石蜡不相溶，常用的脱水剂为一系列不同浓度的酒精。可用 60％、70％、80％、90％、95％、100％各种浓度酒精各浸泡 2 h。

(二)透明

酒精仍不溶于石蜡，还要经过一个能溶于石蜡的溶剂替代过程。经此过程处理后的组织可呈现透明状态，故称此过程为透明。常用的透明剂有二甲苯、三氯甲烷、冬青油等。一般透明时间 30 min 左右即可。

三、浸蜡与包埋

（一）浸蜡

组织经过脱水、透明后要让石蜡等支持剂浸入组织内部使其变硬，有利于包埋和切片，需将已透明的组织移入熔化的石蜡中，使蜡能充分地浸入组织内，此过程称为浸蜡。浸蜡时应注意以下几点：

1. 浸蜡熔点

石蜡分为软蜡（熔点为 42～54 ℃）与硬蜡（熔点为 56～62 ℃）2 种。浸蜡时，应先经软蜡再经硬蜡（可分别采取熔点为 52～54 ℃、54～56 ℃、56～58 ℃ Ⅲ级浸蜡），使组织中含有的透明剂完全去除。

2. 浸蜡温度

浸蜡的温度以高于熔点 2～5 ℃为宜，温度过高可致组织过度收缩或变脆，如在温箱内浸蜡，可将温度控制在 60～62 ℃。

3. 浸蜡的时间

可根据组织块的大小及其组织种类而定。一般厚度约 0.2 cm 的实质性器官（肝、肾、脾等）的浸蜡时间为 2～3 h，组织块多时需延长浸蜡时间。

（二）包埋

将浸蜡后的组织置于熔化的石蜡中，石蜡凝固后，组织即被包在蜡块中，此过程称为包埋。包埋用的石蜡温度应与组织块本身的温度相等，如温度不一，可造成组织与周围石蜡脱裂的现象。包埋所用的石蜡要求无杂质，并有一定的黏韧性。蜡的熔点与组织块相适应，过硬的组织（如骨组织、肌肉组织、皮肤等）可用硬度较高的石蜡包埋。包埋用的石蜡可以重复使用，必要时加以过滤以免异物或残渣污染组织或损害切片刀。

四、切片、贴片与烘片

（一）切片

切石蜡切片操作步骤如下：

1. 修整蜡块

可视其组织的大小，在组织边缘 0.1～0.2 cm 处，切去余蜡部分，否则易造成组织皱缩不平。

2. 安装蜡块

将修好的蜡块安装在金属或木制持蜡器上，持蜡器固定螺旋不能旋得过紧，否则易压裂蜡块。

3. 安装切片刀

将切片刀安装在切片机的刀台上，把刀台上的紧固螺丝旋紧，使切片时不产生振动，能保持一定的切片厚度。

4. 控制切片刀与蜡块角度

切片刀与蜡块应有一定的角度，将预定使用的刀口部位移至蜡块的下方，调节持蜡器的方向螺旋，使蜡块平切面与刀锋准确平行。刀的倾角一般以4°～10°为宜，双平面刀侧角以12°～15°为宜，如切较硬的组织倾角以30°左右为宜。

5. 切片厚度

切片机的厚度调节器上刻有0～50 μm或0～25 μm，可任意选择其厚度，石蜡切片的厚度一般在4～6 μm。

6. 切片

用右手握住切片机旋转轮的手柄，左手握住微调推进器的手柄，调整组织块前后的进度，待组织块即将接触刀刃时，再用左手缓慢移动微调推进器的手柄，右手上下移动旋转轮的手柄进行“粗切”，待组织“切全”后，松开左手，以右手转动旋转轮，石蜡便被切成一条蜡带，这时左手持毛笔牵引着蜡带向前拉，到一定长度便可用毛笔轻巧取下。

7. 铺片

用眼科镊子镊起蜡带轻轻平铺在40～45 ℃的水面上，借水的温度与张力，将略皱的蜡带自然展平。

(二)贴片、烘片

待切片在恒温水面上充分展平后，用镊子将每一张蜡片分离，将洁净的载玻片垂直插入水中，轻轻地将其捞到载玻片的中段处倾去载玻片上的余水，用蜡笔在载玻片的一侧写上标本的编号后放在烤片架上，置入60～65 ℃恒温箱内或切片漂烘温控仪的烘箱内烤片15～30 min，蒸发蜡片组织中的水分。

五、染色与封片

常用的染色方法是苏木素-伊红染色法，简称HE染色法。苏木素是一种碱性染料，可使组织中的酸性物质(又称嗜碱性物质)染成蓝色，如细胞核中的染色质等；伊红是一种酸性染料，可使组织中的碱性物质(又称嗜酸性物质)染成红色，如多数细胞的胞质、核仁等。因染色剂多为水溶液，染色前必须先经二甲苯脱掉浸蜡过程中进入组织的蜡，然后，再用酒精由高浓度到低浓度脱苯，并复水(即重复脱水的逆过程)，最后用流水洗去乙醇，即可染色。先用苏木素染细胞核，用自来水洗去切片上的染液，再用1%盐酸酒精分色，分色的目的是去除细胞核以外不应着色部分的颜色，使细胞核着色清晰适度。颜色分辨鲜明。分色时间凭经验控制。分色后用流水充分洗去余酸。最后用伊红液染细胞质。染色后的切片，因组织内含水而不透明，需再次用酒精脱水、二甲苯透明。为了达到长期保存的目的，在切片标本上滴加树胶，再加一盖玻片，此过程为封固。HE染色程序如下：

(一) 脱蜡、脱苯至水

二甲苯Ⅰ	1 min
二甲苯Ⅱ	1 min
无水酒精Ⅰ	30 s
无水酒精Ⅱ	30 s
95%酒精Ⅰ	30 s
95%酒精Ⅱ	30 s
85%酒精	30 s
75%酒精	30 s

自来水洗	2～3 次

(二) 染色

苏木素溶液染色	5～10 min
自来水洗	2～3 次
1%盐酸酒精(80%酒精)分化	15～60 s
自来水洗	2～3 次
伊红溶液染色	5～10 min

(三) 脱水、透明、封固

80%酒精	15～30 s
95%酒精Ⅰ	15～30 s
95%酒精Ⅱ	15～30 s
无水酒精Ⅰ	15～30 s
无水酒精Ⅱ	15～30 s
二甲苯Ⅰ	15～30 s
二甲苯Ⅱ	15～30 s

中性树胶加盖片将切片标本封固，供长期保存使用。

苏木素-伊红染色液配制方法

一、苏木素染液的配制方法

以下介绍两种常用的配制方法。

(一)哈瑞(Harris)氏苏木素液

苏木素	1 g
纯酒精	10 mL
钾明矾(硫酸铝钾)	20 g
蒸馏水	200 mL
氧化汞	0.5 g

先将苏木素溶于纯酒精中，另将钾明矾加温溶于蒸馏水中，待钾明矾全部溶解，再将苏木素酒精溶液，混合后煮沸，避开火源缓缓加入氧化汞，用玻璃棒搅拌，此时液体变为深紫色，再煮沸速将烧杯放于流动冷水之中，使液体立即冷却，隔日过滤。使用时再加冰醋酸 4 mL，可增加其染色力。也可将染液使用一段时间后再加入冰醋酸，这样可延长苏木素染液的使用寿命。

(二)Mayer 苏木精改良配法

A 液：苏木精	2 g
无水乙醇	40 mL
B 液：硫酸铝钾	100 g
蒸馏水	600 mL

稍加热使硫酸铝钾在水中溶解，将苏木精溶于酒精中，再将 A 液与 B 液混合煮沸 2 min。用蒸馏水补足 600 mL，加入 400 mg 碘酸钠充分混匀，苏木精染液呈紫红色。

(三)Gill 氏苏木素液

蒸馏水	146.00 mL
乙二醇	50.00 mL
苏木素	0.40 g
碘酸钠	0.04 g
硫酸	3.52 g
冰醋酸	4.00 mL

混合后搅拌半小时，即可应用。此方法配制方便，使用效果同 Harris 氏苏木素液。苏木素用量小，不需加温或煮沸，故称之为 Gill 氏苏木素液冷配法。

二、伊红染液的配制方法

0.1%～1%伊红水溶液或酒精溶液(70%、80%、90%任选一浓度均可)若遇到伊红着色困难时，可加入冰醋酸，以增强伊红着色力。

【本项目关键词】

尸体剖检　诊断　技术

【本项目小结】

尸体剖检是运用病理解剖知识和病理诊断技术，检查尸体的病理变化，诊断和研究疾病的一种方法。临床上常应用此种方法对死后动物进行病理诊断和疾病研究。尸体剖检诊断技术包括尸体剖检的目的与意义，尸体剖检前的准备工作及尸体剖检的注意事项，牛、猪、鸡 3 种动物尸体剖检的基本程序与操作要领，以及动物病料的采取、保存与送检技术。

【复习思考题】

1. 动物死后尸体会出现哪些变化？
2. 尸体剖检应注意哪些事项？
3. 简述动物内脏器官的检查要点。
4. 通过尸体剖检掌握微生物学检验材料的采取和送检。

二维码 20-1　复习思考题参考答案

项目二十一

病理诊断单项实训

实训一　局部血液循环障碍

【知识目标】

掌握常见组织器官局部血液循环障碍的眼观和镜检病理变化。

【技能目标】

通过实训能够辨认充血、淤血、出血、梗死、栓塞的病理变化。

【素质目标】

养成严谨求实的职业素养。实训时间为 2 h。

【实训条件】

(1)材料:相关大体标本、病理组织切片、幻灯片、CAI 课件、图片和挂图。

(2)用具:光学显微镜、幻灯机、显微图像投影和分析系统等。

【实训内容】

肾充血,急性肺淤血,肝淤血,出血:淤斑及淤点、血肿、积血,动脉血栓,血栓机化,栓塞,肾贫血性梗死,脾出血性梗死。

【方法步骤】

1. 病理大体标本观察

(1)指导教师选择相关的典型标本,指导学生观察和识别器官类别及其眼观病理变化。

(2)由指导教师选择相关的大体标本,学生自主观察或分组观察。

(3)指导教师组织讨论和总结。

2. 病理组织切片观察

(1)指导教师提出观察的内容、要点、方法和注意事项。

(2)指导教师选择相关的病理组织幻灯片或 CAI 课件或图片,通过幻灯机或显微图像投影系统,指导学生观察和识别器官组织类别及其病理组织学变化。

(3)学生对相关的病理组织切片,通过显微镜自主观察。

(4)指导教师组织讨论和总结。

【实训报告】

(1)观察充血、淤血、出血、梗死等器官或组织的大体标本，并叙述它们的发生原因和机理。

(2)绘出肺淤血、肝淤血、肾梗死显微图。

实训二　水　肿

【知识目标】

掌握常见组织器官水肿的眼观和镜检病理变化。

【技能目标】

通过实训能够识别和诊断常见组织器官水肿的病理变化。

【素质目标】

养成精益求精的工匠精神。实训时间为 2 h。

【实训条件】

(1)材料：相关的大体标本、病理组织切片、幻灯片、CAI 课件、图片和挂图。

(2)用具：光学显微镜、幻灯机、显微图像投影和分析系统等。

【实训内容】

皮下水肿，胃肠道水肿，肺水肿，肝、肾、心等水肿，脑水肿。

【方法步骤】

1. 病理大体标本观察

(1)指导教师选择相关的典型标本，指导学生观察和识别器官类别及其眼观病理变化。

(2)由指导教师选择相关的大体标本，学生自主观察或分组观察。

(3)指导教师组织讨论和总结。

2. 病理组织切片观察

(1)指导教师提出观察的内容、要点、方法和注意事项。

(2)指导教师选择相关的病理组织幻灯片或 CAI 课件或图片，通过幻灯机或显微图像投影系统，指导学生观察和识别器官组织类别及其病理组织学变化。

(3)学生对相关的病理组织切片，通过显微镜自主观察。

(4)指导教师组织讨论和总结。

【实训报告】

(1)叙述皮下水肿的病理变化，并分析其发生机理。

(2)绘制肺水肿的显微病理变化图。

实训三　脱　水

【知识目标】

掌握脱水镜检病理变化。

【技能目标】

通过实训能够诊断常见组织器官脱水的病理变化。

【素质目标】

养成精益求精的工匠精神。实训时间为 2 h。

【实训条件】

(1)材料:抗凝血、带凹载玻片、滴管,10%、0.9%、0.1%的氯化钠溶液。

(2)用具:显微镜。

【实训内容】

高渗性脱水、低渗性脱水、等渗性脱水。

【方法步骤】

(1)将 3 种不同浓度的氯化钠溶液分别滴入 3 片载玻片的凹内,数滴即可,勿太多,以防溢出。

(2)分别向各载玻片凹内的不同浓度的氯化钠溶液中滴入抗凝血 1 滴。

(3)片刻后,轮流将载玻片置于低倍镜下,观察细胞形态,直至出现变化,然后在高倍镜下观察红细胞的形态变化。

【实训报告】

绘图记录红细胞在不同浓度氯化钠溶液中的形态变化,并分析其机理。

实训四　细胞和组织的损伤

【知识目标】

掌握常见组织器官萎缩、变性和坏死的眼观及镜检病理变化。

【技能目标】

通过实训能够识别和诊断常见组织器官萎缩、变性和坏死的病理变化。

【素质目标】

养成精益求精的工匠精神。实训时间为 2 h。

【实训条件】

(1)材料:相关大体标本、病理组织切片、幻灯片、CAI 课件、图片和挂图。

(2)用具:光学显微镜、幻灯机、显微图像投影和分析系统等。

【实训内容】

萎缩、肾脏颗粒变性、肝脏脂肪变性、心肌脂肪变性、牛结核性干酪样坏死、肌肉蜡样坏死、皮肤干性坏疽。

【方法步骤】

1. 病理大体标本观察

(1)指导教师选择相关的典型标本,指导学生观察和识别器官类别及其眼观病理变化。

(2)由指导教师选择相关的大体标本,学生自主观察或分组观察。

(3)指导教师组织讨论和总结。

2.病理组织切片观察

(1)指导教师提出观察的内容、要点、方法和注意事项。

(2)指导教师选择相关的病理组织幻灯片或CAI课件或图片，通过幻灯机或显微图像投影系统，指导学生观察和识别器官组织类别及其病理组织学变化。

(3)学生对相关的病理组织切片，通过显微镜自主观察。

(4)指导教师组织讨论和总结。

【实训报告】

(1)画出肾、肝细胞肿胀，肝、心脂肪变性的显微图。

(2)观察细胞的颗粒变性，脂肪变性切片后，试述它们的病理形态学变化及其发生机理。

实训五　适应与修复

【知识目标】

掌握适应与修复常见的病理过程和形态学变化。

【技能目标】

通过实训能够识别和诊断适应与修复常见的病理变化。

【素质目标】

养成精益求精的工匠精神。实训时间为2 h。

【实训条件】

(1)材料：相关大体标本、病理组织切片、幻灯片、CAI课件、图片和挂图。

(2)用具：光学显微镜、幻灯机、显微图像投影和分析系统等。

【实训内容】

心肌肥大、皮肤上皮再生、肉芽组织、瘢痕组织、钙化、包囊形成。

【方法步骤】

1.病理大体标本观察

(1)指导教师选择相关的典型标本，指导学生观察和识别器官类别及其眼观病理变化。

(2)由指导教师选择相关的大体标本，学生自主观察或分组观察。

(3)指导教师组织讨论和总结。

2.病理组织切片观察

(1)指导教师提出观察的内容、要点、方法和注意事项。

(2)指导教师选择相关的病理组织幻灯片或CAI课件或图片，通过幻灯机或显微图像投影系统，指导学生观察和识别器官组织类别及其病理组织学变化。

(3)学生对相关的病理组织切片，通过显微镜自主观察。

(4)指导教师组织讨论和总结。

【实训报告】

(1)绘制心肌肥大、肉芽组织再生显微图。

(2)肉芽组织是怎样形成的？有何特点？肉芽组织的功能有哪些？

(3)机化和包囊形成后，在修复机体损伤中的作用有哪些？

(4)钙化灶眼观有什么特征？常见于哪些病理过程？

实训六 炎 症

【知识目标】

掌握各类型炎症的眼观病变特点和组织学病理变化。

【技能目标】

通过实训能够识别和诊断各类型炎症的病理变化。

【素质目标】

养成精益求精的工匠精神。实训时间为 2 h。

【实训条件】

(1)材料：相关大体标本、病理组织切片、幻灯片、CAI 课件、图片和挂图。

(2)用具：光学显微镜、幻灯机、显微图像投影和分析系统等。

【实训内容】

炎症细胞(嗜中性粒细胞、嗜酸性粒细胞、单核细胞和巨噬细胞、上皮样细胞和多核巨细胞、淋巴细胞、浆细胞)、变质性肝炎、浆液性肺炎、纤维素性肺炎、纤维素性心包炎、化脓性炎、出血性淋巴结炎、慢性猪瘟固膜性肠炎、结核性肺炎。

【方法步骤】

1. 病理大体标本观察

(1)指导教师选择相关的典型标本，指导学生观察和识别器官类别及其眼观病理变化。

(2)由指导教师选择相关的大体标本，学生自主观察或分组观察。

(3)指导教师组织讨论和总结。

2. 病理组织切片观察

(1)指导教师提出观察的内容、要点、方法和注意事项。

(2)指导教师选择相关的病理组织幻灯片或 CAI 课件或图片，通过幻灯机或显微图像投影系统，指导学生观察和识别器官组织类别及其病理组织学变化。

(3)学生对相关的病理组织切片，通过显微镜自主观察。

(4)指导教师组织讨论和总结。

【实训报告】

(1)对所观察的炎症大体标本和组织学病理变化特征进行描述。

(2)看图识别不同类型的炎症或对每一种类型的炎症进行举例说明。

实训七 发 热

【知识目标】

掌握溶血性黄疸、实质性黄疸和阻塞性黄疸的病变特点。

【技能目标】

通过实验能够识别溶血性黄疸、实质性黄疸和阻塞性黄疸。

【素质目标】

养成精益求精的工匠精神。实训时间为 2 h。

【实训条件】

(1)材料:家兔 3 只,30%安乃近注射液,过期伤寒混合疫苗。

(2)用具:水银温度计、注射器、针头、酒精棉、台秤。

【实训内容】

发热可分为三个阶段,即体温上升期、高热持续期和退热期。每个时期都有各自的临床表现和热代谢特点。

【方法步骤】

(1)选取健康成年家兔 1 只,称重,用水银温度计测定正常体温 2~3 次,体温波动较大者不宜用于本实验。

(2)按 0.5 mL/kg 剂量给家兔耳静脉注射过期伤寒混合疫苗,每隔 30 min 测量一次体温。

(3)观察家兔发热的过程,以及家兔在体温上升期、高热期时的特征。

(4)1 h 后,按 2 mL/kg 剂量给家兔腹腔注射 30%安乃近注射液,注射后观察家兔的临床表现。

(5)注意事项。

①选用母兔时,应是未怀孕的。

②测量体温前应使家兔安静,将水银温度计的刻度甩至 35 ℃以下,温度计头端涂以液状石蜡,轻轻插入肛门 4~5 cm,扶好温度计,后取出读数。

③家兔正常体温在 38.5~39.5 ℃,体温过高者即对致热原反应不良。

【实训报告】

对所观察的发热三期家兔的临床表现进行描述,并且解释家兔出现不同表现的原因。

实训八 血清胆红素定性试验

【知识目标】

掌握动物发热体温上升期、高热稽留期、退热期的临床特征。

【技能目标】

通过动物实验能够识别动物发热体温上升期、高热稽留期、退热期的临床特征。

【素质目标】

养成精益求精的工匠精神。实训时间为 2 h。

【实验条件】

(1)材料:家畜空腹静脉血 2 mL。

(2)用具:试管,试管架,吸管。

(3)试剂:①重氮试剂。甲液,对氨基苯磺酸 1 g,浓盐酸 15 mL,加蒸馏水至 1 000 mL。乙液,0.5% 亚硝酸钠溶液。本试剂临用前将甲液 5 mL 与乙液 0.15 mL 混合即成应用液。②95%的乙醇。

【实训内容】

溶血性黄疸、实质性黄疸和阻塞性黄疸。

【方法步骤】

1. 操作步骤

(1)吸取血清(或血浆)1 mL 加入小试管内。

(2)沿管壁慢慢加入重(偶)氮试剂应用液 0.5 mL,使其浮于血清上层,以形成界面,记录时间,观察反应。

2. 判定标准

(1)30 s 内界面出现红色或紫红色环的称为迅速反应。

(2)30 s 到 1 min 内界面出现红色或紫红色环的称为双相反应。

(3)1 min 后界面出现红色或紫红色环的称为迟缓反应。

(4)10 min 后界面仍不见红色或紫红色环的称为直接反应阴性。

(5)如果直接反应阴性,可将血清与试剂混合,加 95%酒精 5 mL,静置 2～3 min 出现红色的称为间接反应阳性,否则,则为间接反应阴性。

3. 临床意义

(1)正常为直接反应阴性;间接反应弱阳性或阴性。

(2)阻塞性黄疸,呈立即直接阳性反应或直接迟缓反应。

(3)溶血性黄疸,多为直接反应阴性,间接反应强阳性。

(4)实质性黄疸,双相反应阳性。

【实训报告】

对 3 种类型黄疸的实验结果进行描述,并分析其机理。

实训九 肿 瘤

【知识目标】

掌握良性肿瘤与恶性肿瘤形态结构的区别要点;掌握动物常见肿瘤病理变化的主要特征。

【技能目标】

能够识别良性肿瘤与恶性肿瘤;能够识别动物常见肿瘤病理变化的主要特征。

【素质目标】

养成精益求精的工匠精神。实训时间为 2 h。

【实训条件】

(1)材料：相关大体标本、病理组织切片、幻灯片、CAI 课件、图片和挂图。

(2)用具：光学显微镜、幻灯机、显微图像投影和分析系统等。

【实训内容】

牛皮肤乳头状瘤、牛皮肤纤维肉瘤、驴皮下纤维瘤、猪肠系膜脂肪瘤、鸡腹腔浆膜间皮瘤、猪肝脏淋巴肉瘤、鸭浆液性囊腺瘤、鸡卵巢腺癌、牛皮肤鳞状上皮癌、鸡马立克病(神经型、内脏型、皮肤型、眼型)、猪肾母细胞瘤。

【方法步骤】

1. 病理大体标本观察

(1)指导教师选择相关的典型标本，指导学生观察和识别器官类别及其眼观病理变化。

(2)由指导教师选择相关的大体标本，学生自主观察或分组观察。

(3)指导教师组织讨论和总结。

2. 病理组织切片观察

(1)指导教师提出观察的内容、要点、方法和注意事项。

(2)指导教师选择相关的病理组织幻灯片、CAI 课件或图片，通过幻灯机或显微图像投影系统，指导学生观察和识别器官组织类别及其病理组织学变化。

(3)学生对相关的病理组织切片，通过显微镜自主观察。

(4)指导教师组织讨论和总结。

【实训报告】

(1)对所观察的纤维肉瘤、乳头状瘤、鳞状细胞癌、淋巴细胞型淋巴瘤组织学病理变化进行描述。

(2)对所观察的眼观标本病理变化特征进行描述。

实训十　心脏病理

【知识目标】

掌握动物心包炎、心肌炎和心内膜炎眼观和镜检的病理形态特征。

【技能目标】

通过实训能够识别心包炎、心肌炎和心内膜炎的病理变化。

【素质目标】

养成精益求精的工匠精神。实训时间为 2 h。

【实训条件】

(1)材料：相关大体标本、病理组织切片、幻灯片、CAI 课件、图片和挂图。

(2)用具:光学显微镜、幻灯机、显微图像投影和分析系统等。

【实训内容】

猪纤维素性心外膜炎、鸡纤维素性心包炎、牛创伤性心包炎、牛急性心肌炎、猪丹毒疣状心内膜炎、猪溃疡性心内膜炎。

【方法步骤】

1.病理大体标本观察

(1)指导教师选择相关的典型标本,指导学生观察和识别器官类别及其眼观病理变化。

(2)由指导教师选择相关的大体标本,学生自主观察或分组观察。

(3)指导教师组织讨论和总结。

2.病理组织切片观察

(1)指导教师提出观察的内容、要点、方法和注意事项。

(2)指导教师选择相关的病理组织幻灯片或CAI课件或图片,通过幻灯机或显微图像投影系统,指导学生观察和识别器官组织类别及其病理组织学变化。

(3)学生对相关的病理组织切片,通过显微镜自主观察。

(4)指导教师组织讨论和总结。

【实训报告】

(1)描述心包炎、心肌炎和疣状心内膜炎的眼观和镜检病理变化。

(2)疣状赘生物的实质是什么?是怎样形成的?

实训十一 造血与免疫器官病理

【知识目标】

掌握各种脾炎、淋巴结炎和法氏囊炎的眼观与镜检变化。

【技能目标】

通过实训能够识别和诊断脾炎、淋巴结炎和法氏囊炎的病理变化。

【素质目标】

养成精益求精的工匠精神。实训时间为2 h。

【实训条件】

(1)材料:相关大体标本、病理组织切片、幻灯片、CAI课件、图片和挂图。

(2)用具:光学显微镜、幻灯机、显微图像投影和分析系统等。

【实训内容】

急性炎性脾肿、增生性脾炎、急性浆液性淋巴结炎、出血性淋巴结炎、增生性淋巴结炎、法氏囊炎。

【方法步骤】

1.病理大体标本观察

(1)指导教师选择相关的典型标本,指导学生观察和识别器官类别及其眼观病理变化。

(2)由指导教师选择相关的大体标本,学生自主观察或分组观察。

(3)指导教师组织讨论和总结。

2.病理组织切片观察

(1)指导教师提出观察的内容、要点、方法和注意事项。

(2)指导教师选择相关的病理组织幻灯片或CAI课件或图片,通过幻灯机或显微图像投影系统,指导学生观察和识别器官组织类别及其病理组织学变化。

(3)学生对相关的病理组织切片,通过显微镜自主观察。

(4)指导教师组织讨论和总结。

【实训报告】

(1)描述急性炎性脾肿的眼观和镜检病理变化特点。

(2)描述增生性脾炎的眼观病变。

(3)描述急性淋巴结炎的眼观病理特点。

(4)描述急性浆液性淋巴结炎的镜检特点。

(5)描述法氏囊炎的眼观和镜检病理变化特点。

实训十二　呼吸器官病理

【知识目标】

掌握动物肺炎、纤维素性肺炎、肺气肿眼观和镜检的病理形态特征。

【技能目标】

通过实训能够识别肺炎、纤维素性肺炎、肺气肿的病理变化。

【素质目标】

养成精益求精的工匠精神。实训时间为2 h。

【实训条件】

(1)材料:相关大体标本、病理组织切片、幻灯片、CAI课件、图片和挂图。

(2)用具:光学显微镜、幻灯机、显微图像投影和分析系统等。

【实训内容】

支气管肺炎、纤维素性肺炎、间质性肺炎、结核性肺炎、肺泡性肺气肿。

【方法步骤】

1.病理大体标本观察

(1)指导教师选择相关的典型标本,指导学生观察和识别器官类别及其眼观病理变化。

(2)由指导教师选择相关的大体标本，学生自主观察或分组观察。

(3)指导教师组织讨论和总结。

2. 病理组织切片观察

(1)指导教师提出观察的内容、要点、方法和注意事项。

(2)指导教师选择相关的病理组织幻灯片或 CAI 课件或图片，通过幻灯机或显微图像投影系统，指导学生观察和识别器官组织类别及其病理组织学变化。

(3)学生对相关的病理组织切片，通过显微镜自主观察。

(4)指导教师组织讨论和总结。

【实训报告】

(1)描述支气管肺炎、纤维素性肺炎、间质性肺炎的眼观和镜检病理变化。

(2)肺泡性肺气肿病理变化特征有哪些?

实训十三　消化器官病理

【知识目标】

掌握动物胃肠常见病变、肝脏常见病变和肝硬化的病理形态特征。

【技能目标】

通过实训能够识别胃肠常见病变、肝脏常见病变和肝硬化的病理变化。

【素质目标】

养成精益求精的工匠精神。实训时间为 2 h。

【实训条件】

(1)材料：相关大体标本、病理组织切片、幻灯片、CAI 课件、图片和挂图。

(2)用具：光学显微镜、幻灯机、显微图像投影和分析系统等。

【实训内容】

急性卡他性胃炎、急性出血性胃炎、坏死性胃炎、急性卡他性肠炎、出血性肠炎、纤维素性肠炎、慢性肠炎、细菌性肝炎、病毒性肝炎、寄生虫性肝炎、中毒性肝炎、肝硬化。

【方法步骤】

1. 病理大体标本观察

(1)指导教师选择相关的典型标本，指导学生观察和识别器官类别及其眼观病理变化。

(2)由指导教师选择相关的大体标本，学生自主观察或分组观察。

(3)指导教师组织讨论和总结。

2. 病理组织切片观察

(1)指导教师提出观察的内容、要点、方法和注意事项。

(2)指导教师选择相关的病理组织幻灯片、CAI 课件或图片，通过幻灯机或显微图像投影系统，指导学生观察和识别器官组织类别及其病理组织学变化。

(3)学生对相关的病理组织切片,通过显微镜自主观察。

(4)指导教师组织讨论和总结。

【实训报告】

(1)观察并描述急性卡他性肠炎、慢性卡他性肠炎、纤维素性肠炎的眼观及镜检病变特点。

(2)观察并描述急性重型肝类、肝硬化的眼观及镜检病变特点。

实训十四　泌尿与生殖器官病理

【知识目标】

掌握动物肾小球肾炎、化脓性肾炎、子宫内膜炎、乳腺炎的病变特点。

【技能目标】

通过实训能够识别肾小球肾炎、化脓性肾炎、子宫内膜炎、乳腺炎的病理变化。

【素质目标】

养成精益求精的工匠精神。实训时间为 2 h。

【实训条件】

(1)材料:相关大体标本、病理组织切片、幻灯片、CAI 课件、图片和挂图。

(2)用具:光学显微镜、幻灯机、显微图像投影和分析系统等。

【实训内容】

急性肾小球肾炎、亚急性肾小球肾炎、慢性肾小球肾炎、急性间质性肾炎、急性卡他性子宫内膜炎、化脓性子宫内膜炎、纤维素性乳腺炎、出血性乳腺炎、干酪性乳腺炎。

【方法步骤】

1. 病理大体标本观察

(1)指导教师选择相关的典型标本,指导学生观察和识别器官类别及其眼观病理变化。

(2)由指导教师选择相关的大体标本,学生自主观察或分组观察。

(3)指导教师组织讨论和总结。

2. 病理组织切片观察

(1)指导教师提出观察的内容、要点、方法和注意事项。

(2)指导教师选择相关的病理组织幻灯片或 CAI 课件或图片,通过幻灯机或显微图像投影系统,指导学生观察和识别器官组织类别及其病理组织学变化。

(3)学生对相关的病理组织切片,通过显微镜自主观察。

(4)指导教师组织讨论和总结。

【实训报告】

(1)描述急性、亚急性和慢性肾小球肾炎的眼观和镜检病理变化。

(2)间质性肾炎和化脓性肾炎的病变特征怎样?

(3)描述乳腺炎、子宫内膜炎的眼观病变特征。

(4)描述卡他性子宫内膜炎、卡他性乳腺炎的镜检特点。

实训十五　神经器官病理

【知识目标】

掌握动物脑炎的眼观和镜检病理变化特征。

【技能目标】

通过实训能够识别脑炎的病理变化。

【素质目标】

养成精益求精的工匠精神。实训时间为 2 h。

【实训条件】

(1)材料:大体标本、组织切片、CAI 课件、幻灯片、幻灯机、挂图。

(2)用具:光学显微镜、显微图像投影和分析系统等。

【实训内容】

非化脓性脑炎、化脓性脑炎、雏鸡维生素 E 缺乏性脑软化。

【方法步骤】

重复前面实训十四中的方法步骤。

【实训报告】

(1)描述非化脓性脑炎和化脓性脑炎的病理组织学特征。

(2)试述脑软化的病因及眼观病理变化。

实训十六　尸体剖检诊断技术

【知识目标】

掌握动物尸体剖检方法。

【技能目标】

能够进行剖检准备、常见动物器官病理变化检查、病理材料采集、包装和保存;能够撰写病理剖检记录和剖检报告的方法。

【素质目标】

养成精益求精的工匠精神。实训时间为 8 h。

【实训条件】

(1)动物:根据各地区具体情况选择(牛、马、猪、羊、鸡、兔等)两种以上病死动物。

(2)器械:剥皮刀、解剖刀、手术刀、肠剪、骨钳、板锯(弓锯)、骨斧、镊子、手术剪、卷尺、磨刀石(棒)、注射器、针头、瓷盘(盆或缸)等。采集病料常用器具。

(3)药品:0.1%新洁尔灭溶液、3%来苏尔溶液、3%碘酊、70%～75%酒精、10%福尔马林溶液或95%酒精、药棉、纱布等。

(4)其他：防护服、记录用品等。

【方法步骤】

先由教师示教，再让学生分组进行操作。操作按项目二十所规定的方法和步骤进行，在此不再重复。

【实训报告】

作尸体剖检报告一份。

实训十七　组织切片制作技术

【知识目标】

了解组织切片制作的程序。

【技能目标】

能够进行材料、用具、仪器的准备；能够进行病理切片样品的采集和处理；能够运用石蜡包埋技术，切片技术，染色技术进行病理切片制作。

【素质目标】

养成精益求精的工匠精神。实训时间为8 h。

【实训条件】

组织切片机、磨刀机、冰箱等组织切片所需设备，脱水、透明、包埋、染色等所需材料、用具和药品试剂，由实验教师准备。

【方法步骤】

在病理组织切片实验室，按项目二十所述方法和步骤进行，由教师示教完成。

【实训报告】

总结病理组织切片制作的程序和注意事项。

参 考 文 献

[1] 陆桂平.动物病理.北京:中国农业出版社,2001.
[2] 陈主初.病理生理学.北京:人民卫生出版社,2005.
[3] 陈怀涛,许乐仁.兽医病理学.北京:中国农业出版社,2005.
[4] 朱玉良.家畜病理学.北京:中国农业出版社,1992.
[5] 刘宝岩,邱震东.动物病理组织学彩色图谱.长春:吉林科学技术出版社,1990.
[6] 张旭静.动物病理学检验彩色图谱.北京:中国农业出版社,2003.
[7] 杜元钊,朱万光.鸡病诊断与防治图谱.济南:济南出版社,1998.
[8] 王伯沄,李玉松,黄高昇,等.病理学技术.北京:人民卫生出版社,2000.
[9] 孙斌.动物尸体剖检.北京:中国科学技术出版社,2001.
[10] 和瑞芝.病理学.5版.北京:人民卫生出版社,2004.
[11] 孙斌,杨颗粒,张洪友.动物疾病病理诊断.北京:中国科学技术出版社,2001.
[12] 王民桢.兽医临床鉴别诊断学.北京:中国农业出版社,1994.
[13] 朱坤熹.兽医病理解剖学.2版.北京:中国农业出版社,2000.
[14] 陈万芳.家畜病理生理学.2版.北京:中国农业出版社,2000.
[15] 赵振华.家畜病理学实验指导.北京:中国农业出版社,1993.
[16] 马学恩.家畜病理学.4版.北京:中国农业出版社,2007.
[17] 周铁忠,陆桂平.动物病理.2版.北京:中国农业出版社,2006.
[18] 林曦.家畜病理学.3版.北京:中国农业出版社,1999.
[19] 梁宏德,阎志民,程相朝.动物病理学.北京:中国科学技术出版社,2001.
[20] 潘耀谦.猪病诊治彩色图谱.北京:中国农业出版社,2005.
[21] 吕荣修.禽病诊断彩色图谱.北京:中国农业大学出版社,2005.
[22] 罗贻逊.家畜病理学.2版.成都:四川科学技术出版社,1993.
[23] 杨宝栓.畜禽病理学.郑州:河南科学技术出版社,2007.
[24] 王水琴.家畜病理生理学.长春:吉林科学技术出版社,1999.
[25] 赵德明.兽医病理学.北京:中国农业大学出版社,2001.
[26] 李家瑞.动物病理.北京:中国农业大学出版社,2008.
[27] 马学恩,王凤龙.家畜病理学.5版.北京:中国农业出版社,2016.
[28] 王恩华.病理学.北京:高等教育出版社,2003.
[29] 陈宏智,杨保栓.畜禽病理与病理诊断.郑州:河南科学技术出版社,2012.
[30] 金慧铭,王建枝.病理生理学.9版.北京:人民卫生出版社,2018.
[31] 李玉林.病理学.8版.北京:人民卫生出版社,2013.
[32] 王子轼 周铁忠.动物病理.3版.北京:中国农业出版社,2010.

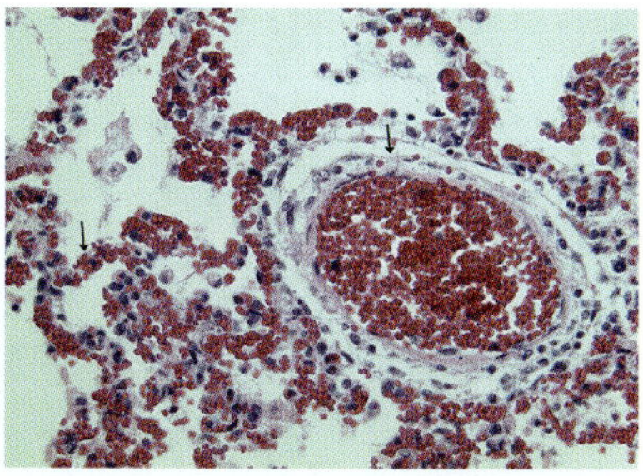

肺充血 小动脉和肺泡壁毛细血管扩张，管腔内充满红细胞（↑），肺泡腔内有炎性渗出物。
HE×200（刘思当）

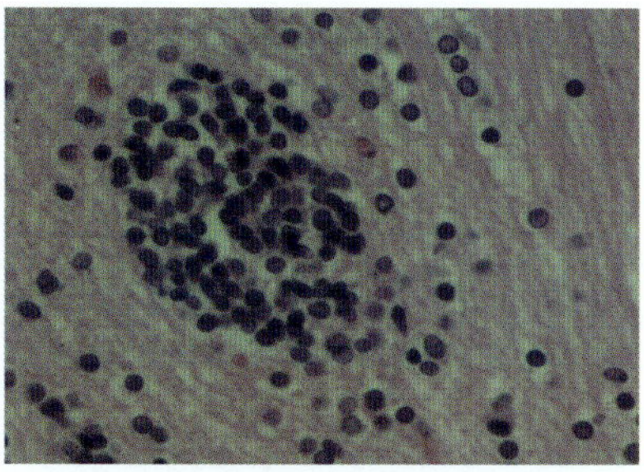

小胶质细胞增生形成胶质小结
HE×400（刘思当）

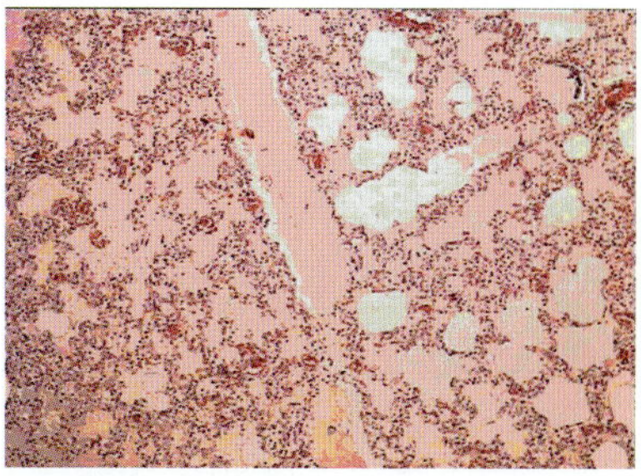

肺水肿（松鼠） 肺间质和大部分肺泡腔内充满水肿液。
HE×100（孔小明）

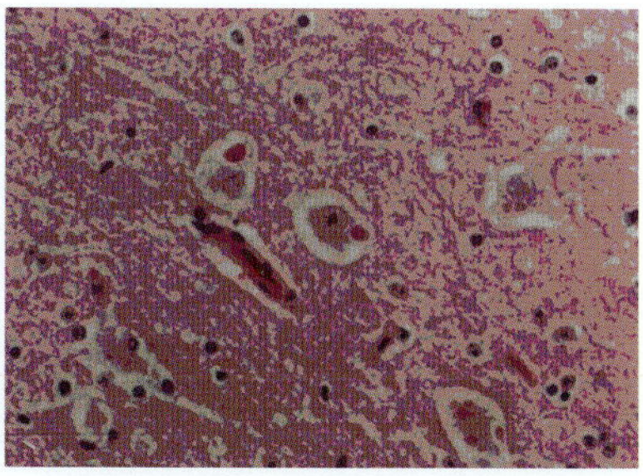

脑水肿（犬） 脑神经细胞和血管周围因水肿液蓄积致间隙扩张。
HE ×400（马学恩）

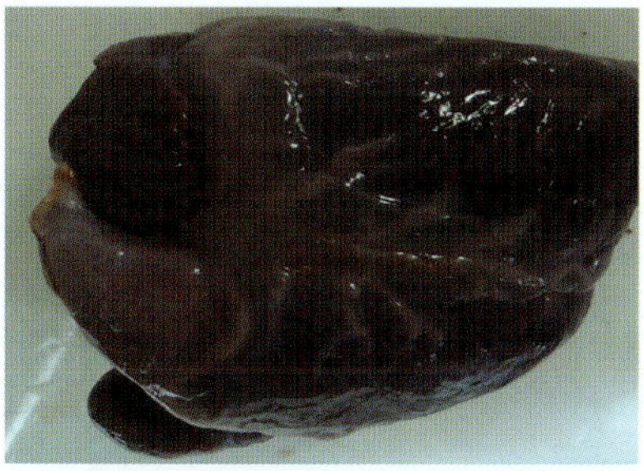

心脂肪胶冻样萎缩（营养性萎缩） 心冠脂肪萎缩消失，呈灰白色半透明胶冻样。由于萎缩使心脏体积变小，冠状血管弯曲呈蛇行状。（简子健）

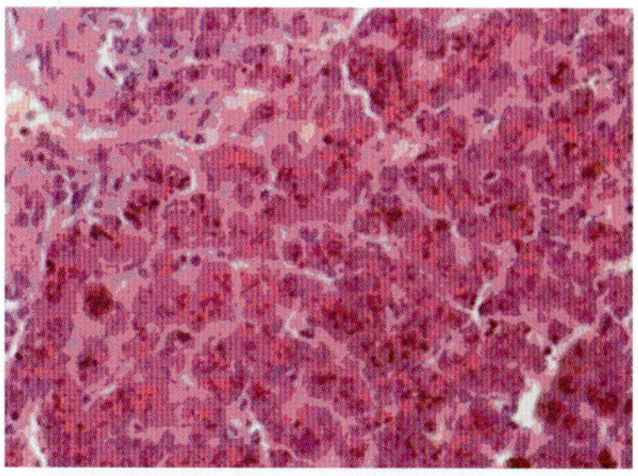

肝脂褐素沉着（马鼻疽） 肝细胞浆内有褐色的颗粒弥散性沉着。
HE ×400（简子健）

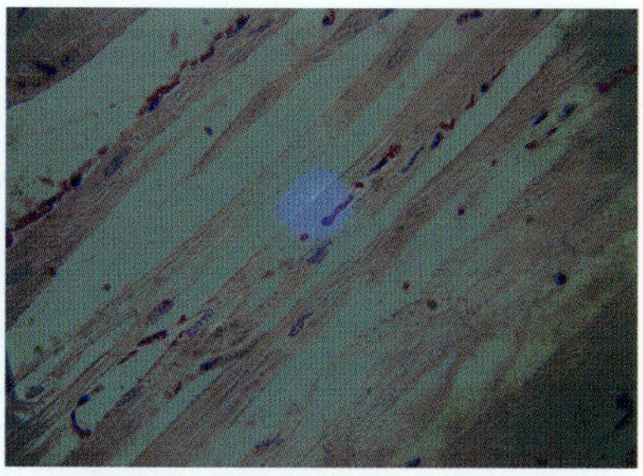

心肌萎缩 萎缩的心肌纤维变细，间质增宽。
HE ×100（郑明学）

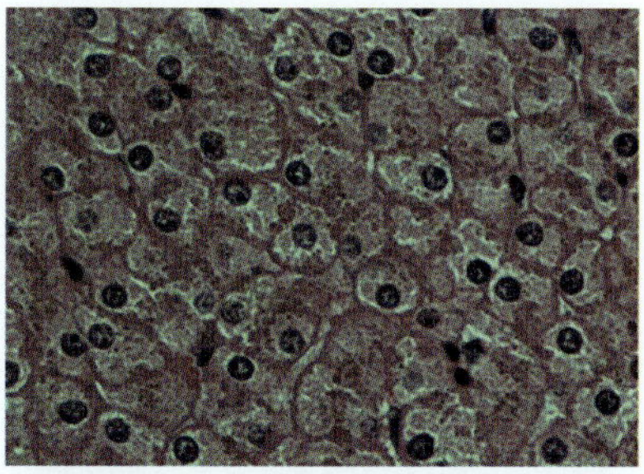

肝颗粒变性 肝细胞肿胀，胞浆内有细小的蛋白质颗粒。
HE ×400（刘思当）

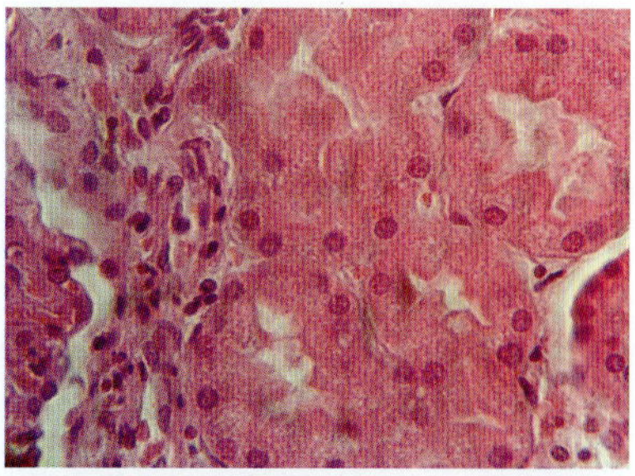

肾小管上皮颗粒变性 肾小管上皮细胞肿胀凸入管腔，胞浆混浊，充满细小的粉红染颗粒。
HE ×400（郑明学）

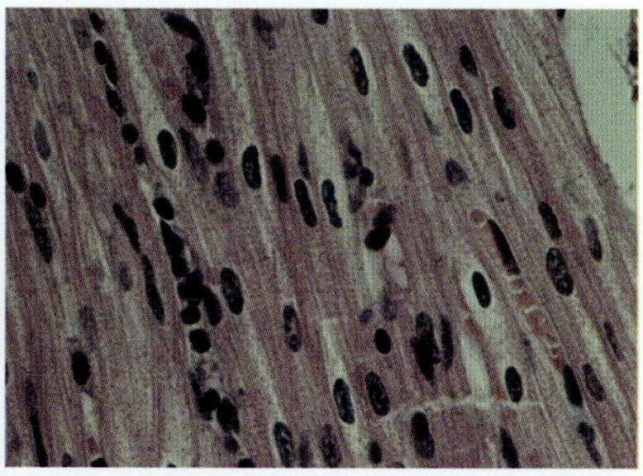

心肌颗粒变性 心肌纤维的横纹大多消失，肌原纤维间的肌浆内有细小的嗜伊红颗粒，肌纤维着色不一。HE ×400（刘思当）

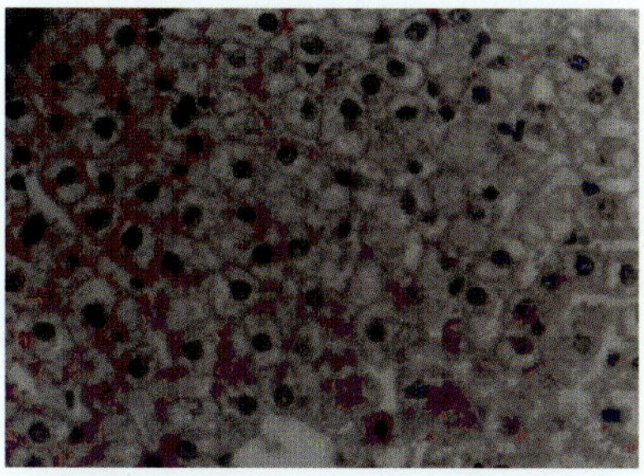

肝细胞水泡变性 肝细胞肿胀，胞浆内有多量大小不等的空泡，呈蜂窝状或网状，胞核悬浮其中。
HE ×400（郑明学）

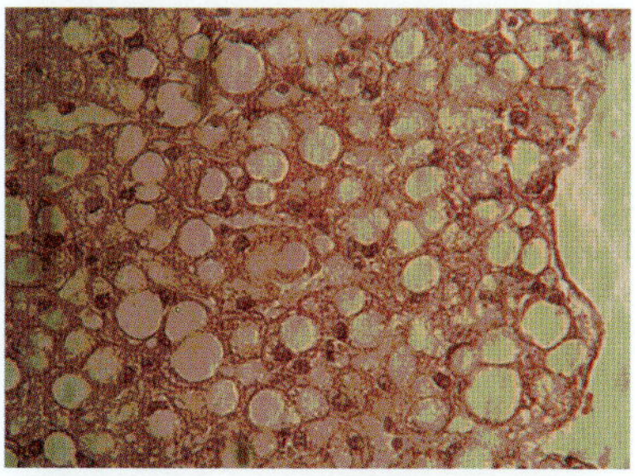

肝脂肪变性 中央静脉周围的肝细胞中含有脂肪滴，胞核被挤于胞浆的一侧。HE ×400（郑明学）

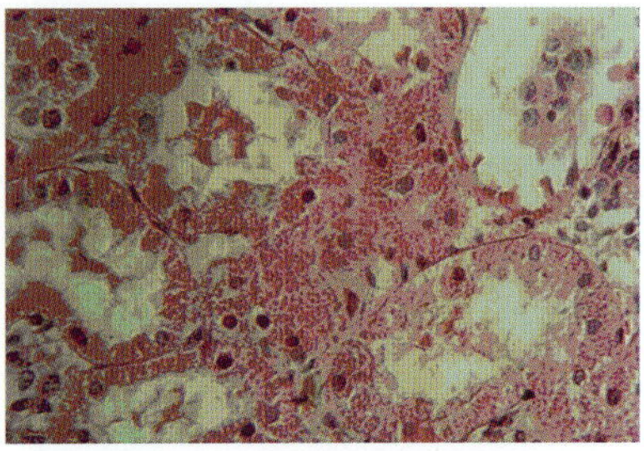

肾小管上皮细胞透明滴状变 肾近曲小管上皮细胞胞浆内有大小不等的均质红染的粗颗粒。
HE×400（郑明学）

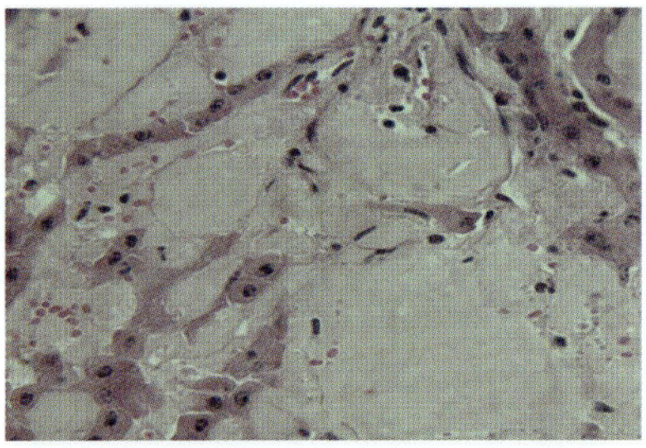

肝类淀粉样变（马鼻疽） 肝索的放射状结构依稀可见，类淀粉沉着于肝细胞与血窦细胞的间隙内，肝索受压萎缩，血窦腔闭塞。
HE×400（刘思当）

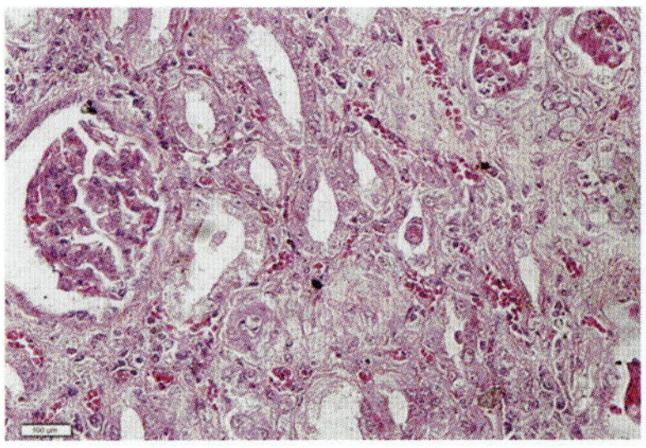

肾凝固性坏死 肾小管上皮细胞呈均质红染的颗粒状，核溶解消失。
HE×100（赵德明）

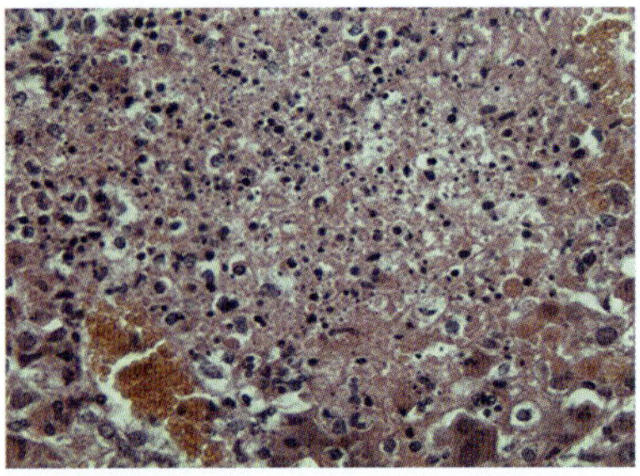

猪伪狂犬病 病猪肝坏死灶。
HE×200（刘思当）

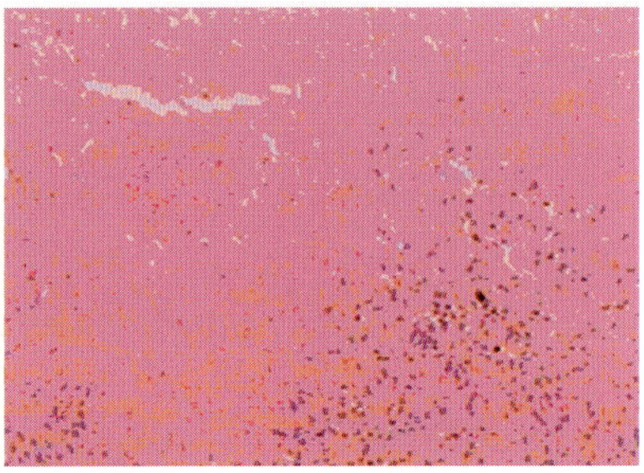

肺干酪样坏死（牛结核） 结核结节中有大片均质、红染的干酪样坏死区。其中细胞和组织轮廓消失，混有坏死细胞核碎片。
HE×400（简子健）

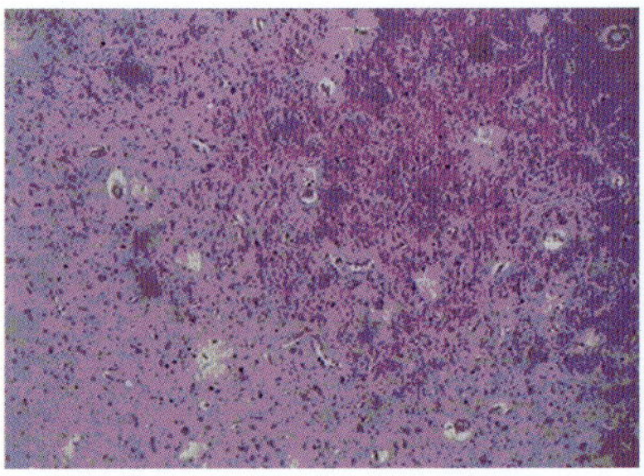

大脑液化性坏死（鸡新城疫） 大脑灰质可见淡染或空白的微细液化坏死灶，其内脑基质完全溶解遗留少量丝状物。
HE×100（简子健）

异物性支气管肺炎 肺切面的支气管内充满了中药残渣等，气管黏膜污秽粗糙（腐败性炎），支气管周围肺组织中有形态不规则的出血性肺炎病灶。（简子健）

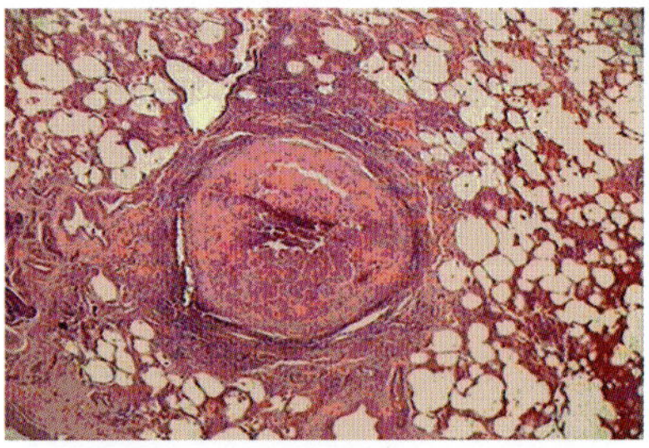

肺鼻疽结节的包囊形成 圆形的鼻疽结节淡染伊红，中心有破碎的细胞核，并有粉末状的钙盐沉着，周围被一层成熟的纤维细胞包围（包囊形成），并有淋巴细胞浸润。
HE×100（简子健）

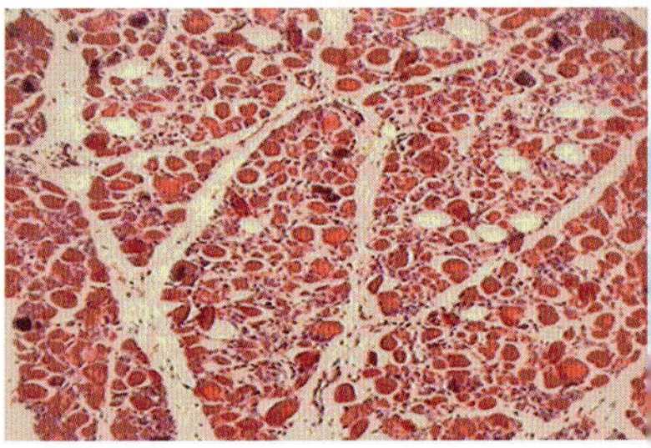

钙盐沉着（钙化） 肌纤维排列散乱，肌浆凝固。坏死的肌纤维内有嗜碱性着染的团块（钙化）。
HE×100（简子健）

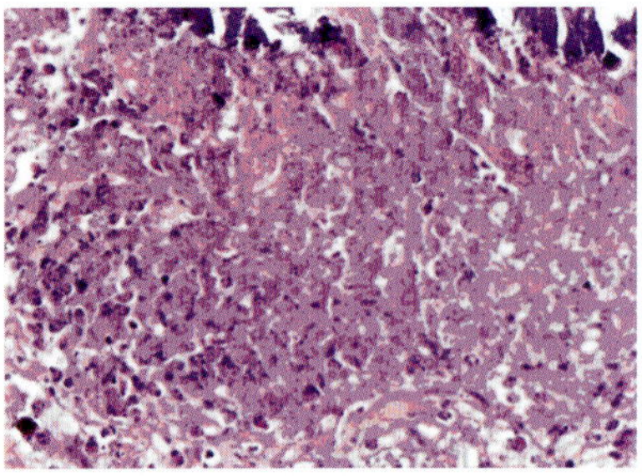

结核结节的干酪样坏死中，见蓝染的块状、颗粒状钙盐沉着
HE×400（赵德明）

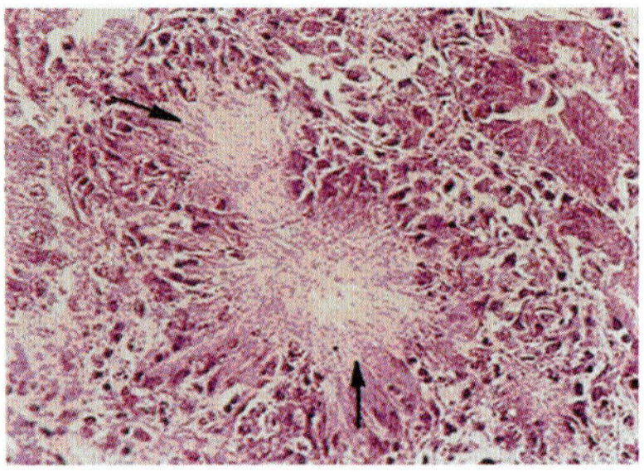

痛风结节 尿酸盐结晶（↑）沉着在肾实质内，并有上皮样细胞围绕。
（刘宝岩）

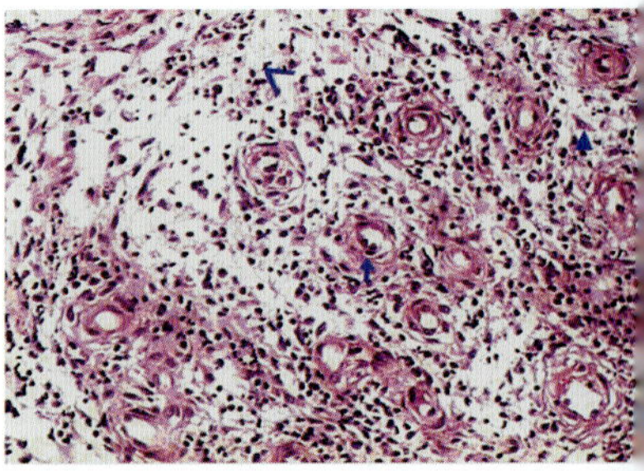

肉芽组织光镜下结构模式图（↑）毛细血管，（▲）纤维母细胞，（∧）炎性细胞（祁克宗）

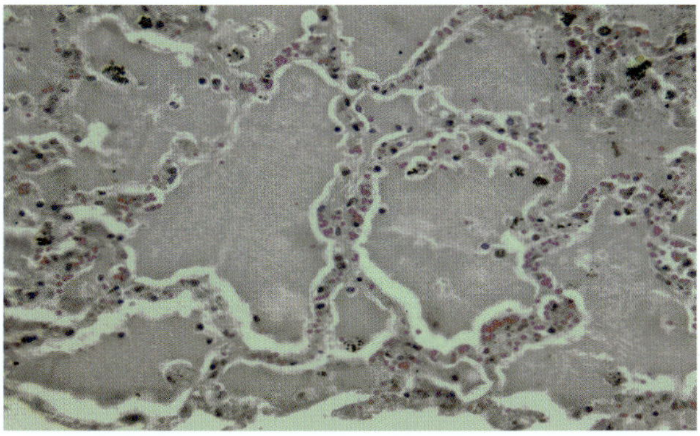

猪浆液性肺炎 肺泡壁毛细血管扩张充血，肺泡腔内充满大量浆液并混有中性粒细胞。HE×100（刘思当）

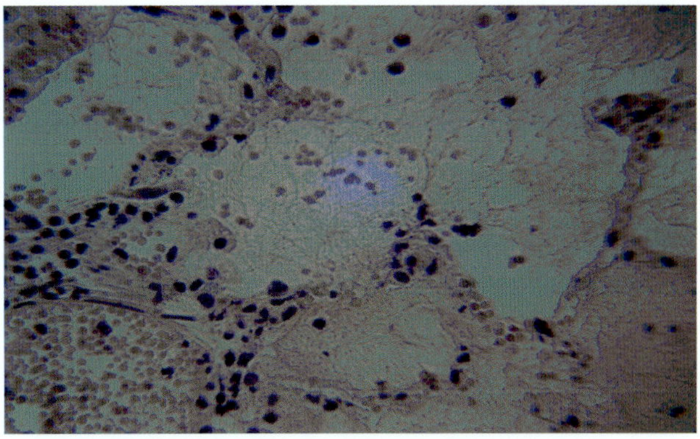

纤维素性肺炎 肺泡内有大量红染的纤维蛋白交织呈网状或片状。HE×100（郑明学）

鸡肝周炎（大肠杆菌病） 肝表面渗出的纤维素常形成一层白膜。（郑明学）

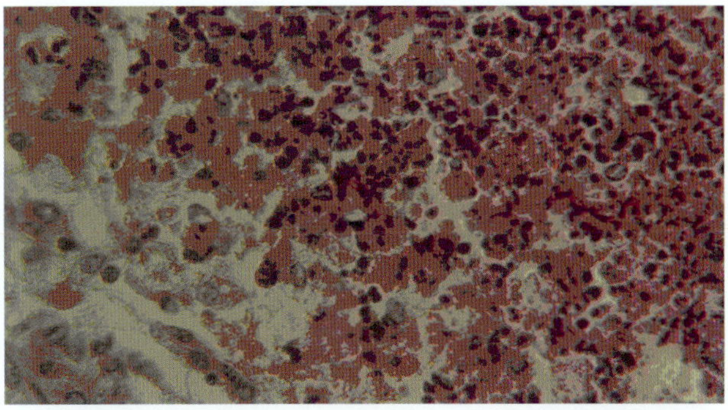

脑脓肿 脑组织局部小脓肿，其中有大量变性坏死的中性粒细胞浸润。HE×400（郑明学）

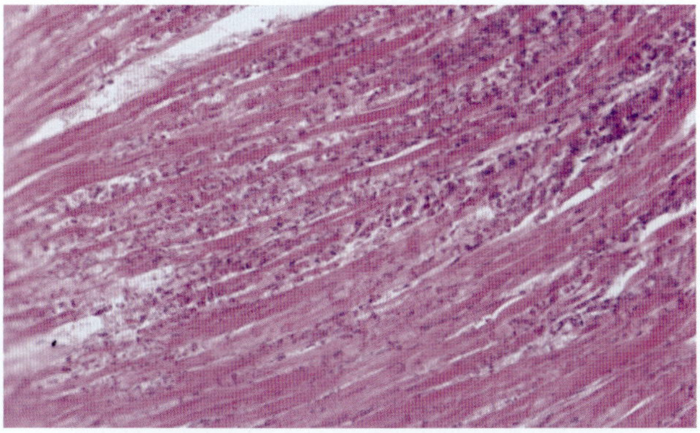

心肌蜂窝织炎 肌纤维间浸润大量变性坏死的中性粒细胞。HE×400（赵德明）

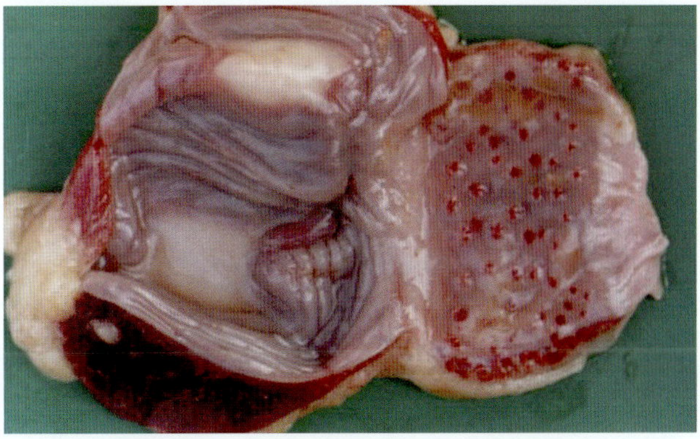

禽流感 腺胃乳头出血。（郑明学）

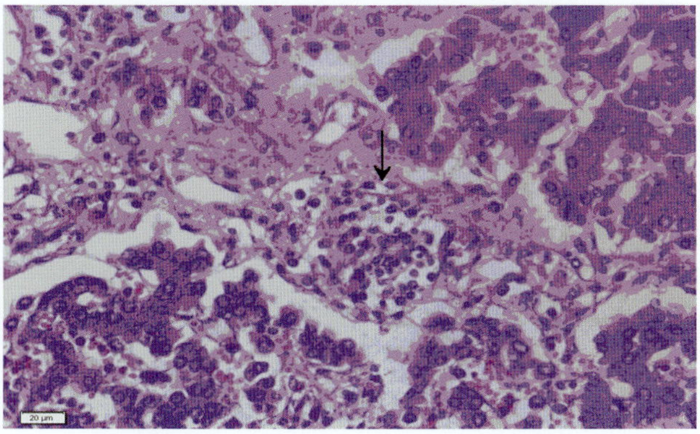

猪副伤寒 枯否氏细胞增生所形成的“副伤寒结节”（↑）。HE×400（赵德明）

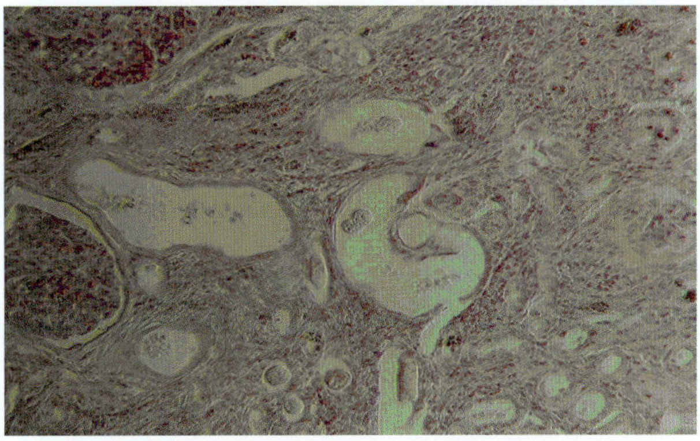

牛间质性肾炎 间质结缔组织大量增生，肾小管萎缩，有的扩张，尿液潴留。HE×100（郑明学）

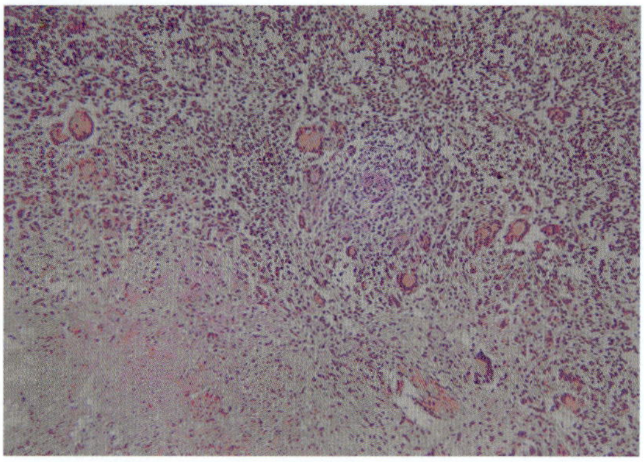

结核性肉芽肿 牛淋巴结核，肉芽肿从中心到外层依次由干酪样坏死灶、特殊肉芽组织和普通肉芽组织组成。HE×400（郑明学）

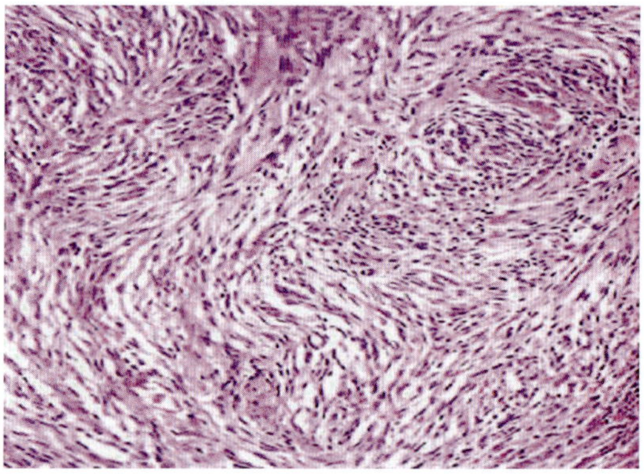

软性纤维瘤 纤维细胞样瘤细胞比例高，排列极不规则。HE×100（刘思当）

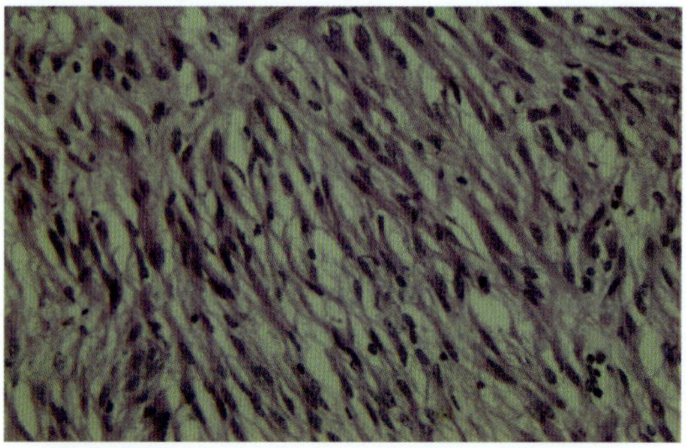

平滑肌瘤 瘤细胞为长梭形，胞浆明显，胞核呈棒状。HE×200（刘思当）

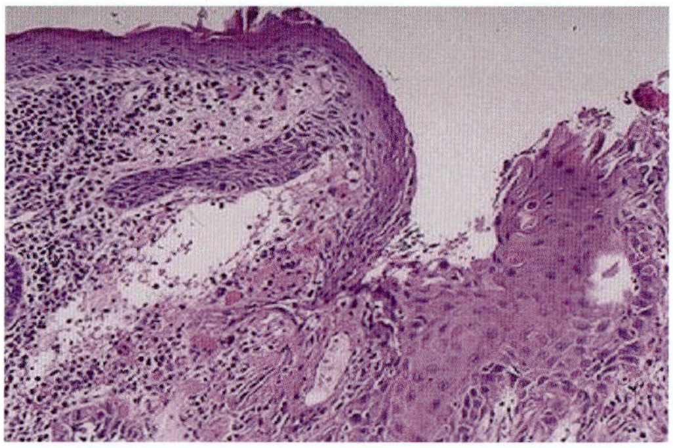

鳞状细胞癌 恶变、异常增生的上皮细胞尚未突破基底膜（原位癌）。HE×200（刘思当）

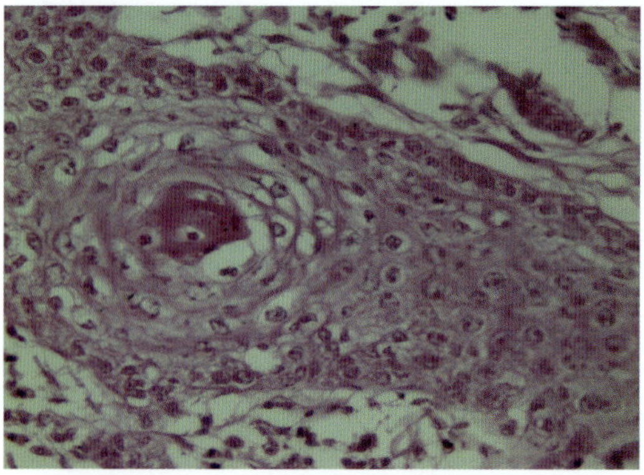

鳞状细胞癌 分化良好的癌巢。HE×400（刘思当）

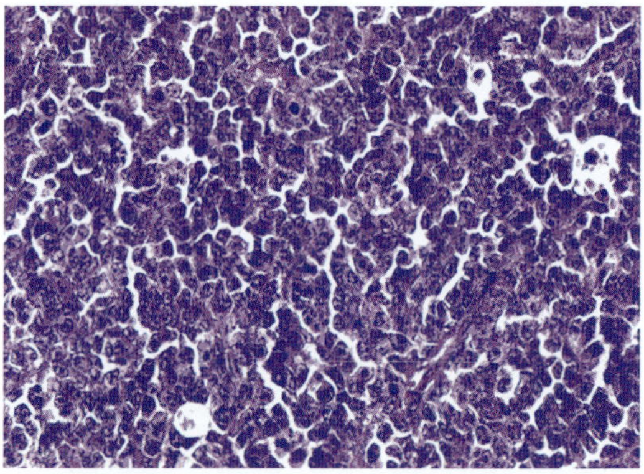

淋巴肉瘤 淋巴样瘤细胞呈圆形，胞浆少、核深染。HE×400（赵德明）

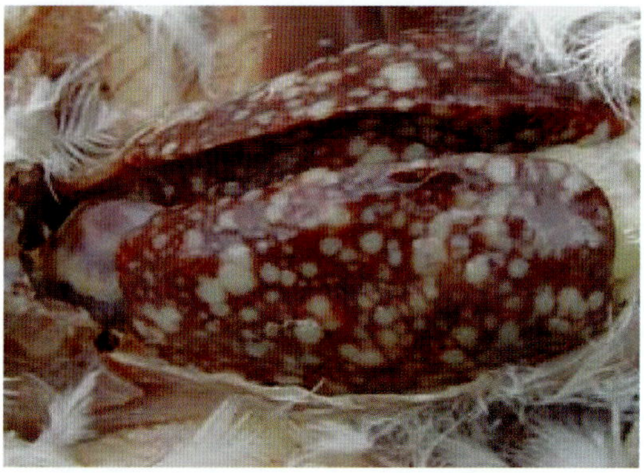

淋巴细胞性白血病 肝脏肿大表面见大小不等的灰白色肿瘤病灶。（刘思当）

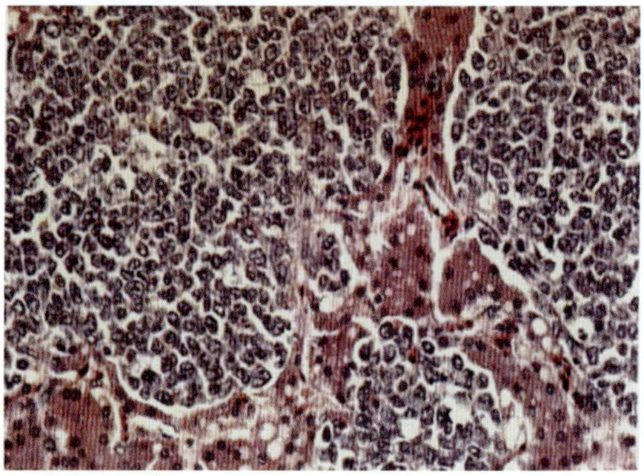

淋巴细胞性白血病 肝脏肿瘤病灶见大小较一致的淋巴细胞样瘤细胞。HE×400（刘思当）

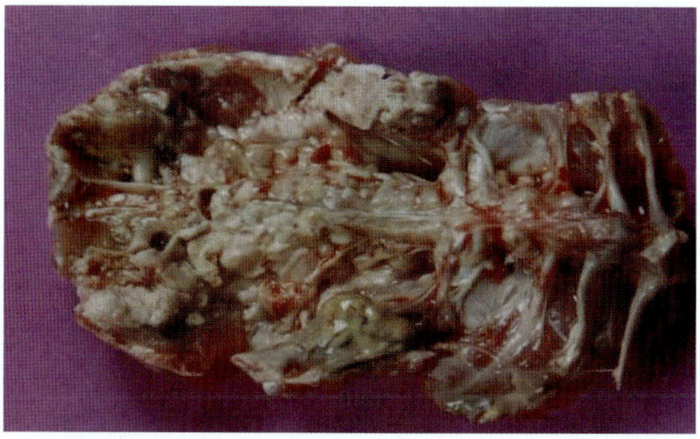

骨髓细胞瘤病 腰椎骨黄白色干酪状的骨髓细胞瘤。(刘思当)

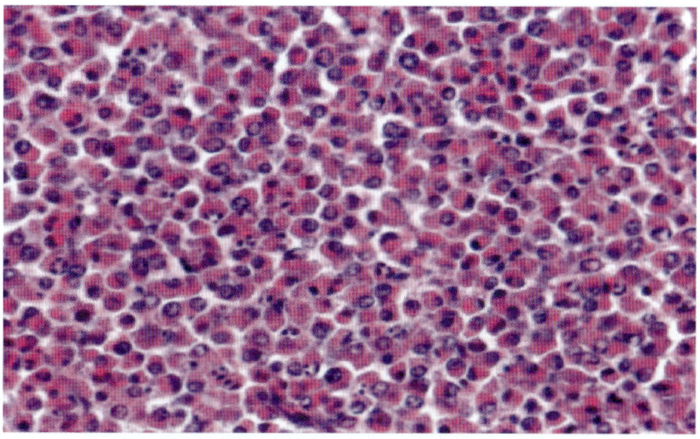

骨髓细胞瘤病 瘤细胞为胞浆充满红色颗粒的髓样瘤细胞。HE×200(刘思当)

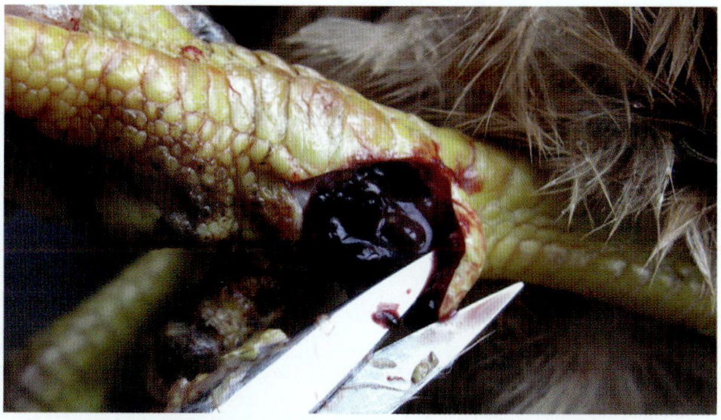

血管瘤性白血病 腿部皮下血疱。(刘思当)

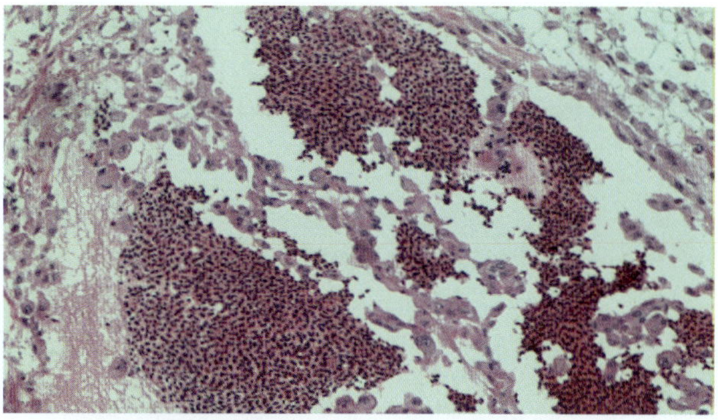

血管瘤性白血病 血管内皮细胞丛状增生，管腔充满红细胞。HE×200(刘思当)

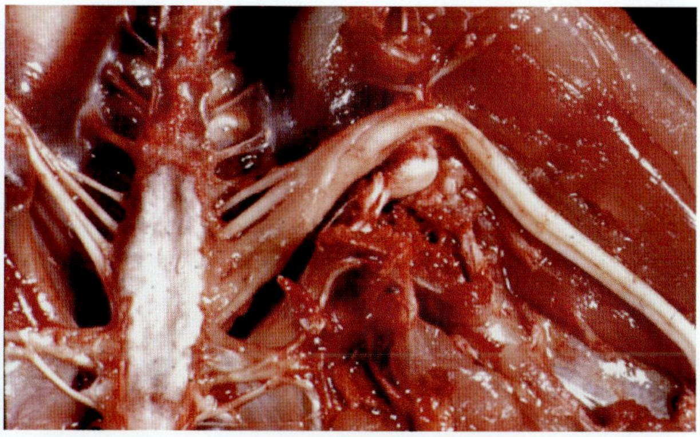

马立克氏病 一侧坐骨神经显著增粗。(刘思当)

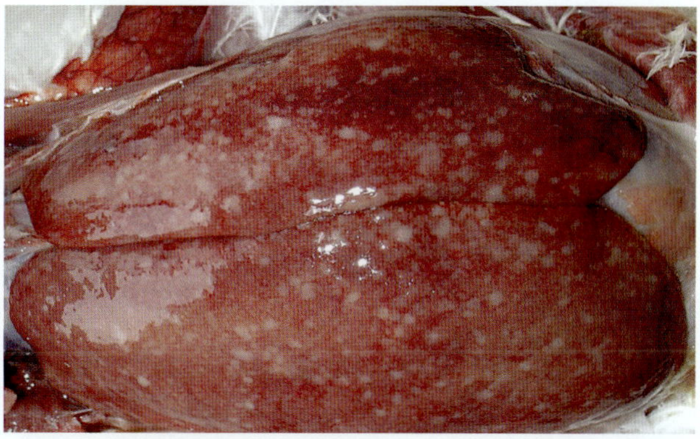

马立克氏病 肝脏表面大小不一的灰白色肿瘤病灶。(刘思当)

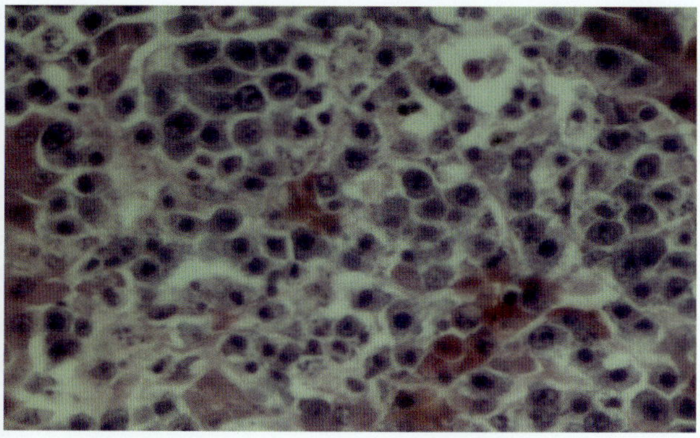

马立克氏病 大小不一的多形态淋巴样瘤细胞，可见到许多分裂象。HE×400(刘思当)

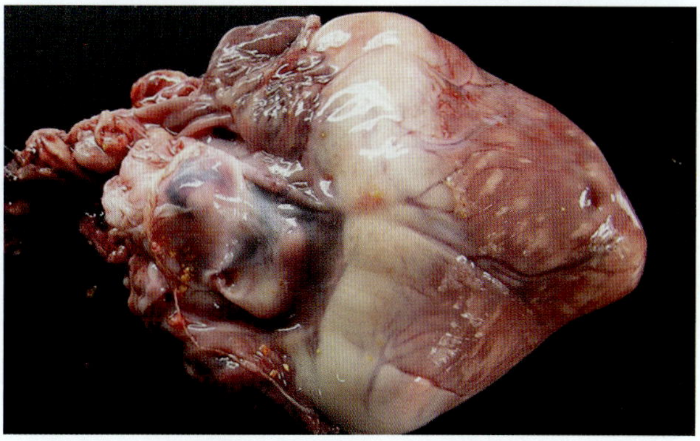

猪口蹄疫 虎斑心。(郑明学)

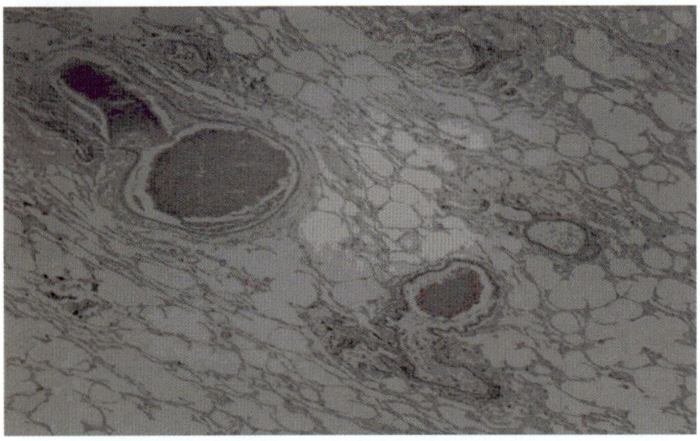

支气管卡他性炎 气管腔内充满炎性渗出物及脱落上皮细胞。HE×100（祁保民）

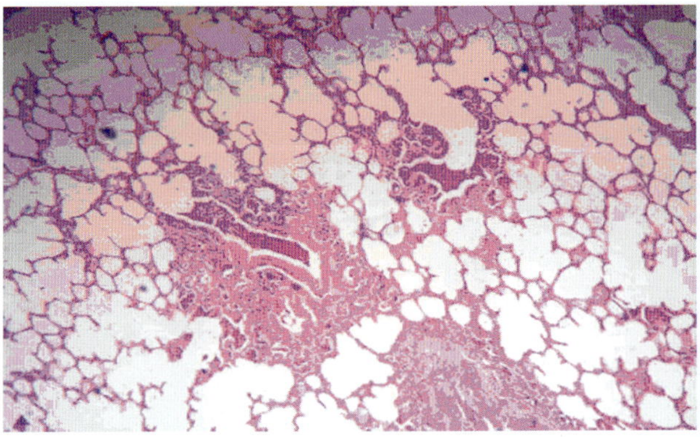

支气管肺炎 以细支气管为中心，细支气管及其周围肺泡出现明显的病变。HE×100（郑明学）

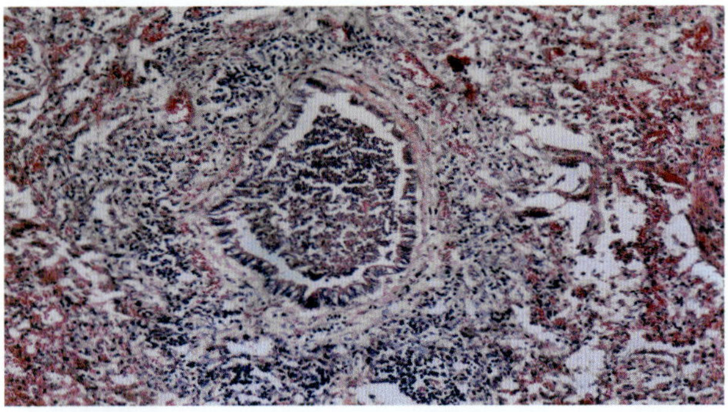

牛支气管肺炎 细支气管壁充血、水肿，并有较多的中性粒细胞浸润，使管壁增厚。HE×200（祁保民）

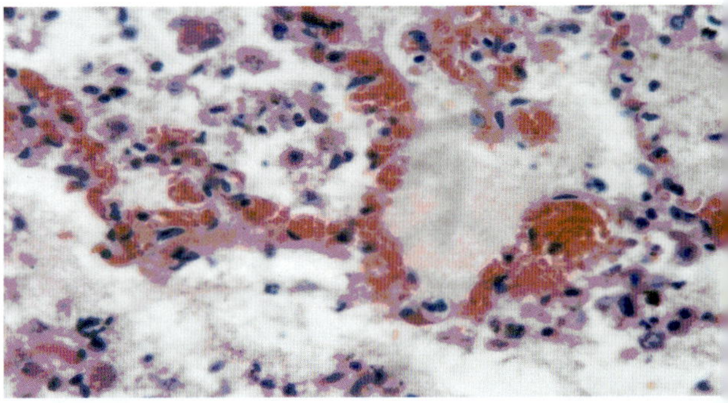

纤维素性肺炎 充血水肿期。HE×400（祁保民）

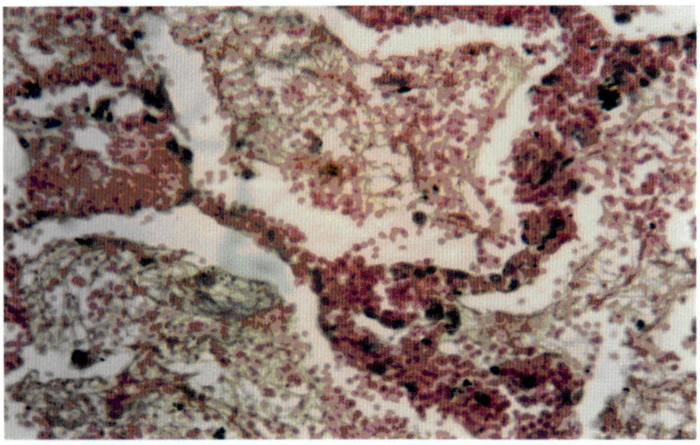

纤维素性肺炎 红色肝变期。HE×400（祁保民）

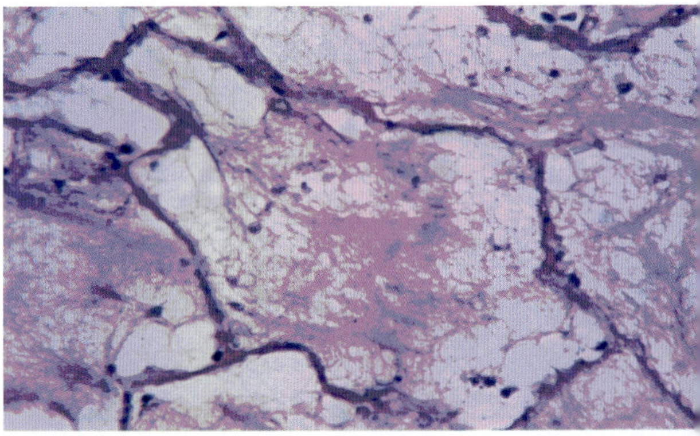

纤维素性肺炎 灰色肝变期。HE×400（祁保民）

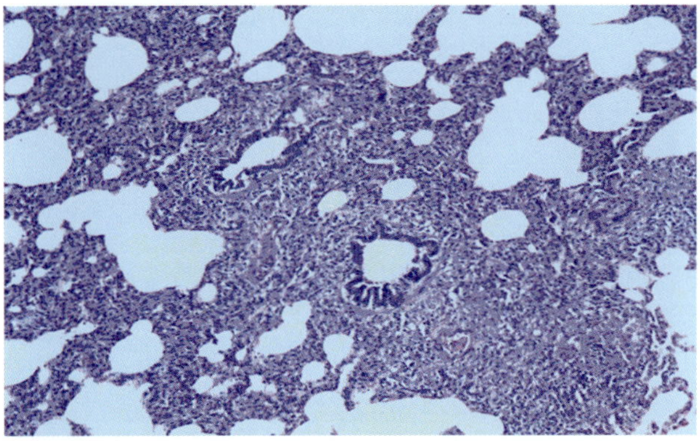

猪间质性肺 炎肺泡间隔、支气管周围等间质明显增宽，淋巴细胞、巨噬细胞浸润。HE×100（祁保民）

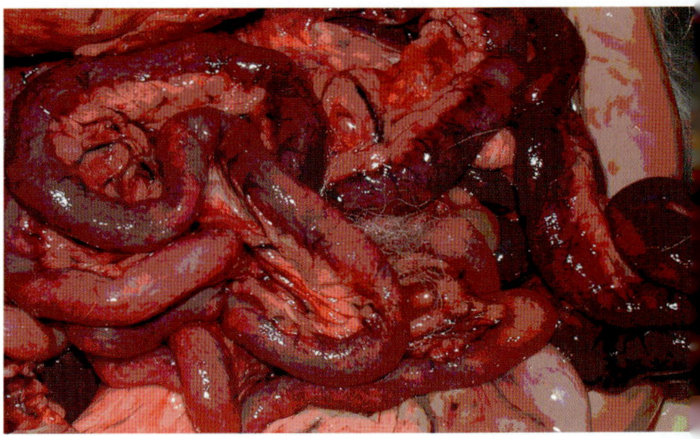

犬应激性肠炎（吴长德）

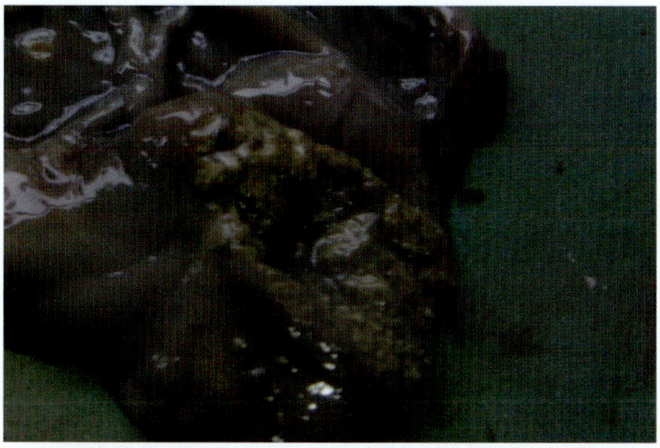

仔猪副伤寒 猪结肠黏膜被覆灰黄色的糠麸样渗出物。(郑明学)

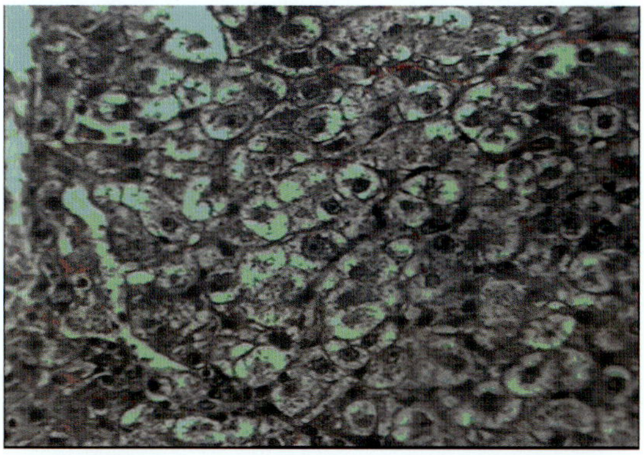

猫肝包炎 肝细胞肿大变圆，胞浆疏松呈网状、半透明。HE×400（吴长德）

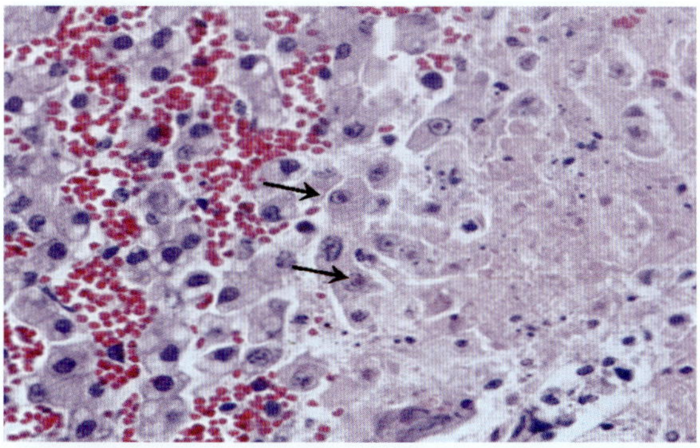

犬传染性肝炎 肝细胞核肿大，核染色质溶解，出现嗜酸性核内包涵体(↑)。HE×400(赵德明)

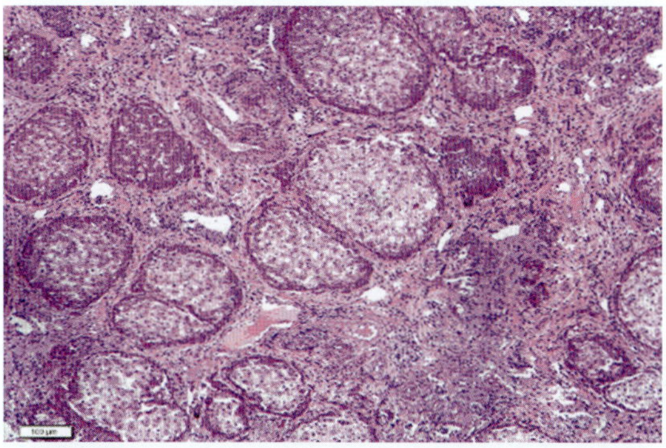

肝硬变 间质结缔组织增生，将肝小叶分割成许多岛屿状的假小叶。HE×100（赵德明）

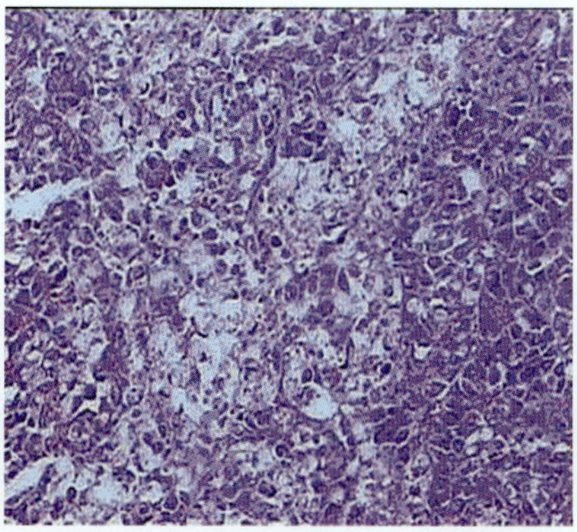

鸡的急性坏死性胰腺炎 胰腺腺泡凝固性坏死。HE×200(吴长德)

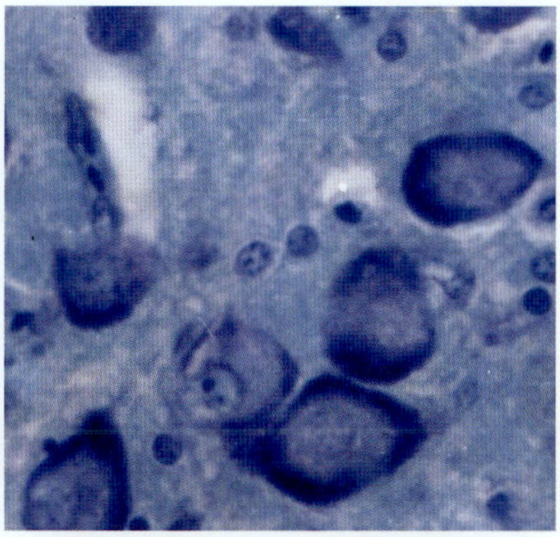

神经细胞中央染色质溶解
甲苯胺蓝染色 。HE×400(王凤龙)

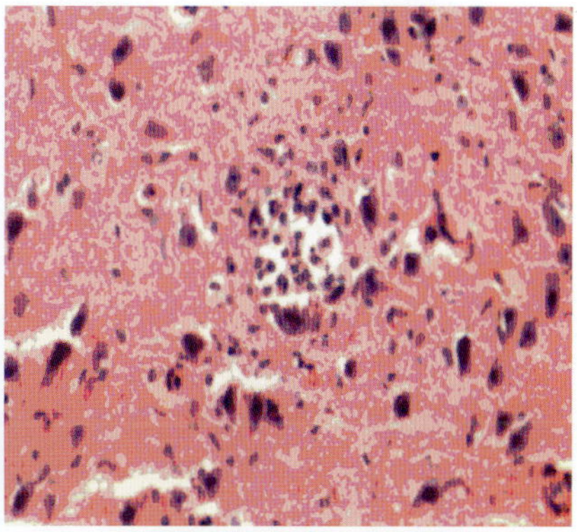

脊髓内形成的小软化灶
HE×200(王凤龙)

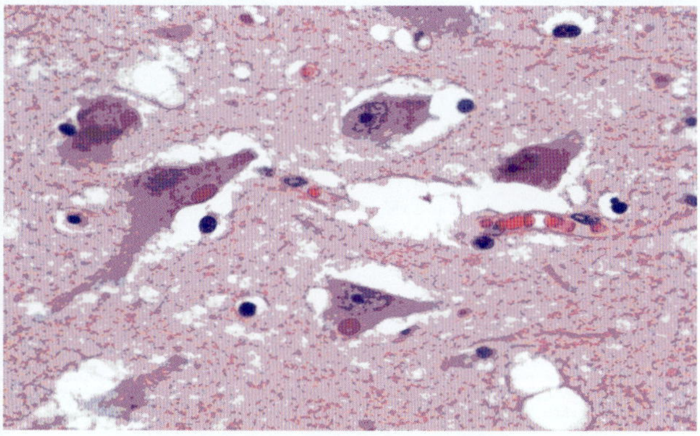

狂犬病神经细胞胞浆内的嗜酸性包涵体
HE×400（王凤龙）

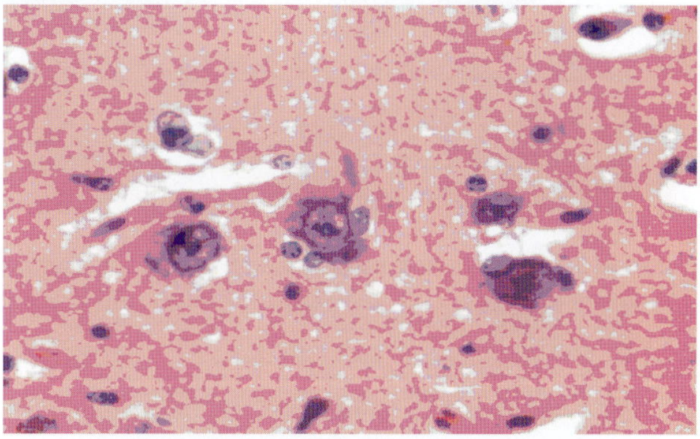

小胶质细胞的卫星现象和噬神经元现象
HE×400（王凤龙）

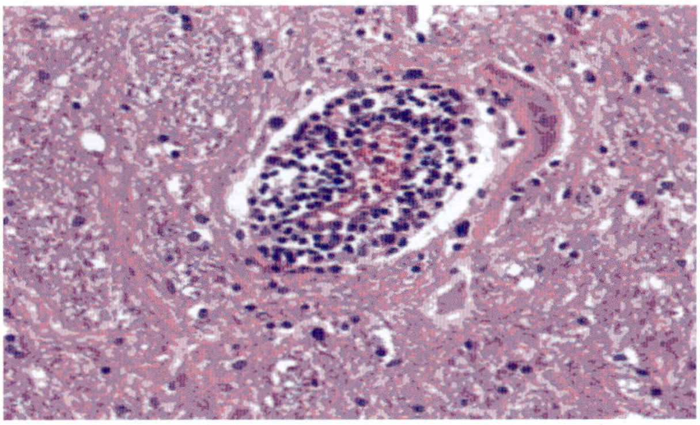

血管周围管套形成 HE×200（王凤龙）

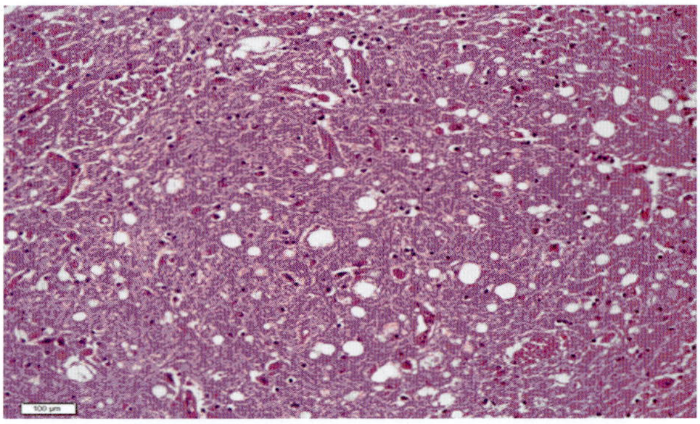

牛海绵状脑病 脑组织呈空泡状结构。HE×200（赵德明）

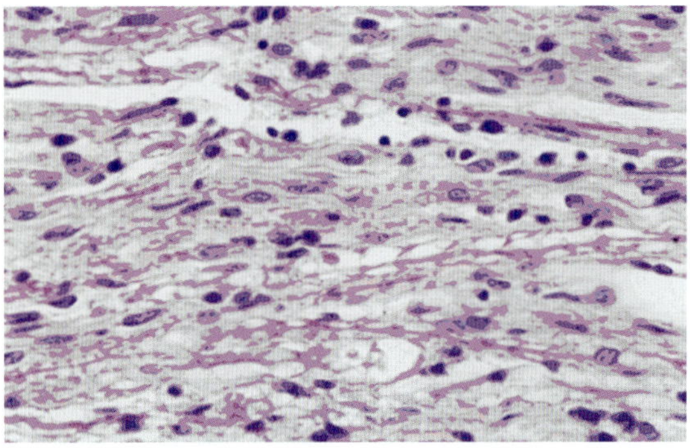

外周神经炎 HE×400（赵德明）

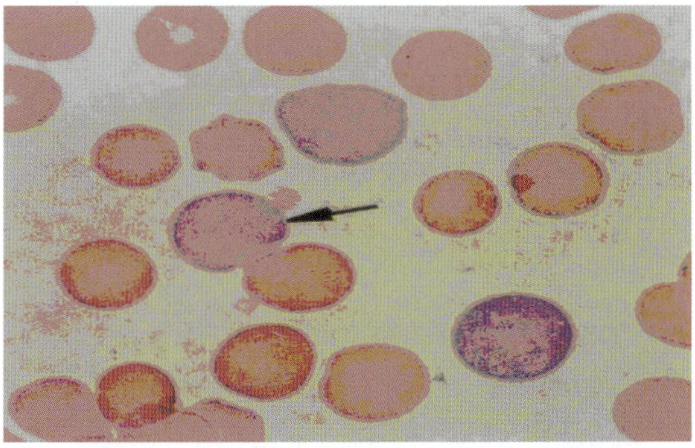

贫血血液像（兔）多染性红细胞，呈弥漫性淡蓝色着色。（刘宝岩、邱振东）

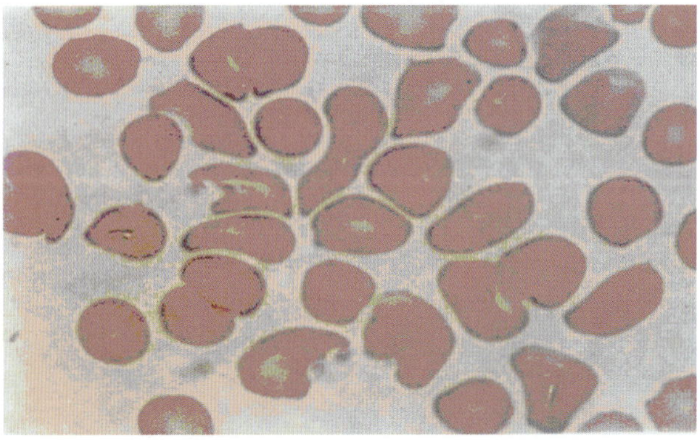

贫血血液像（兔）异形红细胞，形态不整，大小和颜色不一。（刘宝岩、邱振东）

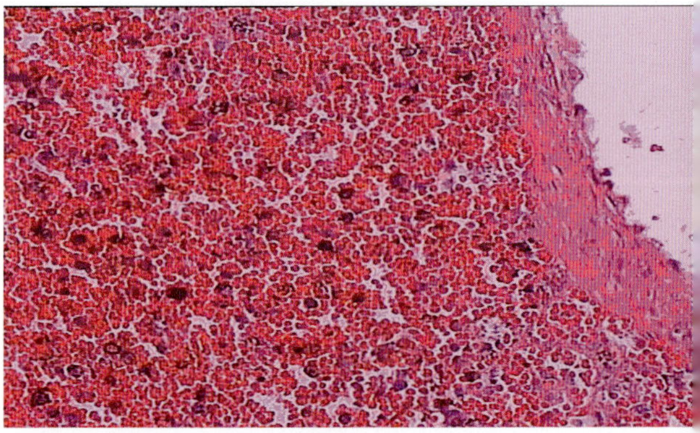

脾脏边缘的出血性梗死灶（猪）脾白髓坏死灶内出现灶状出血，白髓的淋巴细胞几乎全被红细胞替代。HE×200（宁章勇）

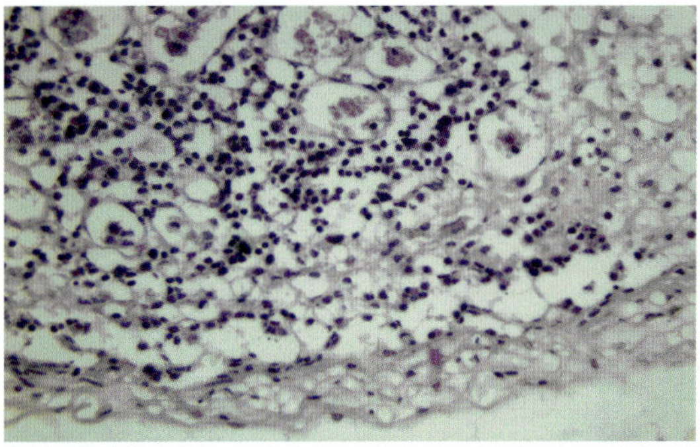

猪浆液性淋巴结炎 淋巴结毛细血管扩张、充血；淋巴窦扩张，内含浆液。HE×200（刘思当）

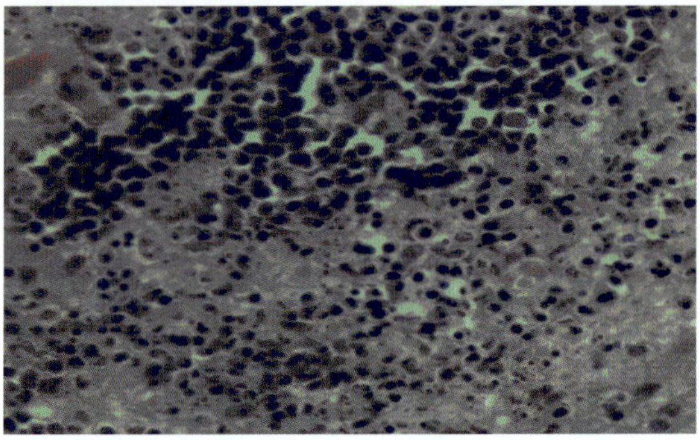

坏死性淋巴结炎 淋巴结内淋巴细胞坏死，核崩解破碎。HE×400（刘思当）